教育部人文社會科學重點研究基地重大項目"歷代筆記小説俗語言研究"
（項目編號：02JAZJD750.11-44012）成果

宋代筆記俗語詞研究

周艷梅 著

四川大學出版社

項目策劃：王　冰　黃蘊婷
責任編輯：歐風偃
責任校對：黃蘊婷
封面設計：墨創文化
責任印製：王　煒

圖書在版編目（CIP）數據

宋代筆記俗語詞研究／周艷梅著．— 成都：四川大學出版社，2020.6
（中國俗文化研究大系．俗語言研究叢書）
ISBN 978-7-5690-2443-2

Ⅰ．①宋… Ⅱ．①周… Ⅲ．①筆記－俗語－研究－中國－宋代 Ⅳ．①H131

中國版本圖書館 CIP 數據核字（2020）第 085225 號

書名	宋代筆記俗語詞研究
	Songdai Biji Suyuci Yanjiu
著　者	周艷梅
出　版	四川大學出版社
地　址	成都市一環路南一段24號（610065）
發　行	四川大學出版社
書　號	ISBN 978-7-5690-2443-2
印前製作	石　慧
印　刷	成都金龍印務有限責任公司
成品尺寸	170mm×240mm
插　頁	2
印　張	25.25
字　數	414千字
版　次	2020年6月第1版
印　次	2020年6月第1次印刷
定　價	98.00圓

版權所有◆侵權必究

掃碼加入讀者圈

四川大學出版社
微信公衆號

◆ 讀者郵購本書，請與本社發行科聯繫。
　 電話：(028)85408408/(028)85401670/
　 (028)86408023　郵政編碼：610065
◆ 本社圖書如有印裝質量問題，請寄回出版社調換。
◆ 網址：http://press.scu.edu.cn

總　序
項　楚

　　四川大學中國俗文化研究所，作爲教育部人文社會科學重點研究基地，已經走過了二十年的歷程。不忘初心，重新出發，是我們編輯這套叢書的目的。

　　俗文化是中國傳統文化的重要部分，與雅文化共同形成中國文化的兩翼。俗文化集中反映出中華民族獨特的思維模式、風俗習慣、宗教信仰、語言風格、審美趣味等，在構建民族精神、塑造國民心理方面，曾經起過並正在起著重要的作用。因此，俗文化研究不僅在認知傳統的中華民族文化方面具有重大的學術價值，而且在促進社會主義精神文明建設方面具有傳統雅文化研究不可替代的意義。不過，俗文化和雅文化一樣，都是極其廣泛的概念，猶如大海一樣，汪洋恣肆，浩渺無際，包羅萬象，我們的研究祇不過是在海邊飲一瓢水，略知其味而已。在本所成立之初，我們確立了三個研究方向：俗語言研究、俗文學研究、俗信仰研究，後來又增加了民族和民俗的研究。同時，我們也開展了相關領域的研究，如敦煌文化研究、佛教文化研究等。在歷史上，雅文化主要是士大夫階級的意識形態，俗文化則更多地代表了下層民眾的意識形態。它們是兩個對立的範疇，有各自的研究領域和研究路數，不過在實踐中，它們之間又是互相影響、互相滲透、互相轉化的。當我們的研究越來越深入的時候，我們就會發現它們在對立中的同一性。雖然它們看起來是那樣的不同，然而它們都是我們民族心理素質的深刻表現，都是我們民族性格的外化，都是我們民族的魂。

　　二十年來，本所的研究成果陸續問世，已經在學界產生了廣泛的影響。本套叢書收入的祇是本所最近五年來的部分研究成果，正如前面所說，是在俗文化研究大海中的一瓢水的奉獻。

序

　　漢語史的研究，有賴於以歷代文獻形式所保存的不同時代的語言材料。語言的使用受社會分化影響而形成了雅俗差異，因此，即使同一時期、同一作者撰寫的文獻，對語言的反映也可能存在雅俗的差異，這種差異，在不同的語體或文體間尤其明顯。

　　筆記是古代文士公卿閒暇之際隨筆而記的作品，相對於那些適於嚴肅、正式場合的著作或記述，作者面對自己感興趣的人物事件，在放鬆心態下的記述用語往往比較隨意，不必嚴守文言規範而傾向現場實錄，因而可能更多地反映當時社會生活中的語言變化，尤其是詞彙變化。

　　宋代是文人筆記寫作的興盛期，產生了大量的文人筆記，其中的詞彙現象近些年來受到很高程度的關注，也有了不少的研究。但相對於數量可觀的宋人筆記，受到學人關注、取樣的只是很小的一部分，還有更多宋人筆記中的語言材料有待發掘。

　　本書作為歷代筆記小説俗語詞研究的一個部分，著力考察了尚未受到足夠關注的宋人筆記中的詞彙材料，從中獲得一批令人感興趣的新材料，在相當程度上彌補了宋人筆記語言材料發掘不充分的缺憾。

　　詞彙研究成果的展示，方式多樣，參考詞彙學通論的闡述框架，存在很大的隨意性。詞彙學通論是為研究者提供詞彙研究的眾多可能性而作，其中敘述的詞彙分析角度，宏觀而多樣，以蜻蜓點水的方式給人以啟發，浮光掠影之中並不追求考察的深入透徹，簡單地採用這樣的思路描寫一個特定範圍內的詞彙，在展示面貌紛繁多姿的同時，材料安排的嚴密性和考察的深度，都難免受影響。作為一項共時的抽樣描寫研究，本書的材料，採用了以詞義系統為綱領的陳述方式，在這個詞義系統和描寫規則之下，每個被描寫詞都應該有一個恰當的位置而不允許任意安排或存在多種可能性，以保證從意義的角度充分反映所描寫的詞彙成分相互間的關係和整體面貌。當然，這樣做也有缺憾，首先是大幅提高了材料整理的難度，而這樣的難度不易被人理解或感受，似乎吃力不討好；其次，單一的角度雖有利於觀察深入，但也影響成果展示的多彩多樣，不能顧及讀者的連翩浮想，甚至讓人感到單調枯燥。這種類似魚和熊掌的選擇，利弊得失，或許還有待將來研究的實踐來證明。

周豔梅博士在這項工作中，付出了大量的努力。拾遺補闕性質的工作，肯定沒有開創性工作的光輝，但學術研究的進步，不僅需要開創，也需要更多的前赴後繼的充實和積累，希望這樣的努力能夠得到更多的讚賞和肯定。

俞理明
2020 年春

目　錄

前　言 …………………………………………………………… （i）
凡　例 …………………………………………………………… （v）
1　緒　論 ……………………………………………………… （1）
　1.1　筆記 …………………………………………………… （1）
　　1.1.1　筆記概述 ………………………………………… （1）
　　1.1.2　筆記的語料價值 ………………………………… （3）
　1.2　宋代筆記 ……………………………………………… （4）
　　1.2.1　宋朝的時代特點對筆記的影響 ………………… （4）
　　1.2.2　宋代筆記的俗語詞語料 ………………………… （5）
　1.3　俗語詞 ………………………………………………… （12）
2　名物（一） ………………………………………………… （14）
　2.1　人物 …………………………………………………… （14）
　　2.1.1　親屬 ……………………………………………… （14）
　　2.1.2　不同社會關係中的人 …………………………… （21）
　　2.1.3　各類職業的人 …………………………………… （27）
　　2.1.4　不同生理心理或行為特徵的人 ………………… （51）
　　2.1.5　神靈鬼怪 ………………………………………… （57）
　2.2　身體・生物・食藥 …………………………………… （59）
　　2.2.1　肢體器官 ………………………………………… （59）
　　2.2.2　健康衛生 ………………………………………… （63）
　　2.2.3　動物 ……………………………………………… （66）
　　2.2.4　植物 ……………………………………………… （74）

2.2.5　食品 …………………………………………… (88)
　　2.2.6　醫藥礦物 ………………………………………… (97)
3　名物（二） ……………………………………………… (101)
　3.1　人類製造物及相關活動 …………………………… (101)
　　3.1.1　服飾衣料 ………………………………………… (101)
　　3.1.2　財貨賦稅 ………………………………………… (114)
　　3.1.3　器物工具 ………………………………………… (122)
　　3.1.4　宴樂節禮 ………………………………………… (134)
　　3.1.5　武器戰爭 ………………………………………… (143)
　　3.1.6　文具冊籍 ………………………………………… (153)
　　3.1.7　建築 ……………………………………………… (169)
　3.2　其他自然物 ………………………………………… (178)
　　3.2.1　山川田地 ………………………………………… (178)
　　3.2.2　氣象 ……………………………………………… (181)
　3.3　機構組織或社會制度 ……………………………… (186)
　3.4　其他抽象事物 ……………………………………… (190)
4　行為 ……………………………………………………… (195)
　4.1　生命行為 …………………………………………… (195)
　4.2　生活行為 …………………………………………… (201)
　4.3　經營勞作行為 ……………………………………… (224)
　4.4　心理行為 …………………………………………… (245)
　4.5　人際行為 …………………………………………… (251)
　4.6　社會治理行為 ……………………………………… (268)
　4.7　其他行為 …………………………………………… (294)
5　性狀 ……………………………………………………… (298)
　5.1　外形 ………………………………………………… (298)
　5.2　性質 ………………………………………………… (302)
　5.3　質地 ………………………………………………… (309)
　5.4　評價 ………………………………………………… (310)
　5.5　數量 ………………………………………………… (313)
　5.6　時空範圍 …………………………………………… (315)

5.7　程度 ·· (319)
　　5.8　擬聲 ·· (320)
　　5.9　指代 ·· (321)
6　**宋代筆記俗語詞的特點** ·· (325)
　6.1　時代特色鮮明 ··· (325)
　　6.1.1　政治經濟 ··· (325)
　　6.1.2　軍事外交 ··· (326)
　　6.1.3　文化科舉 ··· (327)
　　6.1.4　衣食娛樂 ··· (328)
　　6.1.5　宗教風俗 ··· (328)
　6.2　記載方式多樣 ··· (329)
　　6.2.1　簡短自注 ··· (329)
　　6.2.2　歷時探源 ··· (333)
　　6.2.3　共時說明 ··· (335)
　　6.2.4　歷時和共時同存 ·· (336)
　　6.2.5　其他方式 ··· (337)
　6.3　源流承古啟今 ··· (337)
　　6.3.1　承古 ·· (338)
　　6.3.2　啟今 ·· (341)
　6.4　種類多，途徑廣 ··· (345)
　　6.4.1　種類多 ··· (345)
　　6.4.2　途徑廣 ··· (348)
　6.5　利於辭書修訂 ··· (353)
　　6.5.1　對《漢語大詞典》的補訂 ························ (353)
　　6.5.2　對《近代漢語詞典》的補訂 ···················· (353)
結　語 ··· (362)
詞目表 ··· (364)
語料來源 ··· (376)
參考文獻 ··· (383)
後　記 ··· (389)

前　言

　　傳統的詞彙訓釋，主要以傳統經典為研究對象，忽略了通俗文獻的詞彙研究。難登大雅之堂的筆記，未能引起學者們的注意。1953 年張相先生的《詩詞曲語辭彙釋》問世，打破了傳統詞彙研究中經典語料一統天下的局面。1959 年蔣禮鴻先生的《敦煌變文字義通釋》出版，將世俗文學的訓詁又向前推進一步。

　　較之張先生，蔣先生更強調小説、筆記等語料在研究古代語言中的作用，他在該書序目中説："研究古代語言，我認為應該從縱橫兩方面做起。所謂橫的方面是研究一代的語言，如元代。其中可以包括一種文學作品方面的，如元劇；也可以綜合這一時代的各種材料，如元劇之外，可以加上那時的小説、筆記、詔令等。當然後者的做法更能看出一個時代語言的全貌。"① 蔣先生明確提出將筆記作為研究材料，而且以《詩詞曲語辭彙釋》未能采用小説、筆記語料為憾事。"就綜合來説，《詩詞曲語辭彙釋》在縱的方面算是有了展延，但在橫的方面範圍仍是狹窄的。例如唐代的材料，作者只采用了詩詞和少量的變文，而於小説、筆記和大量的變文等都沒有采集。"① 在《敦煌變文字義通釋》中，所引書證大量來自筆記，尤其宋代筆記。然而，系統的宋代筆記著作——王鍈先生的《唐宋筆記語辭彙釋》直到 1990 年才問世。

　　宋代語言屬於漢語史的哪一個階段，目前還未定論。按王力先生的四分法，公元 4 世紀到 12 世紀（南宋前半）為中古期（12—13 世紀為過渡

---

① 蔣禮鴻. 敦煌變文字義通釋[M]. 上海：上海古籍出版社，1997：1—2.

階段），公元13世紀到19世紀（鴉片戰爭）為近代。① 王力先生把宋代所在的12—13世紀定為漢語中古期和近代期的過渡階段，這也是對宋代南北分治影響漢語狀況的關注。② 由此可見，王力先生認為兩宋是語言嬗變的重要階段。漢語史兩分和三分的分期觀點中，儘管分期的上下限有別，但將兩宋歸入近代漢語是毫無疑問的。學者在漢語史分期問題上對宋代的處理，說明對宋代語言的了解與認識不一致，對宋代語言的研究還需要進一步加強，只有科學客觀地分析了宋代的語言現象，才能毫無爭議地將其劃入某一階段，從而有利於我們認識漢語的全貌及發展規律。

宋代歷時長，擁有豐富的語料，在整個漢語史的發展階段中，處於承古啟今的重要階段。然而，"以往的漢語研究，對兩頭（即上古漢語和現代漢語）做得比較多，而對中間一段（近代漢語）研究的很少"③。因此，我們很有必要加強對宋代漢語的研究，尤其對含有豐富俗語詞的宋代筆記進行重點關注。

目前學界對筆記的界定還存有分歧，本書的"筆記"主要依據劉葉秋先生對"筆記"的界定，包括小說故事類、歷史瑣聞類和考據辨證類筆記。宋代筆記種類繁多，經過整理的宋代筆記，僅是其中的一部分，還有一些筆記由於其文學或歷史價值不高而無人問津。這個時期的筆記究竟有多少，直到現在也沒有一個確切的數字。結集出版的筆記，更因對"筆記"的界定或選材角度的不同而有很大差異。1983年江蘇廣陵古籍刻印社刻印出版的《歷代筆記小說大觀》，收錄宋代筆記小說70種；1984年臺灣新興書局出版的《筆記小說大觀叢刊》收錄宋代筆記小說300種；1995年河北教育出版社影印出版的周光培輯成的《歷代筆記小說集成》，收錄宋代筆記小說188種；上海古籍出版社自1999年至2005年分批出版的《歷代筆記小說大觀》，收錄宋代筆記小說64種；1999年大象出版社開始啟動整理宋人筆記，歷時19年，至2018年出版《全宋筆記》十編，收錄宋代筆記477種；中華書局從1979年至今陸續出版的《唐宋筆記史料叢刊》，是經過點校的單行本，已陸續出版了宋代筆記60餘種。除此以

---

① 王力. 漢語史稿[M]. 北京：中華書局，2004：43.
② 郭錫良. 漢語史的分期問題[J]. 語文研究，2013（4）：3.
③ 蔣紹愚. 近代漢語研究概要[M]. 北京：北京大學出版社，2005：9.

外，還有一些學者單獨校勘的宋代筆記單行本。在這些版本中，江蘇廣陵古籍刻印社、臺灣新興書局、河北教育出版社出版的筆記小説都是影印本，上海古籍出版社、大象出版社、中華書局出版的是點校本。本書主要以大象出版社出版的前七編爲重點考察對象，同時以影印本及其他版本爲參考。

對前人已着力研究過的文獻，包括《夷堅志》《容齋隨筆》《邵氏聞見録》《青箱雜記》《東軒筆録》《澠水燕談録》《齊東野語》《涑水紀聞》《夢溪筆談》《靖康緗素雜記》《雲麓漫鈔》《唐語林》《雞肋編》《演繁露》《癸辛雜識》《野客叢書》《鶴林玉露》《學林》《建炎以來朝野雜記》《武林舊事》《獨醒雜志》《東京夢華録》《老學庵筆記》等 23 種筆記以及周密筆記在内的文獻，不在本書重點考察範圍之内，這些文獻的語料僅作參考佐證①。本書着重考察學者未進行專書或專人研究的宋代筆記，特别是那些從未涉及的文獻材料，着重挖掘其中的俗語詞，並對其進行重點考察和分析。

本書是對俗語詞的研究，爲便於歸類，每個詞條皆按宋代筆記中的詞語義項進行討論，將研究落實到每一個具體的詞條和明確的義項。每個詞條單列條目，先對其釋義，釋義下列舉重點用例，接著再圍繞該條目進行討論、描寫或分析。對前人已經解釋清楚的詞條，列出書證即可，對前人未涉及或存疑的詞條，則加以討論和説明。對後者，如果從語境或字面看容易理解的詞義，則加以用例排比，歸納出詞義。如果從字面較難看出詞義的，則作考釋，從語源、構詞語素語義等角度進行分析，得出合理的解釋。某些重點考察詞條的縮略詞或異形詞，也單列條目，並納入最後的分析統計。每個義項，注明出現的最早時期並列舉書證，未做説明的則表示在宋時出現。對《漢語大詞典》未收，前人未討論的詞，儘量從歷時的角度考察其詞義的變化，窮盡其義項。

一個詞條一般舉出宋筆記中的一個用例，後面再列舉宋筆記中的其他書證，對某些宋代筆記中較少的用例，儘量呈現，如果用例太多，則選擇較有代表性的加以羅列。對前人未涉及的俗語詞，也從歷代語料裏選擇

---

① 個别詞條雖出現在重點考察範圍之外的筆記中，但由於與所描寫的詞條有極大關聯或前人未涉及，爲便於最後的分析，也單列條目進行討論。

用例，並儘可能兼顧不同作者及不同作品，以期全方位多角度地反映該詞在不同時代的用法。所有宋筆記的引例，僅注明書名、卷次類信息，不再注明朝代和作者。如果緊鄰的詞條引例相同，則不重復例證，而以"例見'某某'"加以說明。參考文獻所列的宋代筆記，是重點考察的對象，其他引用的筆記均未羅列。

凡　例

1. 收録的詞條皆以【】標識，並一一與《漢語大詞典》（後簡稱《大詞典》）和2015年出版的《近代漢語詞典》（白維國主編，後面簡稱《近詞典》）進行比對。

2. 与《大詞典》的比對結果以符號在【】後進行標注：[未]表示未收，[義]表示補充義項，[晚]表示首例晚[1]，[補]表示補充書證，[誤]表示釋義有誤，[本]表示引用本例[2]。

3.《近詞典》的比對結果，僅用“＊”標注未收詞條，補充義項、提前書證及釋義待商榷者，集中在最後一節專門進行討論，故不專門標注。

4. 緒論和最後一章討論的詞條，儘量與中間分類部分不重複，個別需要稍加説明的詞例外。

5. 由於行文所需，有的詞條可能會在討論的中間出現，依然加【】進行標記，最後同樣對其進行統計分析。

6. 由於按義項分列條目，如果一個詞在宋筆記中有多個義項，每个義項皆在詞條後以右上標數字加以區分。

7. 所引書證中原文有小字注釋的，為便於區分，皆隨文在注釋前加“自注:”，同時加括弧標明。

8. 相同的詞按不同的義項可能會劃分到不同的類別，為便於數據統計分析，實際統計以義項為單位。

---

① 在詞條的分析中，“《大詞典》引某某例”即表示該例為首例。

② 引用本例的標記僅限於重點列舉的書證。

1 緒　論

1.1 筆記

中國五千年悠久的歷史，為世人留下了浩如煙海的文獻典籍，筆記則是這些典籍中的一個重要組成部分。筆記內容之豐富，題材之廣泛，數量之眾多，令後人嘆為觀止。宋代筆記，在筆記王國里占據着重要的地位，為古漢語詞彙研究提供了豐富的語言資料。

1.1.1 筆記概述

筆記本指執筆記錄、掌文書之事，該詞最早出現在六朝時期。《南齊書·丘巨源傳》："筆記賤伎，非殺活所待。"此處的筆記並非指文體。六朝尚文重彩，注重詞藻、講求聲韻對偶，盛行華麗的駢體文。當時稱駢體文為"文"，稱隨意記錄的散行文字為"筆"。《文心雕龍·總術》："今之常言，有文有筆，以為無韻者筆也，有韻者文也。""筆記"作為一種文體名稱，也最早出現於《文心雕龍》。《文心雕龍·才略》："路粹楊修，頗懷筆記之工；丁儀邯鄲，亦含論述之美。"又："溫太真之筆記，循理而清通；亦筆端之良工也。"王僧儒《太常敬子任府君傳》："辭賦極其精深，筆記尤盡典實。""筆記"二字作為書名，始於北宋時期的宋祁，他著有《筆記》三卷。

筆記導源於先秦兩漢，興起於魏晉南北朝，成熟於唐五代，大盛於宋遼金元時期，至明清而極盛。① 先秦兩漢就有筆記雛形，而在六朝時才出

---

① 聶永華. 古代筆記文漫議[J]. 運城學院學報，2007 (1)：29.

現"筆記"作為文體的字眼，這不得不說到另一個與"筆記"密切相關的概念——"小說"。"小說"一詞，最早見於《莊子·外物》："飾小說以干縣令，其於大達亦遠矣。"這裏的小說指偏頗瑣屑、遠離大道的言論。班固《漢書·藝文志》："小說家者流，蓋出於稗官，街談巷語，道聽途說者之所造也。"將這類價值不高的作品稱作"小說"。劉葉秋先生在《歷代筆記概述》中說："後來的封建文人，大都承襲班固的觀點，把不本經典的論述，比於小道，叫做小說；把瑣聞、雜志、考證、辨訂等等無類可歸的記錄，也一律稱為小說。"① 因此古時文人常將"筆記"與"小說"混為一談，正如劉葉秋先生說："前人並不注意區分什麼叫小說，何者為筆記；所以往往把雜錄、瑣記統稱為'筆記小說'。"② 在傳統目錄學中，各類筆記多歸於小說家或雜家。《四庫全書》的編者也難以決定筆記的歸屬，根據其內容將筆記收歸在史部、子部、集部中。對筆記這樣的認識，跟筆記的特點與地位有關。筆記內容繁雜，無所不包，難以將其歸類，加上筆記隨意性強，古時文人對這類書不免鄙薄，視其為茶餘飯後的消閒作品，難登大雅之堂。因此，在所謂"經典"著作占統治地位的時代，造成了筆記因不受重視而難以歸類的現象。

今人對筆記的定義也不盡一致。劉葉秋先生認為："後人總稱魏晉南北朝以來'殘叢小語'式的故事集為'筆記小說'，而把其他一切用散文所寫零星瑣碎的隨筆、雜錄統名之為'筆記'。"③《中國筆記小說縱覽·總論》："筆記：文體的一種，一般指隨筆記錄和不拘體例的作品，又稱隨筆、筆談、雜識、劄記等。其題材廣泛，不少涉及政治、歷史、經濟、文化、自然科學、社會生活等諸多領域，但也有不少專門記錄、敘述某一個側面。筆記的體裁產生較早，正式以'筆記'冠名作品始於北宋的宋祁。在內容上，凡鋪陳故事，以人物及人物活動為中心，又有一定的結構、細節描繪的，稱為'筆記小說'。"④ 這些說法雖不完全相同，但大致有一個共同點，即有一定故事性的稱"筆記小說"，其他隨筆而書的雜錄之類則稱為"筆記"，廣義的"筆記"則包括"筆記小說"在內。但實際在這類

---

① 劉葉秋. 歷代筆記概述[M]. 北京：北京出版社，2003：2.
② 劉葉秋. 歷代筆記概述[M]. 北京：北京出版社，2003：2—3.
③ 劉葉秋. 歷代筆記概述[M]. 北京：北京出版社，2003：1.
④ 孫順霖，陳協琹. 中國筆記小說縱覽[M]. 上海：華東師範大學出版社，2013：7.

作品中，常常二者兼而有之。如在記載一些文人的趣聞軼事的筆記中，又常常夾雜一些情節性強的鬼怪故事之類。因此，什麼叫作筆記，筆記有什麼特點，哪些作品可以算是筆記，等等，恐怕是見仁見智，看法各有不同，未必能得出一致的結論。①

不管對筆記作出怎樣的界定，都不影響我們對筆記特點的認識：數量眾多、內容豐富、隨意性強。筆記數量之多，至今無人能說出一個確切的數字。據粗略的估計，中國的筆記小説，截至清末，大約不下於3000種。② 筆記內容豐富，無所不包，題材廣泛，涉及社會生活的方方面面。根據內容可將筆記大致分為三類：小説故事類；歷史瑣聞類；考據辨證類。③ 筆記寫作風格隨意，有長有短，有聞即錄，文白夾雜，記敘隨宜。正因為筆記這些特點，各領域的學者在筆記中各取所需。治史者從中尋找史料以補正史之不足，治文者以此窺探文風嬗變，創作者從中求取素材與靈感，語言學者從中探究歷代語言變化的玄機。

1.1.2 筆記的語料價值

王力先生在《漢語史稿》中說："文字是語言的代表，因此，古代一切用漢語寫下來的文字記載，對漢語史來說，都有作為資料的價值。但是，特別值得注意的是接近口語的作品。"④ 早期文字材料與口語基本一致。由於作為視覺語言的文字一經產生就相對穩定，隨著歷史的發展，口語和書面語的差別越來越大。古時書面語，我們現稱作文言文。文言文在先秦漢語書面語的基礎上形成，是一種典範的書面表達方式，主要用於官方及上層文化人士交際的正式場合，與通俗的大眾日常用語有很大不同。而筆記由於作者隨心所記、隨筆而錄，用語與典範的文言文截然不同，文白夾雜，口語性比較強，是很好的漢語史研究語料。

語言直接反映社會的變化，詞彙對社會的變化最為敏感：政治和經濟、文化和教育、科學和技術、思想和道德各方面的變化無一不在詞彙中有所反映。⑤ 筆記內容廣泛，對各個時期的政治、經濟、軍事、外交、文

---

① 劉葉秋. 歷代筆記概述[M]. 北京：北京出版社，2003：5.
② 上海古籍出版社. 宋元筆記小説大觀[M]. 上海：上海古籍出版社，2001：出版說明.
③ 劉葉秋. 歷代筆記概述[M]. 北京：北京出版社，2003：1.
④ 王力. 漢語史稿[M]. 北京：中華書局. 2004：29.
⑤ 張永言. 詞彙學簡論[M]. 上海：復旦大學出版社，2015：6.

化、教育、科學以及典章制度、人情風俗、宗教信仰等皆有反映，為後人提供了很多借鑒。① 筆記如此廣泛的題材，豐富的內容，足能很好地反映各時代語言的變化，為漢語史研究提供豐富而又極具價值的語言材料。正如俞理明師在《清代筆記小說俗語詞研究》序言中說："作為語料，筆記小說材料零散是它的缺點，但正因為零散而涉及的廣泛內容，使它比其他文獻具有更多的內涵，許多其他文獻不易涉及的詞語在筆記小說中出現了，成為難得的詞彙研究材料。因此，筆記小說在詞彙研究中具有獨特的價值。"②

1.2 宋代筆記

1.2.1 宋朝的時代特點對筆記的影響

宋朝自公元960年趙匡胤黃袍加身至1279年崖山之役南宋滅亡，歷經319年。自秦始皇一統天下以來的封建王朝中，宋朝是享國時間繼漢朝之後，位居第二的封建王朝。有宋一代，是中國古代歷史上商品經濟、文化教育、科學創新高度繁榮的時期。

宋代軍權收歸中央，重文輕武，進一步完善科舉制度，使得文人異常活躍；理學的興起，促進了文化的繁榮與發展，為筆記的多產提供了肥沃的土壤。宋代重視修書，不僅注重修史，也注重類書的收集與整理，因而不僅出現了《資治通鑒》《新唐書》《新五代史》等史學著作，也出現了《冊府元龜》《太平御覽》《太平廣記》等類書。修書過程中積累的大量素材，其中難以載入史書的朝野軼聞趣事，則以隨筆而錄的筆記形式保存了下來，極大豐富了筆記的題材。完善的科舉制度，重文輕武的社會風氣，造就了一大批文人學子。這一時期，無論是失意的文士還是得意的公卿都加入筆記創作的行列，因此宋代筆記量大質優。如歐陽修的《歸田錄》、陸游的《老學庵筆記》、司馬光的《涑水紀聞》等都享譽當代。

宋代城市的發展和都市的繁榮促進了人們對文化娛樂的需求，同時為市民文學的發展創造了條件，而發達的印刷業，讓學者可以較輕易地刊印自己的著作，使讀萬卷書成為可能。《東京夢華錄》《都城紀勝》《夢粱錄》

---

① 張智華. 筆記的類型和特點[J]. 江海學刊，2000 (5)：167.
② 王寶紅，俞理明. 清代筆記小說俗語詞研究[M]. 成都：巴蜀書社，2012：序言.

等書，可以讓我們感受到當時繁榮的社會風貌，各行各業、風土習俗、瓦市技藝等各類城市生活，在書中展現得淋漓盡致。南宋末周密《武林舊事·諸色伎藝人》記錄有 480 位民間藝人姓名，同卷《諸色酒名》記有 54 種酒名，同卷《糕》條記當時臨安（杭州）民間富有特色的食品糖糕、蜜糕、粟糕等 19 種，可見宋代細膩的社會文化生活為宋代筆記的發展提供了豐富的營養。

宋代的民族融合為宋筆記提供了豐富的素材。文明發達的宋王朝處於政治地緣關係的中心地位，與周邊的金、蒙古、朝鮮等民族不斷交流融匯，同時宋朝本身就是多民族共存的王朝，漢族與其他少數民族交流頻繁。宋筆記中有很多民族融合的題材，如徐兢的《宣和奉使高麗圖經》，記錄了宋朝使團出使朝鮮半島的情景；彭大雅撰、同代人徐霆作疏的《黑韃事略》，記錄出使蒙古的所見所聞；趙汝适《諸蕃志》記錄海外諸國的風土人情和物產資源；倪思《重明節館伴語錄》記錄金國遣使來訪時的問答之詞、饋送之禮；樓鑰《北行日錄》詳細記錄出使金國的沿途見聞。

宋代歷經南北兩朝，與遼、金、元並存，外族入侵，改朝換代，戰亂頻發，出現了很多記錄戰亂的宋代筆記。李綱《靖康傳信錄》，記載了"靖康之變"前後作者的親身經歷和所見所聞；辛棄疾《南燼紀聞錄》《竊憤錄》記載金滅北宋及押送徽宗、欽宗二帝二后北遷之事；丁特起《靖康紀聞》記載靖康年間金兵圍汴京的歷史。另有石茂良《避戎夜話》、員興宗《采石戰勝錄》、李璧《中興戰功錄》、趙萬年《襄陽守城錄》、趙與睿《辛巳泣蘄錄》等，都是記錄當時抗擊外敵的史事。

宋朝特定的歷史背景，造就了宋筆記的百花齊放。宋代筆記數量眾多，形式多種多樣，許多人用"錄""記""記談""筆談""雜記""野語""燕語""夜話"等作為筆記名稱，粗略統計，此類筆記名稱多達 30 餘種，可以說達到了筆記史上的第一個高潮。宋代筆記內容廣泛，反映宋代語言全貌，而宋代筆記中所記錄的豐富的語言學資料使其在語言學史上也占有重要的一席之地。[①]

1.2.2 宋代筆記的俗語詞語料

宋代筆記固有的行文隨意、文白夾雜的特點，使其記錄了當時俗語詞

---

① 唐賢清，淩宏惠. 宋代筆記語言學資料研究價值芻議[J]. 古漢語研究，2014（3）：65.

全貌，能很好地反映有宋一代的語言特色，為漢語史詞彙研究者提供了豐富的語料。若按劉葉秋對筆記的分類，宋代筆記中不管哪一類筆記，對俗語詞研究來說都具有極其重要的研究價值。

1.2.2.1　小説故事類

宋筆記中的小説故事類筆記深受魏晉志怪小説的影響，如徐鉉《稽神録》、吳淑《江淮異人録》、張師正《括異志》、王明清《玉照新志》《投轄録》、廉布《清尊録》等，這些筆記故事性強，內容虛幻妄誕，文字平實簡率。如《清尊録》中記放高利貸者大桶張氏婚娶不守信用而致女死的故事，口語性強：

> 大桶張氏者，以財雄長京師。凡富人以錢委人，權其子而取其半，謂之"行錢"。富人視行錢如部曲也，或過行錢之家，設特位置酒，婦女出勸，主人皆立侍。富人遜謝，強令坐，再三，乃敢就位。張氏子年少，父母死，主家事，未娶。因祠州西灌口神歸，過其行錢孫助教家。孫置酒數行，其未嫁女出勸，容色絕世。張目之曰："我欲娶為婦。"孫惶恐不可，且曰："我公家奴也，奴為郎主丈人，鄰里笑怪。"張曰："不然，汝不過少錢物耳，豈敢相僕隸也。"張固豪侈，奇衣飾，即取臂上古玉條脫與女，且曰："擇日納幣也。"飲罷去，孫鄰里交來賀曰："有女為百萬主母矣。"其後，張別議婚，孫念勢不敵，不敢往問期。而張亦恃醉戲言耳，非實有意也。逾年，張婚他族，而孫女不肯嫁。其母曰："張已娶矣。"女不對，而私曰："豈有信約如此，而別娶乎？"其父乃復因張與妻祝神回，邀並飲其家，而使女窺之。既去，曰："汝見其有妻，可嫁矣。"女語塞，去房內，蒙被臥，俄頃即死。父母哀慟，呼其鄰鄭三者告之，使治喪具。鄭以送喪為業，世所謂忤作行者也。且曰："小口死，勿停喪。"即日穴壁出瘞之，告以致死之由。鄭辦喪具，見其臂有玉條脫，心利之，乃曰："某一園在州西。"孫謝之曰："良便。"且厚相酬，號泣不忍視，急揮去，即與親族往送其殯而歸。

這段文字中有豐富的俗語詞：

【行錢[1]】[本][1]指通過借貸獲取利息。文中第一個“行錢”為此義。後兩個**【行錢[2]】**[本]指借債人。

【灌口神＊】[宋][2]指二郎神。民間認為二郎神為鎮水之神，為其立祠。宋·葉適《行狀》：“孟春，會灌口神李冰祠下，籠石蛇瀾江為巨堰。”《蜀檮杌》卷上：“衍戎裝披金甲，珠帽錦袖，執弓挾矢。百姓望之，謂如灌口神。”又卷下：“六月朔，宴教坊，俳優作灌口神隊二龍戰鬬之象。”宋·呂陶《太中大夫武昌程公墓誌銘》：“彭人有為灌口神娶婦者，潭人有祭張太保神者，皆訛作亂俗，一懲以法，邪風為之變。”

【郎主[1]＊】奴僕對主人的稱呼。

【丈人】岳父。南北朝時已有。《三國志·蜀書·先主傳》：“獻帝舅車騎將軍董承辭受帝衣帶中密詔。”南朝宋裴松之注：“董承，漢靈帝母董太后之侄，於獻帝為丈人。蓋古無丈人之名，故謂之舅也。”董承女為獻帝貴人。

【笑怪＊】[宋]取笑。宋·釋梵棕《達磨贊》：“撞著梁王，不勘自敗，狼藉官場，遭人笑怪。”宋·悟明《聯燈會要·漳州保福從展禪師》：“僧云：‘若搆不得，未免大眾笑怪。’”明·袾宏《皇明名僧輯略·拈古》：“你看這兩個老漢，拈頭失尾，拈尾失頭，若惹諸方笑怪。”

【條脫】古代臂飾。南北朝已有。也稱“跳脫”。[3]

【納幣】古代婚禮六禮之一。納吉之後，擇日具書，送聘禮至女家，女家受物復書，婚姻乃定。亦稱文定，俗稱“過定”。該詞先秦已有，《春秋·莊公二十二年》：“冬，公如齊納幣。”

【主母】[補][4]指女主人。該詞漢代已有。《史記·蘇秦列傳》：“妾欲言酒之有藥，則恐其逐主母也；欲勿言乎，則恐其殺主父也。於是乎詳僵而棄酒。”

【仵作】舊時官府中檢驗死傷的差役。亦稱以代人殮葬為業的人。該詞唐時已有。唐·李商隱《雜纂·惡行戶》：“暑月仵作。”

【小口】未成年人。南北朝時已有用例。《後漢書·東夷傳·高句驪》：

---

① 指《漢語大詞典》（後簡稱《大詞典》）引本例為書證。見凡例，下同。
② 指《大詞典》未收録。
③ 對辭書修訂部分有討論。
④ 《大詞典》缺宋代書證。

"自今已後，不與縣官戰鬥而自以親附送生口者，皆與贖直，縑人四十匹，小口半之。"

由此可見，這段文字中俗語詞豐富，有的在宋以前就產生了，也有宋時才產生的新詞新義。

1.2.2.2 歷史瑣聞類

宋代史學，較前昌盛，有名學者，多精史筆，所以宋代的筆記文以史料筆記一類最為發達。宋初筆記，大多出自五代舊臣之手，記載唐五代的故事，鄭文寶的《南唐近事》和《江南餘載》、張洎的《賈氏談錄》、錢易的《南部新書》便是這類筆記的代表。仁宗以後，筆記作者日眾，始偏重於輯錄當代軼事、朝廷故實。如司馬光的《涑水紀聞》、歐陽修的《歸田錄》、李廌的《師友談記》和王辟之的《澠水燕談錄》，都是北宋史料筆記內較好的作品。還有其他歷史瑣聞類宋人筆記，如王君玉的《國老談苑》，記太祖、太宗、真宗三朝雜事；范公偁的《過庭錄》，多記北宋士大夫軼聞及其先人事；彭乘的《墨客揮犀》，輯錄宋代的軼事以及詩話、文評。另外還有記錄戰事的史料筆記，如員興宗《采石戰勝錄》、李壁《中興戰功錄》、趙萬年《襄陽守城錄》、趙與裦《辛巳泣蘄錄》等。歷史瑣聞類的宋代筆記，包含豐富的史料信息，語言平實通俗，不乏豐富的俗語材料。如龐元英《文昌雜錄》卷六記載：

> 北人謂住坐處曰捺鉢，四時皆然。如春捺鉢之類是也。不曉其義，近者，彼國中書舍人王師儒來修祭尊，余充接伴使，因以問。師儒答云：是契丹家語，猶言行在也。

短短六十餘字的語料，就有多個有價值的俗語詞：

【住坐¹】㈠①指起居、生活。元·佚名《前漢書平話》卷下："大夫歸去，傳示吾兄：三王安穩住坐，聖王已無疏失。"

【捺鉢＊】契丹語。遼主的行營。宋·王易《重編燕北錄》："所謂捺鉢者，戎主所至處也。"

【行在】即行在所。該詞唐時已有，杜甫《北征》詩："揮涕戀行在，道途猶恍惚。"宋人筆記也有用例。《老學庵筆記》卷四："已而大駕幸建

---

① 《大詞典》引元·佚名《前漢書平話》例。

康，六宫留臨安，則建康為行在，臨安為行宮。"

【家＊】㊌助詞。猶的。元·無名氏《殺狗勸夫》楔子："哥哥比兄弟多一片家狠心腸。"《北狩見聞錄》："（徽廟）遂作一詩，寫付彥宗。曰：'錦袍駿馬曉棚分，一點星馳百騎奔。奪得頭籌須正過，無令綽撥入邪門。'（自注：綽撥、邪門，皆打毬家語。）"《大詞典》引《殺狗勸夫》例。

歷史瑣聞類筆記中，很多記載當時軼聞趣事，多記錄當時場景，包含人物對話，多真實反映當時的口語情況。如王鞏《隨手雜錄》記載：

> 子瞻自杭召歸，過宋，語余曰：在杭時，一日中使至，既行送之，望湖樓上，遲遲不去。時與監司同席，已而曰："某未行，監司莫可先歸。"諸人既去，密語子瞻曰："某出京師辭官家，官家曰：'辭了孃孃了來。'某辭太后殿，復到官家處，引某至一櫃子旁，出此一角，密語曰：'賜與蘇軾，不得令人知。'"遂出所賜，乃茶一斤，封題皆御筆。子瞻具劄子，附進稱謝。至宋，語余曰："且教子由伏事孃孃，我小使頭出來，自家門打一解。"哲宗眷遇如此，復為大臣讒逐，至貶海島，命矣。

【官家】皇帝的稱呼。該詞唐時已有，房玄齡《晉書·石季龍載記上》："官家難稱，吾欲行冒頓之事，卿從我乎？"《資治通鑑·晉成帝咸康三年》引此文，胡三省注云："稱天子為官家，始見於此。西漢謂天子為縣官，東漢謂天子為國家，故兼而稱之。或曰：五帝官天下，三王家天下，故兼稱之。"

【孃孃¹＊】㊎稱母親。《龍川別志》卷上："仁宗謂劉氏'大孃孃'，謂楊氏'小孃孃'。"《曾公遺錄》卷九："呼太后及太妃云：'孃孃、姐姐，痛忍不得也！'"

【櫃子】㊌①即櫃。

【一角＊】㊎一包；一份；一封。《貴耳集》卷上："東坡見而指之曰：'欠一件物事，當寫作：信物一角，送上閻羅大王。'"

【劄子】官府中用來上奏或啟事的一種文書。《歸田錄》卷二："唐人奏事，非表非狀者為之牓子，亦謂之錄子。今謂之劄子。凡群臣百司上殿

---

① 《大詞典》引元·劉致《端正好·上高監司》例。

奏事，兩制以上，非時有所奏陳，皆用劄子。中書樞密院事有不降宣敕者，亦用劄子。”

【伏事】[晚][1]指侍候，服侍。該詞唐五代時已有，《敦煌變文校注·廬山遠公話》：“緣為善慶初伏事相公，不得入寺聽經，只在寺門外邊為他看馬。”

【一解*】[晚][2]一次；一回；一遭。

【小使頭*】[宋]指一般傭人。即小使。《入蜀記》卷五：“是日早，見舟人焚香祈神云：‘告紅頭須小使頭長年三老，莫令錯呼錯喚。’”“小使”的本義指宮中侍役。《呂氏春秋·行論》：“齊王因乃發小使以反，令燕王復舍。”高誘注：“小使，微者也。”后指一般的傭人。宋·釋普濟《五燈會元》卷第十五：“師曰：‘家無小使，不成君子。’”“頭”是詞綴。

1.2.2.3 考據辨證類

宋代是考據學發展的興盛時代，產生了一系列考據辨證類筆記。考據內容無所不包，各有側重，如程大昌《考古編》側重經學，王觀國《學林》側重文字訓詁，岳珂《愧郯録》側重典章制度，吳曾《能改齋漫録》側重文學。有的則是綜合性的考據辨證，如沈括《夢溪筆談》涉及中國自然科學、工藝技術及社會歷史現象等，洪邁《容齋隨筆》涉及經史諸子、詩詞文翰以及歷代典章制度、醫卜星曆等，劉昌詩《蘆浦筆記》涉及“先儒之訓傳，歷代之故實，文字之訛舛，地理之遷變”，王應麟《困學紀聞》，則將考據內容以經、史、子、集歸類，成為後世考據筆記的範式。由此可見宋代考據筆記博而雜，語言涉及社會生活的方方面面，尤其一些涉及文字訓詁的考據，為語言學研究提供了極好的素材，其中含有豐富的俗語詞材料。如《猗覺寮雜記》卷下有一段：

> 嶺外有果名撚子，三月開花如芍藥，七八月實成，可食，結腸胃，小兒食多則大便難。東坡改名海漆，言搗其葉可代柿漆用。《嶺表録異》云：“倒撚子，窠叢生。葉如苦李，花似蜀葵，小而深紫。南方婦女多以染色。子如軟柿，上有四葉，如柿蒂，食者必撚其蒂，故謂倒撚子。”或呼謂都念子，語誤也。其子外紫內赤，無核，食之

---

① 《大詞典》引元·關漢卿《謝天香》例。
② 《大詞典》引元·關漢卿《蝴蝶夢》例。

甜軟，暖臟，益肌肉。古訛"捻"為"念"，今又訛"念"為"撚"。《大業拾遺記》："南海送都念子一百株，付西苑十六院種。"即此花也。

該段文字是對嶺外一種植物的辨別，對其生長、外形、藥性都有說明，尤其對其名稱來由的說明涉及很多俗語詞。

【倒捻子＊】【倒撚子＊】㊂【撚子＊】㊥【都念子＊】常緑小喬木，可用以染色，果子可食用。因吃其果子要倒捻其蒂，故名。

捻，用手指搓或轉動。北魏·賈思勰《齊民要術·作豉法》："一石豆，熟澡之，漬一宿；明日出蒸之，手捻其皮，破其皮，破則可。""倒捻子"得名於吃這種果子時的動作：倒捻其蒂。撚，搓揉；搓撚。《説文·手部》："撚，蹂也。"朱駿聲通訓定聲："蹂，當作煣也。煣即今揉字。"可見，撚，同"捻"。"撚子"則為"倒撚子"的省稱。《大詞典》僅釋義"撚子"為"用紙搓成的條狀物或用線織成的帶狀物"①。"都念子"為"倒撚子"的音訛。也俗稱"倒粘子"。明·李賢等撰《明一統志》卷八十二："海漆，瓊山縣出，花如芍藥，俗名'倒粘子'，漬為膠，可代柿油，宋蘇軾命以此名。"

宋筆記裏，這種植物也稱作【倒黏子＊】㊂，《曲洧舊聞》卷五："東坡至儋耳，見野花夾道，如芍藥而小，紅鮮可愛，樸樕叢生。土人云：倒黏子花也，結子如馬乳，爛紫可食，殊甘美。"也稱作"都撚子""粘子"，清·趙學敏《本草綱目拾遺·果部下·倒捻子》："綱目：都撚子，即倒撚子，……時珍曰：食之必倒撚其蒂，故謂之倒撚子，訛為都撚子也。……倒撚子，又名粘子，花於暮春，實於盛夏，諺曰：六月六，粘子熟。"《大詞典》未收"都撚子""倒粘子""粘子"。

【海漆＊】㊂海漆是蘇東坡為"倒撚子"起的名字，因倒撚子可為膠，可補人之血，故名。《曲洧舊聞》卷五："……吾久苦小便白濁，近又大腑滑，百藥不瘥，取倒黏子嫩葉蒸之，焙燥為末。以酒糊丸，日吞二百餘。二腑皆平復，然後知其奇藥也，因名海漆。"清·屈大均《廣東新語·木語》："廣中山果……曰都撚子。樸樕叢生，花如芍藥而小，春時

---

① 引今人沈從文《生》例。宋時有用例，宋·佚名《小兒衛生總散論方》卷十八："每用少許，以新綿子纏撚子揾藥塞耳中。"

開，有紅白二種，子如軟柿，外紫內赤，亦小，有四葉承之，每食必倒撚其蒂，故一名倒撚子。子汁可染若胭脂，花可為酒，葉可麴，皮漬之得膠以代柿。蘇子瞻名曰海漆，非漆而名為漆，以其得乙木之液，凝而為血，而可補人之血，與漆同功，功逾青黏，故名。"

1.3 俗語詞

俗語詞已經受到漢語史研究者的重視，學者們已對各時代的俗語詞進行了廣泛深入的研究，但俗語詞的概念是什麼，哪些詞語才算俗語詞，目前還沒有完全一致的說法。

"俗語詞"是俗語的一部分。王力先生在《語言學詞典》中說："俗語指民眾的通俗語言。俗語作為某一族語的類型之一，值得研究。"① 俗語有很多名稱。"俗語，或稱言、里言、俚言、鄉言、俗言、傳言、常言、邇言、恒言，或稱諺、里諺、野諺、古諺、鄉諺、俗諺，或稱語、里語、民語、常語、古語、直語、鄙語、諺語、俗語，或稱俗話、古話、煉話、常談、俗談、方言土語、街談巷語等，其中最為常用的還是'俗語'。"② "俗語詞"是詞語，"俗語"是語，因此俗語包括俗語詞及短語。"俗語"與"雅言"相對。雅言是使文章典雅而使用的源自儒家經典的詞語。③ 因此，俗語詞應是通俗、非典雅的詞。

有的學者認為俗語詞主要是口語詞。楊琳認為："俗語詞從本質上來講就是口語詞，英語中稱為 colloquial words, colloquial 的意思就是'口語的、通俗的'。之所以稱為俗語詞，是相對於書語詞的文雅典重而言的。"④ 學者張涌泉也持這一觀點。"俗語詞，主要是指古代民間的口頭語詞。這種口頭語詞，過去是不能登大雅之堂的，因而在正統的文言文裡非常少見"⑤ 而方一新認為："所謂'口語詞'、'俗語詞'，原本就是兩個比較模糊的概念，有學者主張分，有學者則等而同之。"⑥ 這種說法很能反

---

① 王力. 語言學詞典[M]. 濟南：山東教育出版社，1995：536.
② 徐宗才. 俗語[M]. 北京：商務印書館，1999：1.
③ 季宗平. 論雅言詞研究與詞典編纂[J]. 語言研究，2007 (2)：113.
④ 楊琳. 俗語詞研究概說[J]. 文化學刊，2013 (5)：121.
⑤ 張涌泉. 敦煌文獻俗語詞研究的材料和方法[J]. 中國典籍與文化，2012 (80)：50.
⑥ 方一新. 從中古詞的特點看漢語史的分期[M] //漢語史學報：第四輯. 上海：上海教育出版社，2004：182.

映出學界對這兩個概念的糾結。朱慶之認為:"口語詞與俗語詞本是兩個互有區別的概念:口語詞是相對於書面語詞而言的,主要指只用於日常口語(包括方言詞)而不同於書面語的那些詞;俗語詞是相對於雅言(文雅的)而言的,主要指口語中那些粗俗鄙俚難登大雅之堂的詞。"① 有的認為俗語詞除口語詞外,還包括方言詞。如王寶紅:"俗語詞是漢語詞彙研究中的一個重要術語,它指的是歷史上各個時期流行於社會各階層的口語詞,也包括方言詞之類。"② 有的學者界定俗語詞時,除了強調口語化外,還強調新詞新義這一特點。如黃征:"漢語俗語詞是漢語詞彙史上各個時期流行於口語中的新產生的詞語和雖早有其詞但意義已有變化的詞語。"③

不管學者們對俗語詞概念存有怎樣的爭議,但對其通俗、非正式、難登大雅之堂的特點不可否認。只要符合這一特點的,我們都將其納入俗語詞一類。除俚俗詞外,口語詞因快捷交際的需要,一般來說是通俗易懂的;方言詞限於特定地域,也難與典雅語言相稱,因此這些詞應是俗語詞的一部分。另外,某些囿於某個領域的人使用、用通俗的詞語表達的行業或社團用語,也應認為是俗語詞。因此,方言、隱語、行業語、其他民族語言的翻譯詞、通俗的官場用語等都是本書的研究對象。同時,符合"通俗、非正式、難登大雅之堂"這一特點的,常常是各個時期流行於口語中的新詞新義,宋筆記文白夾雜的行文中,有很多這樣的詞語。本書也將這些因時代發展所需而流行於口語中的新詞新義,納入詞目的考察範圍。

---

① 朱慶之. 佛典與中古漢語詞彙研究[M]. 天津:天津出版社,1992:58.
② 王寶紅. 筆記小說校點舉誤[J]. 西藏民族學院學報,2008,29(5):114.
③ 黃征. 漢語俗語詞研究的幾個理論問題[J]. 杭州大學學報,1992,22(2):49.

2 名物（一）

語言是交流的工具。爲保證交流的暢通，世間萬物，皆以名記之，萬物皆有名。"凡目所見、耳所聞、口所嗜、鼻所嗅、四肢之所觸，與夫心之所志、意之所感，舉凡別聲、被色與無聲、無臭，苟可以語言稱之者，無非事也，無非物也，無非名也。"① 名物包羅萬象。該部分研究宋筆記中涉及人物、身體、生物、食品、藥物的俗語詞。

2.1 人物

人是社會的人，在社會生活中所扮演的角色也是形形色色，按照不同的標準區分，因其血緣、職業、品行、地位的不同而有不同的名稱。每個人表現出來不同的特點，而又有不同的名稱。下面按照親屬關係、社交關係、社會分工、個體心理生理狀況等情況分類。

2.1.1 親屬

中國傳統重視血緣關係，親屬名物詞很能反映血緣關係的遠近。宋筆記中有許多與此相關的俗語詞。

【骨肉】比喻至親，指父母兄弟子女等親人。

《近事會元》卷四："《教坊録》云：女妓入宜春院，謂之内人，亦曰前頭人，謂在上前也。骨肉得居教坊，謂之内人家，有請俸，其得幸者，謂之十家。"

該詞先秦已有，《墨子·尚賢下》："當王公大人之於此也，雖有骨肉

---

① 馬建忠. 馬氏文通[M]. 北京：商務印書館. 1983：20.

之親，無故富貴，面目美好者，誠知其不能也，不使之也。"

【親骨肉＊】⑩指父母兄弟子女等血統最接近的人。

《黑韃事略》："若行軍用師等大事，只韃主自斷，又却與其親骨肉謀之，漢兒及他人不與也。"

《大詞典》引明·施耐庵《水滸傳》例。

【骨頭】�义骨肉。比喻至親，指父母兄弟子女等親人。宋時蒙古人對族人的稱呼。

《黑韃事略》："每呼韃人為自家骨頭，雖至細交訟事，亦用撒花直造韃主之前，然終無不決而去。"①

【尊行＊】⑩長輩。

《韓忠獻公遺事》："仁廟疾，欲立英宗。時允弼最尊屬，心頗不平……允弼曰：'豈有團練使為天子者，何不立尊行？'"

【大媽媽＊】㊨曾祖母。

《四朝聞見錄·憲聖擁立》："嘉王聞命，驚惶欲走，憲聖已令知閤門事韓侂胄掖持，使不得出。嘉王連稱：'告大媽媽（自注：憲聖），臣做不得，做不得。'"

後也指妾對正妻的敬稱。明·蘭陵笑笑生《金瓶梅詞話》第四十回："金蓮見西門慶臉朝裏睡，就指著孩子說：'老花子，你好睡！小道士兒自家來請你來了。大媽媽房裏擺下飯，叫你吃去，你還不快起來，還推睡兒！'"

【公公¹】⑩祖父。

《南燼紀聞錄》："吾與汝皆太上皇女孫，今日伯伯作官家不好事多，不如我公公作官家快活。"

《大詞典》引明·凌濛初《初刻拍案驚奇》例。

【公公²】尊稱年老的男子。

《貴耳集》卷上："若言七十當致仕，八十公公也合歸。"

---

① 大象出版社《全宋筆記》最後一句為"然無終予決而去"，此處用四庫本。

【公公³】㈢稱曾祖父。

《四朝聞見錄·憲聖擁立》："王遂掣侂胄肘環殿柱。憲聖叱王立侍，因責王以'我見你公公，又見你大爹爹，見你爺，今又却見你。'言訖，泣數行下。"

這是宋高宗的憲聖慈烈皇后吳氏擁立趙擴（宋寧宗）時說的話。吳氏歷經高宗、孝宗、光宗、寧宗四朝，四朝皇帝的關係是：高宗的養子孝宗，孝宗的兒子光宗，光宗的兒子寧宗。古時長幼有序，公公當為高宗，即寧宗的曾祖父。

【大爹爹＊】㈢祖父。

例見"公公³"。

分析見上，"大爹爹"當為孝宗，即寧宗的祖父。

【翁翁】猶公公。老翁，多指祖父。

《朝野遺記·越次建儲》："復見高廟，亦有慍言，曰：'翁翁留愷，卻使三哥越次做太子。'"又《光宗欲速得正位》："光宗岸幘稟后曰：'臣已白髮，尚以為童，則罪過翁翁。'后無語，蓋謂高廟遜壽皇於盛年爾。"

《搜神秘覽·龍徒》："忽有童孩蓬髮紫衣，叩門而入，呼其婢曰'母'，呼古曰'翁翁'。"該詞唐時已有，唐·權德輿《祭孫男法延師文》："翁翁婆婆以乳菓之奠，致祭於九歲孫男法延師之靈。"

【支婆＊】㈢庶祖母或庶母的別稱。

《家世舊聞》："八月，祖母生先君；九月，杜支婆生叔父。（自注：先世以來，庶母皆稱支婆。）"

【爹爹】父親。

《北狩見聞錄》："（欽宗）又密奏曰：'得旨，爹爹孃孃請便來，不可緩，恐失事機。'"

【大老＊】㈢稱父。

《侯鯖錄》卷八："江州村民呼父曰大老。"

【媽媽】母親。

《經鉏堂雜志·孝廟聖德》:"慈福慶壽,壽皇新作一袍,刺繡甚華。慈福見之云:'哥哥尋常不曾著此衣服,今何故如此?'壽皇對云:'政為媽媽萬壽獻杯之故。'慈福云:'哥哥可謂孝順。'"

《羅湖野錄》卷二:"時有僧過其門,婆遽呼曰:'兒,兒。'僧曰:'媽媽、爹爹在甚麼處?'"

【姆姆】㈠猶媽媽,用以稱母親或其他老年婦女。

《南燼紀聞錄》:"(小女子)戎服見太后等泣曰:'奴肅王小女珍珍也。'呼太后為'婆婆',朱后為'姆姆'。"

【孃子¹*】稱母親。

《自警編》卷六:"劉安世初除諫官,未敢拜命,入與孃子謀曰:'……朝廷方以孝治天下,如以老母懇辭,必無不可。'孃子曰:'不然,……假使得罪,我不選甚處隨你去,但做。'"

司馬光《書儀》卷一:"古人謂父為阿郎,謂母為孃子。"

【孃子²*】㈡稱嬪妃。

《鐵圍山叢談》卷一:"國朝禁中,稱乘輿及后妃多因唐人故事,謂至尊為官家,謂后為聖人,嬪妃為孃子。"

【房子¹】㈡指本房所生之子。

《北夢瑣言》卷十二:"唐相國楊收,江州人。祖為本州都押衙。父直,為蘭溪縣主簿;生四子:發、嘏、收、嚴……發以春為義,其房子以柷、以乘為名;嘏以夏為義,其房子以煚為名;收以秋為義,其房子以鉅、鏻、鑣、鑑為名;嚴以冬為義,其房子以注、涉、洞為名。盡有文學,登高第。"

【老婆¹】㈡妻子的俗稱。

《夢粱錄·夜市》:"更有叫'時運來時,買莊田,取老婆'賣卦者。"

【姐姐¹】稱母親。

《曾公遺錄》卷九："至十日著灸，初不知痛，至五十壯後痛甚，呼太后及太妃云：'孃孃、姐姐，痛忍不得也！'"

此處哲宗稱向太后為孃孃，稱自己的生母朱太妃為姐姐。

【姐姐²】㊗稱呼同父母（或只同父、只同母）而年長於己的女子。

《夷堅甲志·上饒徐氏女》："姊家述亡者之言，付以鏡，妹悲哭嗚咽，……曰：'姐姐見在鏡子裏喚我。'"

《大詞典》引元·佚名《前漢書平話》。

【姐姐³】㊗稱女兒。

《夷堅志補·賈廉訪》："商死，其女嫁廉訪之子成之……歸啟篋笥，凡黃白器血皆不見，但公牒一紙存，驚叩妾。妾曰：'比者府牒以排天申節，盡數闞借，當時遣僕馳白姐姐及賈郎……'"

《大詞典》引明·吳承恩《西遊記》例。

【姐姐⁴】㊗偏房稱丈夫的正室。

《四朝聞見錄·憲聖不妒忌之行》："憲聖再拜對曰：'大姐姐（自注：稱高宗元妃邢氏）遠處北方，臣妾缺於定省。'"

【姐姐⁵】男子對妻或別人妻子的稱呼。

《夷堅戊志·蕪湖王氏癡女》："劉遂別娶婦，而中心常若有負者……但時時悲叫曰：'姐姐少緩我，容我相隨去。'"

【岳翁】㊗岳父。

《晁氏客語》："呼妻父為泰山……今人乃呼岳翁。"

《大詞典》引明·陳繼儒《群碎錄》例。

【親家翁*】指親家公。

《猗覺寮雜記》卷上："'親家翁'、'開素'、'鵲填河'皆俗語，白樂天用俗語為多，《贈皇甫郎中親家翁》詩：'晚接嘉姻不失親。'"

【婦翁*】妻子的父親。

《松漠紀聞》："禮畢，壻牽馬百匹，少者十四，陳其前。婦翁選子姓之別馬者視之，塞痕則留。（自注：好也。）鋅鋅則退。（自注：不好也。）"

該詞魏晉時已有，《三國志·魏書·武帝紀》："昔直不疑無兄，世人謂之盜嫂；第五伯魚三娶孤女，謂之撾婦翁……此皆以白為黑，欺天罔君者也。"

【親家母*】對兒子的丈母或女兒的婆婆的稱呼。

《廣卓異記》卷二："右按《唐書》：中書令蕭嵩子尚新昌公主，嵩夫人賀氏入覲拜席，玄宗呼為親家母，禮儀甚盛。"

【叔舅¹*】㈲妻子的弟弟。也稱外叔舅。

《蜀檮杌》卷上："德權，汝南人，建之妻弟。從建入蜀，以戰功屢遷眉州刺史……建大悅，曰：'成我者，叔舅也。'"

明·程敏政作詩《濟寧夜雨感懷聞外叔舅侍御李公已赴山東憲副》，其中的外叔舅侍御李公指李璋，程敏政妻子李瑩的弟兄。

【叔舅²*】㈲指三舅。

《北行日錄》："己未，雨，侍叔舅。"又："仲舅入城回謁，船由城外至閶門，叔舅別去，一夕行九十里。"

叔，兄弟中排行第三的。《儀禮·士冠禮》："伯某甫。仲、叔、季，唯其所當。"鄭玄注："伯仲叔季，長幼之序。"《北行日錄》裏還有孟舅、季舅。作者樓鑰的母親有四個兄弟，依次為：汪大雅、汪大猷、汪大有、汪大定。叔舅指三舅汪大有。

【叔舅³*】㈲母親的弟弟。

《潁川語小》："伯舅叔舅，異姓尊長之稱，為母之兄弟也。"

有時也指舅舅的統稱。唐·柳宗元《崔氏祭文》："叔舅宗元祭於二十六娘子之靈。凡我諸甥，惟爾為首。"這是柳宗元悼念他最喜愛的外甥女的祭文，柳宗元沒有弟兄，他是唯一的舅舅。另有宋·蘇洵《自尤》詩："汝母之兄汝叔舅，求以厥子來結姻。鄉人皆嫁重母族，雖我不肯將安云？"此處母親的兄長也稱叔舅，該兩例中"叔舅"為舅舅的統稱。

【哥哥¹】㈱稱呼同父母（或只同父、只同母）的兄長。

《曾公遺錄》卷九："方逐其弟，卻用他哥哥，是不便。"

《大詞典》引明·洪楩《清平山堂話本》例。

【哥哥²】㊧妻對夫的稱呼。

《朝野遺記》："光宗既愈，后泣謂曰：'嘗勸哥哥少飲，不相聽。'"

【同門＊】㊨【連袂】【連襟】姐妹的丈夫之間的親戚關係。因同為一家之婿，故稱。

《嬾真子》卷二："《爾雅》曰：'兩壻相謂為亞。'注云：'今江東人呼同門為僚壻。'《嚴助傳》呼友壻。江北人呼連袂，又呼連襟。"

《能改齋漫錄·神仙鬼怪》："李參政昌齡家女多得貴壻，參政范公仲淹、樞副鄭公戩，皆自小官布衣選配為連袂。"明·謝肇淛《五雜俎·人部四》："《爾雅》曰：'兩婿相並為亞。'《詩》：'瑣瑣姻婭'是也。《嚴助傳》呼友壻，宋時人謂之連袂，又呼連襟，閩人謂之同門。"《大詞典》"同門"引明·謝肇淛《五雜俎》例。

【從車＊】㊧指媵妾。

《五國故事》卷上："昶之母后，即後唐積慶公主之從車也，嘗在并州，累從征伐，備歷艱難，由是頗務慈儉，常戒昶以固福壽為懷。"

【妻男】㊨妻兒。泛指家室。

《曾公遺錄》卷七："熙河奏，邊廝波等妻男出漢。"

該詞唐五代已有，《敦煌變文校注·韓擒虎話本》："來入自宅內，委囑妻男合宅良賤：'且辭去也！'"《大詞典》引元·尚仲賢《三奪槊》。

【晚子＊】㊧過繼的兒子稱為"晚子"。

《叢林盛事》卷上："見超然居士，曰：'師伯圓悟和尚有晚子川遠，昨至山中，將赴建上請……'"

宋·惠洪《禪林僧寶傳》卷二十九："觀元普兩禪師，皆南公晚子也。"清·饒玉成《皇朝經世文續編·禮政十二服制下》："俗有子晚孫不晚之說，謂過繼他人之子為晚子。而已為晚子娶婦生孫，則為己婦所出。繈抱顧復，一同己孫，此孫不晚之說所自來也。"

【小兒子】㊧年輕人，小伙子。

《麈史·乖謬》："戎乃抗聲曰：'我本不欲來，為小兒子所強。今果受辱！'憲問：'小兒子為誰？'曰：'外甥。'"

《東京夢華錄》卷二："凡店內賣下酒廚子，謂之'茶飯量酒博士'。至店中小兒子，皆通謂之'大伯'。"又："又有小兒子，著白虔布衫，青花手巾，挾白磁缸子賣辣菜。"

【補代】㊎入贅女婿的俗稱。

《猗覺寮雜記》卷上："有同舟者號李布袋。篤人問其說。一人曰：'語訛也，謂之補代。人家有女無子，恐世代自此而絕，不肯出嫁，招婿以補其世代耳。'"

【外家*】母親或妻子的娘家，出嫁女子的娘家。

《邵氏聞見後錄》卷九："上柱國竇毅尚周武帝姊襄陽公主，其女聞隋楊堅受周靜帝禪，自投堂下，撫膺太息曰：'恨我不為男子，救外家之禍。'"

【老子[1]】父親的俗稱。

《老學庵筆記》卷一："予在南鄭，見西陲俚俗，謂父曰老子，雖年十七八，有子亦稱老子。"

該詞南北朝已有，梁·沈約《宋書·孝義傳·潘琮》："兒年少，自能走，今為老子不走去。"

2.1.2 不同社會關係中的人

人與人之間，除親屬關係外，也會有其他的社會關係。由於社會地位的高低及關係密切程度的不同，不同的人會有相應的名物詞來體現。

【上輩*】㊊地位高的人。

《江南野史》卷七："令欲驅之，大罵曰：'臭下輩。'簿對曰：'啞，叉手者既是下輩，行拳卻是上輩。'令慚謝。"

【下輩】地位卑下的人。

例見"上輩"。

該詞漢時已有，《漢書·灌夫傳》："稠人廣眾，薦寵下輩。士以此多之。"顏師古注："下輩，下等之人也。"

【小人】舊時男子對地位高於己者自稱的謙詞。

《錢氏私志》:"燕北風俗,不問士庶,皆自稱小人……對中人以上,即稱小人,中人以下,則稱我家。"

該詞先秦已有,《左傳·隱公元年》:"小人有母,皆嘗小人之食矣,未嘗君之羹。"

【老弟*】⑩對同輩年少於己者的昵稱。

《嶺外代答·方言》:"長於我稱之曰老兄,少於我稱之曰老弟。"

《談苑》卷一:"子瞻自惟倉卒被拉去,事不可測,必是下吏所連逮者多,如閉目窒身入水,頃刻間耳。既為此計,又復思曰:'不欲辜負老弟。'弟謂子由也,言已有不幸,則子由必不獨生也。"《大詞典》用清·孔尚任《桃花扇》例。

【自家人】猶言自己人。

《采石戰勝錄》:"夜即其所居帳中,連發三箭,射中亮。亮引弓欲射,已而問曰:'你是江南人,是自家人?'萬戶答曰:'自家人。'"

【主翁】猶主人。與"僕人"相對。

《玉照新志》卷四:"(黃進)少為富室蒼頭奴,隨其主翁為父擇葬地於郊外山間。"

《清波雜志》卷三:"聞人家姬侍有惠麗者,伺其主翁屬纊之際,已設計賄牙儈,俟其放出以售之。"

【廝兒¹】⑩作輕蔑稱呼。猶言小子。

《聞見近錄》:"馬樞密知節,勁直自任,持大笏入朝,上頗怪之,馬曰:'臣見本院長官多欺陛下,臣不怕驚動官家,惱亂宰相,則打殺此廝兒久矣。'上慰勞之。"

該詞唐五代已見,《敦煌變文集·燕子賦》:"如今會遭夜莽赤推,總是者黑廝兒作祖。"《大詞典》引宋·呂居仁《軒渠錄》例。

【廝兒²】⑧對人的昵稱。

《南部新書·庚》:"人或與披襖,或與布裘,皆不受,振鐸而去。臨濟令人送與一棺,師笑曰:'臨濟廝兒饒舌。'便受之。"

【蒼頭】㊜指奴僕。

《玉照新志》卷四："（黃進）少為富室蒼頭奴，隨其主翁為父擇葬地於郊外山間。與葬師偕行，得一穴最勝。"

該詞漢代已有，《漢書·鮑宣傳》："使奴從賓客漿酒霍肉，蒼頭廬兒皆用致富。"顏師古注引孟康曰："漢名奴為蒼頭，非純黑，以別於良人也。"《大詞典》該詞條無宋代書證。

【人從】隨從。

《曾公遺錄》卷七："邊厮波結兄弟三人，及一首領、人從二百余人出漢。"

該詞漢代已有。《中本起經》卷上："王來已久，宮遠早還。牛馬人從，停住勞疲。"

【干照人】㊔與案件有關係的證人。

《玉照新志》卷五："贓罪外，杖六十。先次據干照人說出逐人罪犯。"

"干"有"關涉"義，宋·陸游《南唐書·馮延巳傳》："吹皺一池春水，何干卿事？""照"有"憑證"義，《宣和遺事》前集："欲假皇帝金杯歸家與公婆為照。""干照人"相當於与憑證有關涉的人。宋·趙鼎《乞免攝文廣狀》："如干照人等指證分明，實有前件，事跡廣亦不敢隱諱，庶幾安慰眾心，不致反側。"《宋會要輯稿·刑法五》："開封府界令提點、提舉司，諸路令監司，催促結絕囚禁。內干照人及事理輕者，先次決遣。"宋·胡寅《繳湖南勘劉式翻異》："今干照人各已伏辯，而式獨不肯承罪，其挾權驕咨可驗臣僚之言矣。""干照人"也省作"干照"①。《續資治通鑑長編·神宗元豐元年》："甲辰，詔開封府界提點司、諸路監司分抉繫囚，內干照及事理輕者，先斷遣。"又卷四百六十八："諸路州軍令監司催結見

---

① "干照"還指契約。宋·佚名《名公書判清明集·懲惡門·申發干照》："緣產錢視田美惡，多寡不等，合遵照使判，盡索陳某干照，計算頃畝，其陳某復乃推稱原契並發上提舉司，致無可憑計算，反得以此罔惑官司。"又《吳肅吳鎔吳檜互爭田產》："夫豈知民訟各據道理，交易各憑干照。"《漕司送許德裕等爭田事》："許奉初契既已投印，張、楊之典，朱昌之買，亦出干照分明。"《朱子語類》卷第一百六："甲家於某年某月某日有甚干照，計幾項；乙家於某年某月某日有甚干照，計幾項，逐項次第寫令分明。"

禁罪人，內干照及事理輕者，先次斷訖以聞。"

【干連人】㊝多指與某案子相關連的從犯。

《曾公遺錄》卷七："河中府推勘官王克柔申劉何差官體量王發不公事，……未感告示王發歸任，及疏放干連人。"

宋·宋慈《洗冤集錄·驗鄰縣屍》："及到地頭，次第取責干連人罪狀，致死今經幾日，方行檢驗。"元·佚名《別本刑統賦解》："同罪之刑，至絞即依例除名同罪者，謂非正犯，即干連人也。"元·王實甫《西廂記·張君瑞害相思》第三折："我若是死呵，小娘子，閻王殿前，少不得你做個干連人。"《清實錄·乾隆朝實錄》卷之四百八十九："胡中藻案內干連人等，朕已加恩，一切從寬免究。"

【後手】後繼者。

《北行日錄》卷上："射每中，則面廳偏立，撒手報覆，樂使喝打著，即樂作，否則以擅捺後手見曉。"

【便介*】㊝受托順便代辦某事的人，多指捎帶書信之人。

《江行雜錄》："守念昔留某官處晚膳，出京都廚娘，調羹極可口，適有便介如京，謾作承受人書，託以物色，費不屑較。"

介，送信或傳遞消息的人。南朝梁·劉勰《文心雕龍·書記》："春秋聘繁，書介彌盛。"范文瀾注："書介，猶言書使。"《北夢瑣言》卷十六："延壽之將行也，其室王氏勉延壽曰：'願日致一介，以寧所懷。'一日，介不至。王氏曰：'事可知矣！'"《容齋四筆·大觀元夕詩》："開封尹宋喬年不能詩，密走介求援於其客周子雍。"《揮麈三錄》卷三："婦吳越錢族，晚事曹，頗解事，謂曰：'審爾何不漫訴之。'筠因便介，姑作詩以致祈懇。"宋·楊萬里《答棗陽虞軍便》："以書繳來教及事目付便介，持往漕司投之，又未知俞丈肯從欲否，便介必能言其詳也。""便介"也指隨意耿直。清·張春帆《九尾龜》第九十三回："阿呀，耐倒說得實梗容易兩個去換俚一個……陸俚有啥個個客人才像耐陳老實便介。"

【承受人*】㊝接受東西的人。也指經手人、經辦人。

例見"便介"。

《後村集》："既有免牘申省，不敢不通諸府，書承受人言……"《癸辛雜識後集》卷三：" 嘗聞有閫帥餽師憲三十皮籠，扃鐍極嚴，誤留寄他家。其承受人不過齎書函及魚鑰小匣投納而已，籠中之物雖承受人亦所不知也。"《金史·禮十一》："第二盞後，當面勸習儀承受人酒一盞，先揖，飲酒，再拜退……來使副以書送土物於引進使，及交進物軍員人等，閤門副及習儀承受人各贈土物。""承受人"也指繼承人。佚名《清代臺灣大租調查書》："即日將山埔給付承受人永遠管業，築屋居住，墾種竹木……保此山埔委系辛承父遺產，並無番親寸土干涉，亦無重復典當他人財物為礙；如有此情，俱系辛一力抵擋，不干承受人之事。"

【糧甲頭＊】㈤宋時滄州一帶出本錢讓貧民入山尋找陰沉木的財主。

《談藪》："夫村取板，皆貧民下戶率一二十人，請財主出本……財主呼為糧甲頭。"

【甜采】㈤與帝王同一个姓氏為甜采。

《澠水燕談錄》卷十："項有秉政者，深被眷倚，言事無不從。一日御宴，教坊雜劇為小商，自稱姓趙名氏，負以瓦瓶賣沙糖，道逢故人，喜而拜之，伸足誤踏瓶倒，糖流於地。小商彈指嘆息曰：'甜采你即溜也，怎奈何？'左右皆笑。俚語以王姓為甜采。"

【退丁＊】㈤指注銷戶口的壯丁。

《談苑》卷二："施黔州多白花蛇，螫人必死。縣中板簿有退丁者，非蛇傷則虎殺之也。"

【盲骨子＊】㈤蒙古族人。"盲骨"為"蒙古"的音譯。

《松漠紀聞》："盲骨子，《契丹事跡》謂之朦骨國，即《唐書》所謂蒙兀部。"又："盲骨子，其人長七八尺，捕生麋鹿食之，金人嘗獲數輩至燕，其目能視數十里，秋毫皆見，蓋不食煙火，故眼明。"

【耆婆＊】㈢宋時女真族婦女。同"岐婆"。

《黑韃事略》："霆見韃靼耆婆在野地生子纔畢，用羊毛揩抹，便用羊皮包裹，束在小車內，長四五尺，闊一尺。耆婆徑挾之馬上而行。"

《北行日錄》卷上："過鄭太宰宅，西南角有小樓，都人列觀，間有耆婆服飾甚異。"又："人物衣裝，又非河北比，男子多露頭，婦人多耆婆。"《大詞典》釋義為"梵語 Jivaka 的音譯。印度古代名醫。精藥理，後被尊為神。"

【山僚＊】㊡西南地區各少數民族的俗稱。

《桂海虞衡志·志蠻》："僚，在右江溪洞之外，俗謂之山僚。依山林而居，無酋長、版籍，蠻之荒忽無常者也。"

宋·黃震《古今紀要》卷八："資州山僚觧兵歸附者十餘萬，去之日攀戀數百里不絕。"宋·曾公亮《武經總要後集》卷十七："唐代宗大曆二年九月乙丑，晝有流星出午沒丑，尋桂州山僚陷州城，逐刺史。"《清稗類鈔·稱謂類·僚伶侗之稱謂》："諸蠻有僚、伶、侗、瑤、𦍒、偎數種，僚人，俗稱山僚，推其魁曰郎火，猶漢語夥伴也。"

【田子甲＊】㊡【馬前牌＊】㊡廣西少數民族部落的壯丁。

《桂海虞衡志·志蠻》："戶民強壯可教勸者，謂之田子甲，亦曰'馬前牌'，摠謂之'洞丁'。"

《嶺外代答·峒丁戍邊》："羈縻州之民，謂之峒丁，強武可用。溪峒之酋，以為兵衛，謂之田子甲。"又卷三《外國門下·田子甲》："邕州溪峒之民無不習戰，刀弩鎗牌用之頗精，峒民事讎殺，是以人習於戰鬥，謂之田子甲，言耕其田而為之甲士也。"宋·王安石《論邕管事宜》："其酋首之家，最得力者惟家奴及田子甲也。有因攻打小僚，以半布博買，有因嫁娶，所得生口，以男女相配，給田與耕，專習武藝，世為賤隸，謂之家奴。其選擇管內丁壯事藝精強之人，與免諸般科率工役，則謂之田子甲，又謂之馬前牌。"

【洞丁】南方少數民族部落的壯丁。

例見"田子甲"。

【寨丁＊】㊡古代對廣西一帶少數民族地區實行懷柔政策而設立寨子進行管理，寨子的民眾統稱為寨丁。

《嶺外代答·寨丁》："環羈縻溪峒，置寨以臨之，皆吾民也，謂之寨丁。"又："凡諸寨之戍，或用官軍，或峒丁，或寨丁。"

《續資治通鑒·宋寧宗嘉定三年》："馬湖蠻者，西爨昆明之別種也，始欲寇中鎮寨，寨有備，不可人，聞利店稍富實而寨丁少，乃攻利店。”《宋會要輯稿・兵二二》：“今邕州横山買馬，諸蠻遠來，入吾境内……遠在邕城七程之外，置寨立關，傍引左右江。諸寨丁兵會合彈壓……”

2.1.3 各類職業的人

人處於社會中，因社會分工的不同，承擔了不同的社會責任，從事不同的職業，由此產生與此相關的名物詞。有的名物詞，雖然和親屬有一定關係，但主要是由於某類人的社會地位和職業而賦予的稱謂，也將其納入該類進行討論。

【郎主[2] *】 [晚]北方少數民族君主。

《竊憤録》：“金主生辰不賜酒肉，云郎主病，免宴。或云郎主已歸天，或云王孫即位，流聞不一。”

《煬王江上録》：“郎主堅欲渡江，適觀大宋戰艦江心如飛，甲士奮勇，人船精鋭。我等皆北人，走馬射箭為上。”《大詞典》引元・王實甫《麗春堂》例。

【兀卒 *】 [晚]党項語音譯。西夏國主的自稱。

《聞見近録》：“寶元中，元昊始遣介稱教練都使，乞於其國中自稱兀卒。”

《龍川别志》卷下：“元昊入寇，所至如入無人之境。後數年，力盡求和，歲增賂遺，仍改名‘兀卒’，朝廷竟不問。”《大詞典》引元・脱脱《宋史》例。

【殘零[1]】 [本]編外待選。

《桯史・部婿增損文書》：“至臨安，果以初筮無舉員，當入殘零。”

【郎火 *】 [本]僚族部落首領。

《桂海虞衡志・志蠻》：“（獠）在右江溪洞之外，俗謂之山獠……無年甲姓名，一村中惟有事力者曰郎火，餘但稱火。”

《嶺外代答・僚俗》：“歲首以土杯十二貯水，隨辰位布列，郎火禱焉。”

【火】㈥古代僚族部落對部落首領外的部眾的統稱。

例見"郎火"。

【提陀 *】㈥廣西地區少數民族稱百姓為提陀。

《桂海虞衡志·志蠻》："每村團又推一人為長，謂之主戶。餘民皆稱提陀，猶言百姓也。"

明·鄺露《雅》卷一："土目稱其酋曰布伯，謂其百姓曰提陀，命女奴曰獵婢。布伯布令之長也，提陀可以涕唾人也。"又："郎火、提陀，山中推最有力者役屬之，名曰郎火，餘止曰火，最下者曰提陀。"明·田汝成《炎徼紀聞》卷四："部勒每村推其長有智者役屬之，號曰郎火，父死子繼。餘稱提陀，提陀者猶華言百姓也。"

【頭項】頭領，首領。

《黑韃事略》："今之頭項，又不知其幾，老酋宿將，死者過半。"

《雲麓漫鈔》卷七："頭項賊首，往往中箭砲捫歸。"

【接伴[1] *】"接伴使"的省稱。

《曾公遺錄》卷八："自己未大風雪，虜使至畿內，人馬多凍倒及有散失者，接伴申，恐一齊入門不及。下開封府，令根尋不見人馬，尋皆得之。"

《涑水紀聞》卷九："以右正言知制誥富弼假中書舍人充接伴。"《談苑·張安道使虜》："安道見其纓紱諸物，鮮明有異，知其為戎主也，不敢顯言，但再三咨其藝之精爾。接伴劉六符意覺安道知之，色甚怍。"

【硬探[1]】㈥大軍之前探測敵方情形的小部隊，也指從事這項活動的人。

《辛巳泣蘄錄》："十一日，差兵士朱椿等七名硬探，每名支銅錢會十千。"

《三朝北盟會編》卷一百六十九："韓世忠欲攻淮陽軍，既到宿遷縣，點選統制岳超統將佐親隨，共二百人為硬探。"

【頭子[1] *】㈤頭目，為首的人。

《寓簡》卷四："宜令殿帥曹璨於行營置便領一司，諭與諸軍，每遇支賜，路中無用，各與頭子，令於住營去處，家人如數請領。"

《大詞典》引中國近代史資料叢刊《太平天國》例。

【主戶*】㈠廣西少數民族的領頭人。

《桂海虞衡志·志蠻》："每村團又推一人為長，謂之主戶。餘民皆稱提陀，猶言百姓也。"

該詞《大詞典》有兩義項：❶指土著的原有民戶，與"客戶"相對；❷地主家庭。①

【媚娘*】㈡古代廣西少數民族酋豪的妻子。

《桂海虞衡志·志蠻》："有舉洞純一姓者，婚姻不以為嫌。酋豪或娶數妻，皆曰媚娘。"

【圍子¹】指帝王巡幸時的儀衛。

《煬王江上錄》："東太州可令圍子細軍連夜進取，所掠金銀，盡以給賜。"

《武林舊事·四孟駕出》："親從方圍子，兩行各一百四十人，圍子兩邊各四重；第一重，內殿直已下兩邊各一百人；第二重，崇政殿圍子兩邊各一百人。"《鐵圍山叢談》卷二："上因賜魯公以三接青羅繖，塗金從物，塗金鞍，異錦韉，馬前圍子二百人，大略皆親王禮儀……魯公乃拜賜。"

【大主*】㈠即太主。皇帝姑母的稱號。

《錢氏私志》："賢穆乳母永嘉董夫人。一日入禁中，慈聖問云：'公主以未得子為念，為甚不去玉仙聖母處求嗣？'……遂擇日與賢穆同詣玉仙，止留知觀老道士一人祝香祈禱。道士見貴主車服之盛，歆艷富貴，云：'願得貧道與大主作兒子。'……巫遣人詣廟祈禱，且問道士動靜，云：'知觀自去年大主上廟後便不安，不下床多日矣。'知觀在房內，聞人聲，問云：'甚處人來？'報云：'錢大主臨蓐，齎香燭祈禱。'"

---

① 義項❷宋時已有用例。宋·胡宏《五峰集》："是以雖天子之貴，而保民如保赤子，況主戶之於客戶皆齊民乎？故主戶之於客戶，當為之安立生業，勸其耕耨，平其收斂，哀其憂而賀其喜，使之生足樂而死無憾。則世世服役，雖逐之不去矣。若主戶者不知保愛客戶，呼之以奴狗，用之以牛羊……則主戶之罪也。"《大詞典》引清·李綠園《歧路燈》例。

【孃孃[2]＊】㊍指后妃。

《朝野遺記·光宗欲速得正位》："後詢近侍大臣屢排當位何故？旁側有奏曰：'意望孃孃為趣上爾。'"

【郡馬】郡駙馬。

《行營雜録》："皇女為公主，其夫必拜駙馬都尉，故謂之駙馬。宗室女封郡主者，謂其夫為郡馬，縣主者為縣馬。"

【縣馬＊】縣駙馬。

例見"郡馬"。

《甕牖閒評》卷三："駙馬者，天子之壻也，以副馬給之，故稱駙馬。不知所謂郡馬、縣馬者何義?"

【內夫人＊】唐宋時宮廷女官名。侍帝左右，記其起居。

《國老談苑》卷一："太祖以范質寢疾，數幸其家。其後，慮煩在朝大臣，止令內夫人問訊。質家迎奉器皿不具，內夫人奏知。"

該詞五代已有，後蜀·花蕊夫人《宮詞》之八八："承奉聖顏憂誤失，就中長怕內夫人。"

【房＊】㊣宮中對嬪御、郡君、才人以上宮人的稱呼。

《曾公遺録》卷九："韓才人者，不是房院（自注：宮中呼嬪御、郡君、才人以上為房。）大行服藥，猶使性氣，不會事，亦當削髮。"

【當位＊】指在職的官員。

《過庭録》："外日，子文謁一當位而不相識。"

【長貳＊】指官的正副職。

《文昌雜録》卷五："寺監丞、簿皆輪宿直。長貳每五日一點宿。"

【識字＊】㊣宋時知制誥的俗稱。

《談苑》卷三："時諺謂知制誥為'識字'，待制為'不識字'。"

【不識字＊】㊍宋時待制的俗稱。

例見"識字"。

【行老＊】古代大都市中各行各業的頭兒，兼為人介紹職業。

《都城紀勝·茶坊》："又有一等專是諸行借工賣伎人會聚行老處，謂之市頭。"

《夢粱錄·顧覓人力》："凡顧倩人力及幹當人，如解庫掌事，貼窗鋪席……俱各有行老引領。"

【南榻】㊧唐代御史的別稱。

《石林燕語》卷五："唐御史臺北向，蓋沿隋之舊。公堂會食，侍御史設榻於南，而主簿在北，兩院分為東西，故俗號侍御史為南榻。"

【坡】�義唐時翰林學士或諫議大夫的俗稱。

《石林燕語》卷四："俗稱翰林學士為'坡'，蓋唐德宗時嘗移學士院於金鑾坡上，故亦稱'鑾坡'……諫議大夫亦稱'坡'，此乃出唐人之語。"

該詞唐時已有，唐·佚名《玉泉子》："李問：'更有何說？'裴云：'別無新事，但昨日坡下郎官集送某官出牧湖州。'"

【鑾坡＊】唐德宗時，嘗移學士院於金鑾殿旁的金鑾坡上，後遂以鑾坡為翰林院的別稱。

例見"坡"。

【密諫＊】�義對樞密直學士未改階前，官至諫議大夫的稱呼。

《呂氏雜記》卷上："本朝樞密直學士……未改階前，官至諫議大夫者，呼'密諫'。"

《大詞典》僅釋義"暗中對帝王進行規勸"。

【大資＊】宋代資政殿大學士的簡稱。

《自警編》卷七："大資居位卻不求人，乃使人倒來求己，是甚道理。"

《避暑錄話》卷上："本朝官稱初無所依據……觀文、資政殿皆有大學士，觀文稱大觀文，而資政稱大資。"

【密學＊】宋代對樞密直學士的簡稱。

《孫威敏征南錄》:"宰相陳執中曰:'敗事豈止於責耶?'又曰:'密學無張皇。'公對曰:'是欲示鎮靜耶……'"

《呂氏雜記》:"本朝樞密直學士,班序祿賜視閣學士,今與閣直學士同位諸行侍郎。樞密直學士呼'密學'。"

【大觀文＊】㊂【觀文＊】㊂宋代觀文殿學士。

《避暑錄話》卷上:"本朝官稱初無所依據……觀文、資政殿皆有大學士,觀文稱大觀文,而資政稱大資。"

《歸田錄》卷一:"丁文簡公度罷參知政事,為紫宸殿學士,即文明殿學士也。文明本有大學士,為宰相兼職,又有學士,為諸學士之首。後以'文明'者,真宗謚號也,遂更曰紫宸。近世學士,皆以殿名為官稱,如端明、資政是也。丁即受命,遂稱曰丁紫宸。議者又謂紫宸之號非人臣之所宜稱,遽更曰觀文。"《容齋續筆·宰相爵邑》:"湯岐公以大觀文免相,因御史言落職鐫爵。"《石林燕語》卷六:"荊公熙寧九年再罷相,除使相,判江寧,尋改集禧觀使,元豐元年正月除大觀文,三年九月官制行,改特進。"

【假龍＊】直龍圖閣的別稱。直龍圖閣,即直閣,為宋代官名。

《麈史·諧謔》:"龍圖閣學士,世謂之大龍,直龍圖為假龍。"

【小龍＊】官名。龍圖閣直學士的別稱。一說龍圖閣待制的別稱。

《麈史·諧謔》:"龍圖閣學士,世謂之大龍,直龍圖為假龍,直學士為小龍。"

《泊宅編》卷上:"舊制,直龍圖閣謂之'假龍';龍圖閣待制謂之'小龍'。"

【死龍＊】㊂戲稱居龍圖閣直學士之位、久不得升遷而去世的官員。

《麈史·諧謔》:"龍圖閣學士,世謂之大龍,直龍圖為假龍,直學士為小龍。或有得直閣,久之不遷而卒,因曰死龍。"

【大龍＊】㊂龍圖閣學士的別稱。

《麈史·諧謔》:"龍圖閣學士,世謂之大龍,直龍圖為假龍。"

【雜端＊】㊂總管侍御史總務的人。也稱"知雜事"或"雜事"。

《近事會元》卷二："李肇《國史補》云：凡御史上臺，絕言笑。有不可忍，雜端大笑，合坐皆笑，謂之哄堂，哄堂不罰。"

該詞唐時已有，宋·王讜《唐語林·補遺四》："知雜事謂之雜端……每公堂食會，雜事不至，則無所檢轄，唯相揖而已；雜事至，則盡用憲府之禮。""雜端"雖掌管雜事，卻舉足輕重。唐·杜佑《通典·職官六》："侍御史之職有四，謂推（推者掌推鞫也）、彈（掌彈舉）、公廨（知公廨事）、雜事（臺事悉總判之）。定殿中監察以下職事及進名、改轉，臺內之事悉主之，號為'臺端'，他人稱之曰'端公'。其知雜事者，謂之'雜端'，最為雄劇。"唐·李林甫《唐六典·御史臺》："侍御史年深者一人判臺事，知公廨雜事等……三院各有院長，議罰則詢於雜端也。"宋時多有用例。宋·方大琮《壺山四六·謝史丞相》："伏念某羈旅登朝，迂疎去國，雜端論罪，欲加斧鉞之誅。"宋·劉一止《酬王元渤舍人方智善學士求余作墨竹一首》："余所居似賢堂，蓋先伯祖雜端，為竹制名，今竹與故榜皆亡，因敘此意。"

【親事官*】唐代官名，在政府部門中幹辦具體事務。

《聞見近錄》："慶曆中，親事官乘醉入禁中，仁宗皇帝遣諭皇后、貴妃閉閣勿出。"

【幹辦[1]】㊋諸路監司屬官稱"幹辦"。亦稱"幹辦公事"。原名勾當公事，避宋高宗趙構名諱改。

《卻掃編》卷上："舊制，諸路監司屬官曰'勾當公事'。建炎初，避今上嫌名，易為'幹辦'。時軍興，一切所置官司，數倍平時，而皆有屬官，所置縱橫。有題於傳舍者曰：'北去將軍少，南來幹辦多。'"

【幹辦官*】㊋同幹辦[1]。

《淳熙三山志·啓運宮奉迎神御所》："四年二月，令幹辦官李迎自溫州權奉安福州。"

【版曹*】宋代戶部左曹的別稱。因職掌版籍，故稱。亦借指戶部。

《後村雜記》："只消幾個使相，窮了版曹。"

【壺郎】掌管刻漏計時的官員。

《談苑》卷四："掌漏官曰壺郎。"

該詞南北朝已有，北周・王褒《漏刻銘》序："季孟相推，啟閉從序，挈壺掌分數之令，太史陳立成之法，軍將以之懸井，壺郎以之超奏。"

【譯語官】[本]古代從事翻譯的官員。

《松漠紀聞》："金國之法，夷人官漢地者皆置通事。（自注：即譯語官也，或以有官人為之。）"

《雲麓漫鈔》卷三："本朝有譯經院，凡得西域書，令曉蕃語、通文義人充譯語官。"

【譯人＊】[本]做翻譯工作的人。

《自警編》卷八："已而得卭部川之譯人始為此謀者，斬之，梟首境上。"

【小使臣＊】宋代宮廷下級內侍官員的統稱，常充當內廷侍役和三省六部監門官等職。

《淳熙三山志・秩官類四》："建炎三年，添小使臣宗室一員充監押。"

《翠微北征録》卷一："其所在馬監差遣，盡差小使臣。"《東京夢華録・車駕幸五岳觀》："次有吏部小使臣百餘，皆公裳，執絡毬杖策，乘馬聽喚。"《雲麓漫鈔》卷四："使臣之義，始於藩鎮當國。初，武官處以三班號袛應官，有左右班供奉班是也。至太宗，以其資品少，又創三班借職、三班奉職、左右侍禁、左右班殿直、東西頭供奉官，有司號為小使臣。"

【座主】唐宋時進士稱主試官為座主。

《廣卓異記》卷六："禮部侍郎趙光逢放柳璨及第，璨不多時便拜相。上事日，座主尚居散職，謁見之時，令朱衣吏連姓朗而贊之，全不優容，時議短之。"

該詞唐時已有，李肇《唐國史補》卷下："（進士）互相推敬謂之先輩，俱捷謂之同年，有司謂之座主。"

【人使＊】 使者，受命出使的人。

《曾公遺録》卷七："癸丑，同呈鄜延奏，繳宥州牒，已遣告哀謝罪人使等十二人赴延州。"

【銀牌天使＊】 [宋]持銀牌前來接引使者的人。

《宣和乙巳奉使金國行程録》："每遇迎送我使，則自彼國給銀牌入，名曰'银牌天使'。"

《松漠紀聞》："大遼盛時，銀牌天使至女真，每夕必欲薦枕者。"

【手力】 [補]官府中擔任雜役的差役小吏。

《江鄰幾雜志》："其先君為江州瑞昌令，一手力啗巴豆如松子。"

《淳熙三山志・版籍類五》："先是，輸納州帑，縣各以手力赴郡揀鈔。"《大詞典》無宋例。

【囊家】 [本]設局聚賭抽頭取利者。

《麈史・博弈》："世之糾帥蒲博者，謂之公子家，又謂之囊家……囊家亦謂之録事。"

該詞唐時已有，唐・李肇《唐國史補》卷下："及博徒是強名爭勝謂之撩零，假借分晝謂之囊家，囊家什一而取謂之乞頭。"

【館伴】 陪同外族賓客人士的官員。

《宣和乙巳奉使金國行程録》："虜中每差接伴、館伴、送伴，客省使必於女真、渤海、契丹、奚內人物白皙詳緩能漢語者為之，副使則選漢兒讀書者為之。"

《武林舊事・人使到闕》："樂作，伴射與大使射弓，館伴與副使射弩，酒五行陳刻'酒九行'。"

【送伴＊】 [宋]"送伴使"的簡稱。即送行外族賓客的官員。

例見"館伴"。

《北行日録》卷下："俟使副茶酒畢，辭送伴即行。"

【甲頭[1]】 [晚]同榜及第者之第一名。

《談苑》卷二："以前舉不曾赴殿試，今舉直赴殿試，例降一等，作第四甲頭。"

《大詞典》引王國維《唐寫本敦煌縣戶籍跋》例。

【甲頭²】㊗晚指管領夫役的頭目。

《夢粱錄·米鋪》:"且叉袋自有賃護,肩駝腳夫亦有甲頭管領,船隻各有受載舟護。"

該義五代已有,五代·程仁紹《請蠲免夫役狀》:"其戶內雜色差配夫役甲頭等,伏乞元帥大王鴻恩特降批命,……準前蠲免。"

【吻儒*】㊗指善謔利口的儒生。

《清異錄·人間第一黃》:"偽唐贓臣褚仁規竊祿泰州刺史,惡政不可縷舉。有智民請吻儒為詩,皆隱語……詩曰'多求囊白昧蒼蒼,兼取人間第一黃'云云,'白'、'黃'隱'金'、'銀'字。"

【甲楯*】指儀仗衛從。

《石林燕語》卷四:"凡兵衛以甲楯居外為前導,捍蔽其先後,皆著之簿籍,故曰'鹵簿'。"

【骨朵子直*】㊗宋代御前親近衛士。因其手執骨朵,故稱。

《宋景文公筆記·釋俗》:"國朝有骨朵子直,衛士之親近者。"①

【骨朵直*】"骨朵子直"的省稱。

《西溪叢語》卷下:"第一曰殿前左右班御龍直、骨朵直、內殿直、散員、散指揮、散都頭、散祗候、金槍班、銀槍班,東第一至第五。"

《隨隱漫錄》卷二:"二十四班行門,長入祗候殿前指揮左右班、御龍直、金鎗班、銀鎗班、散員散指揮、骨朵直、散祗候、散都頭,東一至五,西一至二。"

【大使臣*】㊗宋代級別較低的武職官階。

《淳熙三山志·秩官類五》:"紹興三十一年以前歸正人歸帥府,大使臣三員。現任大使臣三員。"

---

① 大象版《全宋筆記》中該句標點"直"屬下,誤。

《夢粱錄》卷九："以正廳知提點幕官，以大使臣為幹辦司官。"《翠微北征錄》卷一："民有自用己財收買全綱以獻於官者，白身與補大使臣；將帥守貳自備己帑收買全綱以獻於朝者，亦加優異之恩。"《雲麓漫鈔》卷四："內殿崇班、內殿承制為大使臣。"

【指使*】宋代將領或州縣官屬下供差遣的低級軍官。

《孫公談圃》卷上："荊公幾失聲而哭，為一指使掩其口。"

【叉手*】㈡戰爭中以叉子為武器的人。

《辛巳泣蘄錄》："見賊人上樓窺視我城中之兵勢，遂於四隅抽差叉手五百人，又以雜婦女小兒多張旗幟，拽作數隊為伏兵，繞城耀示。"

【槍叉手*】㈥【叉槍手*】㈥一種槍、叉合用的武器稱作槍叉或叉槍，使用這種武器的人則稱作"槍叉手"或"叉槍手"。

《辛巳泣蘄錄》："與寇準本下令，速遣陳與將帶弓弩手百三十人與茶商轟友中等槍叉手自南門對岸以迎之。"又："洞口宜多準備叉槍手，以截其入。"又："是夜，差民兵叉槍手二百人，茶商軍二十人……"

宋代筆記中有對"叉槍"這種武器較詳細的說明。《翠微先生北征錄·治安藥石·叉槍制》："叉桿蒺藜條為上，柘條次之，楓條又次之，餘木不可用。穿斗槍叉，合揀擇槍大小與筒口相等，然後穿套。造槍須令槍頭、叉口用鋼，筒並槍身、叉身盡合用常鐵。"又："臣聞舊制：淮東敢死軍多系槍叉手，淮西忠義軍民兵多系槍刀手。"

【叉鐮手*】㈥以叉子、鐮刀農具為武器的作戰人員。

《襄陽守城錄》："二十一日夜，差二千人，內開撅豪塹一千五百人，防護開豪弩手並敢勇叉鐮手共五百人。"又："先以弩手把截大寨，叉鐮手直入小寨，殺散虜賊，奪到雲梯什物等。"又："公預遣茶商路世忠等部敢勇叉鐮手及弩手於土墻裏潛伏。"

【刀斧手】㈡軍中專用刀斧的兵士。

《襄陽守城錄》："遂於當夜發官軍三千四百餘人，出濠外毀壞土山，內一千餘人專用鍬钁，二千三百餘人係弓弩手及敢勇軍、茶商、叉鐮、刀斧手，防護斸毀土山官兵。"

大詞典僅釋義"劊子手"。引明・凌濛初《初刻拍案驚奇》例。

【鐵鷂子＊】契丹騎兵名。亦稱"鐵鷂"。

《靖炎兩朝見聞錄》卷上："金人掘斷諸門慢道，復於城外鋤治慢道，以鐵鷂子登城。"

【托落赤＊】㊧蒙古語的音譯。古蒙古兵營巡邏的騎兵。

《黑韃事略》："其營必擇高阜，主將駐帳必向東南，前置邏騎，韃語'托落赤'，分番警地。"

【八都魯軍＊】㊧蒙古族人的敢死隊。

《黑韃事略》："有過則殺之，謂之按打奚，不殺則罰充八都魯軍。（自注：猶漢之死士。）"

《元史・劉哈剌不花傳》："是時，答失八都魯軍潰於長葛，收集散卒，復屯中牟。"

【軍子＊】㊧軍士，士兵。

《北行日錄》卷上："我鄉里人善，見南家有人被擄過來，都為藏了，有被軍子搜得，必致破家，然所甘心也。"

《江南野史》卷二："是歲虔州妖賊張遇賢作亂，皆絳其衣，時謂之'赤軍子'。"《清異錄・無字歌》："有賣藥道人行吟，曰《無字歌》：'呵呵亦呵呵，哀哀亦呵呵。不似荷葉參軍子，人人與箇拜頃木，大作廳上假閻羅。'"該詞唐時已有，段成式《酉陽雜俎續集・支動》："威遠軍子將臧平者，好鬥雞。高於常雞數寸，無敢敵者。"後世頗有用例。《宋史・陳希亮傳》："時劇賊黨軍子方張，轉運使使供奉官崔德贇捕之。德贇既失黨軍子，遂圍竹山民賊所嘗舍者曰向氏，殺父子三人，梟首南陽市。曰：'此黨軍子也。'希亮察其冤，下德贇獄，未服。黨軍子獲於商州。"《明實錄・英宗實錄》："浙江仁和縣民訴本縣人，誣告其父為逃軍子。"

【赤老】㊧宋時對軍人的鄙稱。

《江鄰幾雜志》："都下鄙俗，目軍人為赤老，莫原其意。"

【陳伍＊】㊧行軍、作戰的隊列。陳，通"陣"。

《靖炎兩朝見聞錄》卷上："是夜，所至坊巷，百姓少壯自結陳伍，巡警達旦。"

《宋史·周永清傳》："渭兵勁而陳伍不講，永清訓以李靖法。"明·張瀚《松窗夢語》卷八："而我兵有七短焉：將不知兵，兵不習戰，一也；烏合未練，膽怯陳搖，二也；兵徒未選，老弱易靡，三也；陳伍未肅，進止無節，四也……"

【劊子】執行死刑的役人。

《步里客談》卷上："三十年作劊子，今日方劊得一個有肉漢。"

【兵級】宋元時士兵和低級軍官的合稱。

《辯誣筆錄》卷一："四方萬里之遠，郡縣櫛比，官吏享厚俸，兵級坐食衣糧者，不可以數計。"

《玉照新志》卷三："（朱勔）占官舟兵級月費錢糧，供其私用。"

【獄子】獄卒。

《曾公遺錄》卷七："制勘寨序辰，乃知府呂嘉問墦，所用獄子等，多是府隸。"

該詞唐五代已有，《敦煌變文校注·難陀出家緣起》："有一枚獄子，於地獄叉鑊，立在湯邊。"

【刻木*】獄吏的代稱。

《道山清話》："近侍一從官，其父本胥也，屢典大藩府，其治刻木輩極嚴，少有過舉即黥配。"

【快行家】宋代宮廷中供奔走傳達命令的吏役。亦稱"快行""快行客"。

《道山清話》："七日，上遣快行家一人，伺其食時直入其家。"

【快行】"快行家"的省稱。

《夢粱錄·大內》："小園子、快行、親從、輦官、黃院子、內諸司司屬人員等上番者，俱聚於廊廡，祗候服役。"

【判子*】㊍管理倉庫的人。

《江鄰幾雜志》:"王介甫知鄞縣日,奉行赦書節文,訪義夫節婦,得三人,其間一人可采,姓童,為人主典庫,謂之判子。"

【兀剌赤】㊣蒙古語的音譯。馬夫;管理驛馬的人。也作"烏拉齊""莫倫赤"。

《黑韃事略》:"牧者謂之'兀剌赤'。"又:"馬多是四五百疋為群隊,只兩兀剌赤管,手執雞心鐵撾,以當鞭箠,馬望之而畏。每遇早晚,兀剌赤各領其所管之馬,環立於主人帳房前,少頃各散去。每飲馬時……若有越次者,兀剌赤遠揮鐵撾,俯首駐足,無敢亂,最為整齊。"

《大詞典》元·火源潔《華夷譯語》例。

【私身】宋代受在職官吏私人雇傭參與公務的人。與在職的"官身"相對。

《曾公遺錄》卷九:"宮中私身多,聖瑞宮中有七百餘人,每一有職事人手下須五三人故也。"

【街司】㊣管理街道的機構或官吏。

《錢氏私志》:"初拜交牒,再拜交節。是日,諸處街司,以至市井遊手,前後傳呼,謂之搶節。"

《夢粱錄·茶肆》:"又有一等街司衙兵百司人,以茶水點送門面鋪席,乞覓錢物,謂之'齪茶'。"該詞唐時已有,唐·段成式《酉陽雜俎·諾皋記下》:"井匠懼,不敢掘,街司申金吾韋處仁將軍。"

【耆保*】㊣保長。多由年長能干的人擔任。

《丞相魏公譚訓》卷五:"汝今投牒,宜即歸休勿留。俟吾審覈可否,可行,即命耆保召汝;不可,即懸榜於門告汝。"又:"於是出引,使耆保約日呼兩詞皆來,為之區斷。"

耆,長者。《爾雅·釋詁上》:"耆,長也。"保,宋代鄉兵制度,十家為一保,設保長一人。《宋史·兵志六》:"十家為一保,選主戶有幹力者一人為保長。"宋·趙抃《清獻集》卷八:"蓋所差之官既非本部,其兵士、耆保緣而為奸,不當事權,難以控制,徒致嗟困,於事無益。"《文獻通考・田賦考五》："如孤幼兒女及親屬依例合得財產之人，委守令面問來歷，取索契照。如無契照，句勒耆保鄰佐照證得實，即時給付，或偽冒指占者論如律。"《續資治通鑑長編・真宗天禧五年》："澠池縣民為盜，亡走……一季不獲正賊者，責保知在。或朝廷憫其淹延，止責地分巡檢、縣尉、耆保依限緝捕。"《折獄龜鑒・釋冤》："任中正尚書知益州時，眉州青神縣吏光寶家為盜所劫，耆保言是夜雷延賦、雷延誼皆不宿本舍，縣尉即捕繫之。"

【排子頭*】㊗蒙古族人分組管理民眾之法，最小者十人一組，其頭目稱作"排子頭"。

《黑韃事略》："其民戶，體統十人謂之排子頭，自十而百，百而千，千而萬，各有長。"

元・鄭介夫《上奏一綱二十目・戶計》："依各處里正例，立排子頭催辦，依每歲徵糧例，照元額徵納。"又："今各色怯薛，除近行人外，其餘投入者，但知怯薛官、排子頭為使長，歲時饋遺，朝夕跟隨。"

【捉事人】舊指捕役或緝訪的人。

《靖康紀聞》："是日，潰散殿前軍兵等所至為害，朝廷患之，散榜免罪招誘人，分遣將士及開封府捉事人捕捉討，擄者甚眾，徑於通衢斬首以令。"

該詞唐時已有，唐・戴孚《廣異記・商鄉人》："人至西京，為長安捉事人所告。"

【小火下】㊗地方上的治安人員。

《江鄰幾雜志》："李昭邁右丞謂樞密程侍郎近日與蒲家刺權門事，謂之小火下。程答云：'不惟小火下，兼有大教頭。'"

《宋會要輯稿・兵三》："今來行在分左右廂巡檢，仿效在京承差到緝捕使臣二人，軍兵二十人充小火下，不唯無補於事，切緣在京不曾差破。"《三朝北盟會編》卷八十三："金人移文宗室南班官等須管二十五日前解發盡絕，並不許漏落一人。開封府委官、使臣、小火下散行搜索，大街小巷無不周徧。"宋・潛說友《咸淳臨安府志》："近令臨安府收捕破落戶，編置外州，本為民間除害，而所謂小火下者，乃為人訴其恐嚇取錢，妄有供具,甚非為民除害之本意。"

【火下】㈤即"小火下"。

《建炎時政記》卷中:"昨因金人取索人口,開封府差捉事使臣、火下等追捉訪聞,內有婦人多被使臣、火下百端逼脅,致畏避發遣,願歸使臣、火下等家,藏住養取之人,事同強掠,可限一月,許令犯人及本家人力女使經官陳首,與被收藏人並放,令逐便。限滿不首,復罪如初,鄉人並地分巡察使臣之火下,不覺舉,減犯人罪三等。"

《武林舊事·遊手》:"都轄一房,有都轄使臣總轄供申院長,以至廂巡地分頭項火下凡數千人,專以緝捕為職。"《夢粱錄·禁城九廂坊巷》:"在城九廂界,各廂一員小使臣注授,任其煙火盜賊,收解所屬。其職至微,所統者軍巡火下地分,以警其夜分不測耳。"《大詞典》釋義為"謂一隊所管轄之下"。

【田舍翁】㈤莊稼漢,有時帶鄙夷之意。

《釣磯立談》:"先帝齦齦無大略,每日戢兵,自喜邊壘,偶殺一二百人,則必齋咨動色,竟日不怡。此殆田舍翁所為,不足以集大事也。"

"田舍翁"一詞唐時已有,《寒山子詩集》:"不學田舍翁,廣置牛莊宅。"《舊唐書·王珪傳》:"昔漢高祖,田舍翁耳。"宋筆記中頗有用例。《江南野史》卷四:"孤克已,雖動為下所奉,然為徐氏制馭,名存實喪。今欲求為一田舍翁,將安所歸乎。"《齊東野語·王魁傳》:"康侯,萊州掖縣人。祖世田舍翁,父名弁,字子儀,誦詩登科,為鄆州司理。""田舍翁"指莊稼漢,有時帶有鄙夷之意。《大詞典》"田舍翁"釋義為"年老的莊稼漢。"

【田舍夫*】㈤農家人,有時含輕蔑之意。

《續世說·文學》:"李昭德妻師德同秉政,俱入朝。師德體肥行緩,昭德屢待之不至,怒罵曰:'田舍夫。'師德徐笑曰:'師德不為田舍夫,誰當為之?'"

明·鄭真《題二喬觀書圖》:"沛公一田舍夫,蕭何一刀筆吏。"

【田庫兒*】㈤農家人。有時含有輕蔑意。同"田舍兒"。也作"田庫兒"。

《叢林盛事》卷下："看渠面觜，大似三家村裏田庫兒。"

宋·釋普濟《五燈會元》卷第十三："問：'如何是諸佛師？'師喝曰：'這田庫兒。'"宋·釋智朋《偈傾一百六十九首》之一："田庫兒，甚奇怪。一下鋤頭，打破土塊。"

【芒兒】㊍牧童。

《澠水燕談錄·談謔》："江小字芒兒。俚語以牧童為芒兒。"

【陶家手＊】㊍燒製陶器的人。

《冷齋夜話》卷二："應笑舌覆大千作師子吼，不如博取妙喜如陶家手。"

【手民】㊍指木工。

《清異錄·人事門》："木匠總號運斤之藝，又曰手民、手貨。"

"手民"後也指雕板排字工人。清·丁紹儀《聽秋聲館詞話》卷十四："未經細校，即付手民，訛錯處較詞綜尤甚。"

【手貨＊】㊍指木匠。

例見"手民"。

【背匠】裝裱書畫的工匠。背，通"褙"。

《書史》："京師背匠壞物不少，王詵家書畫屢被揭損，余諭之，今不復揭。"

【刊匠＊】㊍刊刻的工匠。

《投轄錄·舒州刊匠》："近歲，淮西路漕司下舒州分開聖惠方，而舒州刊匠以工食錢不以時得，不勝忿躁，凡用藥物，故意令悮，不如本方。"

明·施耐庵《水滸傳》第三十六回："戴宗曰：'小可是泰安州來的，今有本處重修五嶽樓，要立碑文……'讓曰：'小生只會作文及書碑字，還要刊匠。'"清·吾廬居士《笏山記》第四十八回："又封刊匠可法為工部刊刻大使。"

【葬師＊】舊時喪葬中以看風水、擇時日等迷信活動為業的人。

《玉照新志》卷四："（黃進）少為富室蒼頭奴，隨其主翁為父擇葬地於郊外山間。與葬師偕行，得一穴最勝。"

【錢井經商＊】㊗謂租屋取利者。

《清異錄・錢井經商》："僦屋出錢號曰癡錢。故僦賃取直者，京師人指為錢井經商。"

【錄事¹＊】同"囊家"。指設局聚賭抽頭取利者。

《塵史・博弈》："世之糾帥蒲博者，謂之公子家，又謂之囊家……囊家亦謂之錄事。"

【錄事²＊】㊗指妓女。

《老學庵筆記》卷六："蘇叔黨政和中至東都，見妓稱'錄事'，太息語廉宣仲曰：'今世一切變古，唐以來舊語盡廢，此猶存唐舊為可喜。'前輩謂妓曰'酒糾'，蓋謂錄事也。相藍之東有錄事巷，傳以為朱梁時名妓崔小紅所居。"

【河市樂人＊】㊗宋代河市唱戲的藝人。後泛指以樂舞作諧戲的藝人。

《聞見近錄》："（河市）四方商賈孔道也，其盛非宋州比。凡郡有宴設，必召河市樂人，故至今俳優曰河市樂人者由此也。"

【阿南＊】㊗真臘國獻舞奉佛的女藝人。

《諸蕃志・真臘國》："奉佛謹嚴，日用番女三百余人，舞獻佛飯，謂之'阿南'，即妓弟也。"

"阿南"也是越南國的古稱，即"安南"。安南得名於唐代的安南都護府，統轄包括越南部分地區在內的區域。明・朱國禎《湧幢小品》卷二十六："阿南即安南國，其君黎姓，後莫姓繼之，今復歸於黎。"明・沈德符《萬曆野獲編》卷十七："又安南人自稱其國為阿南國，至今尚然。"

【妓弟】即妓女。宋元時俗稱妓女為"梨園弟子"，略作"弟子"，因有"妓弟""弟妓"之稱。

《都城紀勝・酒肆》："中秋節前後開沽新酒，各用妓弟，乘騎作三等裝束。"

【腳夫】㊍舊稱搬運貨物行李的夫役。

《摭青雜説》："又一年，金尉權一邑事，有一過往徐將仕借腳夫。"

該詞五代時已有，五代・李宣《科決丁延徽等敕》："相徇私情，擅出官物，腳夫論告，贓狀分明。"

【奈重兒＊】㊍搬運工。奈，同"耐"。

《墨莊漫錄》卷六："薛稷書慧普寺，老杜以謂'蛟龍岌相纏'。今見其本，乃如奈重兒擡蒸餅勢，信老杜不能書也。"

【灘子＊】㊍以幫助船只渡過險灘為業的人。

《吳船錄》卷下："漢晉時山再崩塞江，所以後名新灘，石亂水洶，瞬息覆溺。上下欲脫免者，必盤博陸行，以虛舟過之。兩岸多居民，號灘子，專以盤灘為業。"

【柂師＊】㊍船上掌舵的人。柂，同"柁"。

《宋景文公筆記・考古》："蜀人謂柂師為長年三老。"

【柁工＊】船上掌舵的人。

《江鄰幾雜志》："柁工伙兒雜立，使辨何者是柁人，云：'面上有水波紋者是。'"

【柁人＊】㊍掌舵的人。亦泛指船夫。柁，同"舵"。

例見"柁工"。

明・呂柟撰《涇野子內篇》卷七："伊川舟將覆，無怖色，人或問之……先生曰：'此意見皆高然，不如指揮權人柁人使順風也。'"清・周凱《廈門志》卷四："柁人宜望日湖之塔，駛至與白嶼齊，即船頭起由於山鼻出港。"又："惟門中有沙線、有礁石，駛船過門甚難；須柁人熟手者細心防之。"

【梢工】艄公。

《江鄰幾雜志》："川峽呼梢公篙手為長年三老。"

【篙手】撐篙的船工。

例見"梢工"。

【長年三老】古時川峽一帶對舵手、篙師的敬稱。

例見"梢工"。

《入蜀記》卷五："問何謂長年三老？云：'梢公是也。'長，讀如長幼之長。"唐·杜甫《撥悶》詩："長年三老遙憐汝，捩舵開頭捷有神。"仇兆鰲注："蔡（蔡夢弼）注：峽中以篙師為長年，舵工為三老。邵（邵寶之）注：三老，捩舵者。長年，開頭者。"

【梢子】㊗梢公，船家。

《捫虱新話·補遺·文人相譏》："近柳屯田云'楊柳岸，曉風殘月'，最是得意句，而議者鄙之曰：'此梢子野混時節也！'尤為可笑。"

【火兒 *】㊨船工。

《江鄰幾雜志》："江南一節使，召相者，命內子立群婢中，令辨之，相者云：'夫人額上自有黃氣。'群婢皆竊視之，然後告云某是。柁工火兒雜立，使辨何者是柁人，云：'面上有水波紋者是。'亦用前術。"

《宋會要輯稿·食貨三一》："依紹興五年正月二十七日指揮：販物人並船主、稍工並皆處斬；水手、火兒各流三千里，皆刺配千里外州軍牢城。"又《兵二三》："今宣司旨揮，每只用招梢四人，搖櫓四枝；用火兒四名，貼差逐州回船軍兵五人。"《大詞典》"火兒"僅釋義為：❶火媒；❷子彈；❸怒氣。

【老娘】收生婆的俗稱。

《靖炎兩朝見聞錄》卷上："開封府管戚里、醫人、樂人、百姓、老娘諸行。"

《東軒筆錄》卷七："晏語之曰：'君久從吏事，必疏筆硯，今將就試，宜稍溫習也。'振卒然答曰：'豈有三十年為老娘，而倒繃孩兒者乎？'"《靖康紀聞》："開封府戚里、醫藥人、百姓、老娘、諸王彭端公吏，曾經祗應優倡之家……"

【媒伐*】㊍媒人。

《五國故事》:"及有司引至後苑,昶最親選擇佳者,亦賜諸王,餘則縱去,而民間懼其搜選,皆立求媒伐而嫁之,謂之驚婚。"

宋·日稱《六趣輪回經》:"若人於他娶,常樂作媒伐,後懷惡相離,死作步多鬼。"明·佚名《六壬大全》:"此乃私情先相交通,及嫁娶之期何用媒伐乎?如占婚值此者,必先奸後娶之意。"明·余象斗《萬錦情林》卷之四:"不若骨肉同心,事一君子,上不貽父母之憂,下可全姊妹之愛,不出戶庭,不煩媒伐,而人倫之至,樂自在矣。"

【媒姥*】㊍媒婆。

《文昌雜錄》卷一:"昔見朝議大夫李冠卿,説揚州所居堂前杏一窠,極大,花多而不實。適有一媒姥,見如此,笑謂家人曰:'來年與嫁了此杏。'"

【鬼媒人】㊍為未婚已死男女青年牽合冥婚的人。也稱作"鬼媒"。

《昨夢錄》:"北俗:男女年當嫁娶,未婚而死者,兩家命媒互求之,謂之鬼媒人……兩家亦薄以幣帛酬鬼媒。鬼媒每歲察鄉里男女之死者而議,資以養生焉。"①

【人夫】㊗受雇傭的民夫。

《曾公遺錄》卷八:"辛亥,同呈,令鄮、湟般運人夫、腳乘、頭口等為賊殺虜者,人支絹十疋,腳乘、頭口給還價錢。"②

該詞唐時已有,黎埴《出使官不得乘檐子奏》:"病瘴日停,不得驛中停止,人夫並須自雇。"《大詞典》引明·徐霖《繡襦記》例。

【价*】舊稱被派遣傳遞信息或供役使的人。

《江南野史》卷二:"是時虜主耶律德光陷梁宋,遣二使來告,其价言語通於中國。"

---

① 大象出版社《全宋筆記》本"而議"屬下,據義改之。
② 大象出版社《全宋筆記》本"人夫腳乘頭口"及"腳乘頭口"處未用頓號點斷。

【仙郎＊】㈣貴家子弟的年輕侍從。

《宣和奉使高麗圖・皂隸》："驅使，與仙郎相類，大抵皆未娶之人，在貴家子弟，則稱仙郎。"

【驅使＊】㈣庶官小吏的年輕奴僕。

《宣和奉使高麗圖・皂隸》："驅使，與仙郎相類，大抵皆未娶之人，在貴家子弟，則稱仙郎。故其衣或紗或羅，皆皂也。又有一等，縿袖烏巾，即庶官小吏之奴，名驅使者也。"

【小廝兒＊】㈤年輕男僕。

《武林舊事・乾淳奉親》："後苑小廝兒三十人，打息氣唱道情。"

《夢粱錄・顧覓人力》："顧覓大夫、書表、司廳子、虞候、押番、門子、直頭、轎番小廝兒、廚子、火頭、直香燈道人、園丁等人……俱各有行老引領。""小廝兒"也有小男孩的意思，唐五代已有。《敦煌變文・張議潮變文》："莫怪小男女吚哆語，童謠歌出在小廝兒。"寒山子《寒山子詩集・原序》："寒曰：'笑作什麼？'州曰：'蒼天，蒼天。'寒曰：'這小廝兒，卻有大人之作。'"

【廝兒³】㈣年輕男僕。

《甕牖閒評》卷二："今人呼廝兒，廝作入聲，《漢書》廝字本音斯，取薪者也。"

該詞唐時已有，《敦煌變文・廬山遠公話》："白莊聞語，呵呵大笑：'……即賣得你，況是擕得你來，交我如何賣你？'遠公曰：'阿郎不賣，萬事絕言，若要賣之，但作家生廝兒，賣即無契券。'"又：'我昨夜夢中見一神人入我宅內，今日見此生口，莫是應我夢也。相公問牙人曰：'此是白莊家生廝兒，為復別處買來？'牙人啟相公：'是白莊家生廝兒。'"

【女使】女僕。

《靖炎兩朝見聞錄》卷上："是日，解發內夫人及戚里女使猶未已。"

《齊東野語・羅春伯政事》："所有女使，候主人有詞曰根究。"該詞唐時已有，沈亞之《別前岐山令鄒君序》："聞令家無女使賤走，賓客食必夫人親治之。"

【妮婢＊】婢女。

《南燼紀聞錄》："帝視玩聞，有一妮婢衣褐衣，口稱韋夫人遣來。"

【細人】㊍青年侍女。

《師友談記》："宰相王文正公不邇聲色，素無後房姬媵。上乃曰：'朕賜旦細人二十，卿等分為教之，俟藝成，皆送旦家。'"

【身邊人】㊍指侍妾。

《江行雜錄》："京都中下之戶，不重生男，每生女則愛護如捧璧擎珠。甫長成，則隨其姿質，教以藝業，用備士大夫採拾娛侍，名目不一，有所謂身邊人、本事人、供過人、針線人、堂前人、劇雜人、拆洗人、琴童、棋童、廚娘。"

【本事人＊】㊍使女之一種。

例見"身邊人"。

【供過人＊】㊍婢女之一類。

例見"身邊人"。

【針線人】專為他人縫紉的婦女。

例見"身邊人"。

《夷堅丙志・顏邦直二郎》："武（武三郎）曰：'家間有妾五六，何者是鬼？'曰：'針線人桂奴是也。'"

【堂前人＊】㊍在廳堂前供使喚的婢女雜役。

例見"身邊人"。

【劇雜人＊】㊍僕人的一類。

例見"身邊人"。

【拆洗人＊】㊍負責縫補、清洗破舊衣服的僕人。

例見"身邊人"。

【重臺＊】㊝奴婢的奴婢。也用以比喻同類事物中最低下者。也作"重儓"。

《經鉏堂雜志·重臺》："婢之婢，世謂之重臺。評書者謂羊欣書以婢學夫人、米黻學欣書者，故高宗謂米字重臺。今有人以非道進身，而人又求出其門，是亦重臺也。"

《大詞典》引明·陶宗儀《輟耕錄》例。

【乳獲＊】㊌乳母。

《寓簡》卷九："宣和間，執政鄧子常家有一女子，絕色……年十五六時……入坐籠中，出甚喜，因留籠臥內，時時坐臥其間，雖父母乳獲皆莫曉其意。"

"獲"指古代對奴婢的賤稱。《方言》卷三："荊、淮、海、岱雜齊之間，罵奴為臧，罵婢為獲。"唐·徐堅《初學記·風俗通》："獲者，逃亡獲得為奴婢也。"

【保抱＊】㊌保姆。

《楓窗小牘》卷上："余少長大梁，豢養於保抱之手。"

【負嫗＊】㊌即負媼。保姆。

《廣卓異記》卷一："右按《次柳氏舊聞》：……吳皇后慮皇孫龍體不豐，負嫗乃以宮中諸王子同日誕而體豐實者進之。上視之，不樂曰：'非吾兒。'負嫗扣頭具服。"

【阿㸑】㊌乳母之夫。即阿奢。

《續世說·邪諂》："竇懷貞為御史大夫，時韋后、安樂公主亂政，懷貞諂順，委曲改名，以避後父之諱，娶韋后乳母王氏為妻，自稱'皇后阿㸑'，時人或以為'國㸑'，懷貞處之不怍。"

該詞唐時已有，劉肅《大唐新語》記錄該例。《廣韻·麻韻》："㸑，正奢切，吳人呼父。"元·張端《白頭母次徐孟岳韻》："豈學乳媼嫁竇老，意使世人呼阿㸑。"清·梁章鉅考，奢、㸑當為同一字。《大詞典》收"阿奢"，未收"阿㸑"。

【首座＊】指位居上座的僧人。

《捫虱新話·韓文公參大巔》："巔遂喚首座，適來祇對侍郎佛法是否。"

【堂頭】㊗即"堂頭和尚"，僧寺住持。

《捫虱新話·韓文公參大巔》："纔到門首，乃遇首座云：'侍郎入寺，何早？'公云：'特去堂頭通話。'"

該詞唐時已有。唐·曹松《題僧松禪》："空山澗畔枯松樹，禪老堂頭甲乙身。"《大詞典》"堂頭和尚"引首例為金·董解元《西廂記諸宮調》。

【西堂*】㊨㊗佛教語。指其他寺廟來的僧人，因住本寺居賓位的西堂，故稱。

《靖炎兩朝見聞錄》卷上："開封府勾捕諸禪長老及首座、西堂、禪僧等應募。"

《大詞典》釋義"佛門職位的稱呼"，引清·無著道忠（日本籍）《禪林象器箋》例。

【行腳僧*】㊗指步行參禪的雲遊僧。

《畫史》："拱明間有二吳道子行腳僧，吾移置行腳僧於淨名齋，以避風雨。"

該詞唐時已有，唐·徐寅《題名琉璃院今改名景祥院》詩："一條溪繞翠巖隈，行腳僧言勝五臺。"《大詞典》引宋·陸游《雙流旅舍》例。

【粥飯僧】只吃粥飯而不努力修行的僧人。本為僧人自謙之詞。後多用以嘲諷尸位素餐者。

《五總志》："清泰朝，李專美為北院，甚有舟楫之難。時韓昭裔已登庸矣，因賜之詩曰：'昭裔登庸爾未登，鳳池難樹冷如冰。如今且作宣徽使，免被人呼粥飯僧。'"

該例是五代·韓昭裔《與李專美》的詩句，此後，該詞用例頗多。

【禪和子*】參禪人的通稱。和，指和尚。

《雲臥紀談》卷下："此不能轉物，正是我家禪和子用工夫處。"

2.1.4 不同生理心理或行為特徵的人

人類個體千差萬別，因其年齡、外形等生理特徵，聰慧、呆愚等心理特徵，或某类行為特徵，從而有不同的名物指稱。

【老兒¹】㊝老人；老頭。

《塵史·乖謬》："憲曰：'雖年高精神不減，不知何餌？'戎曰：'無恁餌。'憲曰：'好個健老兒。'"

《大詞典》引明·施耐庵《水滸傳》。

【小男女＊】㊝小孩子。

《高齋漫錄》："馮公京為樞密使，嘗薦王鞏可用。王荊公安石曰：'鞏止是一小男女，陪涉馮京，故薦之。'馮公曰：'王鞏與臣陪涉，誠如安石所言，若以為小男女，則鞏戊子生。'上變色久之。"

該詞唐時已有，《敦煌變文·張議潮變文》："莫怪小男女呶哆語，童謠歌出在小廝兒。"《大詞典》引宋元《京本通俗小說》例。

【老婆²】老年婦女的自稱。

《過庭錄》："汲公進問曰：'太皇太后聖躬萬福。'后曰：'老婆待死也。累年保佑聖躬，粗究心力，區區之心，只欲不墜先烈。措世平泰，不知官家知之否？相公及天下知之否？'辭氣憤鬱，呂公未及對。"

《羅湖野錄》卷二："僧曰：'婆婆卻是誰兒？'婆曰：'老婆被上座一問，直得立地放尿。'"該詞五代已有，靜、筠《祖堂集·大慈和尚》："三人到屋裏，其女見來，點一瓶茶，排批了云：'請上座用神通吃。'三人不敢傾茶。女云：'看老婆呈神通去也。'拈起盞子，便泄行茶。"

【盲子＊】㊝瞎子。

《吹劍錄》："孟浩然詩：'春眠不覺曉，處處聞啼鳥。夜來風雨聲，花落知多少。'人謂是盲子。"

《大詞典》引明·董說《西遊補》。

【獃子】愚笨的人；傻子。"獃"同"呆"。

《枯崖漫錄》卷上："一日，（禪師）於寺前舉扇化錢，忽然猛省，因忘縮臂。旁僧訶曰：'獃子！扇上有錢了。'"

【獃漢】㊨對男子的蔑稱。癡呆的人。

《雲卧紀談》卷上："温徐曰：'獃漢，若遺却物，就山門具名件交取。'"

【吃者 *】 ㊗ 口吃的人。

《寓簡》卷十："劉原父嘲吃者云：'本是昌家，又為非類，但有雄聲，唯聞艾氣。'謂周昌、韓非、揚雄、鄧艾皆病吃，此亦善謔也。"

吃，説話結結巴巴不流暢。《説文·口部》："吃，言蹇難也。"《談苑》卷二："（劉攽）與王汾同在館中，汾病口吃，攽為之贊曰：'恐是昌家，又疑非類，未聞雄鳴，只有艾氣。'周昌、韓非、揚雄、鄧艾皆古之吃者也。"宋·史崧《黄帝内經靈樞略·無音論篇》："所謂吃者，其言重。卒然無音者，寒氣客於厭，則厭不能發，發不能至其機扇，其機扇開闔不利，故無音也。"

【聾頭 *】 ㊗ 不聽取別人意見。也指不聽取別人意見的人。

《枯崖漫録》卷中："大川濟禪師，荷法為事，狷介無當意者。在四明寶陀，有三句語曰：'寶陀一路，來來去去，撞著聾頭，風波無數。'"

《説文·耳部》："聾，不聽也。"唐·元結《自釋書》："彼誚以聾者，為其不相從聽，不相鉤加。"宋·釋如淨《偈頌三十八首》之一："打破虚空笑不休，大家徹底驗聾頭。"宋·祖琇《僧寶正續傳》卷五："閱十四年，咨參決擇，洞然無間，而機鋒卓絶，眾以聾頭目之。"明·釋如惺《明高僧傳·天臺護國寺沙門釋景元傳七》："圓悟目為聾頭元侍者，悟自贊像付之曰：'生平只説聾頭禪。撞著聾頭如鐵壁。'"清·自融《南宋元明禪林僧寶傳》卷二："元以妙年謁圓悟勤公於鍾阜，公即許元入侍，時悟公左右皆顯名宿德，元與之抗，或議其少叢林，公不顧，然元不離公榻下，洞徹玄旨，機發觸眾，有訴於公，公笑曰：'我家聾頭侍者，汝姑避之耳。'"清《昭覺丈雪醉禪師語録》："即晚小參，四十七年，沒廉沒恥愛説聾頭禪，教壞人男女，咨三寸軟舌……"

【鐵石人】 ㊗ 喻秉性剛強、不易動感情的人。

《邵氏聞見後録》卷二十："至元符末，東坡、器之各歸自嶺海，相遇於道，始交驩。器之語人云：'浮華豪習盡去，非昔日子瞻也。'東坡則云：'器之鐵石人也。'"

《大詞典》引元・王實甫《西廂記》例。

【脫空漢＊】 [宋]言語虛妄不實之人。①

《師友雜志》："劉器之嘗論至誠之道。凡事據實而言，才涉詐僞，後來忘了前話，便是脫空。據實而言，十年、二十年須説得一般，安世每如此也。若是十年、二十年後説事異同，賢便不説，劉安世元來只是脫空漢。"

"脫空"本指喪葬所用或廟宇所供的偶像。因須脫出胎心，僅有中空的外殼，故名。《清異録・大小脫空》："長安人物繁，習俗侈，喪葬陳拽寓象，其表以綾綃金銀者曰大脫空，褚外而設色者曰小脫空。"後指言語虛妄不實。宋・徐夢莘《三朝北盟會編》卷四："阿骨打與良嗣把盞酬酢曰：'……我從生來不會説脫空，今日既將燕京許與南朝，便如我自取得，亦與南朝。'"言語虛妄不實之人謂之脫空漢。宋・陶岳《五代史補・郭忠恕責馮道》："忠恕知事變，乃正色責道曰：'令公累朝大臣，誠信著于天下，四方談士，無賢不肖，皆以為長者。今一旦返作脫空漢，前功業並棄，令公之心安乎？'"

【沙塊＊】 粗鄙的人。

《江鄰幾雜志》："廛俗呼野人為沙塊，未詳其義，士大夫亦頗道之。"

【土民】 土人；當地人。

《賈氏譚録》："滑臺風水性寒冷尤甚，土民共啗附子，如啗芋栗。"

《談苑》卷三："純之以藥救人無數，仍刻其方以示土民。"該詞唐時

① 脫空漢還指僅有皮囊之人，形容人呆笨。清・彭紹升《遊白雲泉遂登天平絕頂二首》："靈隱寺僧饋果，大如杏，味甜，木本，無子與核……群芳譜外獨稱尊，淨剎偏饒雨露恩；大有人間脫空漢，連皮和髓一齊吞。"清・釋印光《印光法師文鈔續編・答曲天翔居士問二十七則》："倘單執自性彌陀，而不念西方彌陀，縱令真悟，尚未能即了生死。況説此話者，皆是一班擔板漢脫空漢乎。"

已有，白居易《送客春遊嶺南二十韻》詩："土民稀白首，洞主盡黄巾。"

【吃菜事魔人＊】 明教教徒。

《行營雜録》："婦人室，取刀為誓曰：'汝若逼我，有死而已。'相持至曉，乃一吃菜事魔人。"

宋代民間有明教，一人為魔頭，結黨事之，皆菜食，不茹葷，官書稱之為"喫菜事魔"。《青溪寇軌》："喫菜事魔法禁甚嚴，有犯者家人雖不知情，亦流遠方，財產半給告人，餘皆沒官。"《宋會要輯稿・刑法二》："十二年七月十三日，詔吃菜事魔、夜聚曉散、傳習妖教、情涉不順者，及非傳習妖教止吃菜事魔，並許諸色人或徒中告首……及令州縣每季檢舉，於要會處置立粉壁，大字書寫，仍令提刑司責據州縣有無吃菜事魔人，月具奏聞。"明・王世貞《弇州四部稿・續稿》卷一百六十："所謂七十二化及主文昌福禄，乃至上擬佛天尊號，則皆托之乩筆或吃菜事魔人附會之。"

【竹皮冠＊】 [本]借指戴竹皮冠的鄉野之人。

《聞見後録》卷十："漢高祖一竹皮冠起田野，初不食秦禄，卒能除其暴。"

該詞本指秦末劉邦以竹皮所作之冠。《史記・高祖本紀》："高祖為亭長，乃以竹皮為冠，令求盜之薛治之，時時冠之，及貴常冠，所謂'劉氏冠'乃是也。"裴駰集解引應劭曰："以竹始生皮作冠，今鵲尾冠是也。"

【起早】 [本]指富戶。

《邵氏聞見後録》卷二十六："浙人謂富家為'起早'，蓋言錢多則事多，不能晏眠也。雖俗下之語，亦有理云。"

【綺紈子＊】 [本]猶言紈絝子弟。指富貴人家子弟，含鄙薄意。

《賈氏談録》："牛奇章初與李衛公相善。嘗因飲會，僧孺戲曰：'綺紈子何預斯坐。'衛公銜之。"

【紗籠中人＊】 [本]舊指具有宰相福命的人。

《談苑》卷五："李藩未第時，有僧告曰：'公是紗籠中人。'公問其故，曰：'凡宰相，冥司必立其像，以紗籠護之。'後果至台輔。"

《文昌雜録》卷四："公丁丑生，實契此夢，乃知宰相固有默定。如紗籠中人之類，前書所記者甚多也。”

【大手＊】猶高手。

《捫虱新話·文章博遠貴於精工》：“須臾之際，成數千言，如此似為難及。然歐公、大年要皆是大手，歐公豈不能與人鬬捷哉！”

該詞唐時已有，唐·僧鸞《贈李粲秀才》詩：“颯風驅雷暫不停，始向場中稱大手。”

【菜肚＊】㊍指吃素（的人）。

《甕牖閒評》卷八：“黄太史過泗州，禮僧伽之塔。作發願文，痛戒酒色肉食……當其在宜州，棲遲瘴霧之中，非菜肚老人所宜，其況味蓋可知。”

《冷齋夜話》卷一：“魯直南遷已六十，親故憂其禍大，又南方瘴霧，非菜肚老人所宜。”

【當行家】㊍行家；内行人。

《曲洧舊聞》卷五：“某虽工於語言，也不是當行家。”

《侯鯖録》卷八：“黄魯直間為小詞，固高妙，然不是當行家語，乃着腔子唱好詩也。”

【嘍羅】㊢能干的人。

《江南野史》卷十：“時祖獲逸有持梁而至者，茂忠令釋縛以軍禮相見。然後館之如賓，及生得潭人，乃指梁曰：‘此國家小嘍羅也。’”

【脯掾＊】㊍精於烹飪，善治乾肉的公廚主管。

《清異録·脯掾》：“何敬洙帥武昌時，司倉彭湘傑習知膳味，就中脯腊尤殊，敬洙檄掌公廚，郡中號為脯掾。”

【甌宰＊】㊍飲宴中監行酒令的人。

《清異録·甌宰》：“廣席多賓，必差一人慣習精俊者充甌宰，使舉職律眾。”

【養家人】賴以贍養家口的人。

《曾公遺録》卷七：“運使也，不是養家人。”

【落湯螃蟹】㊇手忙腳亂的人。

《可書》:"有小環亦田舍兒也……養直曰:'初未嘗使令,況手腳如落湯螃蟹,又何足取,此亦見長之不純。'滿坐為之大笑,目其小環為落湯螃蟹。"

【張王李趙*】㊇四者皆最常見的姓,連用泛指一般人。

《曲洧舊聞》卷七:"俚語有張、王、李、趙之語,猶言是何等人,無足掛齒牙之意也。宣和間,張子能、王履道、李士美、趙聖從俱在政府,是時張、王、李、趙之語,喧於朝野,聞者莫不笑之。"

【偷兒】竊賊;小偷。

《曲洧舊聞》卷八:"范百嘉字子豐,忠文蜀公之子也。識量頗類忠文,嘗宴客,客散熟寢。偷兒入其寢室,酒器滿前。子豐覺之,起坐,呼偷兒曰:'汝迫於貧至此,勿怖也。'以白金盂子二與之。偷兒拜而去。"

《厚德錄》卷一:"夜有偷兒入其室,褰帷挺刃,顧謂公曰:'不能自濟,故來求濟於公。'"該詞晉時已有,陶潛《搜神後記》卷三:"蔡裔有勇氣,聲若雷震,嘗有二偷兒入室,裔拊床一呼,二盜俱隕。"《大詞典》引唐·房玄齡《晉書》例。

2.1.5 神靈鬼怪

古人由於認識的局限,相信各種超越自然的神秘力量,崇尚祭祀,信奉鬼神。因此宋人筆記中有許多鬼怪的記載,許多鬼怪是現實人物的化身,因此我們也將其放在人物部分進行討論。

【灌口二郎*】㊇同"灌口神"。

《獨醒雜志》卷五:"有方外士,為言蜀道永康軍城外崇德廟,乃祠李太守父子也。太守名冰,秦時人,嘗守其地。有龍為孽,太守捕之,且鑿崖中斷,分江水一派入永康,鎖孽龍於離堆之下。有功於蜀人,至今德之,祠祭甚盛……號曰灌口二郎。"

【厠神】㊇廁所神,常指紫姑神。

《談苑》卷二:"紫姑者,厠神也。"

《夢溪筆談・異事異疾附》："舊俗正月望夜迎厕神，謂之紫姑。"該詞魏晉南北朝已有，晉・佛陀跋陀羅《佛説觀佛三昧海經》卷五："經八千歲乃得苦畢，生食唾鬼、食膿鬼、食血鬼中，罪畢復生厕神豬狗。"南北朝・失譯《佛説護淨經》："後五百世中，墮餓鬼中，常食不淨，欲趣厠上食糞，於時厠神手捉鐵杖打之。"

【不動尊[1] *】 指不動尊菩薩。也泛指菩薩。

《石林燕語》卷五："官局正門裏皆於中間用小木龕供佛，曰不動尊佛。"

該義唐時已有，李濤《題僧院》詩："走却坐禪客，移將不動尊。"

【陰摩羅 *】 ㊋即鬼。

《清尊録》："《藏經》有之，此新死屍氣所變，號陰摩羅鬼。"

"摩羅"為梵語的譯音，即魔。意為擾亂，障礙。佛經中原指欲界第六天的魔王波旬。後泛指一切障道之法。魯迅《墳・摩羅詩力説》："摩羅之言，假自天竺，此云天魔，歐人謂之撒但。"《大詞典》引魯迅《墳》例。

【烏蠻鬼 *】 ㊍即烏鬼。川俗事奉的鬼神名。

《冷齋夜話》卷四："(老杜詩)：'家家養烏鬼，頓頓食黄魚。'川峽路人家多供祀烏蠻鬼。以臨江，故頓頓食黄魚耳。"

【下鬼 *】 ㊣㊦指難以轉世托生的鬼。

《漁樵閑話録》下篇："汝輩真所謂無知下鬼也！生既為虎之食，死又為虎之役使。"

《夷堅丙志・河北道士》："儻慈悲不殺，導以生路，使得免於下鬼。"該詞唐時已有，唐・李淳風《太上三五太元金籙》："死後亦不为下鬼，便得托生，受其本福。"宋・張君房《雲笈七籤・三洞經教部・經三》："死為下鬼，負石之役，萬劫還生不人之道。"《大詞典》釋義"猶言泉下之鬼"，引元・無名氏《小孫屠》例。

【炭婦 *】 ㊍道教傳説以炭幻化試人道心的美婦。

《談藪》引宋・潘矩詩："禪人尚有香囊愧，道士猶懷炭婦羞。鐵石心腸延壽藥，不風流處卻風流。"

2.2　身體·生物·食藥

動物是最接近於人類的生命體。肢體器官是人和動物的構成體，它們不是獨立的生命體，卻是生命體的必要部分。醫療健康與生命和肢體有關。不少動物和植物都是人類的食物，食品也多用動植物加工製成，因此，連同藥物歸在一起。中國醫藥除了動植物之外，也用礦物，故礦物也歸入其中。該部分包括肢體器官、健康衛生、動植物、食品及醫藥礦物等。

2.2.1　肢體器官

肢體器官包括人和動物的器官。本節也包括一些與身體有關的衍生物。

【髈】大腿外側，江南呼之"髈"。

《楊公筆錄》："股外謂之髀。江南呼髀為髈，怖朗切。"

【角子[1]】㈲指像角一樣的髮型。

《黑韃事略》："楚材能天文、能詩、能琴、能參禪，頗多能，其髭髯極黑，垂至膝，嘗縮作角子，人物極魁梧。"

《東京夢華錄》卷七："先設彩結小球門於殿前，有花裝男子百餘人，皆裹角子向後拳曲花襆頭，半著紅，半著青錦襖子……"宋·宋慈《洗冤集錄·被打勒死假作自縊》："其屍合面、地臥，為被勒時爭命，須是揉撲得頭髮或角子散慢。"又《自刑》："如傷三五日以後死者，深一寸三分，食系斷，須頭髻角子散慢。"

【禿揭*】㈲禿頭。

《坦齋通編》："《明堂位》揭豆注：'齊人謂無髮為禿揭。'"

清·陳夢雷《古今圖書集成·明倫彙編人事典形貌部·紀事一》："天皇氏號曰天靈，姓望，名獲，顧嬴三舌，驤首鱗身，碧盧禿揭。"清·鍾毓龍《上古秘史》第六十二回："地皇氏女面龍顙，蛇身獸足；天皇氏碧顧禿揭，欣嬴三舌，人首鱗身。"

【婆焦*】㈲古蒙古人髮式。

《蒙韃備錄》:"止有一子,名袍阿,美容儀,不肯剃婆焦,只裹巾帽,著窄服,能諸國語。"又:"上至成吉思,下及國人,皆剃婆焦,如中國小兒,留三搭頭在顖門者,稍長則剪之,在兩下者,總小角垂於肩上。"

【方髻＊】㊞指貴人家用貴重頭飾裝飾的髮髻。

《攬轡錄》:"惟婦人之服不甚改,而戴冠者絕少,多綰髻。貴人家即用珠瓏璁冒之,謂之方髻。"

清·錢謙益《讀雲林園事略追敘昔遊凡一千字》詩:"方髻擁墮鬟,華陽伏左股。川陸相緯經,禽魚各儔伍。"

【囚髻＊】古代婦女的一種髮式。其式把髮根緊束,於其上梳出髮髻,與囚徒束髮相類,故稱。

《續博物志》卷十:"僖宗內人束髮甚急,為囚髻。"

【義髻＊】舊時婦女作修飾用的假髮髻。

《續博物志》卷十:"貴妃以假鬢為首飾,曰義髻。"

該詞唐時已有,唐·段柯古《髻鬟品》:"貴妃有義髻。"

【耳塞＊】㊞耳垢。

《邵氏聞見後錄》卷二十九:"鄭師甫云:'嘗患足上傷手瘡,水入,腫痛不可行步。有丐者,令以耳塞敷之,一夕水盡出,愈。'"

明·李時珍《本草綱目別名錄》:"耳塞:耳垢、泥丸脂、腦膏。"該詞晉時已有,葛洪《肘後備急方·治卒耳聾諸病方第四十七》:"先去耳塞,然後納於藥,日再,初著癢,及作聲。"[1]

【車軸身＊】㊞指人的身材粗短如車軸。

《畫墁錄》:"太祖招軍格,不全取長人,要琵琶腿、車軸身。取多力。"

---

[1] 後"耳塞"也指耳環。明·醉心月主人《弁而釵》第四回:"一夜工夫,腳已小,耳亦有眼。帶了耳塞,梳起吳妝,是上好十六七歲一位女郎。"該義項《大詞典》引清·顧起元《客座贅語》例。

清·佚名《施公案》第一百七十二回:"身量不高,形體胖大,背厚腰圓,車軸漢子。"《大詞典》收"車軸漢",釋義為"身材粗短的人"。引姚雪垠《長夜》例。

【琵琶腿】㊍㊗指粗壯的腿。

《畫墁錄》:"太祖招軍格,不全取長人,要琵琶腿、車軸身,取多力。"

該詞唐時已有,唐·程紫霄《與釋惠江互謔》:"僧錄琵琶腿,——程紫霄;先生鬐栗頭。——釋惠江。"明·謝肇淛《五雜俎》中記載了這一戲謔語。《五雜俎·事部四》:"左街僧錄惠江威儀,程紫霄俱辨捷,每相嘲誚。江素充肥,會暑袒露,霄忽見之,曰:'僧錄琵琶腿。'江曰:'先生鬐栗頭。'"《大詞典》引《畫墁錄》例。

【臂胛】肩膀。

《續世說·巧藝》:"宋世子鑄丈六銅像於瓦官寺,既成,面瘦,乃臂胛肥耳。及減臂胛,瘦患即除。觀者嘆服。"

本例在《宋書》中有記載。梁·沈約《宋書·隱逸傳·戴顒》:"宋世子鑄丈六銅像於瓦官寺,既成,面恨瘦,工人不能治,乃迎顒看之。顒曰:'非面瘦,乃臂胛肥耳。'既錯減臂胛,瘦患即除,無不歎服焉。"

【鏁子骨】即"鎖子骨",指得道之人聯結如鎖狀的骨節。

《續博物志》卷七:"(李泌)引指使氣,可以吹燭至滅。導引,骨珊然有聲,號鏁子骨。"

該詞唐時已有,唐·李繁《鄴侯外傳》中有與此相同內容的記載。

【心子】㊗內心。

《楓窗小牘》卷上:"你輩見儂底歡喜,別是一般滋味子,長在我儂心子裏。"

【阿是穴*】㊚中醫穴位名,一般隨病而定,多位於病變的附近,也可在與其距離較遠的部位,沒有固定的位置和名稱。

《可書》:"孫真人有阿是穴,言人是處有穴,不必一一如《鍼經》所說。"

該詞唐時已有，孫思邈《千金要方·針灸上》："有阿是之法，言人有病痛，即令捏其上，若裏當其處，不問孔穴，即得便快，成痛處即云阿是。灸刺皆驗，故曰：阿是穴也。"清·廖潤鴻《勉學堂針灸集成》卷四："阿是穴隨痛隨針之法，能行則無不神。"

【榅桲齒＊】㋈對馬臼齒的俗稱。

《月河所聞集》："馬三齒，生榅桲齒，其謂骼高曰樓閣高，下唇緊善齧曰有口齒，皆俗話也。"

【豬胞＊】㋈豬膀胱。

《桂海虞衡志·志金石》："水銀，以邕州溪洞朱砂末之，入爐燒取，極易成。以百兩為一銚。銚之制，以豬胞為骨，外糊厚紙數重，貯之不漏。"

【枕子骨＊】肩胛骨。

《黑韃事略》："其占筮，則灼羊之枕子骨，驗其文理之逆順。"

"枕"為一種鏟東西的農具（如下圖），同"鍬"。與肩胛骨類似，故稱。

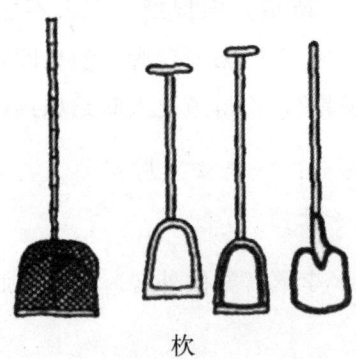

枕

（《農政全書·農器》）

【爐骨＊】骨灰。

《自警編》卷四："范公堯夫知太原府，河東土狹，民眾惜地不葬其先。公遣屬僚收無主爐骨，別男女異穴以葬。"

《睽車志》卷三："毗湖村民蘇二十一郎，為行商，死於外，同輩以爐骨還其家。"

2.2.2 健康衛生

健康衛生部分主要包括人與動物相關的各種病癥及衛生一類的俗語詞。

【算部＊】㈤壽命。

《雲谷雜記》卷三："宋太宗嘗顧錢若水，謂左右曰：'若水風骨秀邁，神仙姿格，苟用之，則才力有餘，朕只疑其算部促隘，若至大用，恐愈迫之。'至道初，為同知樞密院事，後知并州薨，年方四十四。"

【癱風＊】風癱。

《王文正公筆錄》："太祖皇帝與永德洎當時宿將數人，同從周世宗征淮南，戰於壽春，獲一軍校，欲全活之，而被瘡已重，且自言素有癱風病，請就戮。"

《蘆浦筆記》卷十："宣徽院押到殿前承旨卞居讓，宿患癱風病，翰林院著醫官裴裔看驗，久遠不堪醫治引見。"該詞唐時已有，唐·高供奉《本草采萍時日歌》："不在山，不在岸，采我之時七月半。選甚癱風與緩風，些小微風都不算。"

【瓶盞病＊】㈤譏稱嗜酒成癖。

《清異錄·瓶盞病》："（嗜飲者）日必飲，飲必醉，醉不厭，貧不悔，俗號瓶盞病。"

【草子＊】㈤寒熱時疫，即瘴。

《桂海虞衡志·雜志》："草子即寒熱時疫。南中吏卒小民，不問病源，但頭痛體不佳，便謂之草子。不服藥，使人以小錐刺唇及舌尖出血，謂之挑草子。"

【走馬疳＊】㈤由腐敗菌感染所引起的口頰壞死性病變。

《蓼花洲閒錄》："治走馬疳方：用瓦壟子（自注：比蚶子差小，未經醬漬者。）連肉火煅存性，置冷地，用盞子蓋覆，候冷取出，碾為末，乾糝患處。"又："馬蹄燒灰，入鹽少許，滲走馬疳患處。"

【怔忡】中醫病名。患者心臟跳動劇烈，或有胡言亂語的癥狀。

《朝野遺記·重華責李后》："上襟不知人，但張口囈言耳……光宗已有怔忡之候，此語既入，故終乃畏父，玉輦無近於龍樓云。"

【產瀉 *】[宋]一種疾病名，指婦女產後泄瀉。

《北窗炙輠録》卷上："師文用五積散治產瀉，產瀉最難治，師文用此，殊效。"

【風丹 *】[宋]蕁麻疹。

《北窗炙輠録》卷上："又嬪人苦風丹，每酒沾唇則風丹重疊而起，癢刺骨，殆不可治。"

該詞在宋以後的醫學著作中有較詳細的説明。明·樓英《醫學綱目》卷二十："丹毒風丹，痛者為丹毒，癢者為風丹。"清·陳復正《幼幼集成》卷四："癮疹多屬於脾，以其隱隱在皮膚之間，發而多癢，或不紅者，俗人名為風丹。"又卷六："癮者，皮膚間隱隱成疙瘩也，俗人謂之風丹。"

【虛證 *】[補]即"虛癥"。中醫名詞。體質虛弱的人所發生的身疲力乏、心悸氣短、自汗盜汗等癥狀。證，同"癥"。

《曾公遺録》卷八："此皆虛證，須補理將養。"

明·馮元成《上池雜説》："元氣虧損之人，有何火降？乃虛證耳。"清·喻昌《寓意草》："抑且略一過啖，即爾腹痛便泄，儼似虛證。"《大詞典》未收"虛證"，收"虛癥"，但無書證。

【漏蹄】[宋]一種動物疾病。牲口害此病時，蹄子上有白粉，有的甚至有洞，使得牲口疼痛，無法走路。

《續世説·德行》："此牛經患漏蹄，療差已久，恐後脱發無容不相語。"

該詞南北朝已有，北魏·賈思勰《齊民要術》卷六："治馬漏蹄方：……"明·胡濙《衛生易簡方·附録》："治牛漏蹄用紫礦為末，豬脂和，內蹄中，燒鐵烙之。"清·陳鳳占《方言巧對》："好漢不知跌倒時，人有失脚馬有漏蹄。"漏蹄亦指漏蹄風，人脚部患的疾病。明·沈之問《解圍元藪》卷一："似覺傷人臟腑，姑集之，以備參考。能治漏蹄、螻蟈、糕、脱跟、疙瘩等風。"卷三："如紫雲之藥不能治爛風，痛風之藥不能治癬麻，漏蹄之方若治癱攣則反為害。"清·陳秉鈞《陳蓮舫先生醫案》卷上："漏蹄風風邪濕熱未清，脘悶神疲，治以疏和。"又："足跟痠痛，防成漏蹄風。"清·馬培之《馬培之醫案》："治麻風下部發斑，或踝跗腫脹，指掌起泡，漏蹄等癥。"

【點跡 *】㈢瘢痕。

《談苑》卷四："婦人面飾用花子，起自上官昭容，以掩點跡。"

清·葉霖《痧疹輯要》卷一："潮時見赤點於皮膚之上，潮過即沒，毫無點跡，與平人同。"

【經候】㈢月經。

《北窗炙輠錄》卷上："子才有婢子得面熱病，每一面熱至赤，且癢絕悶絕，問師文，師文曰：'經候來時嘗為火所逼也？'"

"經"有"月經"之義，《本草綱目·人一·婦人月水》："女人之經，一月一行，其常也；或先或後，或通或塞，其病也。""候"為"癥候、癥狀"，《北齊書·馬嗣明傳》："（馬嗣明）為人診候，一年前知人生死。""經候"一詞東漢時已出現，張機《金匱要略·婦人雜病脈證并治》："經候不匀，冷陰掣痛，少腹惡寒。"

【屎橛 *】㈤本指拭人糞之小竹（木）片。佛家比喻至穢至賤之物。亦作"屎橛子"。

《叢林盛事》卷上："須知此事若不負志，雖從釋迦老子肚裏過，也只是個屎橛，可不擇哉！"

清·吳趼人《糊塗世界》第十二回："卻正有一個屎橛子拖了出來，（陸老爺）一聽見說是他中了，一跳就起，褲子也沒提。因為陸老爺走得猛了，早已絆了一個跟頭跌倒在地，那背後屎橛子還在那裏翹然而立。"這是"屎橛"的本義。《大詞典》"屎橛"條釋義為"亦作'屎橛子'，比喻令人厭惡的事物或固執的人。"引魯迅《華蓋集》為例。

【乾屎橛 *】同"屎橛"。也作"乾屎橛子"。

《捫虱新話·楊次公佛印語》："近了和尚有弟子，自言因看庭前柏樹子話頭有省，遂自號柏樹徑。山杲聞之笑曰：'使其因悟乾屎橛語，亦自號乾屎橛耶？'"

在佛教典籍中，“乾屎橛”是較常見的一個詞，佛家將其比作至穢至賤的東西，也以此比喻令人厭惡的事物或固執的人。宋·釋道原《景德傳燈録·義玄禪師》：“時有僧問：‘如何是無位真人?’師便打，云：‘無位真人是什麽乾屎撅!’”《羅湖野録》卷下：“僧問趙州：‘狗子還有佛性也無?’趙州云：‘無。’‘如何是佛?’雲門道：‘乾屎橛管取。’”宋·普濟《五燈會元》卷七：“釋迦老子是乾屎橛，文殊普賢是擔屎漢。”又卷十四：“不念阿彌陀，南無乾屎橛。無智癡人前，第一不得説。”明·袾宏《皇明名僧輯略·毒峰善禪師》：“則僧問：‘如何是佛?’雲門道：‘乾屎橛。’”清《空谷道澄禪師語録》卷一：“問：‘乾坤為秤，日月為星，稱個甚麽?’師云：‘乾屎橛子。’”佛門子弟將佛學和汙穢的東西相提並論，是以其為話頭，讓參問者頓悟。《朱子語類》卷第一百二十四：“如禪家‘乾屎橛’等語，其上更無意義，又不得別思義理。將此心都禁遏定，久久忽自有明快處，方謂之得。”這與莊周的“道在屎溺”是同樣的道理。

【厠簡子 *】 ㊍拭糞的小竹木片。

《江南野史》卷三：“(後主) 親為桑門，削作厠簡子試之，腮頰有少澀滯者，再為治之。”

2.2.3 動物

該部分俗語詞主要是各類鳥獸魚蟲的俗稱。

【頭口 *】 ㊅指騾馬驢牛之類大牲畜。

《曾公遺録》卷八：“辛亥，同呈，令鄞、湟般運人夫、脚乘、頭口等為賊殺虜者，人支絹十疋，脚乘、頭口給還價錢。”①

《大詞典》引明·高明《琵琶記》例。

【移剌 *】 ㊢公馬。

《黑韃事略》：“移剌者，公馬也……每移剌馬一疋，管騍馬五六十匹，騍馬出群，移剌馬必咬踢之使歸。或他群移剌馬逾越而來，此群移剌馬必咬踢之使去。”

【課馬】 ㊍母馬。課，同“騍”。

① 大象出版社《全宋筆記》本“人夫腳乘頭口”及“腳乘頭口”處未用頓號點斷。

《珩璜新論》卷四："俗呼'牝馬'為'課馬'，出《唐六典》：凡牝四游五課，羊則當年而課之。課，歲課駒犢。"

該詞唐時已有，唐·李吉甫《元和郡縣志》卷三："天寶十二年，諸監見在馬總三十一萬九千三百八十七匹，內一十三萬三千五百九十八匹課馬。"

【沛馬＊】㊗能擠出奶的馬。

《黑韃事略》："其軍糧羊与沛馬。(自注：手捻其乳曰沛。)馬之初乳，日則聽其駒之食，夜則聚之以沛。"

【破馬＊】㊗劣馬。

《玉照新志》卷四："及抄扎棣華宅，有祖宗《實錄》借看，及罷館伴，不合借破馬。"

《大詞典》引周立波《暴風驟雨》例。

【水雞¹】㊗落湯雞。喻指全身濕透的人。

《避暑錄話》卷上："張景修字敏叔，常州人，篤厚君子，少以賦知名，而喜為詩，好用俗語，嘗有《謝人惠油衣》云：何妨包裹如風橐，且免淋漓似水雞。"

《紅樓夢》三五回："大雨淋得水雞似的，他反告訴別人，'下雨了，快避雨去罷。'"

【竹牛＊】㊗野牛的一種。

《昨夢錄》："西夏有竹牛，重數百斤，角甚長而黃黑相間，用以製弓極佳，尤且健勁。"

【羶根＊】㊗羊及羊肉的別稱。

《冷齋夜話》卷二："僧自言能為詩，公令賦食蒸豚詩，操筆立成：'若把羶根來比並，羶根只合喫藤條。'"

【鈍公子＊】㊗象的別稱。

《清異錄·鈍公子》："陸象先家號象為鈍公子……以避諱故也。"

【獺婦＊】㊗獸名。

《桂海虞衡志·志獸》："嬾婦，如山豬而小，喜食禾，田夫以機軸織紝之器掛田所，則不復近。"

【朝雞＊】報曉的雄雞。

《丞相魏公譚訓》卷八："祖父喜養朝雞，以為不唯質狀雍容，文采可觀，聲氣和平，飛鳴不迅，而使人知日早暮，有夙興之助。"

《甕牖閒評》卷五："朝雞者，鳴得絕早，蓋以警入朝之人，故謂之朝雞。"

【泥滑滑＊】竹雞的別名。蜀人稱雞頭鶻。

《甕牖閒評》卷七："泥滑滑乃田間一種小鳥，名曰竹雞。"

蜀人稱"泥滑滑"為雞頭鶻，蘇軾《送牛尾貍與徐使君》："泥深厭聽雞頭鶻，（自注：蜀人謂泥滑滑為雞頭鶻。）酒淺欣嘗牛尾貍。"

【減腳鵝＊】㊅鴨的別稱。

《清異錄·減腳鵝》："鴨頗類乎鵝，但足短耳，宜謂之減腳鵝。"

【書空匠＊】㊅雁的別名。

《清異錄·書空匠》："書空匠者，乾祐中，冷金亭賞菊，分賦秋雁。族子祕書丞敞先就，詩曰'天掃閒雲秋靜時，書空匠者最相宜'云云。"

【瓦亭仙＊】㊅鸛的別名。

《清異錄·瓦亭仙》："鸛多在殿閣鴟尾及人家屋獸結窠，故或有呼'瓦亭仙'者。"

【青喜＊】㊅鵲的別稱。

《清異錄·青喜》："李正己被囚執，夢云：'青雀噪，即報喜也。'是旦果有群雀啁啾，色皆青蒼。至今李族居淄青者，呼雀為青喜。"

【九苞奴＊】㊅錦雉的別名。

《清異錄·九苞奴》："《動植廣疏》云：'錦雉一名九苞奴。'謂其有文無德，真鳳凰之奴隸。"

【長生網＊】㊅以鳴叫聲誘惑同類的鶉。

《清異錄·長生網》："鶉之為性，聞同類之聲則至。熟其性，必求鶉之善鳴者誘致，則無不獲。自號引鶉為'長生網'。"

【人日鳥*】㋿鴿的別稱。

《清異錄·人日鳥》："人日鳥：南唐王建封不識文義。族子有《動植疏》，俾吏錄之。其載鴿事，以傳寫訛謬，分一字為三，而為人日鳥矣。建封信之，每人日開筵，必首進此味。"

【癡伯子*】㋿鴟的別名。

《清異錄·癡伯子》："望之，乃一鴟也。怒罵曰：'不解事奴！此癡伯子，得萬箇何所用，促尋黑漫天來。'黑漫天，所失鷹名也。"

【九羅*】㋿即九頭鳥。

《清異錄·九羅》引唐崇儼《厭勝書》："鬼車九首，妖怪之魁，凡所遭觸，滅身破家，故一名九羅。"

【婆娑兒*】㋿海鷗的別稱。

《清異錄·婆娑兒》："鄭遨隱居，有高士問何以閱日，對曰：'不注目於婆娑兒，即側耳於鼓吹長。'謂玩鷗而聽蛙也。"

【鼓吹長*】㋿蛙的別稱。

例見"婆娑兒"。

【哺烏公*】㋿指反哺的烏鴉。

《密齋筆記》卷四："烏始生，母哺之六十日，稍長，子反哺如母哺之數。一名'哺烏公'。"

【海東青】一種凶猛而珍貴的鳥。屬雕類。產於黑龍江下游及附近海島。

《五總志》："登州海崖林中有鶻，能自高麗一飛度海，號曰'海東青'。唐人呼為'決雲兒'。"

《雞肋編》卷下："鷙禽來自海東，唯青鶻最嘉，故號海東青。"

【決雲兒*】鷹鶻的別名。也稱"海東青"。

例見"海東青"。

該詞五代已有，王仁裕《開元天寶遺事·決雲兒》："申王有高麗赤鷹，岐王有北山黃鶻，上甚愛之，每弋獵必置之駕前。帝目之為決雲兒。"

【擅雞*】㊺鳩鳥之別名。

《過庭録》："有廣南賈者過見之，曰：'此擅雞，毒鳥也。'後死其一。居無何，忠宣閱《廣南異物志》曰：'擅雞，鳩鳥之別名。'始大驚駭，即命殺而焚瘞之。"

【鷺絲*】即鷺鷥。

《澠水燕談録·談謔》："從子仲達以詩一軸示文寶，自炫《鷺絲詩》最為得意……文寶云：'詩固佳矣，但鷺絲腳太長爾。'"

《雲麓漫鈔》卷三："紹興末，宿直中官以小竹編聯籠，以衣畫風雲鷺絲作枕屏。"明·楊慎《滇海竹枝詞》："煙中艇子搖兩槳，空裏鷺絲飛一雙。"清·朱仕玠《小琉球漫志》卷五："隆冬時海諸盡出，有鳥類鷺絲，毛羽灰色，土人呼為鶴，究不知何名也。"

【水雞²】㊉【雞】㊛【水鴨】㊺蛙的別名。

《侯鯖録》卷三："水雞，蛙也。水族中厭味可薦者雞。郭璞注：《爾雅》云：一名水鴨。"

《大詞典》"水鴨"條引明·王志堅《表異録》例。

【魚苗*】由魚子孵化出來供養殖用的小魚。

《避暑錄話》卷下："初生時取種於江外，長不過半寸，以木桶置水中，細切草為食，如食蠱，謂之魚苗。"

【子魚】㊉鯔魚的別名。

《塵史·詩話》："閩中鮮食最珍者，所謂子魚者也。長七八寸，闊二三寸許，剖之子滿腹，冬月正其佳時。莆田迎仙鎮乃其出處。"

【嗔魚*】㊺河豚魚的別名。因觸之鼓腹如發怒狀，故名。

《儒林公議》："此嗔魚也。觸物則怒，多為鸕鶿所食。"

《大詞典》引明·胡安世《異魚圖贊補》例。

【玉板】鱣魚。也稱"玉版"。

《續博物志》卷二:"鱣,黃魚,口在頷下,無鱗,長鼻軟骨,俗謂玉板,長二三丈,江東呼為黃魚。"

以"玉版"稱鱣魚因其肉色似玉,明·李時珍《本草綱目·鱗·鱣魚》:"黃魚、蠟魚、玉版魚……玉版,言其肉色也。"

【淮白*】㈥一種味道鮮美的淡水魚。也作"淮鮊""白魚"。

《邵氏聞見錄》卷八:"文靖夫人因內朝,皇后曰:'上好食糟淮白魚。祖宗舊制,不得取食味於四方,無從可致。相公家壽州,當有之。'夫人歸,欲以十奩為獻。"

《卻掃編》卷上:"邵博公濟言呂文靖公為相,其夫人馬氏因時節朝宮中,慈聖謂曰:'今歲難得糟淮白,夫人家有之乎?'"《辯誣筆錄》卷一:"適淮上諸將送糟淮白數頭、兔犯十余只、鶉十數對,遂以白魚二頭作一合,兔犯二只、鶉十只作一合復贈。"也作"淮鮊""白魚"。宋·梅堯臣《糟淮鮊》詩:"寒潭縮淺瀨,空潭多鮊魚;網登肥且美,糟漬奉庖廚。"《廣雅·釋名》:"鮊,鱎也。"王念孫疏證:"今白魚生江湖中,鱗細而白,首尾俱昂,大者長六七尺。"

【老婆牙*】㈥綏魚的別稱。

《鶴林玉露》卷五:"'螺頭新婦臂,龜腳老婆牙。'四者皆海鮮也。"

《談藪》:"徐許諾,出門見賣老婆牙者,買一巨筐餉丁。"明·馮時可《雨航雜錄》卷下:"綏魚,一名華臍,一名老婆牙,其腹有帶,如蚍子生附其上,形如科斗,大者如盤,或曰此《文選》所謂'琵琶魚'也。"元·任士林《松鄉集》卷六:"東海有物曰'老婆牙',疥瘡醜石培之得膏,是可怪已。"

【筴舌蟲*】㈥螃蟹的戲稱。

《清異錄·筴舌蟲》:"(盧純)因食二螯,筴傷其舌,血流盈襟,絳自是戲純:'蟹為筴舌蟲。'"

【瓦壟子*】㈥一種像蚶子一樣的海產品。

《蓼花洲聞録》："治走馬疳方：用瓦壟子（自注：比蚶子差小，未經醬淹者。）連肉火煅存性，置冷地，用盞子蓋覆，候冷取出，碾為末，乾糝患處。"

【決明＊】㈡蚌蛤類海生軟體動物，"鰒魚"或"鰒魚甲"的俗稱。也稱作"石決明"。一説"紫貝"別稱。

《江鄰幾雜志》："胡公謹云：登州城山出鰒魚，俗云決明，可乾食。"

《大詞典》僅釋義"決明"為一種植物名。引杜甫《秋雨嘆》例。植物決明有明目的功效，這種蚌蛤類的海生動物"決明"因有同類功效，故名。宋·唐慎微《證類本草》卷第七："決明子，味鹹、苦、甘、平、微寒，無毒。葉如江芒，子形似馬蹄，呼為馬蹄決明。用之當搗碎。又別有草決明，是萋蒿子，在下品中也。臣禹錫等謹按唐本云：石決明，是蚌蛤類，形似紫貝，附見別出在魚獸條中，皆主明目，故並有決明之名。"元·王好古《本草品彙精要·蟲魚部上品》："決明附石而生，殼大者如手，小者三兩指，海人亦啖其肉，亦取其殼。"明·黄仲昭《八閩通志》卷二十五："石決明附石生，惟一殼，無對。大者如手，小者如兩三指，旁有十數孔。或云即鰒魚，王莽所食者。《本草圖經》謂鰒魚別是一種，與決明相近耳。"明·朱橚等《普濟方·本草藥性異名·玉石部》："石決明俗名紫貝。又云，是鰒魚甲、九孔螺、真珠母也。紫貝即牙螺，非決明也。"

【巨白＊】㈢蚯蚓。

《晁氏客語》："齊地有蟲類蚯蚓，大者人謂之曰巨白，善擘地以行，呼之聲訛也。"

明·朱謀㙔《駢雅·釋蟲魚》："巨白，蚯蚓也。"

【喜子】即蟢子。一種長腳的小蜘蛛。

《續博物志》卷六："小蜘蛛長腳者，一名蟏蛸，一名長踦，俗名喜子。"

該詞晉時已有，《爾雅·釋蟲》"蟏蛸、長踦"晉郭璞注："小蜘蛛長腳者俗呼為喜子。"

【狗蠅】一種寄生狗體的虱蠅，可入藥。

《明道雜志》:"小兒以狗蠅、巴豆盈掬與之,江隨便啖食而了無他。"

【暗夜＊】㊋南方傳說中一種能使小兒生病的蟲。

《猗覺寮雜記》卷下:"嶺外人家嬰兒衣,暮則急收,不可露夜。土人云,有蟲名暗夜,見小兒衣,必飛毛著其上,兒必病寒熱,久則瘦,不可療。其形如大蝴蝶。"

【水蠶＊】㊋傳說中養在水裏的一種蠶,吐的絲自然五色,所織之物絢爛珍貴。"水蠶"也代指這種蠶吐的絲,水蠶絲也稱作"靈泉絲"。

《續博物志》卷十:"東海員嶠山有水蠶,長七寸,有鱗角。以霜雪覆之,始為繭,其色五綵,織為文錦,入水不濡,投火不燎。"

該詞唐時已有,蘇鶚《杜陽雜編》卷中:"神錦衾,水蠶絲所織也。方二丈,厚一寸,其上龍文鳳彩,殆非人工……上始覽錦衾,與嬪御大笑曰:'此不足以為嬰兒綳褓,曷能為我被耶?'使者曰:'此錦之絲,水蠶也;得水則舒,水火相反,遇火則縮。'遂於上前令四官張之,以水一噴,即方二丈,五色煥爛,逾於向時。"清·王士禎對水蠶的生長有較詳細的記載,《池北偶談》卷二十四:"唐小說載元和八年,大軫國貢神錦衾,水蠶絲所成。云其國以五色石甃池塘,採大柘葉飼蠶於池中。始生若蚊睫,游泳其間,及長,可五六寸。池中有挺荷,蠶經十五日,即跳入荷中成繭,自然五色,亦謂'靈泉絲'。山蠶、水蠶皆物產之異。"

【書魚＊】即衣魚。蛀蝕衣服書籍的一種小蟲。

《緯略·蕓臺》:"今江東人茹為生菜,甚香。古之祕閣,以辟書魚。"

【錢駝兒＊】㊋蟲名。

《明道雜志》:"北方凡屋角陰處,有蟲善躍而長,眉目有班,竈間亦有,南人謂之錢駝兒,疑《詩》所謂伊威。"

【照夜青＊】㊋螢別名。也作"照夜清"。

《冷齋夜話》卷一:"事見《鬼谷子》,曰:'照夜青,螢也。百花釀,蜜也。崖蜜,櫻桃也。'"

明・徐復祚《花當閣叢談》卷七："夜光、霄燭、照夜青，並螢也。"宋・彭乘《墨客揮犀》卷四："照夜清，螢也。"《大詞典》補訂本"照夜"條補義"螢火蟲的別名"。書證為：明・陳繼儒《珍珠船》卷一："照夜，清螢也。百花醴，蜜也。崖蜜，櫻桃也。"誤。

【斑猫＊】[晚]一種能飛的昆蟲，可入藥。即斑蝥。

《珍席放談》卷上："是非曲直在聽斷之審。請以藥物喻之，醫方謂藥物有相使相反者，如甘草為國老，以性能和眾藥，放湯齊中，不論寒溫多用之。而斑猫有毒，相反，若用之則致害人。"

該詞唐時已有。唐・孫思邈《千金翼方》卷二十四："……右拾一味，擣篩為散，酒服方寸匕，日三，加斑猫七枚，益良。"明・謝肇淛《五雜俎・物部三》："中狗毒，斑猫解之。"明・李時珍《本草綱目・蟲部・樗雞》："斑蝥，釋名：斑猫、蝥蟲、龍蠔、斑蠔。氣味辛、寒、有毒。"清・包誠《十劑表・藥味別名》："斑蝥：俗名斑猫。"《大詞典》"斑蝥"引《本草綱目》例。

2.2.4 植物

宋筆記中記載各種花草樹木，有些是關於這些植物的考釋，因此保留了大量與植物名稱相關的俗語詞。

【没藥＊】[晚]中藥名。

《諸蕃志・没藥》："没藥出大食麻囉抹國。其樹高大，如中國之松，皮厚一二寸。採時先掘樹下為坎，用斧伐，其皮脂溢出於坎中，旬餘方取之。"

《大詞典》引明・李時珍《本草綱目》例。

【不雲木＊】[未]成片彎曲生長的植物，可入藥。

《竊憤録》："阿計替時以不雲木煎湯饋之，云：'此中無藥物，有疾者但煎此木作湯，飲之自愈。'其不雲木者，初生無枝葉，暗地中生，城北最甚，天氣晴和則掘地求之，色如枯楊柳，大小如箸，蔓延數十步，屈曲而生。"又："少帝憂之，令監者求不雲木。""阿計替時以不雲木煎湯上供，然亦時時親來視帝。"

【斷腸草＊】[本]木芙蓉的別名。

《冷齋夜話·詩出本處》:"李太白詩曰:'昔作芙蓉花,今為斷腸草。以色事他人,能得幾時好。'陶弘景《仙方注》曰:'斷腸草不可食,其花美好,名芙蓉花。'"

《雲麓漫鈔》卷一:"老圃云:芙蓉花根三年不除,殺人。因憶古詩云:'昔為芙蓉花,今成斷腸草。'則古人已曾言矣。"

【烏舅*】㊍即烏臼。落葉樹,實如胡麻子,多脂肪,可製肥皂及蠟燭等。

《清異錄·烏舅金奴》:"江南烈祖素儉。寢殿燭不用脂蠟,灌以烏臼子油,但呼烏舅。"

【讓木*】㊍楠樹的別稱。

《江鄰幾雜志》:"楠樹直疎,枝葉不相妨,蜀人謂之讓木。"

【合昏】植物名。即合歡樹。

《續博物志》卷九:"王孫,一名黃孫,一名黃昏……郭璞曰:'守宮槐,晝日聶合而夜舒布也。江東有木與此相反,俗因名合昏。'"

該詞南朝時已有,南朝梁·陸倕《新刻漏銘》:"合昏暮卷,蓂莢晨生。"

【茶肕子*】㊍一種樹上結的果子,可食用,味甜,可入藥。

《竊憤錄》:"又有茶肕草,其樹高三尺,葉如南棟花而紫色,皆有白黃點,花開四出,其大如手,碧色,或有八出者,其結實大如拳,熟便可食,其甘如蜜,彼人呼曰茶肕子。"

清·趙學敏《本草綱目拾遺·果部上·茶肕子》:"邊興考:其樹出遼東塞外,高有三尺許,葉如南方棟樹,背有黃白點,花四出,形如手,碧色,或有八出者,結子大如拳,熟便可食,其甘如飴,其樹浸水可為油燃燈,入藥用子。治一切病,遼塞無藥,土人有病者,取茶肕子啖之即愈。"

【巴欖子*】㊍即巴旦杏。

《曲洧舊聞》卷四:"巴欖子,如杏核,色白,褊而尖長,來自西蕃。比年近畿人種之,亦生。樹似櫻桃,枝小而極低。"

《桂海虞衡志》:"石栗,圓如彈子,每顆有梗,抱附之類杓柄,肉黃白，甘靭，似巴欖子。"《武林舊事》卷十六："更有乾果子，如錦荔、木彈……番桃、松子、巴欖子、人面子……"《駢雅·釋木》："巴旦，北杏也。"清·郝懿行《證俗文》："《本草綱目》一名八擔杏，出回回舊地，今關西諸土亦有。其核如梅核，殼薄而仁甘美，點茶食之，味如榛子，西人以充方物。"巴欖、巴旦、八擔是音譯詞的不同文字體現。

【大腹子 *】㊍大而扁的檳榔子。可入藥，具有殺蟲、消積、行氣、利水的功效。

《諸蕃志·檳榔》："小而尖者為雞心檳榔；大而區者為大腹子，食之可以下氣。"

該詞唐時已有，唐·佚名《司牧安驥集·治肺部》："大腹子，貝母，山梔子……"歷代皆有用例。宋·王袞《博濟方·水氣》："治水疾，及諸般氣腫，大效。白檳榔（勿用大腹子，不得見猛火，煨令微黄，用半兩）……"金·佚名《藥性賦·平性藥》："大腹子去膨下氣，亦令胃和。"明·張介賓《景岳全書》卷之三十二："若風濕留滯，肢節煩疼，心神壅悶者，大腹子散。"清·隨緣下士《林蘭香》第三十九回："這頭瘡若再發時，或用大腹子末填在鯽魚肚内燒成灰，搗蒜擦上亦可。"

【綠盎子 *】㊍一種不能食用的堅硬果子。

《竊憤續錄》："或曰，行次路傍有木高丈余，其葉兩兩相對，有花如盞大，黄色出，有實亦相對，大如木瓜，綠色，以手觸之，已成熟。隨行人中有莫利列者，取而食之，方入口嚼，齒並落如屑，舌墨如漆，急吐之，滿口已裂破，出血如水流，終日不能食，經旬方已。阿計替問其民，云：'此名綠盎子，能碎骨如泥，彼中橐駝初生時，以潤其蹄，則千里可行，不然，則不可行。剛利如錐，舉而刺之，則如刀鋸之利，除此及作骨用外，無用也。'"

【三青蔓 *】㊎枸杞的別名。

《清異錄》卷上："按《清冷真君外訣》，枸杞為'三青蔓'。"

《大詞典》引明·王志堅《表異錄》例。

【角子³】㊎指豆莢。

《雲麓漫鈔》卷五："漢東人以豌豆苗為菜……今臨安人目之曰

'豆菜'，連角子賣，則知豌豆苗莢，即巢菜也。"

宋·蘇頌等《本草圖經·草部上品·甘草》："春生青苗，高一二尺；葉如槐葉；七月間開紫花似奈；冬結實作角子如畢豆。"

【換骨菜*】㊛枸杞苗的別稱。

《清異錄·三青蔓》："按《清冷真君外訣》，枸杞為'三青蔓'，其苗為'換骨菜'。"

【胡耳*】㊛原產於西域的植物，種子可粘附在動物皮毛上得以傳播。

《釣磯立談》："自武至元，為日亦未幾也，祠官長陵董可宗按行故宮，求識所謂珠子松者，漫不可復得，毀垣斷塹，但有胡耳等蒙密充牣乎其中。彼所謂胡耳者，本西域植物，中國故無有也。自張騫通諸國，時有為羊馬之獻者，胡耳之實，偶綴於毛端，因得遺種五陵。"

【崖蜜】櫻桃。

《冷齋夜話》卷一："事見《鬼谷子》，曰：'照夜青，螢也。百花釀，蜜也。崖蜜，櫻桃也。'"

【盧橘*】㊛枇杷。

《猗覺寮雜記》卷上："嶺外以枇杷為盧橘子，故東坡云：'盧橘梅梅次第新。'"

【槐子*】㊝槐樹結的莢果或種子。

《南唐近事》卷二："嘗謁舍人潘佑，潘教服槐子，云豐肌御老。"
《大詞典》引明·李時珍《本草綱目》例。

【扁鵲銘*】㊛花椒的俗稱。

《清異錄·扁鵲銘》："椒又名'扁鵲銘'，蜀產者上。葉屬木故青，皮本火故赤，花應土故黃，膜兆金故白，子符水故黑。"

【御仙花[1]*】荔枝的別稱。指御仙帶。

《呂氏雜記》卷上："舊制：執政見任賜笏頭帶，親王使相及武臣任樞府，皆止賜荔枝帶。（自注：俗號球文為笏頭，御仙花為荔枝。朝省文書亦多從俗而已。）"

【五稜子＊】水果名，楊桃的別稱。也作"五棱子"。

《桂海虞衡志・五稜子》："五稜子，形甚詭異，瓣五出，如田家碌碡狀。味酸，久則微甘。閩中謂之羊桃。"

《嶺外代答・五稜子》："五稜子，形甚詭異。瓣五出，如田家碌碡狀。皮黃，甚薄。味酸，久則微甘。朴切之，或以蜜漬，始可食。閩中亦有之，謂之羊桃。"

【羊桃＊】㊝水果名，即楊桃。

例見"五稜子"。

【覆盆子＊】㊝一種有刺落葉灌木。

《續博物志》卷二："覆盆子是莓子，笮取汁，合成膏塗髮，不白。"

《大詞典》引魯迅《朝花夕拾》例。

【莓子＊】㊝覆盆子，也作"莓子"。

例見"覆盆子"。

宋・王懷隱、陳昭遇等《太平聖惠方・神仙方》："蓬一名覆盆，江南謂之莓子，味甘無毒。""莓子"應在晉時已有，宋・邢昺《爾雅注疏》："杞，一名枸檵。郭云：'今枸杞也。'《詩・小雅・四牡》云：'集於枸杞。'陸機《疏》云：'一名苦杞，一名地骨。春生作羹茹微苦，其莖似莓子，秋熟正赤，莖葉及子服之輕身益氣耳。'"由於野生枸杞與蒺藜相似，故陸機有"莖似莓子"之說。

【鐵腳梨＊】㊝木瓜的別名。

《清異錄・鐵腳梨》："木瓜，性益下部，若腳膝筋骨有疾者必用焉，故萬家號為鐵腳梨。"

【水硫黃＊】㊝芡實的別名。

《孫公談圃》卷中："水產之芡，其甘滑可食，則名為水硫黃。"

【聖花兒＊】㊝棗的別稱。

《清異錄・雞冠棗》："睢陽多善棗，雞冠棗宜作脯，醍醐棗宜生啖，或謂棗是聖花兒。"

【地骨皮】㊺中藥名。枸杞的根皮。

《蓼花洲閒錄》："小兒耳後瘡，腎疳也。地骨皮一味爲末，麤者熱湯洗，細者香油調搽，良。"

《大詞典》引明·無心子《金雀記》例。

【回頭青*】㊋中藥名，香附子的别稱。

《清異錄·回頭青》："香附子，湖湘人謂之'回頭青'，言就地剗去，轉首已青。"

【麝香草*】㊋蒜的别名。

《清異錄·麝香草》："蒜，五代宫中呼麝香草。"

【山蕷*】即薯蕷。多年生纏繞藤本。地下具圓柱形肉質塊莖，含澱粉，可供食用，並可入藥。也稱山藥。

《曲洧舊聞》卷八："鄧子常在北門，所進山蕷數倍於前，緘封華麗，觀者駭目。"

【威靈仙*】㊋中藥名。根入藥，性温、味辛鹹，功能祛風濕、通經絡，主治風濕痹痛、骨硬咽喉等癥。

《王氏談錄·辨藥》："公示京師市藥，須當精别，市中槁本，多雜以威靈仙。"

【桃奴*】㊋經冬不落的乾桃子。

《侯鯖錄》卷三："桃實經冬不落者，俗謂之桃奴。"

【枝頭乾¹*】㊋一種不摘而任其在樹枝上變乾的果子。

《石林燕語》卷五："東北有果如李，每熟不得摘，輒便槁，土人因取藏之，謂之枝頭乾。"

《東京夢華錄·飲食果子》："又有托小盤賣乾果子，乃旋炒銀杏……林檎乾、枝頭乾。"

【玉臂龍*】㊋【褉寶*】相傳爲唐崔遠别墅褉池中所產的巨藕。

《清異錄·玉臂龍》:"崔遠家墅,在長安城南,就中禊池產巨藕,貴重一時,相傳為禊寶,又曰玉臂龍。"

【百子甕*】㋞對多籽瓜果的戲稱。

《清異錄·百子甕》:"果中子繁者,惟夏瓜、冬瓜、石榴,故嗜果者目瓜為'百子甕'。"

【淨街槌*】㋞瓠的俗稱。

《清異錄·淨街槌》:"瓠少味無韻,葷素俱不相宜,俗呼'淨街槌'。"

【匾蒲*】即瓠瓜。

《松漠紀聞續》:"西瓜形如匾蒲而圓,色極青翠,經歲則變黃。"

《雲麓漫鈔》卷二:"《詩名物解》云:'瓢與瓠一物,甘者名瓢,苦者名瓠,瓠以器言也。瓢亦名壺,齊魯間,長者為瓢,團者為胡盧。'今人又有匾蒲之名,匾蒲即壺之反切也。"

【司馬竹*】㋞【私麻竹*】㋞竹的一種,產於嶺南,可製弓。

《猗覺寮雜記》卷下:"嶺表有竹,俗謂司馬竹,又曰私麻竹。"

【貓頭筍*】㋰毛筍的別名。筍同"笋"。

《秋崖集·食貓筍》:"詩腸慣識貓頭筍,食指寧知熊掌魚。"

貓頭筍味美,宋·李處權《謝翁士特惠筍》詩:"北客未識貓頭筍,此來逢君欣得之。出土好色已勝玉,下箸珍味端如飴。"《大詞典》引清·黃漢《貓苑·名物》例。

【貓笋*】㋞毛筍的別名。即貓頭筍。也作貓筍、貓兒筍、貓頭、貓兒頭。

《師友談記》:"友人董耘饋長沙貓笋,庽以享太史公。太史公輒作詩為貺,曰:'因笋寓意,且以為贈爾。'"

《秋崖集·新晴》:"鷹芽長及寸,貓筍重兼斤。"宋·陳景沂《全芳備祖後集·笋部·苦笋》:"江西貓筍未出尖,雪中土膏養新甜。"清·趙學敏《本草綱目拾遺·諸蔬部》:"毛笋即茅竹笋,笋之大者。笋譜:毛笋為諸笋之王，其籜有毛，故名。俗呼為貓兒笋者。"也稱作貓兒笋。清·倪贊元《雲林縣采訪冊·沙連堡》："山上民居不一，有村曰中湖、曰內湖，煙火將及百家。所產貓兒笋、麻竹笋，為居民之利。"《大詞典》未收"貓兒笋"。也作貓頭。宋·陳師道《寄潭州張薈叟》詩："秋盤堆鴨腳，春味薦貓頭。"宋·馮坦《句》詩："終日無人到，隔林惟鳥啼。雀舌收先雨，貓頭掘帶泥。"

【貓兒頭*】同"貓笋"。

《夢粱錄·物產》："竹笋有數名，曰南路、白象牙、哺雞、貓兒頭、黃鶯、晚篁，皆即涼笋。"

【竹米*】即竹實。

《避暑錄話》卷下："戊申、己酉間二浙竹皆結花而死，俗謂之竹米。"

該詞唐時已有，皮日休《夏初訪魯望偶題小齋》詩："野客病時分竹米，鄰翁齋日乞藤花。"

【寶花*】㊗特指牡丹。

《甕牖閒評》卷七："凡花皆以美名褒之，故宋咸《牡丹》詩云：'寶花初爛欲連枝'，是以牡丹為寶花也。"

【撒水花*】㊗即玉蕊花。

《月河所聞集》："玉蕊花，唐人所愛，今之撒水花也。"

蕋同"蕊"，玉蕋花，即玉蕊花。《春明退朝錄》卷下："揚州後土廟有瓊花一株，或云自唐所植，即李衛公所謂玉蕊花也。"

【裹梅花*】㊗木槿的別稱。

《桂海虞衡志·志花》："裹梅花，即木槿。有紅、白二種，葉似蜀葵，采紅者連葉包裹，黃梅鹽漬，暴乾以薦酒，故名。"

【家菊*】㊗甘菊的別名。

《筆說·辨甘菊說》："《本草》所載菊花者，世所謂甘菊，俗又謂之家菊。"

【花子[1]】花草的種子。

《蜀檮杌》卷下："初有道士朱桃椎謁之於階前，以劍撥土取花子三粒，種之，須臾成花三朵。"

該詞北魏已有，賈思勰《齊民要術·種蒜》："種二年者，則成大蒜，科皆如拳，又逾於凡蒜矣。（自注：又八月中方得熟，九月中始刈得花子。）"

【洗手花*】[本]雞冠花的別名。

《楓窗小牘》卷下："雞冠花，汴中謂之洗手花。中元節則兒童唱賣，以供祖先。"

【醫草*】[本]【冰臺】[補]艾的別名。

《侯鯖録》卷四："艾，一名冰臺，一名醫草。"

"冰臺"秦漢時已有，《爾雅·釋草》："艾，冰臺。"郭璞注："今艾蒿。"《大詞典》該條没有宋例。

【鐵腳草*】[未]北方一種草名。又名燙燙青。

《王氏談録·北虜風物》："北荒之珍，有鐵腳草，採取陰乾，投之沸湯中，頃之莖葉舒卷如生。"

《大詞典》"鐵腳"義項❶引該例。未收"鐵腳草"。

【紫苑*】[未]一種草本植物，可入藥，有清肺之功效。

《北窗炙輠録》卷上："史遂市紫苑二十文，末和之以進。須臾遂通。元長大驚，問其説，曰：'大腸，肺之傳送，今之秘，無他，以肺氣濁耳。紫苑清肺氣，此所以通也。'"

【鶴頂草*】[本]藜的別名。

《曲洧舊聞》卷四："藜有二種……其身榦輕而堅，以為杖，則於老者尤宜。唐人猶有編為床者，往往見於篇什。仙方用之為祕藥，或入燒煉藥，多取紅心者，易名為鶴頂草。"

【千金菜*】[本]萵苣的別名。

《清異録·千金菜》："咼國使者來漢，隋人求得菜種，酬之甚厚，故因名千金菜。今萵苣也。"

【草鍾乳＊】 ㊌韭菜的别名。

《孫公談圃》卷中：“若六生韭葉，柔脆可葅，則名為草鍾乳；水產之欠，其甘滑可食，則名為水硫黄，豈二物亦性之暖歟?”

宋·鄭樵《通志略·昆蟲草木略第一》：“韭之性温，故謂之草鍾乳。”《類説》卷六十：“韭性暖，號草鍾乳。”明·李時珍《本草綱目·菜部·韭》：“韭，釋名：草鍾乳、起陽草。”清·薛紹元《臺灣通志·物產》：“韭，一名草鍾乳；以其温補，故名鍾乳也。”

【苦益菜＊】 ㊌草名，可作野菜，可入藥，治血脈不調。

《曲洧舊聞》卷四：“新安郡婺源縣境中產一種草，莖葉柔弱，引而不長，葉類甘菊葉，俗呼蔗，今訛為遮字，蓋食之味苦而有餘甘也。性温行血，尤宜產婦，煮熟揉去苦汁，產後多食之無害，往往便以為逐血藥也。又呼苦益菜。”

宋·僧賾藏《古尊宿語録》卷二十六：“學云：‘未審林下事如何?’師云：‘苦益菜羹粟米飯。’”宋·陳言《三因極一病證方論》卷十七：“本為子宫有冷惡物，故令無子，值天陰冷，則發疼痛，須候病出盡方已，不可中輟。每日早晚用苦益菜煎湯熏洗。”明·胡濙《衛生易簡方》卷十一：“治血脈不調用苦益菜為末。每服一、二錢，温酒或艾、醋湯調服。”清·徐珂編《清稗類鈔·植物類》：“苦益菜，產近畿盤山澗中，似野菊，有浮毛，三月中採食。”

【蔗＊】 ㊢同“苦益菜”。

例見“苦益菜”。

【菱苛＊】 ㊌薄荷。也稱“勃荷”。

《北窗炙輠録》卷下：“俞與材説，其所知史保人，家京師，有賣勃荷者，（自注：京師呼‘菱苛’為‘勃荷’也。）其家常買之。”

宋·寇宗奭《圖經衍義本草》卷十四：“治皮膚風熱，遍身生瘾疹。牛蒡子、浮萍等分，以菱苛湯調下二錢，日二服。”宋·洪遵《洪氏集驗方》卷五：“……如小菉豆大，每服二十圓，用生薑菱苛泡湯吞下。”

【勃荷＊】 ㊍薄荷。

《北窗炙輠録》卷下："其所知史保人，家京師，有賣勃荷者，其家嘗買之。"

《東京夢華録·十二月》："十二月，街市盡賣撒佛花、韭黄、生菜、蘭芽、勃荷、胡桃、澤州餳。"

【淫羊藿】(未)一種具壯陽功效的中藥名。也稱作"仙靈脾"。

《續博物志》卷七："淫羊藿，一名仙靈脾，淫羊一日百遍，食藿所至。"

《遊宦紀聞》卷一："仙靈脾曰淫羊藿。"該詞漢代已有，漢·佚名《神農本草經》卷中："淫羊藿，味辛寒。主治陰痿，絕傷，莖中痛，利小便。"宋·徐夢莘《三朝北盟會編》卷二百三十："（繼先）嘗勸上服仙靈脾，議者謂仙靈脾者亦名淫羊藿，雖強陽，然久服令人精清。"

【福德綿＊】(本)**【吉祥草＊】**(本)**【草師婆＊】**(未)艾的别名。

《清異録·藥品門》："福德綿、吉祥草、草師婆，皆謂艾也。"

【排草＊】(本)香草名。

《桂海虞衡志·志香》："排草出日南，狀如白茅，香芬烈如麝香。人亦用以合香，諸草香無及之者。"

【桑鵝＊】(本)**【五鼎芝＊】**(本)生於桑樹上的白木耳。

《清異録·五鼎芝》："北方桑上生白耳，名桑鵝，富貴有力者咸嗜之，呼五鼎芝。"

【蟬花＊】一種菌類，寄生於蟬的幼蟲體上。幼蟲死後，菌抽莖成長，頂端有花茸生，故又稱蟬茸。

《月河所聞集》："成都有草名蟬花。今有乾者，視之，乃蟬額裂面抽莖，上有花。善治目，未知如何用也。"

【地錢[1]＊】(未)苔蘚的一種。因葉似錢，故名。也稱"積雪草""連錢草"。

《清異録·緑衣元寶》："苔，一名地錢，一名緑衣元寶。"

該詞唐時已有，段成式《酉陽雜俎》卷十九："地錢，葉圓莖細，有蔓，生溪澗邊，一曰積雪草，亦曰連錢草。”宋・蘇頌《本草圖經》：“積雪草，生荊州川谷，今處處有之。葉圓如錢大，莖細而勁蔓延，生溪澗之側，荊楚人以葉如錢，謂為地錢草。”徐珂《清稗類鈔・植物類》：“地錢，苔類，產陰濕地。無根、莖、葉之別，僅綠色之扁平體粘著於地。雌雄異株。”

【綠拗兒＊】 ㊍青苔。

《清異録・綠衣元寶》：“苔，一名地錢，一名綠衣元寶。王彥章葺園亭疊壇種花，急欲苔蘚少助野意，而經年不生。顧弟子曰：‘叵耐這綠拗兒。’”

【大菜＊】 ㊣海帶的別稱。

《腳氣集》卷上：“海藻，所謂大菜也，苔為下。紫菜爽口，乃發百病。大菜，病人可食。”

【龍涎香＊】 一種極名貴的香料名。

《可書》：“僕見一海賈鬻真龍涎香二錢，云三十萬緡可售鬻。”

【龍涎＊】 “龍涎香”的省稱。

《嶺外代答・龍涎》：“人云龍涎有異香，或云龍涎氣腥能發眾香，皆非也。”

【腦子】 龍腦香。

《諸蕃志・腦子》：“腦子出渤泥國，又出賓窣國。”

《雞肋編》卷下：“入香龍茶，每斤不過用腦子一錢，而香氣久不歇。”

【梅花腦＊】 ㊍一種上等香料名。即龍脑香。

《諸蕃志・腦子》：“（腦子）其成片者，謂之梅花腦，以狀似梅花也。”

這種香料因作梅花片狀為良，故稱。明・李時珍《本草綱目・木一・龍腦香》：“龍腦者，因其狀加貴重之稱也。以白瑩如冰，及作梅花片者為良，故俗呼為冰片腦，或云梅花腦。”

【金腳腦＊】 ㊍一種香料，僅次於梅花腦。

《諸蕃志·腦子》："（腦子）其成片者，謂之梅花腦，以狀似梅花也；次，謂之金腳腦。"

【篤耨瓢 *】㊅即篤耨香。

《諸蕃志·真臘國》："土產象牙、暫速細香……篤耨瓢、番油、姜皮、金顏香、蘇木、生絲、綿布等物。"又卷下："篤耨香出真臘國……滲漉於瓢，碎瓢而爇之，亦得其髣髴，今所謂'篤耨瓢'是也。"

明·嚴從簡《殊域周咨錄·真臘》："篤耨香，樹如杉檜，香藏於皮，老而旨自流溢者名曰篤耨；冬月因其凝而取之者名黑篤耨。盛以瓢，碎瓢而爇之，亦香，名篤耨瓢香。"

【篤耨 *】香料名。

《諸蕃志·篤耨香》："篤耨香，出真臘國。其香，樹脂也。其樹狀如杉、檜之類，而香藏於皮。樹老而自然流溢者，色白而瑩；故其香雖盛暑不融，名白篤耨。至夏日以火環其株而炙之，令其脂液再溢，冬月因其凝而取之；故其香夏融而冬凝，名黑篤耨。土人盛之以瓢，舟人易之以瓷器。香之味清而長，黑者易融。滲漉於瓢，碎瓢而爇之，亦得其仿佛；今所謂篤耨瓢是也。"

【督耨 *】㊅同"篤耨"。

《高齋漫錄》："薛昂言：'白督耨初行於都下，每兩值錢二十萬。'蔡京一日宴執政，以盒盛二三兩許，令侍姬捧爐巡執政坐，取焚之。"

該詞宋代較多見，宋·蔡申《浣溪紗十三首》："夜靜擁爐熏督耨，月明飛桌采芙蓉。"宋·周紫芝《督耨詞》詩："十里一候五里置，渡海梯山來萬里。賜入長安卿相家，夜暖金猊香徹髓。"可見是一種非常高級的香料。

【篤祿 *】㊅同"篤耨"。

《泊宅編》卷上："近歲除直祕閣者尤多，兩浙市舶張苑進篤祿香得之，時號篤祿學士。"

【鈴鈴香 *】【鈴子香 *】蘭蕙的俗稱。

《邵氏聞見後錄》卷二十九：“楚人曰，蕙，今零陵香也，又云薰，所謂一薰一蕕者也。唐人但名鈴鈴香，亦名鈴子香，取其花倒懸枝間，如小鈴也。”

【揀香＊】㋠乳香最上等者稱作"揀香"。

《諸蕃志·乳香》：“香之為品十有三：其最上者為揀香，圓大如指頭，俗所謂'滴乳'是也。”

《文獻通考·四裔考十六》：“雍熙二年，國人花茶復來獻花綿、越諾、揀香、白龍腦、白沙糖、薔薇水、琉璃器。”《宋會要輯稿·蕃夷七》：“海外蕃國貢方物至廣州者，自今犀象、珠貝、揀香、異寶聽賫持赴闕……”明·羅曰褧《咸賓錄·西夷志·蘇門答剌》：“宋之世朝貢不絕，貢物有揀香、白龍腦、白沙糖……”

【滴乳[1]＊】㋮中藥熏陸香的別名。

《諸蕃志·乳香》：“香之為品十有三。其上者為揀香，圓大如指頭，俗所謂'滴乳'是也。”

《大詞典》引明·李時珍《本草綱目》例。

【袋香＊】㋠乳香的一種，較次，須放於袋中收藏。

《諸蕃志·乳香》：“乳香，一名薰六香……又次曰袋香，言收時止置袋中。”

《雲麓漫鈔》卷五："凡乳香有揀香、瓶香、（自注：分三等。）袋香、（自注：分三等。）榻香、黑榻、水濕黑榻、纏末。"

【乳榻＊】㋠與砂石相雜的乳香，乳香中的次品。

《諸蕃志·乳香》："乳香，一名薰六香……又次曰乳榻。蓋香之雜於砂石者也。"

【黑榻＊】㋠黑色的乳香，乳香中的次品。也作"黑撻"。

《諸蕃志·乳香》："乳香，一名薰六香……又次曰黑榻，蓋香色之黑者也，又次曰水濕黑榻。"

【纏末＊】㋠乳香的一種。指乳香的小顆粒。

《諸蕃志・乳香》："乳香，一名薰六香……簸揚為塵者曰'纏末'，此乳香之別也。"

《雲麓漫鈔》卷五："凡乳香有揀香、瓶香、（自注：分三等。）袋香、（自注：分三等。）榻香、黑榻、水濕黑榻、纏末。"明・何喬遠《皇明文徵》卷四十四："人知乳香之活血，而不知乳香者，別名'黑撻'、'纏末'也。"

【材植】作房屋柱梁用的大木料。也作"木植"。

《曾公遺錄》卷七："詔河北路，以廢馬監屋宇材植添助修城，估價修城錢內撥還。"

【客板＊】㊅外來的木材。

《吹劍四錄》："淳祐九年，臨安府造百萬倉，一應客板盡拘定。監抽解場劉坦道語吏曰：'客板每百片，將作監、臨安府、轉運司三處，共抽解二十四片。'"

【沙板】㊎長期埋在土中而不腐爛的樹木剖成的木板。適宜作棺木，多為杉樹，故亦稱為"沙板"。

《談藪》："湖南北沙板皆自地發，多在人家，進出如筍，長數十丈，大數十圍，或一或二，或數株並出。人家遭此者，皆坼裂傾陷屋宇，然析之為板，其利甚博。因此家道日進，故俗以為吉祥。"

《大詞典》引明・謝肇淛《五雜俎》例。

【柴頭】㊅柴禾。

《枯崖漫錄》卷上："豈不見壽禪師因普請次，拋下一片柴頭，驀然契悟。"

2.2.5 食品

包括各種肉類、谷類、飲品類等食物名稱。

【黑馬奶＊】㊅色清而味甜的上等馬奶子。

《黑韃事略》："初到金帳，韃主飲以馬奶，色清而味甜，與尋常色白而濁、味酸而膻者大不同，名曰'黑馬奶'。蓋清則似黑，問之，則云此實撞之七八日，撞多則愈清，清則不膻，只此一次得飲，他處更不曾見。"

【馬奶子*】㉿馬奶酒。也稱作"馬渾"。

《黑韃事略》："馬之初乳，日則聽其駒之食，夜則聚之以沸，貯以革器、頒洞數宿，味微酸始可飲，謂之'馬奶子'。"

《大詞典》引現當代作家沈凱《古瑪河春曉》例。

【白沙龍*】㊊宋代馮翊之地所產羊膏的美稱。

《清異錄·白沙龍》："馮翊產羊膏，嫩第一，言飲食者推馮翊白沙龍為首。"

【刀圭】㊊乳酪類的食物的別名。

《清異錄·草創刀圭》引《高麗博學記》："酥名大刀圭，醍醐名小刀圭，酪名水刀圭，乳腐名草創刀圭。"

【乳腐*】乳製食品名。

例見"刀圭"。

該詞唐時已有。李肇《唐國史補》卷中："穆氏兄弟四人，贊、質、員、賞。時人謂：贊俗而有格為酪；質美而多入為酥；員為醍醐，言粹而少用；賞為乳腐，言最凡固也。"

【淡魚*】㊊乾魚。其氣腥臭。

《明道雜志》："漢陽、武昌，濱江多魚。土人取江魚，皆剖之，不加鹽，暴江岸上，數累千百，雖盛暑為蠅蚋所敗，不顧也。候其乾，乃以物壓作鱐，謂之淡魚。載往江西賣之，一斤近百錢。饒、信間尤重之，若飲食祭享無淡魚，則非盛禮。雖臭腐可惡，而更以為佳。一船淡魚，其直數百千，稅額亦極重。黃州稅物每有三淡魚船，則一日課利不憂。"

宋·唐慎微《證類本草》卷第二十："古人云：與不善人居，如入鮑魚之肆；謂惡人之行，知鮑魚之臭也。考其實，則今荊楚淡魚，頗臭而微辛，方家亦少用。"宋·陶弼《邕州小集·三山亭》："玉版淡魚千片白，金膏鹹蟹一團紅。"明·李時珍《本草綱目·鱗部（二）·鮑魚》："時珍曰：《別錄》既云勿令中鹹，即是淡魚無疑矣。諸注反自多事。按：《周禮注》云：鮑魚，以魚置室中用糗乾之而成。室，土室也。張云：漢陽、武昌多魚，土人剖之，不用鹽，曝乾作淡魚，載至江西賣之。饒、信人飲食祭享，無此則非盛禮。雖臭腐可惡，而更以為奇。據此則鮑即淡魚，益可證矣。"

【把鮓＊】㈤成束的醃魚。

《清波別志》卷下："煇後觀《瑣碎錄》內一條，京師東華門何、吳二家造魚鮓，十數鱻作一把，號把鮓，著聞天下。文士有為賦詩，誇為珍味。"

【馬柱甲＊】㈤江珧的肉柱，即江珧的閉殼肌。是一種名貴的海味。①

《侯鯖錄》卷三："《海物異名》云：江珧柱，厥甲美如瑶玉，肉柱膚寸，曰江珧柱……退之謂馬柱甲是此也。"

【紅丁子＊】㈤一種海蚌肉柱的俗稱。

《甕牖閒評》卷七："《漫錄》載：'紹聖三年，始詔福唐與明州歲貢車螯肉桂五十斤，俗謂之紅丁子，蘇東坡所謂江瑤柱是也。'"

【紅蜜丁＊】㈤一種海蚌肉柱的俗稱。省稱"蜜丁"。

《能改齋漫錄·方物》："紹聖三年，始詔福唐與明州歲貢車螯肉柱五十斤，俗謂之紅蜜丁，東坡所傳江瑤柱是也。"

宋·施宿《會稽志》卷十七："淮浙貢酒漬車螯柱，謂之蜜丁。曾子開有《蜜丁》詩，然實未嘗用蜜也。"

【纏齒羊＊】㈤蔬食的別稱。

《清異錄·纏齒羊》："袁居道不求聞達，馬希範閒延入府。希範病酒，厭膏膩。居道曰：'大王今日使得貧家纏齒羊。'詢其故，則蔬茹。"

【轉身米＊】㈤舂米簸糠時轉動簸箕處在中心的米。

《清異錄·轉身米》："貴有力者治飯材，舂搗簸汰，但中心一顆存焉，俗謂之'轉身米'。"

【飯材＊】㈤人每天定時分次吃的食物原材料。

---

① 一說馬甲柱。

例見“轉身米”。

宋·秦觀《寄錢節兼簡參寥》詩：“何時共約參寥子，自擷青菁作飯材?”

【肉盤子*】[未]一些少數民族宴請贈送賓客的一道大菜。

《宣和乙巳奉使金國行程録》：“以極肥豬肉或脂潤切大片一小盤子，虛裝架起，間插青葱三數莖，名曰‘肉盤子’，非大宴不設，人各攜以歸舍。”

該例是宋使在金國時國宴上的菜品，規格極高的招待，方有“肉盤子”，然而在清·阿桂《滿洲源流考》中，認為“肉盤子”是吃肉時“肉必自割”淳質古風的遺存，《滿洲源流考·國俗》：“燕饗之間，肉必自割，猶見古初淳質之風，《北盟録》所稱肉盤子，御廚宴之制，當因宋使南人不能自割，故令人代之，遂以為大宴盛禮耳。”

【頭食*】[本]宴席時的頭道食品。

《澠水燕談録·雜録》：“士大夫筵饌，率以餅飥，或在水飯之前。予近預河中府蒲左丞會，初坐即食罨生餅飥。予驚問之，蒲笑曰：‘世謂餅飥為頭食，宜為群品之先可知矣。’”

【雲子】[晚]米粒；米飯。

《甕牖閒評》卷三：“杜陵詩云：‘飯抄雲子白。’蓋謂飯可以比雲子之白也。至後世則便以飯為雲子。故唐子西詩云：‘雲子滿田行可搗。’又汪彥章詩云：‘秋來雲子滑流匙。’”

《大詞典》引元·脱脱《宋史》例。

【皛飯*】[本]戲謔語。謂米飯、白蘿蔔和清湯。三者皆白，曰“白飯”。

《高齋漫録》：“東坡嘗謂錢穆父曰：‘尋常往來，須稱家有無，草草相聚，不必過為具。’一日穆父折簡召坡食皛飯。及至，乃設飯一盂，蘿蔔一碟，白湯一盞而已，蓋以三白為皛也。”

【盤游飯*】[本]埋有菜肴的米飯。

《仇池筆記》卷下：“江南人好作盤游飯，鮓脯鱠炙無不有，埋在飯中。里諺曰'掘得窖子'。"

【筒粽＊】㈢食品名。用竹筒飯祭祀屈原，類似後世的粽子。

《淳熙三山志·土俗類二》："楚人是日以竹筒貯米祭屈原，名筒粽。"

該詞應在晉時已有，唐·徐堅《初學記》卷四引晉·周處《風土記》："仲夏端午，烹鶩角黍，進筒粽，一名角黍。"《大詞典》釋義為"以菰葉裹黏米，類似後世的粽子"。

【角子²】㈭餃子。

《夢粱錄·宰執親王南班百官入內上壽賜宴》："凡御宴至第三盞，方進下酒鹹豉，雙下駝峰角子。"①

【包子¹】宋筆記中還指用麵做皮，用菜、肉或糖等做餡兒包成的一種食品。

《夢粱錄·酒肆》："更有包子酒店，專賣灌漿饅頭、薄皮春繭包子、肉包子、魚兜雜合粉……"

【白熟＊】㈭一種麵食。

《宣和乙巳奉使金國行程錄》："饅頭、炊餅、白熟、胡餅之類，最重油煮麵食，以蜜塗拌，名曰'茶食'。"

《後山談叢》卷五："蜀平，二曹、潘美自蜀還，既對，太祖為內燕，惟三將與秦、晉兩王爾。既入，乃福寧殿席地而坐，陳麑肉、白熟，情意款狎，酒終設飯。"元·陳元靚《事林廣記》："諸熬餅法：白熟餅子、捍餅、燒餅、肉油餅、酥蜜餅……"清·徐松《宋會要輯稿·禮六二》："……素蒸餅各一，膾內各二盤，白熟二十，法酒一斗……"

【物事】東西，物品。

《黑韃事略》："纔會譯語，便做通事，便隨韃人行打，恣作威福，討得撒花，討得物事喫。"

---

① 角子也指舊時通用的一角或兩角的小銀幣。清·李伯元《官場現形記》第十二回："趙不了搭連袋裏只剩得三塊洋錢，八個角子，還有十幾個銅錢。"《大詞典》該義項引魯迅《而已集》例。

【撚頭＊】亦稱"寒具"。一種油炸的麵食。

《緯略‧寒具》："迺以'撚頭'為'寒具'也。(自注：即馓子也。)"

【清風飯＊】㊋冷食名。

《清異錄‧清風飯》："寶曆元年，內出清風飯制度，賜御庖，令造進。法用水晶飯、龍睛粉、龍腦末、牛酪漿，調事畢，入金提缸，垂下冰池，待其冷透供進，惟大暑方作。"

【冷淘】過水麵及涼麵一類涼拌的食品。

《五總志》："諸老時過之，間亦投壺，負者必為冷淘，然亦未嘗置庖，特呼於市耳。"

【剗子＊】㊋一種食物名。

《北行日錄》卷上："兩下飯與肚羹，三下餅子，五下魚……次煿肉，次剗子，次羊頭假鱉……凡十三行。"

"剗子"在宋人筆記中是一種很常見的食物。《夢粱錄‧葷素從食店》："……諸般糖食油煤、蝦魚剗子、常熟糙糕……"《西湖繁勝錄》："肉食：入爐炕羊、窩綜疆豉、雙條剗子、皮骨疆豉、豬舌頭……玲瓏剗子……"《武林舊事‧市食》："……窩絲薑豉、剗子、科斗細粉……"《都城紀勝‧食店》："市食點心，涼暖之月，大槩多賣豬羊雜煎，蝶餕剗子，四色饅頭，灌肺，紅燠薑豉，蹄子肘件之屬。"但當時"剗子"具體是何種食物卻不可知。清《平樂府志‧食貨》："剗子，一名鵝掌粟。"清《廣西通志》卷三十一："鵞掌粟，一名剗子。"

【谷董羹＊】㊋把各種食材一起烹煮的食物。

《仇池筆記》卷下："羅浮穎老取凡飲食雜烹之，名谷董羹。"

《高齋漫錄》："禪林有食不盡物，皆投大釜中煮之，名'谷董羹'。"

【百歲羹＊】㊋切細的腌菜或醬菜的俗稱。

《清異錄‧百歲羹》："俗號薑為百歲羹，言至貧亦可具，雖百歲可長享也。"

【沙糊＊】㊋東南亞一帶澱粉類的主食，由一種樹上結的果實打漿過濾而成。

《諸蕃志·渤泥國》："器皿多用金。地無麥，有麻、稻，以沙糊為糧。"

元·汪大淵《島夷志略·文老古》："民煮海為鹽，取沙糊為食。"明·羅懋登《三寶太監西洋記》第四十五回："元帥道：'既如此，賢王終不然不食、不浴？'國王道：'食的止是沙糊，浴的止是薔薇露。'"明·張燮《東西洋考·蘇祿》："聚落不滿千家，山塗田瘠，間植粟、麥，民食沙糊、魚蝦、螺、蛤。"明·陳子龍《皇明經世文編·渤泥入貢記》："煮海為鹽，瀝椰漿為酒，無稻麥，捕生魚蝦蟹食之，兼食沙糊。沙糊者，取樹實為漿，澄漉膩如粉，食之能不飢。"

【百花釀*】蜜。

《冷齋夜話》卷一："事見《鬼谷子》，曰：'照夜青，螢也。百花釀，蜜也。崖蜜，櫻桃也。'"

【糖霜】白糖。

《月河所聞集》："糖霜出蜀中，壓蔗汁列甕封之，一二月發之，即面結霜，由人盛衰所結多少。"

【解鹽*】山西解池出產的鹽。

《麈史·利疚》："民間既禁海鹽而食解鹽。"

《涑水紀聞》卷十五："舊制河南、河北、曹濮以西、秦鳳以東，皆食解鹽。"

【酒子】酒初熟時的部分稠汁。

《侯鯖錄》卷四："唯靈生在閻浮提，不貪不妒，愛吃酒子，倒街臥路。"

【快活湯*】㊍【君子觴*】㊍酒名。

《清異錄·快活湯》："快活湯，當塗一種酒，麴皆發散藥，見風即消，既不久醉，又無腸腹滯之患，人號曰快活湯，士大夫呼君子觴。"

【禍泉＊】㊊指酒。

《清異錄·禍泉》："置之缾中酒也，酌於杯，注於腸，善惡喜怒交矣，禍福得失歧矣，倘夫性昏志亂，膽張身狂，平日不敢為者為之，平日不容為者為之，言騰煙焰，事墮阱機，是豈聖人賢人乎？一言蔽之，曰禍泉而已。"

【冷面草＊】㊊茶葉的異稱。

《清異錄·冷面草》："符昭遠不喜茶，曰：'此物面目嚴冷，了無和美之態，可謂冷面草也。'"

【晚甘侯＊】㊊茶的異名。

《清異錄·晚甘侯》："孫樵《送茶與焦刑部書》云：'晚甘侯十五人遣侍齋閣，此徒皆請雷而摘，拜水而和，蓋建陽丹山碧水之鄉，月澗雲龕之侶，慎勿賤用之。'"

【水豹囊＊】㊊茶的別稱。

《清異錄·水豹囊》："豹革為囊，風神呼吸之具也。煮茶啜之，可以滌滯思而起清風，每引此義稱茶為'水豹囊'。"

【森伯＊】㊊茶的別名。

《清異錄·森伯》："湯悅有《森伯頌》，蓋茶也。方飲而森然嚴乎齒牙，既久四肢森然。"

【不夜侯＊】㊊指茶。

《清異錄·不夜侯》："胡嶠《飛龍澗飲茶》詩曰：'沾牙舊姓餘甘氏，破睡當對不夜侯。'"

【青州從事＊】美酒的別稱。

《困學紀聞》卷十九："呂倚謝王岐公饋錢酒，用白水真人、青州從事。岐公稱之。"

南朝宋·劉義慶《世說新語·術解》："桓公有主簿善別酒，有酒輒令先嘗。好者謂'青州從事'，惡者謂'平原督郵'。青州有齊郡，平原有鬲縣。從事，言到臍；督郵，言在鬲（膈）上住。"意謂好酒的酒氣可直到臍部。從事、督郵，均官名。後因以"青州從事"為美酒的代稱。唐·皮日休《醉中寄魯望一壺並一絕》詩："醉中不得親相倚，故遣青州從事來。"

【辣茶*】㈤用茱萸和茶一起做的飲品。古人認為飲之可避瘴氣。

《坦齋通編》："夔門有曲鱔瘴，以茱萸煎茶，飲之，良愈，謂之辣茶。"

明·曹學佺《蜀中廣記·風俗記第三》："以茱萸咽茶，飲之，可辟嵐氣，以其味辛，名曰辣茶。"

【餅茶*】茶餅。

《墨客揮犀》卷五："自來進御惟建州餅茶，而浙茶未嘗修貢。"

【滴乳^2*】㈤指福建臘茶的品名。

《夢溪筆談·藥議》："薰陸，即乳香也……如臘茶之有'滴乳'、'白乳'之品，豈可各是一物？"

【建茶*】福建省建溪一帶所產的名茶。

《睽車志》卷一："適得佳茗，願共嘗之，探懷出建茶一塊，裹以壞布。"

【臘茶】茶的一種。臘，取早春之義。以其汁泛乳色，與溶蠟相似，故也稱蠟茶。

《宣和奉使高麗圖經》："土產茶味苦澀，不可入口，惟貴中國臘茶，並龍鳳賜團。"

《歸田錄》卷一："臘茶出於劍建，草茶盛於兩浙。"《夢溪筆談·藥議》："如臘茶之有滴乳、白乳之品，豈可各是一物？"

【旗槍】綠茶名。由帶頂芽的小葉製成。

《南窗紀談》："唐人所飲不過草茶，但以旗槍為貴，多取之陽羨，猶未有所謂臘茶者。"

"旗"和"槍"都是指茶樹初萌的嫩芽。《麈史·詩話》："閩人謂茶芽未展為槍，展則為旗，至二旗則老矣。"

【盲湯＊】㊍【蟹眼＊】㊍【魚眼】熱水燒開之前，根據水的狀態起的俗名。

《談藪》："俗以湯之未滾者為盲湯，初滾曰蟹眼，漸大曰魚眼，其未滾者無眼，所語盲也。"

"魚眼"南北朝已有，北魏·賈思勰《齊民要術·白醪酒》："釀白醪法：取糯米一石，冷水淨淘。漉出，著甕中，作魚眼沸湯浸之。"

2.2.6　醫藥礦物

中國傳統醫藥以草藥為主，大部分來自植物，有的礦物也可入藥，因此將其歸入一類討論。

【延年火＊】㊍㊙【火輪三昧＊】㊍灸的別稱。中醫燒艾灼膚的一種治療方法。

《清異錄·火輪三昧》："凡病膏肓之際，藥難效，此鍼灸之所以用也。鍼長於宣壅滯，灸長於導氣血，古人謂之'延年火'，又曰'火輪三昧'。今人有病必灸，亦大癖也。"

"延年火"釋義為"針灸的異稱"，此處為艾灸。不確。

【不換金正氣散＊】㊍中藥名，用以散寒解邪。

《桂海虞衡志·雜志》："瘴者，山嵐水毒，與草莽沴氣，鬱勃蒸薰之所為也。其中人如瘧狀，治法雖多，常以附子為急須，不換金正氣散為通用。"①

"不換金"言其貴重，相當於"金不換"。明·李中梓《傷寒括要》卷上："不換金正氣散：半夏、藿香、蒼术、濃朴、陳皮……及出遠方，不伏水土等瘴……則外來無侵犯之邪，遠遊者誠當寶重，故名不換金。"歷代皆有用例。宋·楊士瀛《仁齋直指方論》卷二："飯後隨即大便……治法：二神丸用故紙、肉豆蔻修合，或不換金正氣散吞安腎丸主之。"卷三："不換金正氣散，解散寒邪。"又："腎主骨，故爾惟安腎丸最良，以不換金正氣散送下，仍夾和白丸子佐之。"元·楊清叟《仙傳外科集驗方·合用諸方第六》："心煩嘔，名伏暑，用朱砂五苓散。嘔逆，加母丁香、石

---

① 大象出版社《全宋筆記》本"金"後用頓號點斷，誤。

連。不止,用不換金正氣散,又加人參、木香。"明·薛己《內科摘要》卷下:"不換金正氣散,治脾氣虛弱,寒邪相搏,痰停胸膈,致發寒熱,或作瘧疾。"清·汪昂《醫方集解·袪寒之劑》:"微則不換金正氣散加附子,附子五積散,甚者臍腹痛,四肢厥,附子理中湯、薑附湯。"

【清涼散*】 宋 粉末狀的清熱解毒中藥。常以此比喻超凡脫俗、令人神清氣爽的人或物。

《侯鯖錄》卷三:"劉子儀侍郎三入翰林,頗不懌,詩云:'蟠桃三竊成何味,上盡鰲頭跡轉孤。'移疾不出,朝士問候者繼至,詢之,云:'虛熱上攻。'石中立滑稽,在坐,云:'只消一服清涼散。'意謂兩府始得用青涼傘也。"

散,粉末狀藥物,如冰硼散。宋徽宗《聖濟總錄·傷寒門(二)》:"治時氣頭目昏疼,久積熱毒,鼻口出血。清涼散方:麻黃(去根節煎掠去沫焙)、大黃(銼)、芍藥各一兩,上三味,搗羅為細散。"元·危亦林《世醫得效方·眼科》:"水瑕深翳三十三……宜服清涼散,蔓荊子、荊芥、苦竹葉、甘草各半兩,山梔子一分去皮,上銼散。"明·陸紹珩《小窗幽記·集醒》:"天下竟為昏迷不醒之天下矣,安得一服清涼散,人人解醒,集醒第一。"清·震鈞《咫尺偶聞》卷九:"南河泊,俗呼蓮花池,在廣寧門外石路南……濁酒微酣,清興不竭,於此間大有江湖之思,故宣南士大夫趨之若鶩,亦粉署中一服清涼散也。"

【休休散*】 宋 烈性毒藥名。相傳人接觸可以致命。

《清異錄·休休散》:"湖湘習為毒藥以中人……遇者無不赴泉壤,世人號為'休休散'。"

【轉藥*】 宋 反覆煉製的丹藥。

《江鄰幾雜志》:"蘇儀甫侍讀知孟州,為醫悞投以轉藥垂死,命杖醫背四十餘。"

【鵓梧丁*】 宋 杖瘡膏藥。

《玉照新志》卷四:"再三詢之,云:'君誠有意,可訪尋鵓梧丁二枚,貼於錢塘門,即無所懼矣。'生扣問為何物,婦曰:'刑人之杖瘡膏藥麎也。'"

【泥緑＊】 ㊍銅礦的次品。

《桂海虞衡志·志金石》："緑，銅之苗也，亦出右江有銅處，生石中。質如石者，名石緑。又有一種脆爛如碎土者，名泥緑，品最下，價亦賤。"

【石緑＊】 ㊡銅礦的一種。

例見"泥緑"。

【無名異】 礦物名。即天然産的含水氧化鐵，可入藥，有止痛生肌作用；亦可作陶瓷器的青釉料。

《桂海虞衡志·志金石》："無名異，小黑石子也。桂林山中極多，一包數百枚。"

【地漿＊】 ㊣黄泥漿水，古人用來解毒。

《避暑録話》卷上："食之間有中毒……有僧教掘地，以冷水攪之，令濁，少頃，取飲，皆得全活。此方自見《本草》，陶隱居注謂之'地漿'。"

《大詞典》引元·脱脱《宋史》例。

【雄朱＊】 ㊍指雄黄和丹砂一類礦物。古人認為燒煉後服之可以延年益壽。

《續博物志》卷三："李德裕好餌雄朱。有道士自云李終南，笑曰：'此是世間凡火，服之，反促壽。'"

【鹵股＊】 ㊍馬來語 rongkol 的漢譯。為熱帶海洋動物珊瑚所形成的巖石。也稱"鹵股石"。

《諸蕃志·三嶼》："海多鹵股之石，槎牙如枯木芒刃，銛於劍戟，舟過其側，預曲折以避之。"

元·張翥《島夷志略序》："山隆而水多鹵股石，林少，田高而瘠。"又："則山多鹵股，田下等，少耕植。""大佛山之下，灣環中，縱横皆鹵股石。""或風信到遲，馬船已去，貨載不滿，風信或逆，不得過喃巫哩洋，且防高浪阜中鹵股石之厄。"

【冷石＊】㊋即滑石。

《桂海虞衡志・志金石》："滑石，桂林屬邑及瑤洞中皆出。有白黑二種，功用相似。初出如爛泥，見風則堅，又謂之冷石。"

《本草綱目・金石部》："滑石釋名亦名畫石、液石……冷石、番石、共石。氣味甘、寒、無毒。"該詞唐時已有，孫思邈《千金翼方》卷第十五："取冷石擣下篩作散粉之日五六度，乃燥瘡中自淨，無不差良。"《舊唐書・地理志四》："其土少鐵，以睟石燒為器，以烹魚鮭，北人名'五侯燋石'。一經火，久之不冷，即今之滑石也，亦名冷石。"

【子石＊】㊉小鵝卵石。

《北窗炙輠錄》卷下："舊有人於常賈家以錢三十得一子石，(自注：子石，即石卵也。)漫用壓紙。"

【石卵＊】鵝卵石。

例見"子石"。

【猛火油＊】石油。

《昨夢錄》："猛火油者，聞出於高麗之東數千里。日初出之時，因盛夏日力烘，石極熱則出液，他物遇之即為火，惟真瑠璃器可貯之。"

【火油＊】可以燃燒的油。

《靖康傳信錄》卷上："修樓櫓、掛氈幕、安砲坐、設弩床、運磚石、施燎炬、垂檑木、備火油，凡防守之具，無不備。"

3 名物（二）

3.1 人類製造物及相關活動

在宋人筆記中，記載了指稱各種人類製造物的俗語詞，同時也留存了指稱與之相關的各類活動俗語詞，包括服飾、財貨、器物、工具、建築，等等。

3.1.1 服飾衣料

包括各類衣物、飾品及布帛皮毛等衣料，也包括用布帛皮毛做成的、常隨身攜帶的其他物品。

【變線¹*】㋞五色闊腰巾。

《步里客談》卷下："承平時，茶酒班殿侍，繫四五重顏色裹肚。先是，京師以竹盛五色線，拽之為戲，謂之變線。又以殿侍所繫裹肚似之，故亦謂之變線。"

【衣襴*】㋞衣服。

《江南餘載》卷上："賈覃自言：應舉時從禽於鄠、杜，忽於村店遇大儻避雨者，竊訪之，乃主司楊侍郎涉。當時匆遽，不暇脫韋袴衣襴，袖卷投贄。"

《宋史·食貨志上六》："孤貧小兒可教者，令入小學聽讀，其衣襴於常平頭子錢內給造，仍免入齋之用。"

【直繫*】袍子。

《投轄錄·趙詵之》："此中物雖多，悉非子可攜。玉環一、北珠直繫一奉之，以為相思之資。環幸毋棄之，直繫可貨而用也。"

《齊東野語》卷九："翀（姚翀）遂縋城而出，以直繫書青州姚通判，以長竿揭之馬前，往見李姑姑。"

【背子】古代衣服的一種。男女皆服，式樣有異。

《談藪》："近又以半臂軍服被甲上不帶者，謂之背子，以為重禮，無則為無禮。"

【背心】㊍即坎肩。無袖上衣。

《北狩見聞錄》："徽廟出御衣衣襯一領，（自注：俗呼背心。）拆領，寫字於領中。"

《北窗炙輠錄》卷下："（王沂公）在太學讀書時，至貧，冬月止單衣，無綿背心。寒甚，則二兄弟乃以背相抵，晝夜讀書。"

【對衣＊】㊍上衣下裳謂對衣，即套裝。

《曾公遺錄》卷八："既退，遣御藥劉援押賜對衣、金帶、鞍、轡、馬於都堂，製作皆精。"又："對衣皆造成者，有紅邏繡抱肚、白綾袴、黃綾襯衫、勒帛紫邏公服各一。"

《密齋筆記》卷四："對衣謂上衣下裳，一對也。"《雞肋編》卷中："惟從官初除，鞍馬、對衣之賜猶存，而省其半。"宋蘇轍《謝對衣金帶表二首》："伏蒙聖恩賜臣對衣、金帶者。"元‧脫脫《遼史‧太宗本紀》："辛亥，墨離鶻末裹使回鶻阿薩蘭還，賜對衣勞之。"

【觀音衲＊】㊍黃色的僧服。也是黃袍的別稱。

《侯鯖錄》卷三："昔唐末豫章有觀音禪衲，且南方禪客多搭白，常以瓿器盛染色，勸令染之。今天下皆謂黃衲為觀音衲也。"

【禪衲＊】僧衣。

例見"觀音衲"。

【軟纏】㊋沒配頭盔、鎧甲的戰袍。

《辛巳泣蘄錄》："是日，守城人尚未披帶，而張奇等已着軟纏，乾糧在腰。"

《大詞典》引金·董解元《西廂記諸宮調》例。

【羅圈甲*】㈧蒙古戰甲，用六層皮革做成，後在外層用鐵片覆蓋，增強防護效果。

《黑韃事略》："其軍器，有柳葉甲，有羅圈甲。（自注：革六重。）"

《元史·世祖本紀》："丙子，始造鐵羅圈甲。"

【柳葉甲*】㈧一種蒙古戰甲。

例見"羅圈甲"。

【千斤使*】㈧甲的隱語。

《清異錄·小逡巡》："王建初起，軍中隱語代器械之名……甲曰'千斤使'。"

【毛衫】㈢毛皮或毛織的外衣。

《曾公遺錄》卷九："不曾與送伴相別，不戴樸頭，衩衣，披毛衫，從便門出。特罰銅二十斤。"

《默記》卷上："與閻二丈詢仁同赴省試，遇少年風骨竦秀於相國寺。及下馬去毛衫，乃王元澤也。"《大詞典》釋義為"毛翻在外面的皮衣"。

【襠褲*】㈧有襠的褲子。

《都城紀勝·酒肆》："各用妓弟，乘騎作三等裝束：一等特髻大衣者；二等冠子裙背者；三等冠子衫子襠褲者。"

褲，通"袴"。明·張萱《疑耀》卷二："褌即袴也。古人袴皆無襠。女人所用，皆有襠者，其制起自漢昭帝時。上官皇后為霍光外孫，欲擅寵有子，雖宮人使令，皆為有襠之袴，多其帶，令不得交通，名曰窮袴。"福州南宋黃昇墓出土了無襠的褲子，可見，無襠褲在宋代依然存在。因此會特別用"襠褲"有別於無襠褲。《冷齋夜話》卷二："'窮袴'，漢時語也，今襠袴是也。"

【犢鼻】短褲。也作犢鼻褌。

《南唐近事》卷二："張子通既貴，其弟子游好次蒞露，暑月衣犢鼻，納涼門廡。"

【裹肚】¹ 㑳 男子長衣外包裹腰肚的繡袍肚。

《畫史》："衣用裹肚，勒帛則為是。"

《大詞典》釋義為"宋元男子長衣外包裹腰肚的繡袍肚"，引《老學庵筆記》例。其實"裹肚"五代已有，靜、筠《祖堂集·曹山》："師代云：'白裹肚著皂襪。此意者起見是明，故云白；不起見者是暗，故云墨。'"

【裹肚】² 指有花紋裝飾的闊腰巾。

《步里客談》卷下："承平時，茶酒班殿侍，繫四五重顏色裹肚。"

"裹肚"又名圍肚看帶。《東京夢華錄》卷七："繼有二三瘦瘠、以粉塗身，金睛白面，如髑髏狀，系錦繡圍肚看帶，手執軟仗，各作魁諧趨蹌，舉止若排戲，謂之'啞雜劇'。"

【抱肚】肚兜。

《曾公遺錄》卷八："對衣皆造成者，有紅邐繡抱肚、白綾袴、黃綾襯衫、勒帛紫邐公服各一。"

《默記》卷下："與高繼安者謀之，詣府自陳，並妄以神宗與其母繡抱肚為驗。"

【抹胸】古代內衣的一種，多為婦女所服。有前片無後片，上可覆乳，下可遮肚，故稱。

《家世舊事》："有儒生以講說醵錢，時家無所有，偶伯祖母有珠子裝抹胸，賣得十三千，盡以與之。"

該詞五代已有，南唐·李煜《謝新恩》詞之三："雙鬟不整雲憔悴，淚沾紅抹胸。"

【搭膝*】㊉護膝。

《清異錄·金搭膝》："溫韜少無賴，拳人幾死，市魁將送官，韜謝過魁前，拜逾數百，魁釋之。韜每念之以為恥。既貴達，拍金薄為搭膝帶之，曰：'聊酬此膝。'"

【腰帶*】古代官員束在腰間的皮帶，反插或下插垂頭，視官階高下，分別以金、玉、犀、銀、銅、鐵為飾。

《談苑》卷四："古有革帶，反插垂頭，秦二世始名腰帶。"

【御仙花[2]＊】指繡有御仙花的金帶，即御仙帶。

《歸田録》卷二："初，太宗嘗曰：'玉不離石，犀不離角，可貴者唯金也。'乃創為金銙之制以賜群臣，方團毬路以賜兩府，御僊花以賜學士以上。"

【角帶＊】㊍以角為飾的腰帶。宋時下級官吏及庶民服飾。

《玉照新志》卷二："以大觀元年十一月除通直郎、試中書舍人，賜三品服。故事：三品服角帶，佩金魚為飾。一日，徽宗顧見公，謂左右曰：'給、舍等耳，而服色相絶如此。'詔令太中大夫以上，犀帶垂魚。自公始也。"

《麈史·禮儀》："冠以帽，衣白紵衫，繫黑角帶。"

【兔鶻】㊍契丹、女真人稱束帶為兔鶻。亦稱吐鶻。

《松漠紀聞·補遺》："契丹重骨咄犀，犀不大，萬株犀無一不曾作帶，紋如象牙，帶黄色，止是作刀把，已為無價。天祚以此作兔鶻（自注：中國謂之腰條皮。）插垂頭者。"

【腰條皮＊】㊌腰帶。

例見"兔鶻"。

【撻尾＊】舊時腰帶下插的垂頭。

《王氏談録·唐時金帶》："公言李防給事有一金帶，唐之制作，撻尾刻云：'龍朔某年，紫辰殿宣賜鄭畋。'"

該詞五代已有，五代·馬縞《中華古今注·文武品階腰帶》："高祖三品已上，以金為銙，服緑，庶人以鐵為銙，服白，白下插垂頭，而取順合，呼撻尾。"

【垂頭】㊢帶狀物前端的下垂部分，常用於腰帶。

《松漠紀聞·補遺》："契丹重骨咄犀，犀不大，萬株犀無一不曾作帶，紋如象牙，帶黄色，止是作刀把，已為無價。天祚以此作兔鶻（自注：中國謂之腰條皮。）插垂頭者。"

《麈史·官制》："古以韋為帶，反插垂頭，至秦乃名腰帶。唐高祖令下插垂頭，今謂之撻尾是也。"古時腰帶反插垂頭，有順從的意思。《文獻通考・王禮考七》："腰帶者，摺垂頭於下名曰'鉈尾'，取順下之義。"明・顧起元《說略》卷一："蓋自古皆有革帶也，皆兩持垂頭，至秦二世始名腰帶，至唐高祖詔要帶向下插垂頭。"垂頭也可用於繩子。明・張介賓《類經圖翼・經絡》："第二次取二穴，令患人平身正坐，稍縮臂膊，取一蠟繩繞項後向前雙垂頭與鳩尾尖齊。"垂頭也指雕刻的一種造型。明・程遠《印旨》："印有法、有品……清朗雅正，無垂頭、無鎖腰、無軟腳，此點畫法也。"清・李斗《揚州畫舫錄》卷十七："雕鑾匠之職，在角梁頭、博縫頭……淨瓶頭、蓮瓣芙蓉垂頭……並斗口各科，工用有差。"又："鏇匠職在鼓心、圓珠簾、滑子、淨瓶、大垂頭、仰覆蓮、西番蓮頭、束腰連珠、鏇牙、粗牙諸役。"垂頭還指風水的一種地形。明・周景一《山洋指迷原本・仰覆》："所謂垂頭者，不必定如仰鵝毛之平口斜戧也，如鵝毛之豎戧亦是，故削腳江削腳，不在山之峻與平，只在形之覆與仰，至峻之下，略還口便是垂頭。至平之後，無一矬即為削腳（後無矬則前不還口），故曰：垂頭不削腳，削腳不垂頭，"又："垂頭之形正面難盡，故盡其側面，然諸圖亦僅繪其仿佛，在學者潛心理會耳。"清・顧祖禹《讀史方輿紀要・歷代州域形勢一》："楚人謂頃襄王：秦左臂據趙之西南，右臂傅楚之鄢、郢鄢、郢，見前子男賴國及楚都，膺擊韓、魏，垂頭中國，處既形便，勢有地利。"《大詞典》釋義為：❶低頭；❷猶伸頸。

【古眼*】㋞腰帶飾物上的小孔。

《塵史・禮儀》："今帶止用九胯，四方五圓，乃九環之遺制。胯且留一眼，號曰古眼，古環象也……至和、皇祐間，為方胯，無古眼。"

【照袋*】㋞隨身攜帶的盛放文具雜物的袋子。

《清異錄・方便囊》："唐季王侯競作方便囊，重錦為之，形如今之照袋。每出行，就置衣巾篦鑑香藥辭冊，頗為簡快。"

【夾袋】㋰衣服裏面的口袋。

《北窗炙輠錄》卷上："元用自此常置藥於夾袋中，曰：'偽命至則飲此。'"

《大詞典》引清・王浚卿《冷眼觀》例。

【毛連＊】㊍毛織的長口袋，形似褡褳，中間開口，兩端可裝貯錢物。

《松漠紀聞》："（回鶻）多為商賈於燕，載以橐駝，過夏地，夏人率十而指一，必得其最上品者。賈人苦之，後以物美惡雜貯毛連中。（自注：毛連，以羊毛緝之，單其中，兩頭為袋，以毛繩或線封之。有甚麤者；有間以雜色毛者，則輕細。）"

【方便囊＊】㊍唐代王侯外出時用以盛衣物的錦袋。

《清異録・方便囊》："唐季，王侯競作方便囊，重錦為之，形如今之照袋。每出行，雜置衣巾、篦鑑、香藥、詞冊。"

【作子＊】㊢古代貴族馬鞍上的裝飾品，也稱鞍作子。

《曾公遺録》卷九："是日，中使押賜大行遺留，宰臣金百兩、珠子七萬……黑犀作子一……"

《西湖老人繁勝録》："霍山行祠，正賽長生馬社是諸王府第嬌馬，或用金鞍、銀鞍、繡鞍、養鞍、金勒、玉勒、烏銀勒、玉作子、碼瑙作子、箱嵌作子、透犀作子、七寶作子、玉作子、玳瑁作子。"古時貴族用的馬鞍配飾極其奢華，用金銀珠寶進行裝飾，裝飾物總稱"鬧裝"。唐・白居易《渭村退居寄禮部崔侍郎翰林錢舍人詩一百韻》："貴主冠浮動，親王轡鬧裝。"《文獻通考・王禮考十二》："駕馬，鞍勒有金、玉、水晶、金塗四等鬧裝。""作子"則是單指每件裝飾物，可計數。宋・佚名《百寶總珍集・鞍作子》："鬧裝作子五百個，七寶碾成真堪美，簇三不下八十只，結裹銀鞍貴人玩。瑪瑙、水晶、犀玉、間鍍金銀作子，如鬧裝，五百五十件左側方全。簇三百六十件左側方全。如件暇以下不全，難著主。如有更教鞍作，商議相度。"宋・劉才邵《檆溪居士集》卷七："今賜卿馬二匹、金鍍銀作子鞍一付、纓紱全衣一襲……"清・徐松《宋會要輯稿・蕃夷四》："……白絹面子一，槐黃絹夾復一，鞍轡金銀鍍作子一，金鍍銀平級花橋瓦一……"《大詞典》僅釋義為"方言。陷害人的圈套"。

【腳溘＊】㊍即馬掌。馬蹄鐵。也作"脚澀"。

《黑韃事略》："蹄鍥薄而怯石者，葉以鐵，或以板，謂之腳溘。"

"腳澀"也指履下施釘的登山工具。也稱作"甲馬"，即釘子鞋。清・

閻若璩《尚書古文疏證》卷六下："桐，實一物也，如淳曰：桐謂以鐵如錐頭，長半寸，施之履下，不蹉跌也。蔡氏從之。某見吳下僕夫施鐵環於草屨下，以走沮如之地，可免顛蹶，俗呼為'甲馬'，亦呼為'腳澀'。"該義項《大詞典》未列。

【襨襫¹ ＊】夏天遮日的涼笠。

《西溪叢語》卷下："據《炙轂子》云，襨襫，笠子也。"

【軟裹 ＊】㈩唐時襆頭的一種。也作"頓裹"。

《麈史·任人》："……後又為兩闊腳，短而銳者，名牛耳襆頭，唐謂之軟裹。"

《後山談叢》卷四："乖崖自成都召為參知政事，既至而腦疽大作，不可巾襆。乖崖自陳求補外，真宗使軟裹赴朝。"《畫史》："唐人頓裹，蓋禮樂闕則士習賤服，以不違俗為美。"清·王原祁、孫嶽頒等《佩文齋書畫譜》卷六十六："李建勳等畫影皆頓裹公服，一如盛唐。"

【蹋鴟 ＊】金人頭巾名。

《北轅錄》："無貴賤，皆著尖頭靴；所頂巾謂之蹋鴟。"

【掠子 ＊】㈩綰髮的頭巾之類。

《畫史》："士子國初皆頂鹿皮冠，弁遺制也……其後方有絲絹作掠子，掠起髮，頂帽出入，不敢使尊者見。既歸於門背取下掠子，篦約髮訖，乃敢入。"

也指一種梳頭用具。篦子。明·周祈《名義考·物》："篦，亦以整髮，即今掠子。"

【額子】㈩無頂的頭巾。一般婦女用以扎頭。①

《畫史》："又其後方見用紫羅為無頂頭巾，謂之額子。"

《石林燕語》卷十："帽下戴小冠簪，以帛作橫幅約髮，號'額子'。"

【團冠 ＊】㈩古時婦女帽子的一種。

---

① 也指額頭。宋·佚名《搗練子·八梅》之六："額子畫成終未是，更須插向鬢雲邊。"明·蘭陵笑笑生《金瓶梅詞話》五十三回："而今才住得哭，磕伏在奶子身上睡了，額子上有些熱剌剌的。"《大詞典》無此義項。

《塵史·禮儀》:"婦人冠服塗飾,增損用捨,蓋不可名紀⋯⋯俄又編竹而為團者,塗之以綠,浸變而以角為之,謂之團冠。"

《武林舊事·乾淳奉親》:"三盞後,官家換背兒,免拜;皇后換團冠背兒;太子免繫裹,再坐。"《夢粱錄·嫁娶》:"珠翠特髻,珠翠團冠,四時冠花。"

【短冠*】㊛古時婦女帽子的一種。

《塵史·禮儀》:"以鞾肩直其角而短,謂之短冠。"

【山口】�義古時婦女帽子的一種樣式。

《塵史·禮儀》:"以團冠少裁其兩邊,而高其前後,謂之山口。"

該詞《大詞典》有兩義項:❶山與山交會的隘口;❷山中洞口。

【鞾肩*】㊛古時婦女帽子的一種。

《塵史·禮儀》:"婦人冠服塗飾,增損用捨,蓋不可名紀⋯⋯復以長者屈四角而不,至於肩,謂之鞾肩。"

【蓋頭¹】㊛舊時婦女外出時,用以蔽塵的面巾披肩。

《清波別志》卷中:"士大夫於馬上披涼衫,婦女步通衢,以方幅紫羅障蔽半身,俗謂之蓋頭。"

《珩璜新論》卷四:"唐永徽以後,皆用帷帽,施裙到頸,漸為淺露,若今之蓋頭矣。"

【蓋頭²】㊛指婦女結婚時用以蔽面之巾。

《夢粱錄·嫁娶》:"(兩新人)並立堂前,遂請男家雙全女親,以秤或用機杼挑蓋頭,方露花容。"

【冠朵】㊛帽花,冠帽上的飾品。

《愧郯錄·牙魚不可服用》:"詔依所定內冠朵用牙魚。"

《東京夢華錄·寺東門街巷》:"寺東門大街,皆是襆頭、腰帶、書籍、冠朵舖席,丁家素茶。"《武林舊事·賞花》:"又命小璫內司列肆關撲,珠翠冠朵,篚環繡緞,畫領花扇,官窯定器⋯⋯莫不備具,悉效西湖景物。"《宋會要輯稿·帝系八》:"飾房用真珠、琥珀⋯⋯釵朵共三百副,冠朵六頭,金釵釧十雙,金纏二副……"又《后妃一》:"冠朶舊用朶子九,及花五亦各增爲十二之數。"

【頭面】首飾,頭部裝飾品。

《辯誣筆錄》卷一:"適自部中來,朝廷要二十副珠子、花鐶、頭面裝裹內人。"

《東京夢華錄·正月》:"及州南一帶,皆結綵棚,鋪陳冠梳、珠翠、頭面、衣着、花朶、領抹、靴鞋、玩好之類。"

【花子[2]】古時婦女貼、畫在面頰上的裝飾。

《談苑》卷四:"婦人面飾用花子,起自上官昭容,以掩黥跡。"

【面油*】㊍【玉龍膏*】㊍古時的一種潤面護膚品。

《文昌雜錄》卷一:"禮部王員外言:今謂面油為玉龍膏。太宗皇帝始合此藥,以白玉碾龍合子貯之,因以名焉。"

【青蓋*】宋制,宰相儀仗張的青色傘蓋。

《東軒筆錄》卷三:"梅金華詢久為侍從,急於進用,晚年多病,石參政中立戲之曰:'公欲安乎?惟服一清涼散即瘥也。'蓋兩府在京,許張青蓋耳。"

【青涼傘[1]*】㊍同"青蓋"。

《侯鯖錄》卷三:"劉子儀侍郎三入翰林,頗不懌,詩云:'蟠桃三竊成何味,上盡鼇頭跡轉孤。'移疾不出,朝士問候者繼至,詢之,云:'虛熱上攻。'石中立滑稽,在坐,云:'只消一服清涼散。'意謂兩府始得用青涼傘也。"

兩府指中書省和樞密院,行使宰輔重權的機構。宰相可用青涼傘,青涼傘與清涼散諧音,暗指對方想入兩府之意。青涼傘也稱青蓋。

【青涼傘[2]*】指普通人用的遮陽傘。也作"清涼繖"。

《清波雜志》卷二:"京城士庶,舊通用青涼傘,大中祥符五年,唯許親王用之,余並禁止。"

《夢粱錄·中秋》:"其杭人有一等無賴不惜性命之徒,以大彩旗,或小清涼傘、紅綠小傘兒，各系繡色緞子滿竿，伺潮出海門。"《東京夢華錄‧娶婦》："其媒人有數等，上等戴蓋頭，著紫背子，說官親宮院恩澤；中等戴冠子，黃包髻背子，或只系裙手，把青涼傘兒，皆兩人同行。"也作"清涼繖"。元‧馬端臨《文獻通考‧王禮考十二》："紹興九年，詔後殿射殿引呈公事，日景已高，作衛清涼繖十，從舊制。"

【影帳*】㊧寺廟、道觀或家廟等影堂裏的帳子。

《家世舊事》："少師影帳畫侍婢二人，一曰鳳子，一曰宜子……叔父七郎中影帳亦畫侍者二人，大者曰楚雲，小者為僎奴。未幾，二人皆卒，由是家中益神其事。"

《邵氏聞見錄》卷二："帝御飛白書溫成影帳牌，才二尺許，朱漆金字而已。"該詞唐時已有。唐‧鄭嵎《津陽門》詩："真人影帳偏生草，果老藥堂空掩扉。"唐‧元稹《度門寺》："影帳紗全落，繩床土半壅。"後世多有用例。明‧章世純《章大力先生稿‧中庸》："大力滿肚子丟銅板，掛影帳，撥真珠學問，沒處賣弄，時時借八股聲張一餉。"清‧愛新覺羅弘曆《續通典‧禮四十》："孝子慈孫於木主影帳兩存之可也，不必於有，不必於無，亦可也。"清‧徐松《宋會要輯稿‧崇儒七》："周嵩、慶二陵各設廟像外，其世宗影帳，歷代並無故事，伏請停廢。"

【仰塵】㊧即承塵。舊時張設在座位上方承接塵土的小帳。後以指天花板。

《聞見近錄》："丁晉公嘗忌楊文公。文公一日詣晉公，既拜而髯拂地。晉公曰：'內翰拜時鬚撒地。'文公起，視其仰塵，曰：'相公坐處幕漫天。'時人稱其敏而有理。"

【羃䍦*】㊧古時婦女全身遮蔽物。即羃䍦。羃同"幂"，覆蓋。

《珩璜新論》卷四："齊隋婦人施羃䍦，羃䍦，全身障蔽也。"

【橫金*】宋代標識官階高低的一種佩戴。

《可書》："鄧知剛任待制，守軍器監，形貌魁偉，每以橫金銜眾，未嘗衣衫。"

《卻掃編》卷上："舊制，執政以上，始服球文帶，佩魚；侍從之臣，止服遇仙帶，世謂之橫金。"

【牙魚 *】㊚宋代的一種龍形飾物,最初僅用於后妃服飾,後普通民眾也可用,也用於建築裝飾。

《愧郯錄·牙魚不可服用》:"近世,中都闤闠鬻冠飾者,率為物象,螭一角而兩足,鳥翼而鷗尾,通國服之,謂之牙魚。珂按典故:元祐二年二月辛丑……詔依所定內冠朵用牙魚。"

"牙魚"因其龍形,作為皇權的象徵,最初僅后妃才能使用。《宋史·輿服志二》:"哲宗既嗣位,尊朱貴妃為皇太妃,出入許乘檐子。有司請用牙魚、鳳為飾,傘用青。"又《輿服志五》:"(命婦)毋得為牙魚、飛魚、奇巧飛動若龍形者。"《宋會要輯稿·后妃一》:"所定內冠朵用牙魚。"《文獻通考·王禮考九》:"於是從禮部所請,而冠朵用牙魚。""牙魚"還可用於建築裝飾。宋·李誡《營造法式》卷二:"造殿堂內地面的心石殿內斗八之制:方一丈二尺,勻分作二十九窠。當心施雲卷,卷內用單盤或雙龍鳳,或作水地飛魚、牙魚,作蓮荷等華。"

【笏頭[1] *】"笏頭帶"的省稱。

《容齋四筆·仕宦捷疾》:"執政官宰相,方團毬文帶,俗謂之笏頭者是也。"

【迎年佩】㊚唐人新年佩帶供零食的藥囊。

《清異錄·迎年佩》:"咸通後士風尚於正旦未明佩紫赤囊,中盛人參、木香如豆樣,時時傾出嚼吞之,至日出乃止,號迎年佩。"

【面襆 *】㊚即"面帛""面幂",死者覆面的方帛。

《吹劍四錄》:"越滅吳,夫差自殺,使蔽其面曰:'吾無面見子胥。'"注云:'今面襆(自注:冪。)始於此。'"

宋·高承《事物紀原·吉凶典制·面帛》:"面帛:今人死以方帛覆面者。《呂氏春秋》曰:夫差誅子胥,數年越報吳,踐其國,夫差將死,曰:'死者如其有知也,吾何面目以見子胥於地下?'乃為冪以冒面而死。此其始也。""襆"同"幞",《廣韻·錫韻》:"襆,同幞。"《說文·巾部》:"幞,鬃布也。"朱駿聲通訓定聲:"幞則鬃布之專名也。"故"襆"為布帛的一種。

【面幂 *】㊋死者覆面的方帛。

《睽車志》卷四："蓋棺之際，痛不能舍，復舉面幂撫之，則其子面已變如向武臣之狀，盛怒勃然，懼而亟瘞之。"

《大詞典》"面幂"條僅釋義為"蒙面的羅、紗等"，引朱自清《槳聲燈影裏的秦淮河》例。

【疋物＊】㈩布帛織物。也作匹物。

《清異錄·六尺雪檀》："南夷香槎到文登，盡以易疋物。"

《宋會要輯稿·職官五二》："今來遺留寶物等……降金器二千兩、銀器二萬兩、匹物二千匹，比之常年例系增一倍。"宋·李燾《續資治通鑒長編》卷四百四十九："今續采訪得王安禮在任買絲，勒機戶織造花隔織等匹物，妄作名目，差役兵般擔。"

【衣段＊】㈩衣料。

《靖炎兩朝見聞錄》上卷："今曉諭權貴、戚里、豪富之家，及凡有金銀衣段人戶，仰體認大金之恩，疋兩已上，盡行輸納。"

該詞五代已有，《舊唐書·裴度傳》："幽州朱克融執留賜春衣使楊文端，奏稱衣段疏薄；又奏今歲三軍春衣不足，擬於度支請給一季春衣，約三十萬端匹；又請助丁匠五千修東都。"《東京夢華錄·重陽》："下旬即賣冥衣、靴鞋、席帽、衣段，以十月朔日燒獻故也。"《元史·世祖本紀》："賜皇子脫歡，諸王阿魯灰、只吉不花，公主囊家真等，鈔計七千七百三十二錠、馬六百二十九匹、衣段百匹、弓千、矢二萬發。"元·楊瑀《山居新話》："至元四年，天曆太后命將作院官，以紫絨、金線、翠毛、孔雀翎織一衣段，賜伯顏太師。"

【表段】㈩作禮品或賞賜用的綢緞布皮之類。①

《靖康紀聞》："初五初六日，津搬金銀表段，動以車計。又退換表段不及端者，督責根括，殊為緊急。"

《三朝北盟會編》卷七十三："二十四日乙酉粘罕斡離不遣書來索金銀、表段犒軍，書榜示於市。"卷八十九："遣史曰：范瓊出城搜，空得金

---

① 《宋語言詞典》釋義為"北方少數民族稱絲綢衣料為表段"。此處用《近代漢語詞典》釋義。

人遺棄寶貨、表段、米麥、豬羊等不可勝計。”金·佚名《大金吊伐録》卷一：“賞散河北、河東路軍物帛……銀五千萬兩，雜色表段一百萬匹，裹絹一百萬匹，馬、牛、騾各一萬頭匹，駝一千頭。”元·王鶚《汝南遺事》卷一：“青尖山盧進遣范天保來朝，仍進表段三百匹，及獐、鹿、脯、茶、蜜等物。”明·徐復祚《六十種曲紅梨記》第七齣：“今若議和，歲幣不要説起，當輸犒師之物，金五百萬兩，銀五千萬兩，牛馬萬頭，表段五萬疋。”

【透背 *】[晚]指兩面織有花紋的絲織品。

《重明節館伴語録》：“次衮等回答思等第二次土物，各透背一段，绒纱一段，莪蓉二斤……”

《大詞典》引元·脱脱《宋史》例。

【毛段 *】指毛織物。

《諸蕃志·吉慈尼國》：“人皆纏頭揭頂，以色毛段為衣，以肉面為食，以金、銀為錢。”

【毛子 *】有毛的動物皮。

《重明節館伴語録》：“書表引接、押遞五人共送思等毛子一十段、細毛子一十段、毛羅二十段、紫皂花羅四段……”

【蟲虎 *】[義]蕃語指虎皮。

《曾公遺録》卷八：“已遣馬二匹，一載虎皮（自注：蕃語謂之蟲虎。）錦袍綵服，一載鬧裝鞍轡，往迎溪巴温、隴拶父子入青唐。”

《大詞典》僅釋義為“書體名。蟲書與虎書的合稱”。未列該義項。

【針指】針線活。

《甕牖閒評》卷六：“針指二字本俗語，《夷堅志》采而用之，亦自不惡也。其記婺州民女書云：‘夜與母共寢，晝則作針指於牖下。’”

該詞唐時已有，鮑溶《九日與友人登高》詩：“霜報征衣冷針指，雁驚幽夢淚嬋娟。”

3.1.2 財貨賦税

宋代發達的經濟，宋代筆記多有反映，因此有很多記録錢財、貨物、田賦捐稅的俗語詞。

【見穀】現存糧食。

《珩璜新論》卷四：" 俗所謂 ' 見錢 '、' 見穀 '，漢已用之。《王莽傳》：' 舍無見穀。' "

【貫索】㊎錢串。

《清異録・甘草癖》：" 子華因言前世惑駿逸者為馬癖，泥貫索者為錢癖。"

【不動尊²＊】㊎銀錢的俗稱。

《清異録・人事》：" 郎君家庫裏許多青銅，教做不動尊，可惜爛了。"

【孔奴＊】㊎對錢的戲稱。

《松窗百説・孔奴》：" 鄙者至以兄呼之，殊可令人羞。若事錢如事兄……如曰孔奴，於理為當，雖未遽革貪夫之心，庶幾先以正其名。"

【瀧銅＊】㊎即瀧銅錢，宋代的一種銅錢幣。私鑄錢幣者為逃避官府追查，將私鑄的錢幣投河，官府用打撈出的錢幣重新鑄成的錢，稱作瀧銅錢，也簡稱瀧銅。

《家世舊聞》：" 先君言，崇寧間，初鑄大泉當十，號烏背赤仄，其次瀧銅，制作皆極精好……又懸烏背赤仄及瀧銅錢於通衢，使人識之，好事者戲謂與私鑄作樣。"

《宋史・食貨下二》：" 大觀元年，張茂直復言：' 州縣督捕加峻，私小黃錢投委江河……舟船附帶者，亦多棄之江河，請下諸路撈瀧。' ……喬年鑄烏背瀧銅錢來上，詔以瀧銅式頒行諸路。"

【交鈔＊】金元兩代發行的紙幣。

《攬轡録》：" 交鈔所者，虜本無錢，惟煬王亮嘗一鑄正隆錢，絕不多，餘悉用中國舊錢。又不欲留錢於河南，故仿中國楮幣。於汴京置局造官會，謂之 ' 交鈔 '。"

【楮幣】指宋、金、元時發行的"會子""寶券"等紙幣。因其多用楮皮紙製成，故名。後亦泛指一般的紙幣。

《二老堂雜志·辨楮幣二字》："古有三幣，珠玉為上，金次之，錢為下。自秦漢專以錢為幣。近歲用會子，蓋四川交子法，特官券耳，不知何人目為楮幣……幣者，可用之物，俗人創楮幣二字，已而通上下皆用。若正言之，猶紙錢也。"

【會子】南宋時發行的一種紙幣。

例見"楮幣"。

【字】金屬錢幣鑄有文字的一面。

《西畬瑣錄》："今人擲錢為博戲者，以錢文面背分勝負，曰字，曰幕。"

《雲麓漫鈔》卷五："今人目錢有文處為字，背為漫。"

【幕】【漫*】錢幣的背面。

例見"字"。

該詞漢代已有，《漢書·西域傳上》："以金銀為錢，文為騎馬，幕為人面。"

【通犀】一種上等犀牛角。

《桯史·壽星通犀帶》："市有北賈攜通犀帶一，因左璫以進於內，帶十三銙，銙皆正透。"

該詞漢代已有，漢·班固《漢書·西域傳贊》："明珠、文甲、通犀、翠羽之珍盈於後宮。"顏師古注引如淳曰："通犀，中央色白，通兩頭。"

【通天犀】即通犀。

《月河所聞集》："犀以黑為本……正者世人貴之，其形圓，謂之'通天犀'。"

《遊宦紀聞》卷二："通天犀，腦上角千歲者，長且銳，白星徹端。能出氣通天，則能通神，可破水駭雞，故曰'通天'。"該詞魏晉時已有，晉·葛洪《抱朴子·登涉》："得真通天犀角三寸以上，刻以為魚，而銜之以入水，水常為人開。”

【白暗 *】 象牙的别名。

《邵氏聞見後録》卷十九：“南人謂象齒為白暗，犀角為黑闇。”

該詞唐時已有。段成式《酉陽雜俎·毛篇》：“故波斯謂牙為白暗，犀為黑暗。”

【黑暗】 犀角的别名。

例見“白暗”。

【生角 *】 ㊮犀角的一種，取剛殺死的犀牛的角謂之“生角”。

《諸蕃志·犀角》：“獵人以硬箭自遠射之，遂取其角，謂之生角；或有自斃者，謂之倒山角。”

《大詞典》僅釋義“戲劇角色之一……”。

【正透 *】 ㊎指黑而透黄的犀牛角。

《月河所聞集》：“犀以黑為本，其色黑而黄透曰‘正透’，黄而有黑邊曰‘倒透’。正者世人貴之，其形圓，謂之‘通天犀’。”

《桯史·壽星通犀帶》：“市有北賈攜通犀帶一，因左璫以進于内，帶十三銙，銙皆正透。”古時用犀角裝飾腰帶，六品以上官員才能用。宋·宋祁《新唐書·車服志》：“腰帶者，搢垂頭以下，名曰鉈尾，取順下之義。一品、二品銙以金，六品以上以犀，九品以上以銀，庶人以鐵。”《大詞典》釋義為“黑而透黄的犀牛皮色”，誤。

【倒透 *】 ㊍指黄而有黑邊的犀牛角。

例見“正透”。

【倒山角 *】 ㊍犀角的一種，取自己死亡的犀牛角謂之“倒山角”。

例見“生角”。

【累重】 家屬資産。

《珩璜新論》卷四：“俗所謂‘累重’，亦有所出也。《前漢·西域傳》：‘屯田輪臺，“募民壯健有累重敢徒者詣田所”注：‘累，謂妻子家屬也。’”

【息米＊】㊗借米後以米為息，稱作"息米"。

《吹劍四錄》："文公因召對奏之，曰：'始則石出息米二斗，今十四年，造倉三閒，還本府六百石，外見管三千一百石，皆是息米。今去其息，止納耗米三升。'"

《雞肋編》卷中："宋明帝時，歲旱人飢，顏峻上言禁餳一月，息米近萬斛。"《明實錄·憲宗實錄》卷二百五十四："天下州縣預備倉宜分置於各處鄉村，量借官糧為本，每石收息二斗，俟所積既多，仍送原米還官，此後每石收息三升，如富民願出米者，息米及數亦還其本。"《清實錄·雍正朝實錄》卷二十六："其收貯米石、暫於公所寺院收存。俟息米已多、建廠收貯。"

【見錢】現錢。

《珩璜新論》卷四："俗所謂'見錢'、'見穀'，漢已用之。《王莽傳》：'舍無見穀。'王嘉疏：'元帝時，外戚賞千萬者少爾，故水衡、少府見錢多也。'"

【耗米＊】㊊舊時官府徵收錢糧時以彌補損耗為名額外加徵的部分。

《吹劍四錄》："文公因召對奏之，曰：'始則石出息米二斗，今十四年，造倉三閒，還本府六百石，外見管三千一百石，皆是息米。今去其息，止納耗米三升。'"

《大詞典》引明·陳士元《俚言解》例。

【糧裹】㊗盤費。

《五總志》："滕達道帥真定，朝中送詩者數十人，臨行啟之曰：'某以糧裹未辦，凡送詩者願假十千。如送到錢，其詩候到任日與免上石。'"

該詞南北朝時已現，徐陵《徐孝穆集·為王太尉僧辯答貞陽侯書》："恐西南之地，二十餘州，不即威懷，容為齊國之患，而糧裹之宜，更遲動靜。"宋以後也有用例。明·胡應麟《少室山房集·太子太保工部尚書食正一品俸萬安朱公墓誌銘》："公年已及耆，每櫛沐風雨，乘小舟，泛洪濤，登降陂陀，糧裹時絕。"

【包子²】皇帝賞賜給臣下的銀錢封包。

《月河所聞集》："包子外即色羅綾絹四，銀菓八，銀羅勝各二花。"

《鐵圍山叢談》卷四："祖宗故事，誕育皇子、公主，每侈其慶，則有浴兒包子，並齎巨臣戚里。包子者，皆金銀大小錢、金粟、塗金果、犀玉錢、犀玉方勝之屬。"《萍洲可談》卷一："近歲帝子蕃衍，宮闈每有慶事，賜大臣包子，銀絹各數千匹兩。"

【纏頭】古代歌舞藝人表演完畢，客以羅錦為贈，稱"纏頭"。

《畫墁錄》："郭汾陽纏頭彩率千匹，教坊梨園小兒所勞各以千計。"

杜甫《即事》詩："笑時花近眼，舞罷錦纏頭。"

【順錢＊】㋷用以施捨求平安的錢。

《經鉏堂雜志·乞丐救火》："都城有開匹帛鋪馬將仕家，日以一千施貧，讒來即與，謂之順錢。"

【青奴¹】錢。猶"青蚨"。

《五總志》："（劉凝之）其子羲仲，字壯輿，讀書萬卷……未幾，上疏乞骸骨。余以詩贈行云：'束帶真成屈壯圖，寧思飽死歎侏儒。便拈手版還丞相，卻覓芒鞋踏故廬。少日縈心但黃你，暮年使鬼欠青奴。'"

【阿堵＊】錢的別稱。①

《清異錄·潤家錢》："南漢地狹力弱，事例卑猥，州縣時會僚屬，不設席而分饋阿堵，號潤家錢。"

《清異錄·謝筆》："唐世舉子將入場，嗜利者爭賣健豪圓鋒筆，其價十倍，號'定名筆'。筆工每賣一枝，則錄姓名。俟某榮捷，則詣門求阿堵，俗呼'謝筆'。"《大詞典》引明·凌濛初《二刻拍案惊奇》例。

【癡錢＊】㋷房租。

---

① "阿堵"在宋人筆記中有討論，是魏晉常用的指示代詞。參齊瑞霞博士學位論文《宋代筆記俗語詞研究》（山東大學，2016）。

《清異錄·錢井經商》："僦屋出錢，號曰癡錢。"

【看錢＊】㈨參觀費。

《清尊錄》："女僧及貴遊好事者，踵門一覿面，輒避去，猶得錢數千，謂之'看錢'。"僦屋出錢，號曰癡錢《大詞典》引清·洪昇《長生殿》例。

【地錢²＊】㈱租賃地基的錢。

《辛巳泣蘄錄》："申乞出榜曹市放房地錢，庶貧者以地錢為買油之助，太守從之。"

《夢粱錄·恩霈軍民》："兼官私房屋及基地，多是賃居，還就金或出地錢。"

【房地錢＊】㈱【屋地錢＊】㈱指租賃房屋和地基的錢。

《夢粱錄·恩霈軍民》："兼官私房屋及基地，多是賃居，還就金或出地錢。但屋地錢俱分大、中、小三等錢，如遇前件祈禱恩典，官司出榜除放房地錢。"

【謝筆＊】㈱筆匠向用筆應試中舉的進士索要的酬金。

《清異錄·謝筆》："唐世舉子將入場，嗜利者爭賣健豪圓鋒筆，其價十倍，號'定名筆'。筆工每賣一枝，則錄姓名。俟某榮捷，則詣門求阿堵，俗呼'謝筆'。"

【折支＊】折價支付的稅款。

《自警編》卷八："涇卒以折支不給，出惡言欲為亂，其後斬二人，黥四人，亂意乃息。"

【丁錢＊】人口稅。亦稱"丁口錢"。

《吹劍錄》："祥符二年放兩浙、福建、湖廣丁錢，歲四十五萬緡。"

【掛丁錢＊】㈱未達納稅年齡者納的稅，稱作"掛丁錢"。

《建炎以來朝野雜記甲集·財賦二·身丁錢》："廣西郡縣貧薄，凡民間父、祖年六十以上而身丁未成者，亦行科納，謂之'掛丁錢'。"

《宋會要輯稿·食貨六六》："纔年十二三便行科納，謂之掛丁錢，多致逃亡。"

【頭子錢＊】附加稅的一種。唐宋時按一定比例在法定租賦外加收的或在官府出納時抽取的稅錢。

《鶴林玉露》卷一："因建議如賣酒、鬻糟、商稅、牙稅與夫頭子錢、樓店錢，皆少增其數，別歷收系，謂之'經制錢'。"

《容齋三筆·省錢百陌》："數十年來，有所謂'頭子錢'，每貫五十六，除中都及軍兵俸料外，自餘州縣官民所當得……民間所用，多寡又益不均云。"

【頭子²＊】"頭子錢"的省稱。

《容齋續筆》卷七："至於水腳、頭子、市例之類，其名不一，合為七八百錢。"

【渠伊錢＊】㊗南唐張崇貪縱不法，借故徵斂錢財的名目。

《江南餘載》卷上："張崇帥廬，州人苦其不法。因其入覲，相謂曰：'渠伊必不復來矣。'崇聞之，計口徵渠伊錢。"

【牙契錢】㊗牙契稅。也省作"牙契"。

《吹劍四錄》："牙契錢者，人間買田宅，則投印契書。嘉祐末，每千輸四十，宣和末，陳亨伯經制增五六十，紹興初，孟富文總制又增為一百，以三十五入經制，三十二錢半入總制，三十二錢半留州。"

【牙契¹】"牙契錢""牙契稅"的省稱。

《淳熙三山志·財賦類》："國初財賦，二稅之外，惟商稅、鹽課、牙契、房租而已。"

《清波雜志》卷六："乃增添糟酒及牙契等費，充經制移用錢，至今行之。"

【牙稅】即牙契稅。

《吹劍四錄》："先是牙稅外每千收勘同錢十文，後又增三錢，竝入總制,後於牙契勘同十錢外,又收五十六錢,分隸諸司。"

《鶴林玉露乙篇》卷一:"因建議如賣酒、鬻糟、商稅、牙稅與夫頭子錢、樓店錢,皆少增其數,別歷收系,謂之'經制錢'。"

【率分*】地方長官按稅收的十分之一提成作為俸祿,謂之"率分"。也稱"率分錢"。

《江南野史》卷三:"隨所租入十分錫一,謂之'率分',以為祿廩,諸朱膠牙稅亦然。"

《塵史·雜志》:"惟以蒸豚啖之,可以銷釋,所支率分錢內充買均給。"《宋史·張美傳》:"縣官市木關中,同州歲出緡錢數十萬以假民,長吏十取其一,謂之率分錢,歲至數百萬,美獨不取。未幾,他郡有詣闕訴長吏受率分錢者,皆命償之。"

【身丁香*】㈱采集香料的賦稅。

《諸蕃志·占城國》:"官監民入山斫香輸官,謂之'身丁香',如中國身丁鹽稅之類,納足聽民貿易。"

身丁,指達到承擔賦役年齡的人。宋·李心傳《建炎以來朝野雜記甲集·財賦二·身丁錢》:"廣西郡縣貧薄,凡民間父、祖年六十以上而身丁未成者,亦行科納,謂之'掛丁錢'。"

【抽解[1]】㈱對沿海港口進出口貿易徵收的實物稅。

《諸蕃志·珠子》:"珠大率以圓潔明淨者為上;圓者置諸盤中,終日不停。蕃商多置夾襦內及傘柄中,規免抽解。"

《大詞典》引元·脫脫《宋史》例。

【差發】㈱蒙元時指賦稅徭役。

《黑韃事略》:"其賦斂,謂之差發。"又:"蓋韃人分草地各出差發,貴賤無有一人得免。"

3.1.3 器物工具

宋筆記記載了很多宋人日常生活的內容,因此有許多器物工具類的俗語詞。

【動使】日常使用的器具。也作"動事"。

《黑韃事略》:"大率韃人止欲貯絲、鉄鼎、色木、動使,不過衣食之需。"

《東京夢華錄·會仙酒樓》:"常有百十分廳館動使,各各足備,不尚少闕一件。"《夢粱錄·民俗》:"或有新搬移來居止之人,則鄰人爭借動事,遺獻湯茶,指引買賣之類。"

【襄樣*】㊛襄州的漆器,因質量好而作為樣品效仿,故稱。

《坦齋通編》:"襄州出漆器,謂之襄樣。"

該詞唐時已有,唐·高彥休《唐國史補》卷中:"襄州人善為漆器,天下取法,謂之'襄樣'。""襄樣"也代指暴虐不法的節度使。清·趙翼《陔餘叢考》卷三十八:"于頔在襄陽,驕縱不法,初襄陽髹器名天下,謂之'襄樣',至是以頔故,凡方鎮不法者,皆謂之'襄樣節度'。"清·錢謙益《領鄖陽命出朝口號》:"節度從他學襄樣,征南自古多書癖。"

【家事】㊛家什,器具。

《道山清話》:"章子厚與蘇子瞻少為莫逆交,一日,子厚坦腹而臥,適子瞻自外來,摩其腹以問子瞻曰:'公道此中何所有?'子瞻曰:'都是謀反底家事。'子厚大笑。"

《夢粱錄》卷十三:"及小兒戲耍家事兒,如戲劇糖果之類。"《東京夢華錄·防火》:"及有救火家事,謂如大小桶、灑子、麻搭、斧、鋸、梯子、火叉、大索、鐵貓兒之類。"

【佛牌*】㊛供佛的牌位。

《錢氏私志》:"一日,見蔡魯公,蔡云:'元章書法之妙,今日可謂第一。龜山須還他曼卿佛牌為第一。'"

清·吳長元《辰垣識略》卷三:"正殿恭奉清聖祖仁皇帝大成功德佛牌,東案陳設御制文集,西設寶座。"

【百八丸*】㊛念珠的俗稱。因念珠每串一百零八顆,故稱。

《清異錄·百八丸》:"和尚市語,以念珠為百八丸。"

【佛窨子*】㊛念珠的別稱。

《清異錄·百八丸》:"和尚市語,以念珠為百八丸。裴休見人執此,則喜色可掬,曰:'手中把諸佛窖子,未見有墮三塗者也。'"

【齋料*】㈥做齋用的物品。

《冷齋夜話·采石渡鬼》:"舟尾者呼曰:'齋料幸見還。'有且行且答者曰:'道場不清淨,無所得。'"

【廚子】櫥櫃。也指儲物盒。廚,通"櫥"。

《錦里耆舊傳》卷一:"金花銀裝廚子一對、金花渾銀裹龍鳳儀注槍四條。"

【抽替】抽屜。

《珩璜新論》卷四:"俗呼'抽替',《南史·殷淑儀傳》:孝武帝之貴妃也,有寵而薨,帝思見之,遂為通替棺,欲見輒引替覲屍。"

【紫明供奉*】㈥對琉璃燈的擬人稱呼。

《清異錄·紫明供奉》:"上(唐武宗)獨映琉璃燈籠觀書。久之,歸寢殿,王才人問官家:'今日以何消遣?'上曰:'綠羅供奉已去,皂羅供奉不來,與紫明供奉相守,熟讀《尚書·無逸篇》數遍。'"

【雁檯*】㈥富家人出遊時擡食物的匣子,多如雁行貌,故稱。

《清異錄·饌羞門》:"富家出遊,運致饌具,皆用髹檯,蒙以紫碧重簷罩衣,兩人舁之。其行列之盛,有若雁行,旁觀號為'雁檯'。"

【平面子】㈥古人用以倚憑身體的矮桌几。也稱"平面桌子""平面矮桌"。

《曲洧舊聞》卷一:"文肅奏曰:'臣體肥,不能伏地作字,乞賜一平面子。'上從之。"

《夢粱錄·皇帝初九日聖節》:"四月初九日,度宗生日……及平章、宰執、親王、使相高坐果桌上第看果,殿上第二行、第三、第四行侍從等平面桌子,三員共一桌。兩朵殿廊卿監以下,並是平面矮桌,亦三員共一桌。"

【養和】靠背椅的別名。

《緯略・養和》:"程氏《繁露》載:李泌訪隱選異,采怪木蟠枝以隱背,號曰'養和'。"

該詞唐時已有,皮日休《五貺詩》序:"有桐廬養和一,怪形拳跼,坐若變去,謂之'烏龍養和'。"

【交椅】坐具。腿交叉,有靠背,能摺疊。古時稱"胡床""交床",後世稱"太師椅"。

《蘆浦筆記・打字》:"荷胡床為打交椅。"

《石林燕語》卷七:"雖宰相亦自抱笏而入,幕次列於外殿門內兩廡,惟中丞以交椅子一只坐於殿門後。"

【曲盝床*】㊍寺院法堂中僧師說法時的座椅。即"曲录床"。

《枯崖漫録》卷上:"別峰三十餘年坐曲盝床,只得退庵,一麟足矣。"又卷中:"朝七月旦,夏制將垂滿。更上曲盝床,舉則舊公案。"

"曲盝床"也省作"曲盝"。明・戒顯《禪門鍛煉說・自序》:"初踞曲盝者。其身英強。其氣猛利。"又《磨治學業第十一》:"輒欲冒衣拂,踞曲盝,自稱楊鄭誑諕閻閭。"清・淨符《宗門拈古彙集・禪警語序》:"若僅祇依摸畫樣,無點銕成金手段,乏縱橫與奪鉗錘,則雖現踞曲盝,名震閻閭,斷不能循其偏私阿諛汛採。"《大詞典》僅釋"曲盝"為"曲形的食品盒",引清・趙翼《真州蕭娘製糕餅最有名》例。

【嬾版*】㊍斜置床榻上的靠背。

《梁谿漫志・東坡嬾版》:"東坡北歸至儀真,得暑疾……氣湊上逆,不能卧。時晉陵邑大夫陸元光獲侍疾卧內,輟所御嬾版以獻,縱橫三尺,偃植以受背,公殊以為便,竟據是版而終。"

【踏床】坐時擱腳的小几。

《江鄰幾雜志》:"孫奭尚書侍經筵,上或左右瞻矚,或足敲踏床,則拱立不講。"

《夷堅丁志・海門鹽場》:"明旦起,枕席及踏床上凡列泥饅頭三十餘,大小各異。"《夷堅甲志・蔣通判女》:"物踞坐踏床上,背面不語。審視,蓋一婦人。"

【脚踏】 [晚]同“踏床”。

《夢粱録·車駕詣景靈宫孟饗》：“……及執黄羅珠子、鼊百花背座御椅子並脚踏。”

《大詞典》引元·脱脱《宋史》例。

【脚踏子 *】 [未]同“踏床”。

《揮麈前録》卷三：“乘轎直抵脚踏子始下，呵輿之聲驚耳，至今為之重聽，其他可知也。”

【胡牀】 一種可以折疊的輕便坐具。

《吳船録》卷下：“余已在舟中，一切付自然，不暇問，據胡牀坐招頭處，任其蕩兀。”

該詞魏晋時已有，晉·陳壽《三國志·魏書·武帝紀》“賊亂取牛馬，公乃得渡”裴松之注引《曹瞞傳》：“公將過河，前隊適渡，超等奄至，公猶坐胡牀不起。”

【交牀】 [補]即胡牀。因隋文帝忌諱胡而改稱。

《緯略·餬餅》：“趙毅《大業雜記》曰：隋高祖意在忌胡，器物涉胡言者咸令改之，‘胡牀’曰‘交牀’。”

該詞唐時已有，唐·吳兢《貞觀政要·慎所好》中記載該例。《大詞典》書證中無宋例。

【輭囊 *】 繩床的别稱。輭，同“軟”。

《諸蕃志·渤泥國》：“坐繩床，出則施大布單，坐其上，众舁之，名曰輭囊。”

【竹夫人】 古代竹製消暑用具。又稱青奴、竹奴。

《雲谷雜記》卷三：“涼寢竹器，俗曰‘竹夫人’。”

【青奴²】 古代竹製消暑用具。

《雲谷雜記》卷三：“黄山谷謂趙子充曰：‘憩臂休膝，似非夫人之職，冬夏青青，竹之所長，請名曰‘青奴’。’故其詩云：‘我無紅袖堪娛夜，正要青奴一味涼。’”

【帽筒＊】㊧放帽的器具。多為瓷製，中空，圓柱形。

《江行雜録》："有一叟失牛，詣桑國師占，師曰：'爾牛在賈相公帽筒中。'"

【轉關】以轉動控制開合的機軸。

《清異録·逍遙座》："胡床施轉關以交足，穿便絛以容坐，轉縮須臾，重不數斤。"

該詞先秦已有，《六韜·軍用》："渡溝塹飛橋，一間，廣一丈五尺，長二丈以上，著轉關轆轤。"

【宮架[1]＊】㊝古代宮廷中懸掛樂器的支架。

《曾公遺録》卷八："雨未已，得旨，令習庭下及廊上儀，又設幕幄以覆宮架。"

《大詞典》引元·脱脱《宋史》例。

【鼓腔＊】㊧鼓樂器的鼓框部分，上面蒙皮。

《桂海虞衡志·志器》："花腔腰鼓，出臨桂職田鄉。其土特宜鼓腔，村人專作窯燒之，油畫紅花文以為飾。"

《文昌雜録》卷一："魯郎中言昔年陳州有女妖，自云孔大娘，每昏夜於鼓腔内與人言，尤知未來事。"元·王惲《六月初七日夜雷雨大作》："六丁怒瀉銀河水，千杖齊敲羯鼓腔。"明·唐順之《武編前集》卷一："鼓腔四尺二寸，闊五尺五寸，乃是挑鼓以腔，中使人潛於中。"清·嵇璜《欽定續通典》卷八十八："隋唐以來，刻翔鷺於鼓上，周制但繪鷺於鼓腔而已。"

【平一公＊】㊧度量衡器的別稱。

《清異録·器具門》："《博學記》云：度量衡，有虞所不敢廢，《舜典》同一度量衡。孔安國注謂丈尺斛斗斤兩，今文名曰平一公。"

【大展＊】㊧尺子。

《清異録·平一公》："度量衡……今文其名曰'平一公'，尺度曰'大展'。"

【半昌王＊】㊌**【吉佃王＊】**㊍量器的别名。

《清異録·平一公》："《博學記》云：度量衡有虞所不敢廢，《舜典》同一度量衡。孔安國注謂丈尺斛斗斤兩。今文其名曰'平一公'，尺度曰'大展'，斗量曰'半昌王'，又曰'吉佃王'。"

"半昌"即"曰"，"量"的上半部分。

【斗量＊】㊣量器。

例見"半昌王"。

《大詞典》該詞條僅釋義為"形容數量之多。"

【受用】㊣**【售用＊】**㊍指器皿。

《甕牖閑評》卷六："器皿，人多云受用，其實名售用。《談苑》云吴越王錢俶以妃平生售用凡百箱賜孫承祐。承祐，蓋妃之弟也。"

【桶子】㊥謂圓筒容器。

《曲洧舊聞》卷八："薛嗣昌以雍酥媚權幸，率用琴光桶子並蓋，多者至百桶，人人皆足其欲。"

《大詞典》引明·施耐庵《水滸傳》例。①

【罐子】用以盛物的圓筒形大口容器。

《曲洧舊聞》卷八："趙霆在餘杭，每鶩掌鲊入國門，不下千餘罐子。"

【定盆＊】㊌宋代定州瓷窑燒製的瓷盆。

《清波别志》卷中："漢使至，用定盆貯於各位門，任取以食。"

定，指宋代定窑或定窑產的瓷器。明·曹昭等《新增格古要論·古窑器論·古定窑》："宋宣和、政和間窑最好，但難得成隊者。有紫定，色紫。有墨定，黑如漆。"明·董其昌《筠軒清閟録·論窑器》："論窑器，必曰柴、汝、官、哥、定。"定盆是當時的名牌產品，宋筆記中還有用例。《夷堅丙志·吕氏緑毛龜》："吕德卿家畜一緑毛龜，於盆池中久而甚

---

① 該詞也指供做皮衣用的毛皮成件。亦指毛皮衣。清·張傑鑫《三俠劍》第三回："掀開皮衿給我看看，老羊皮的桶子。"《大詞典》該義項引謝覺哉《不惑集》例。

馴……擊水出而取之，實於定盆，次日歸之。"另還有明·顧清《哭次兒天敘寄兩弟五首》："養蠱傷桂根，擊鼠傷定盆。"明·汪珂玉《西子湖拾翠余談》："一木瘦黿，黃色紋理若鏤刻，與白定盆水中綠毛黿爭奇。"

【淬斗＊】㊙【骨缽＊】一種盛酒的容器。

《談藪》："豐樂陳氏呼淬斗為'骨缽'。"

《夢粱錄·諸色雜賣》："酒市急須馬盂、屈巵、淬斗、箸瓶……"

【竹孤桶＊】㊙酒杓。

《侯鯖錄》卷三："俗謂以竹孤桶，古使箍字（音孤），酒杓也。"

【不落＊】酒器名，以鑷鏤金銀為飾的酒盞。即鑿落。

《清異錄·水晶不落》："白樂天《送春》詩云：'銀花不落從君勸。'不落，酒器也，乃屈巵鑿落之類。開運宰相馮玉家有滑樣水晶不落一只。"

【角子】[4] ㊉包裝物。古時常用紙作包裝，因此也稱"紙角"或"紙角子"。

《江鄰幾雜志》："梅聖俞說：曲名《鹽角兒令》者，始教坊家人市鹽，於紙角子中得一曲譜，翻之，遂以名焉。"

角，裹束，封裹。《孟姜女變文》："祭之已了，角束夫骨，自將背負。"明·馮惟訥《古詩紀》卷一百五十四："烏鹽角，曲名有《烏鹽角》。《江鄰幾雜志》云：始教坊家人市鹽，得一曲譜於角子中，翻之，遂以名焉。"《泊宅編》卷中："（梁固）索茶吃却，封角子、押字如生時。"宋·蘇軾《答寶月禪師三首》："黃州無一物可為信，建茶一角子，勿訝塵涴。"

【夜潴＊】㊙即夜壺。

《清異錄·夜潴》："溺器曰夜潴，見於唐人文集。"

【魚英＊】㊙魚的腦骨。特指用魚的腦骨製成的器具。

《清異錄·魚英托鏤椰子立壺》："劉鋹偽宮中有魚英托鏤椰子立壺四隻，各受三斗，嶺海人亦以為罕有。魚英蓋魚腦骨，燴治之，可以成器。"

【金奴＊】㊍古時指鐵製燭臺。

《清異録・烏舅金奴》："江南烈祖素儉，寢殿燭不用脂蠟，灌以烏舅子油，但呼烏舅。案上捧燭鐵人，高尺五，云是楊氏時馬廄中物。一日黄昏，急須燭，喚小黄門：'掇過我金奴來！'左右竊相謂曰：烏舅、金奴，正好作對。"

【鈷鉧】㊍即熨斗。也作"鈷鏌"。

《驂鸞録》："所謂舟行若窮，忽又無際者，必是汎一葉舟耳。溪上愚亭，以祠子厚。路傍有鈷鉧潭，鈷鉧，熨斗也，潭狀似之。"

"鈷鉧"也作"鈷鏌"。《西溪叢語》卷下："《宜都山水記》：'假山溪有釜灘，其石大者如釜，小者如鈷鏌。"

【黑太陽＊】㊍煤球。

《清異録・黑太陽》："黑太陽法，出自韋郇公家。用精炭搗治作末，研米煎粥，搜和得所，豫辦圓鐵範，滿内炭末，運鐵面錘實擊五七十下，出範陰乾。"

【引光奴＊】㊍引火用的蘸有硫黄的木片。猶今之火柴。

《清異録・火寸》："夜中有急，苦於作燈之緩，有智者批杉條染硫黄，置之待用，一與火遇，得燄穗然。既神之，呼'引光奴'。"

【麩火＊】㊍烰炭。一種質輕而鬆，極易着火燃燒的木炭。

《清異録・寒灰道者》："俞郢隱天童山寺，大寒，則於櫥内取麩火一器，亦納直於主者。"又《星子炭》："禁闈因呼麩火為星子炭。"又《第十三一面湯》："或柴中之麩火，或焚餘之虚炭，木體雖盡，而性且浮。"

烰炭，指木柴經過燃燒後剩下的塊狀物，經閉熄後而成。宋・蘇軾《格物粗談・器用》："鐵鏽以烰炭乾擦則快。"也作"桴炭"，今人克非《春潮急》十二："（她）又從灶洞旁邊的瓦罐裏，拿出幾捧往常燒硬塊柴時閉的桴炭，備了一個烘籠子，以便等會兒客人起床後好烤手。"也作"麩炭"。《康熙字典》："烰炭，俗作麩炭。"烰炭燃燒後，有火星無火苗，故稱星子炭，常用作取暖。

【浮炭】㊡同"麩火"。

《老學庵筆記》卷六："浮炭者，謂投之水中而浮，今人謂之麩炭。"

【星子炭＊】㊡同"麩火"。

例見"麩火"。

【餐錯＊】㊡餐具。

《經鉏堂雜志·追思》："至于住業，亦三倍於前，器皿餐錯，不必外假。"

【齊肩大士＊】㊡筷子的別稱。

《清異録·齊肩大士》："（張奉世）一日酒半，士友各言其能，或私相謂曰：'張君亦有藝也。彼日夕差使齊肩大士，功力如神。'聞者莫不大噱。蓋謂運筯敏速，盤無留味也。"

【叉手鐵龍＊】㊡鎖的別稱。

《清異録·叉手鐵龍》："石守信掌庫奴蕭雲，常博奕大北，夜開庫私取錢幣，愴惶失鎖所在，雲不敢明言，但云不見叉手鐵龍。"

【巧先生＊】㊡鑰匙的別稱。

《清異録·巧先生》："（蕭雲）夜開庫私取錢幣，愴惶失鎖所在，雲不敢明言，但云不見叉手鐵龍。有同類戲曰：'何不問巧先生求之？'意以鎖口尚銜鑰，譏雲焉。"

【眉匠＊】㊡篦的別名。

《清異録·眉匠》："篦誠瑣縷物也，然丈夫整鬢，婦人作眉，捨此無以代之，余名之曰鬢師眉匠。"

【鐵了事＊】㊡耳挖子的別稱。

《清異録·鐵了事》："杜岐公㤀以剜耳匙子為鐵了事。"

【木齒丹＊】㊡養生家稱木梳。

《清異録·木齒丹》："修養家謂梳為木齒丹。"

【擔頭＊】 ㊩擔子。

《叢林盛事》卷上："智門祚禪師法衣傳下七世，昌既沒，則無人可擔荷。遂留擔頭交割，今現存焉。"

【钁頭】 ㊣一種掘土農具，類似鎬。

《雲卧記談》卷下："信擎起钁頭，康以土塊擲中柄上。"

該詞五代時已有，靜、筠《祖堂集・神山和尚》："師與洞山鋤茶次，洞山抛卻钁頭云：'我今日困，一點氣力也無。'"《大詞典》引明・唐順之《喇嘛翠峰老贈輓詩》例。

【磨石】 磨刀石。

《談苑》卷四："三代以韋為筭袋，盛筭子及小刀磨石等。"

該詞南北朝已有，《百喻經・就樓磨刀喻》："嫌刀鈍故，求石欲磨。乃於樓上得一磨石，磨刀令利。"

【帳輿＊】 ㊍帝王出行時可供坐、卧的車輿。

《黑韃事略》："韃主日徙帳，以從獵較，凡偽官屬從行日起營，牛、馬、槖駝以挽其車，車上室可坐可卧，謂之帳輿。"

明・朱有燉《元宮詞百章箋注》："元帝北巡，往來所乘之帳輿，以象駕之，稱之曰象輿。"帳輿也指寺廟裏用的車輿。唐時已有用例。唐・劉軻《唐三藏大遍覺法師塔銘》："十九年春三月，景子留守自漕，奉迎於都亭，有司頒諸寺帳輿花幡，送經於宏福。"唐・釋慧琳《一切經音義》："帳輿：與諸反，蘇林曰：輿，猶載也。《說文》：車輿也，從車，舁聲。"

【兜籠】 即兜子。

《珩璜新論》卷四："先是，婦人猶乘車輿，自唐乾元以來，乃用兜籠，若今之檐子矣。"

【軟兜＊】 ㊍簡單的便轎。

《諸蕃志・藍無里國》："其王黑身而逆毛，露頂不衣，止纏五色布，躡金線紅皮履，出騎象，或用軟兜，日啖檳榔。"又："五月遊船，十月遊山，或跨山馬，或乘軟兜。"

【布袋轎∗】 ㊍宋時南毗國用布做的轎子稱作“布袋轎”。

《諸蕃志·南毗國》：“其余從行官屬，以白番布為袋，坐其上，名曰‘布袋轎’，以扛舁之。”

【檐子】 肩輿之類。唐初盛行，用竿抬，無屏障。

《珩璜新論》卷四：“先是，婦人猶乘車輿，自唐乾元以來，乃用兜籠，若今之檐子矣。”

《東京夢華録·皇后出乘輿》：“士庶家與貴家婚嫁，亦乘檐子。”《夢粱録·車駕詣景靈宮孟饗》：“皇太后、皇后乘輿，比檐子稍增廣花樣，皆織龍。”

【笋輿∗】 ㊍竹輿。即筍輿。

《冷齋夜話》卷七：“三人大喜，追笋輿而出城，至二十里建山寺，而東坡至。”

該詞唐時已有，唐·姚屋《南源山》詩：“明朝梯石路，更仗筍輿安。”

【車子】 車的俗稱。

《遵堯録》卷六：“議者謂琦等三人輔政，正如推車子，蓋其心主於車可行而已，不為已也。”

《老學庵筆記》卷二：“成都諸名族婦女，出入皆乘犢車。惟城北郭氏車最鮮華，為一城之冠，謂之‘郭家車子’。”

【太平車∗】 ㊈古代一種載重的大車。車兩側有攔板，前有多頭牲畜牽引。

《邵氏聞見後録》卷二十二：“今之民間錙車，重大椎樸，以牛挽之，日不能行三十里，少蒙雨雪，則跬步不進，故俗謂之太平車。”

《大詞典》引明·施耐庵《水滸傳》例。

【蜑船∗】 ㊌海南船舶里的下等船舶謂之“蜑船”。

《諸蕃志·海南》：“於舶舟之中分三等，上等為舶，中等名‘包頭’，下等名‘蜑船’。”

【腳船】大船後拖帶的供駁運的小船。也泛指小船。

《搜神秘覽·浮橋船》："澶州黃河浮橋,腳船七十餘隻作首尾,皆以江藤千餘條為大小纜,繫數大牛以安濟車馬。"

《夷堅乙志·趙士藻》："須臾舟已溺,藻立近舷外,虞候挾之登腳船。"《東軒筆錄》卷七:"水既淺澀,舟不可行,而流冰頗損舟楫,於是以腳船數十,前設巨碓,以搗流冰。"

【招竿*】㈱用大長木做的船上用具,順流而下時控制船的方向。

《吳船錄》卷下:"三老挽招竿叫呼,力爭以出渦。"

宋·范成大《刺憤淖並序》:"幸免與賈人,還憂似蓬轉。驚呼招竿折,奔救竹笮斷。"元·何中《山碢碢》詩:"山碢碢石確確,一灘翻下一灘惡。青衫黃帽扶招竿,銛鋒如戟波心攢。"明·王樵《使蜀記》:"夔舟視江南官舟差小而輕捷,首有招竿,執竿與舵師皆為重任。"清·潘衍桐《蜀船雜咏》詩:"長木如竿掌握中,輕橈大柁謝無功;江湖老去知津少,龍號居然僭太公。(自注:持招竿立船首者群呼'太公①',即杜甫'三老'之義,其他舟子統呼為弟兄而已。)"《清一統志》卷二百七十八:"石屹中流,波濤洶急,上水以繩牽挽,下水以招竿撥之,旋轉石間,其險過於呂梁。"

【腳乘*】運載工具。

《曾公遺錄》卷七:"遞鋪闕少,即和雇腳乘般運前去。"

《涑水紀聞》卷十二:"臣尋急令保德、火山、苛嵐軍人戶各備腳乘於府州,請搬上件隨軍。"

3.1.4 宴樂節禮

包括娛樂、聚會、祭祀、占卜等名物俗語詞。

【市頭】指賣藝人等會聚的茶肆。

《都城紀勝·茶坊》:"人情茶坊本非以茶湯為正,但將此為由多下茶錢也。又有一等專是娼妓弟兄打聚處,又有一等專是諸行借工賣伎人會聚行老處,謂之'市頭'。"

---

① 《大詞典》未列該義項。

《夢粱錄·茶肆》:"又有茶肆專是五奴打聚處,亦有諸行借工賣伎人會聚行老,謂之'市頭'。"

【節物*】應節的物品。

《文昌雜錄》卷三:"唐歲時節物,元日則有屠蘇酒、五辛盤、咬牙餳。"

《老學庵筆記》卷二:"靖康初,京師織帛及婦人首飾衣服皆備四時,如節物則春旛、燈毬、競渡、艾虎、雲月之類。"

【排當】帝王宮中設宴之稱。

《經鉏堂雜志·孝廟聖德》:"元夕後三日,宣嗣秀王及其諸子宴集……嗣秀王引問:'元夕,壽皇聖帝對此良辰美景,亦領略之否?'壽皇云:'十四日,嗣帝過此排當,十五日不飲。'"

【拂塵會*】㈤接風洗塵的宴會。

《宣和奉使高麗圖經》卷二十六:"使者既入館,王遣官辦燕,謂之拂塵會。"

【軟腳局*】㈤接風洗塵的宴會。

《談苑》卷四:"郭子儀自同州歸,詔大臣就宅作軟腳局,人率三百千。"

【換衣燈宴*】㈤受訪國為使節舉辦的歡送宴會。

《宣和乙巳奉使金國行程錄》:"館伴使、副過位,召國信使、副為惜別之會,名曰'換衣燈宴'。"

【茶會*】茶話會。一種備有茶點的聚會。

《萍洲可談》卷一:"太學生每路有茶會,輪日於講堂集茶,無不畢至者,因以詢問鄉里消息。"

【湯社*】㈤聚會飲茶之稱。

《清異錄·湯社》:"和凝在朝,率同列遞日以茶相飲,味劣者有罰,號為湯社。"

【潑散】江淮民間年終時家人宴集稱"潑散"。也作"潑撒"。

《猗覺寮雜記》卷上："淮人歲暮家人宴集，曰'潑散'。韋蘇州云：'田婦有嘉獻，潑散新歲餘。'"

韋蘇州即唐代詩人韋應物，該詞當在唐時已有。明·郎瑛《七修續稿·俗語本詩句》："'田婦有嘉獻，潑撒新歲餘。'韋蘇州詩。"

【重午＊】端午。

《遵堯録》卷一："明年重午，又以角黍遺之。"

【燈夕】舊俗於農曆正月十五日元宵節夜張燈游樂，故稱其夕為"燈夕"。

《清尊録》："每燈夕及西池春遊，都城士女讙集。"

【生朝】生日。

《道山清話》："章子厚為侍從時，遇其生朝會客，其門人林特者亦鄉人也，以詩為壽。"

【撞門酒＊】[本]舊時婚禮迎娶時男家所送的禮酒。

《文昌雜録》卷一："揚州所居堂前杏一窠，極大，花多而不實。適有一媒姥見如此，笑謂家人曰：來春與嫁了此杏。冬深，忽攜酒一樽來，云是婚家撞門酒，索處子裙一腰，繫杏上。已而奠酒，辭祝再三，家人莫不笑之。至來春，此杏結子無數。"

【打令[1]】[晚]宴飲間的一種舞蹈，借以助興。

《蘆浦筆記·打字》："飲席有打馬、打令、打雜劇、打諢。"

這種舞蹈唐時已有，唐·范攄《雲溪友議》卷下："二人又為新添聲《楊柳詞》，飲筵競唱其詞而打令也。"朱熹記載了這種舞蹈的表演形式。《朱子語類》卷九二："唐人俗舞謂之'打令'。其狀有四：曰招，曰搖，曰送，其一記不得。蓋招則邀之之意，搖則搖手呼喚之意，送者送酒之意。"《大詞典》引《朱子語類》例。

【打令[2]】[本]行酒令。

《容齋續筆·唐人酒令》："又有旗幡令、閃擫令、拋打令，今人不復曉其法矣。惟優伶家，猶用手打令以為戲云。"

【打雜劇＊】㊡宴飲間的雜劇表演。

《蘆浦筆記·打字》："飲席有打馬、打令、打雜劇、打諢。"

【宮架²＊】㊍指宮廷音樂的一類。

《武林舊事·慶壽冊寶》："鼓吹振作,禮儀使已下,皆導從,上乘輦從至德壽宮,俟太上升御座,宮架樂作,皇帝北向再拜,奏起居,致詞。"

【茶百戲＊】㊡一種茶藝文化,使茶水成物象的變化。

《清異錄·茶百戲》："茶至唐始盛。近世有下湯運匕,別施妙訣,使湯紋水脈成物象者,禽獸蟲魚花草之屬,纖巧如畫,但須臾即就散滅,此茶之變也。時人謂之'茶百戲'。"

【河市樂＊】河市藝人演奏的雜戲。

《王文正公筆錄》："宋城南抵汴渠五里,有東西二橋,舟車交會,居民繁夥,倡優雜戶,然率多鄙俚,為高之伶人所輕誚,每宴飲樂作,必效其朴野之態,以為戲玩,謂之'河市樂'。迄今俳優常有此戲。"

【影戲】㊍用紙或皮剪作人物形象,以燈光映於帷布上操作表演的戲劇。

《都城紀勝·瓦舍眾伎》："凡影戲乃京師人初以素紙雕鏃,後用彩色裝皮為之。"

也作"弄影戲"。《明道雜志》："京師有富家子,少孤專財,群無賴百方誘導之。而此子甚好看弄影戲,每每至斬關羽輒為之泣下,囑弄者且緩之一日。"也作"影燈戲"。范成大《燈市行》："吳臺今古繁華地,偏愛元宵影燈戲。"

【上竿】古代雜技名,似今之爬竿。

《都城紀勝·瓦舍眾伎》："踢弄,每大禮後宣赦時,搶金雞者用此等人,上竿、打筋頭、踏蹺、打交輥、脫索、裝神鬼……"

【踏索】走索。雜技的一種,演員在懸空的繩索上來回走動,並表演各種動作。又稱踏繩。

《宣和乙巳奉使金國行程錄》："酒三行，則樂作，鳴鉦擊鼓，百戲出場，有大旗、獅豹、刀牌、砑鼓、踏索、上竿、鬥跳、弄丸、擿簸旗、築毬、角觝、鬥雞、雜劇等，服色鮮明，頗類中朝。"

《東京夢華錄·元宵》："歌舞百戲，鱗鱗相切。樂聲嘈雜十餘里，擊丸、蹴踘、踏索、上竿。"宋人筆記中記錄了這種雜記的表演情況。《默記》："晏元獻罷相守潁州。一日，有歧路人獻雜手藝者，作踏索之伎。已而擲索向空，索植立，遂緣索而上，快若風雨，遂飛空而去，不知所在。"①

【旱教＊】㈱北宋皇家園林金明池，戰時為水軍演練場，未演練時，則為諸軍用以演戲、觀戲，稱為"旱教"。

《石林燕語》卷一："太平興國中，復鑿金明池於苑北，導金水河水注之，以教神衛虎翼水軍習舟楫，因為水嬉。……金明，水戰不復習，而諸軍猶為鬼神戲，謂之'旱教'。"

《東京夢華錄》卷七："尋常駕未幸，習旱教於苑大門。御馬立於門上。門之兩壁，皆高設彩棚，許士庶觀賞，呈引百戲。"

【邪門＊】㈨打毬術語。球門。

《北狩見聞錄》："（徽廟）遂作一詩，寫付彥宗。曰：'錦袍駿馬曉棚分，一點星馳百騎奔。奪得頭籌須正過，無令綽撥入邪門。'〈自注：綽撥、邪門，皆打毬家語。〉"

【變線²＊】㈱以五色線為道具的遊戲。

《都城紀勝·瓦舍眾伎》："雜手藝皆有巧名：……手影戲、弄頭錢、變線兒、寫沙書、改字。"

【鳩車】帶輪子的鳴鳩模型玩具。

---

① "踏索"也指船上用的一種繩索。清·黃叔璥《臺海使差錄》卷二："修造哨船工料……黃麻：為繩索之用，其名有大律索、小律索、篷踏索、小踏索、大繚母、小繚母……"清《福建省外海戰船則例》卷三："大踏索二條，各長六丈、大五寸；小踏索二條，各長五丈、大三寸……"該義項《大詞典》未列。

《談苑》卷四："王元長曰：'小兒五歲，曰'鳩車之戲'，七歲曰'竹馬之遊''。"

晉·張華《博物志》記載相同內容。宋·王黼等《博古圖》卷二七："漢鳩車、六朝鳩車，二器狀鴙鳩形，置兩輪間，輪行則鳩從之……為兒童戲。"

【竹馬】兒童游戲時當馬騎的竹竿。

例見"鳩車"。

【寓人＊】㊍木偶人。古用作陪葬的冥器。寓，通"偶"。

《放翁家訓》："近世出葬，或作香亭、魂亭、寓人、寓馬之類，一切當屏去。"

【寓馬】隨葬之木偶馬。

例見"寓人"。

該詞漢代已有，漢·班固《漢書·郊祀志上》："詔有司增雍五時路車各一乘，駕被具，西時、畦時寓車各一乘，寓馬四匹，駕被具。"

【摩孩羅＊】㊍用泥、木或其他材料製成的小人偶。於七夕日乞巧用。

《玉照新志》卷四："前大理卿周懿文抄扎景王府，喫蜜煎等，將摩孩羅、士女、孩兒等歸家。"

【脫空[1]＊】喪葬所用或廟宇所供的偶像。因須脫出胎心，僅有中空的外殼，故名。

《清異錄·喪葬》："長安人物繁，習俗侈，喪葬陳拽寓象，其表以綾綃金銀者曰大脫空，褚外而設色者曰小脫空。"

【打馬】古代博戲名。

《蘆浦筆記·打字》："飲席有打馬、打令、打雜劇、打諢。"

【瓜戰＊】㊍以猜測瓜內種子數目為勝負的一種游戲。

《清異錄·瓜戰》："錢氏子弟逃暑，取一瓜，各言子之的數，言定剖觀，負者張宴，謂之瓜戰。"

【博投＊】㈲骰子。

《桂海虞衡志·志香》："大抵海南香，氣皆清淑，如蓮花、梅英、鵝梨、蜜脾之類。焚香一博投許，氛翳彌室，翻之，四面悉香。"

《大詞典》僅釋義"指博戲中擲骰子。"引唐·劉禹錫《觀博》例，未收作名詞解的義項。"投"即骰子。《古文苑·班固〈奕旨〉》："夫博懸於投，不專在行。"章樵注："投，今作'骰'。博具也，以骨為之。"宋·謝翱《觀水》詩："稍退見涯涘，及來痕沫收。崩濤出白石，隱隱如博投。"《宋史·王繼升傳》："一日，眾祀里神，昭遠適至，有以博投授之，謂曰：'汝他日儻有節鉞，試擲以卜之。'昭遠一擲，六齒皆赤。"

【剉角媒人＊】㈭指骰子。

《清異錄·剉角媒人》："開元中，後宮繁眾，侍御寢者，難以取捨，為彩局兒以定之：集宮嬪，用骰子擲，最勝一人乃得專夜。宦璫私號骰子為剉角媒人。"

【彩局兒＊】㈭指擲骰賭賽。

例見"剉角媒人"。

【魂亭】㈭出葬時安置死者靈牌的紙亭。

《放翁家訓》："近世出葬，或作香亭、魂亭、寓人、寓馬之類，一切當屏去。"

【惺惺二十一＊】㈭【象六＊】㈭骰子的別稱，骰子六面共二十一點，故稱。

《清異錄·惺惺二十一》："博徒隱語以骰子為'惺惺二十一'，又曰'象六'，謂六隻成副。"

【渾花＊】㈭謂投擲骰子，六子擲成同一種彩色。

《甕牖閒評》卷六："世謂投子六隻為渾花。《五代史》載：劉信一擲，遂成渾化。正謂投子也。'化'字亦有理，第世俗訛為'花'字耳。"

【渾化¹＊】同"渾花"。

《猗覺寮雜記》卷下："骰子采有渾化。見《徐溫傳》：與劉信博，斂骰子曰：'苟無二心，當成渾化。'一擲六子皆赤。"

【燎竹*】㊗ 爆竹。古時指以火燃竹，畢剝有聲，用以驅鬼。

《甕牖閒評》卷三："宗懍云：'歲旦燎竹于庭。'所謂燎竹者，爆竹也。王荊公詩云：'爆竹聲中一歲除。'而今乃用於歲前數日。"

【釘法*】㊗ 一種驅鬼的巫術。

《搜神秘覽·竺蘭經》："即有物憑之，責其不恪，召巫解遣，至施釘法，乃愈。"又卷下："昔有王主簿者，縣君楊氏產蓐得一子，不幸而逝。而後常為變怪，歷任多施釘法，苟可遣免，歲餘復出。"

【望路*】㊗ 舊時相船法術語。

《談苑》卷一："相船之法：頭高於身者，謂之'望路'，如是者凶。"

【珓杯*】㊗【杯珓】占卜用具。

《甕牖閒評》卷七："今人皆言珓杯，古人謂之杯珓。韓退之詩云：'手持杯珓導我擲，云此最吉難為同。'又《集韻》云：'杯珓，巫以為吉凶器者。'《唐韻》云：'杯珓，古者以玉為之。'皆作杯珓也。"

"杯"為像杯子一樣的占卜用具，以其凹凸面決定卦象的陰陽、俯仰。"桮""盃"皆為"杯"的異體字。"珓"，占卜之具，投空擲於地，視其俯仰，以定吉凶。《甕牖閒評》引《唐韻》認為古者以玉為之，故"珓"從"玉"。《梁谿漫志·烏江項羽神》："紹興辛巳，敵犯淮南，遇廟下駐軍，入致禱，擲珓數十，皆不吉。"

【香亭*】㊗ 內置香爐的結彩小亭。可擡，舊時賽會、出殯用之。

《放翁家訓》："近世出葬，或作香亭、魂亭、寓人、寓馬之類，一切當屏去。"

【桮筊】㊗ 同"杯珓"。

《石林燕語》卷一："太祖皇帝微時，嘗被酒入南京高辛廟，香案有竹栦筊,因取以占己之名位。"

【杯筊】 同"杯珓"。

《夷堅丁志·威懷廟神》:"陳秀公升之少年時,家苦貧,朋友勉以應鄉舉。公雖行而心不樂,過廟入謁,祝杯筊曰:'某家貧,今非費數千不可動,亦無所從出,敢以決於靈侯。'舉三投之,皆陰也。"

【盃珓】 ㈧ 同"杯珓"。

《演繁露·卜教》:"後世問卜于神,有器名盃珓者,以兩蚌殼投空擲地,觀其俯仰,以斷休咎。自有此制後,後人不專用蛤殼矣。或以竹,或以木,略斲削使如蛤形而中分為二,有仰有俯,故亦名盃珓。盃者,言蛤殼中空可以受盛,其狀如盃也;珓者,本合為教,言神所告教現于此之俯仰也。"

《夷堅甲志·七娘子》:"擇日詣廟求遷,其祠于河濱擲盃珓以請,得吉卜,衆拜而歸。"

【聖筊】 ㈧ 吉兆。筊,即杯筊,一種卜具,形似兩蚌殼,投空擲之落地,觀其俯仰,以斷吉凶。古以玉為之,後來也用竹、木為之。

《石林燕語》卷一:"太祖皇帝微時,嘗被酒入南京高辛廟,香案有竹栦筊,因取以占己之名位,以一俯一仰為聖筊。"

【水陸齋*】 即水陸道場。

《珍席放談》卷下:"歲設水陸齋,常旁設一位立牌,書曰:'夙世冤家石介。'"

《雞肋編》卷下:"孫延壽向仲云,渠知餘杭縣日,有臨安鐵塔院僧志添,來為縣人作水陸齋。"

【臂香*】 ㈧ 臂上的香。佛教徒燃香於臂,以示赤誠。

《聞見近錄》:"一歲大旱,仁宗祈雨甚切,至燃臂香以禱,宮人內璫皆左右燃之。"

宋·道謙《大慧普覺禪師宗門武庫》:"師周旋三公座下甚久,盡得曹洞宗旨,受授之際皆臂香,以表不妄付授。"明·釋如惺《明高僧傳》卷三:"力請師禱,師爇臂香於玄度塔下,雨即大澍。"清·佚名《金臺全傳》第二回："溜哥道：'……全然不像做和尚的樣，少不得有一日趕出了寧輝寺，到處去燒臂香。'"清·嘿生《玉佛緣》第四回："卻見一對對的燒臂香的人很多，那臂香是把香爐扣在一枝木桿上，上面用銅絲做成鉤子，縶在臂肉上的。"清·釋印光《復丁福保居士論臂香書》："臂香者，於臂上燃香也。"

【兀日*】㈱舊時占卜法認為不吉之日。

《王氏談錄·上官忌兀日》："是所謂兀日，不可視事，弗避之，君必以事去。"

3.1.5 武器戰爭

包括各類武器、軍用器械等名物，也包括常作軍用的日常救急用具。

【腰品*】㈱短劍名。

《清異錄·玉鞈腰品》："唐劍具稍短，常施於脅下者，名'腰品'。"

【鬱刃】一種毒劍。

《續博物志》卷九："鬱刃，鑄以毒藥冶，取躍如星者，淬以馬血成之，傷人即死。"

【環刀*】古代兵器名。把上有環的刀。

《黑韃事略》："（黑韃）有環刀，效回回樣，輕便而犀利，靶小而褊，故運掉也易。"

【鐸鞘*】㈱即"鐸鞘"。唐代南詔兵器名，一種鋒利的刀。

《續博物志》卷九："鐸鞘，狀如刀戈殘刃，有孔旁達，出麗水。飾以金，所指無不洞，夷人尤寶，月以血祭之，俗謂天降，非人鑄。"該例在《新唐書·南蠻傳上·南詔上》有相同記載："鐸鞘者，狀如殘刃，有孔傍達，出麗水，飾以金，所擊無不洞，夷人尤寶，月以血祭之。"

【奪命龍*】㈱前蜀軍中劍的隱語。

《清異錄·小逡巡》："王建初起，軍中隱語代器械之名，以犯者為不祥。至孟氏時，猶有能道其略者：劍曰‘奪命龍’，刀曰‘小逡巡’，鎗曰‘肩二’，斧曰‘鐵羔糜’。”

【小逡巡＊】㊍前蜀軍中刀的隱語。

例見“奪命龍”。

【肩二＊】㊍前蜀軍中槍的隱語。

例見“奪命龍”。

【鐵羔糜＊】㊍前蜀軍中斧的隱語。

例見“奪命龍”。

【刀牌＊】㊍刀和盾牌。

《宣和乙巳奉使金國行程録》：“酒三行，則樂作，鳴鉦擊鼓，百戲出場，有大旗、獅豹、刀牌、砑鼓、踏索、上竿、鬥跳、弄丸、撾簸旗、築球、角抵、鬥雞、雜劇等，服色鮮明，頗類中朝。”

該詞自宋以後多有用例。宋・劉一止《苕溪集》卷十四：“若弓弩、戈矛、槍挺、刀牌等，隨其所習……使各保其田桑廬舍。”元・佚名《保越録》：“我軍列陣於橋南，兵刃接而復分，百戶商華，以刀牌突陣，奮擊殺一人，大軍奪其屍舁去。”明・吳殳《手臂録》：“及乎晚年，棍棒刀牌，皆成槍法，化雜以為純者也。”《清實録・乾隆朝實録》卷之二百二十五：“將弓箭、槍炮、刀牌，朋成隊伍，於山林狹隘之區，皆可左右沖擊。”

【骨朵】㊗指古代的一種兵器。是一長棒，頂端綴一蒜形或蒺藜形的頭，以鐵或堅木製成。

《宋景文公筆記・釋俗》：“國朝有骨朵子直，衛士之親近者。予嘗修日曆，曾究其義，關中人謂腹大者為胍肐，上孤下都，俗因謂杖頭大者亦為胍肐，後訛為骨朵。”①

《大詞典》引元・脱脱《宋史》例。

【胍肐＊】㊍同“骨朵”。

例見“骨朵”。

---

① 大象版《全宋筆記》中該句標點“直”屬下，誤。

【骨朵子 *】㊞同"骨朵"。

例見"骨朵"。

《東京夢華錄·立春》:"皆禁衛排立,錦袍,襆頭簪賜花,執骨朵子,面此樂棚。"

【敲棒 *】㊞用作武器的木棒。

《可書》:"金人自侵中國,惟以敲棒擊人腦而斃。紹興間有伶人作雜戲云:'若要勝彼金人,須是我中國一件件相敵乃可,如金國有尼瑪哈,我國有韓少保,金國有柳葉槍,我國有鳳凰弓,金國有鑿子箭,我國有鐷子甲。金國有敲棒,我國有天靈蓋。'人皆笑之。"

宋·周應合《景定建康志》卷三十九:"開慶元年四月十三日至景定二年七月,大使馬光祖任內刱造及添修共三十萬八千六百六十五件……黑油敲棒五百條……"

【杖子】棍棒。多指儀杖或刑杖。

《文昌雜錄》卷三:"唯諸軍員寮每奉慰,立班去杖子,未詳所出。"

《東京夢華錄·車駕宿大慶殿》:"又有裹錦緣小帽、錦絡寬衫士兵,各執銀裹頭黑漆杖子。"該詞五代已有,靜、筠《祖堂集·普化和尚》:"有一僧在面前立,師驀推倒林際前,林際便把杖子打三下。"

【麻搭】長桿頭上繫麻用以救火的用具。也作"麻搭"。

《辛巳泣蘄錄》:"同日,造大麻搭五百四十副,竹唧筒一千一百副,分五十四座戰樓準備。"又:"又以麻搭用水搭死火牛,我以石頭拋擲之。"

明·茅元儀《武備志·麻搭圖説》:"麻搭,以八尺桿繫散麻二斤,蘸泥漿,皆以㓵火。"

【鐵猫兒[1] *】鐵錨。

《諸蕃志·珊瑚樹》:"土人以絲繩系五爪鐵猫兒,用烏鉛為墜,拋擲海中發其根,以索系於舟上絞車搭起。"

《癸辛雜識續集上·柵沙武口》:"俟彼船出口子,即以鐵猫兒冐定,復回棹拽其船以歸。"

【鐵猫兒[2]*】㊗救火用的鐵鉤。

《東京夢華錄·防火》："及有救火家事,謂如大小桶、灑子、麻搭、斧鋸、梯子、火叉、大索、鐵猫兒之類。"

【鐵狸*】㊗即鐵猫兒[1]。

《開喜德安守城錄》："公發高悅等兵及茶商市兵千餘附城與戰,弓弩短兵遞進,以鐵狸掀其洞子百餘。"又:"公與支使監稅親率守禦將佐士卒以死禦之,令勇敢董仙、徐忠飛鐵狸虎爪,鉤挽天橋。"

宋·陳起《大孤》詩:"篙人且下鐵狸奴,更與風波鬭今夕。"

【玉腰*】㊗弓名。用竹牛角製成的一種強弓。

《昨夢錄》:"西夏有竹牛,重數百斤,角甚長而黃黑相間,用以制弓極佳,尤且健勁。其近弝黑者,謂之'後醮',近稍近弝俱黑而弓面黃者,謂之'玉腰'。"

【後醮*】㊗弓名。用竹牛角製成的一種強弓。

例見"玉腰"。

【神臂弓*】弓名。相傳為宋熙寧中民間李宏所造。弓置架上,以足踩蹬張弓發射,距三百步,能穿重札,故名。

《靖康傳信錄》卷上:"近者以手砲、檑木擊之,遠者以神臂弓、強弩射之。"

【潘尚書*】㊗弓的隱語。

《清異錄·小逡巡》:"王建初起,軍中隱語代器械之名……弓曰'潘尚書'。"

【百步王*】㊗弩的隱語。

《清異錄·小逡巡》:"王建初起,軍中隱語代器械之名……弩曰'百步王'。"

【急龍車*】㊗古代一種機弩的戲稱。

《清異錄·十二機弩》:"宣武廳子都尤勇悍,其弩張一大機,則十二小機皆發，用連珠大箭，無遠不及，晉人極畏此，文士戲呼為急龍車。"

【飛郎＊】㈤箭的隱語。

《清異錄·小逡巡》："王建初起，軍中隱語代器械之名……箭曰'飛郎'。"

【風流箭】㈤唐敬宗時，用竹皮做弓，用紙做箭頭，紙箭頭裏面裹著麝香或龍涎香之類的香粉末，用來射嬪妃，中者散發濃香。

《清異錄·風流箭》："寶曆中，帝造紙箭竹皮弓，紙間密貯龍麝末香。每宮嬪群聚，帝躬射之，中有濃香觸體，了無痛楚。宮中名'風流箭'，為之語曰：'風流箭，中的人人願。'"

【斛力＊】㈤挽弓的力量。古時挽弓的力量以斗石為重量單位測計，故稱。亦泛指膂力。亦作"斗力"。

《襄陽守城錄》："守城自冬至春，弩斛力漸減，恐不能及遠，遂措置以弓於弩背上幫貼，斛力有增無減，可以及遠。"

【堋的＊】箭靶。

《續說·巧藝》卷六："齊蕭鏗善射，常以堋的太闊，曰：'終日射侯，何難之有。'乃取甘蔗插地，百步射之，十發十中。"

唐·李延壽《南史·齊宜都王鏗傳》中記錄該條內容。

【響箭】㈥即鳴鏑。古稱嚆矢。射時發出響聲的箭。

《黑韃事略》："有響箭。（自注：即鳴鏑也。）"

《大詞典》引明·施耐庵《水滸傳》例。

【砲坐】炮的臺座。

《靖康傳信錄》卷上："修樓櫓、掛氈幕、安砲坐、設弩床、運磚石、施燎炬、垂檑木、備火油，凡防守之具，無不備。"

【砲座＊】㈤同"砲坐"。

《守城錄》卷一："金人廣列壘石、砲座，尋碑石、磨盤、石羊虎為砲，欲攻之所，列砲座百餘，飛石如雨，擊守城之卒。"

【洩*】�义大炮名。

《開喜德安守城錄》:"賊不知其所以,遂白荻港引洩（自注：大炮名。）至夢澤門岡上陳列。"

【櫑木】古代防守用的圓木。作戰時將其從高處推下打擊敵人。

《靖康傳信錄》卷上:"近者以手砲、櫑木擊之,遠者以神臂弓、強弩射之。"

《涑水紀聞》卷十四:"至二十九日,其酋長二人,為櫑木所殺,蠻兵乃退。"

【手砲*】㊵手擲的炸藥包。也作"手礮"。

《靖康傳信錄》卷上:"近者以手砲、櫑木擊之,遠者以神臂弓、強弩射之。"

《壽昌乘·戎器》:"弓弩盤架二座、炮胎五千、鐵手砲五百。（自注：內一百只有藥。）"《大詞典》引清·畢沅《續資治通鑑》例。

【撞竿*】㊖用粗長木做成,在戰爭中可以進攻也可以防禦的用具。

《避戎夜話》卷上:"樓櫓、雲梯、編橋可以倚城而上下,皆用車軸推行。此三物惟撞竿可以禦之。撞竿用大木,長可數丈者,又用橫木數十條,中穿而下,留手把可以致力,頭以鐵裹,或以大鐵槍,或安以托久鉤頭可也。每一樓子上常置撞竿三兩條,俟其火梯、雲梯、編橋至城下,則徐應之,不必驚擾。既撞定梯橋,則眾手用鐵鉤鉤定,進不得前,退不得後,則火自焚,橋亦壞,人亦墜矣。"

《中興戰功錄·吳玠殺金平》:"兵向前,用礮打洞子碎,用撞竿撞雲梯倒。"《開喜德安守城錄》:"公往夢澤門西敵樓,命張斌增築城身及施立撞竿。"明·周楫《西湖二集》卷三十四:"陳東一邊做造樓櫓,用撞竿撞城,幾乎撞壞。幸得一人獻計,做就極粗壯綿索,等撞竿來時,把綿索垂下,牽挽而上斬之,那撞竿都用不著。"清·汪寄《海國春秋》第三十七回:"畲佑道：'彼以撞竿撞之,徒傷士卒耳。'龍街道：'更以叉竿制其撞竿可也。'"

【挨牌】㊵即盾牌。

《辛巳泣蘄錄》："二十五日，虜賊用隔河人家門扇為挨牌，列於沙河畔，扛枋及小桁條不記其數，前來搭橋。"

《大詞典》引明·李開先《詞謔》例。

【布牌¹】㈢布製的盾牌。

《開喜德安守城錄》："乃畫虎於布，揭於叉戟之上，置鈴於下，名曰'布牌'，褶為三五彌縫之，陳為前隊以拒馬。"

《襄陽守城錄》："令前行人各持小拒馬子一副，遮攔虜人來路，於內布列陣隊，仍前用遮箭布牌。"《守城錄》卷四："二十五日賊掠湞河客船，載兵入壕，及用布牌、木牌遮箭。"又："船頭並用竹木、布牌兩頭遮箭，後立長槍五百餘人，撐拽攻西壁，勢兕猛。"明·戚繼光《練兵實紀》卷一："本府初到，創議用車之時，先用正廂車，隨又加以偏廂。四方行俱如墻，又兼以布牌，以防斷續不聯之患。"

【竹唧筒＊】㈢用竹筒製作可以噴水的用具，常用於戰爭中。也稱唧筒。

《辛巳泣蘄錄》："同日，造大麻搭五百四十副，竹唧筒一千一百副，分五十四座戰樓準備。"又："既退復來，須臾圍燒我戰樓，又被我軍以竹唧筒作水箭噴死。"

宋·曾公亮《武經總要》卷十二："唧筒，用長竹下開竅，以絮裹水桿，自竅唧水。"明·何良臣《陣紀·技用》："……麻搭、唧筒、狗腳、木笔、籬笆、垂鐘版、拐子木……闌桿棒、霹靂棒之類，率皆攻守之具，悉令備置於軍中可也。"

【布牌²】㈢指宋代酒庫向官府呈驗新酒時書有庫名、酒名的布招子，相當於布製的招牌。

《夢粱錄·諸庫迎煮》："至期侵晨，各庫排列整肅，前往州府教場，伺候點呈。首以三丈餘高白布寫'某庫選到有名高手酒匠，釀造一色上等醲辣無比高酒，呈中第一'，謂之'布牌'。"

《武林舊事·迎新》："戶部點檢所十三酒庫，例于四月初開煮，九月初開清，先至提領所呈樣品嘗，然後迎引至諸所隸官府而散。每庫各用匹布書庫名、商品，以長竿懸之，謂之'布牌'。"

【火牛＊】古代火攻的一種戰具。也稱"死火牛"。

《辛巳泣蘄錄》："又以麻搭用水搭死火牛，我以石頭拋擲之，彼則用氈連頭面裹其體，而任我之拋擲，或閃於羊馬墻之屋下者。"

《資治通鑒‧唐懿宗咸通十年》："以槍揭火牛焚之，戰艦既然，賊皆潰走。"胡三省注："火牛，縛草為之，爇以燒敵。"

【火梯＊】㊋戰爭中可燒樓櫓的攻城工具。

《避戎夜話》上卷："其攻城之具，又有火梯、雲梯、編橋、鵝車、洞子（自注：兵法為木驢也。）、撞竿、兜竿之類。火梯、雲梯、編橋皆與城櫓齊高，亦有高於城者。"

《靖康紀聞》："火梯可以燒樓櫓，雲梯、編橋則可以倚城而上，皆用車軸推行。"清‧畢沅《續資治通鑒‧靖康元年金天會四年》："箭下如雨，橋不能寸進，乃棄去，益造火梯、雲梯、編橋、撞竿、鵝車、洞子諸攻城之具。"

【洞子】掩護士兵進攻的器械。

《德安守禦錄下》："十餘日回來，再造天橋、洞子、三梢大炮及雲梯等攻城器械。"

《雲麓漫鈔》卷七："（邵青等）攻擊不息，用雲梯、三梢五梢大砲百餘座，天橋、對樓、鵝車、洞子，四面填壕，志在必得。"《三朝北盟會編》卷一百三十六："城上立者如植，城外立洞子數十，皆藏兵，俟可進則進。"

【鵝車＊】攻城用形似鵝的攻城戰車。

《襄陽守城錄》："至夜，虜賊運竹木、雲梯、鵝車、洞子、炮石、攻具、草牛、土布袋至城下。"

《三朝北盟會編》卷五十三："其鵝車如鵝形，下亦用車輪，冠之以鐵皮，使數千百人推行，欲上城樓。"

【對樓】㊋古時戰爭中可移動的一種攻城器械。

《開喜德安守城錄》："十日丙辰深夜，虜軍千餘人運竹木、鵝車、洞子、對樓稍向夢澤門。"又："十九日乙未，虜軍移洞子、對樓至夢澤門山岡，別以四五百騎向西北行。"又："虜軍亟拽天橋、對樓退以避火。"

《三朝北盟會編》卷六十八："然後推對樓使登城，每對樓載兵八十人，一對樓得傅城，則引眾兵上。"陳規《守城錄》："對樓則與城上樓子高下相對……天橋與對樓無異，止是於樓上用長板作腳道，或折疊翻在城上，皆是登城之具……大凡攻城用天橋、鵝車、對樓、火車、火箭，皆欲人驚畏，有以備之，則不能害。"《續資治通鑒・宋高宗紹興二年》："世忠以天橋、對樓、雲梯、火砲等急擊之，凡六日，賊眾稍息。"

【編橋＊】㊝可以攀援的攻城工具。

《避戎夜話》卷上："雲梯、編橋可以倚城而上下，皆用車軸推行。"又："通津門拐子城每為賊人攻打，前後共壞火梯、雲梯、鵝車、編橋十數座，皆此也。"

《靖康紀聞》："復自雲梯、編橋並攻上城，迎敵官軍班直雖排布如雲，無一用命死敵，皆下城遁避。"清・黃以周等輯《續資治通鑒長編拾補》卷五十六："《編年》云：粘罕攻城之具曰炮石、洞子、鵝車、編橋、雲梯、火梯，凡有數千。"

【聖牛兒＊】㊝鼓的隱語。

《清異錄・小逡巡》："王建初起，軍中隱語代器械之名……鼓曰'聖牛兒'。"

【響八＊】㊝鑼的隱語。

《清異錄・小逡巡》："王建初起，軍中隱語代器械之名……鑼曰'響八'。"

【愁眉錦＊】㊝旗的隱語。

《清異錄・小逡巡》："王建初起，軍中隱語代器械之名……旗曰'愁眉錦'。"

【冷尖＊】㊝鐵蒺藜的隱語。

《清異錄・小逡巡》："王建初起，軍中隱語代器械之名……鐵蒺藜曰'冷尖'。"

【火龍標＊】㊋五代梁太祖朱溫自稱其指揮所用大赤旗。

《清異錄·火龍標》："梁祖自初起，每令左右持大赤旗，緩急之際，用以揮軍，祖自目為'火龍標'。"

【號煙＊】㊋烽煙。

《辛巳泣蘄錄》："至午時，但見四面號煙三條直沖而上。"

明·佚名《螢窗清玩》卷一："忽前面號煙起處，伏兵齊出，矢石交攻。"清·劉獻廷《廣陽雜記》卷五："自五鼓鏖戰至酉，逆首施放號煙，陸路約有三千余眾，一齊奔我木柵。"清·額爾德尼等《滿文老檔》："明人之法即敵人進入，頭臺之人，疏而不覺，不發炮，不燃號煙，則他臺之人雖知敵進，亦不發炮，不燃號煙。"

【銅點＊】㊋即刁斗。

《談苑》卷四："潘岳謂刁斗曰'金柝'，今銅點是也。"

【狗鋪＊】㊋以狗為警戒的崗哨。亦作"犬鋪"。

《黑韃事略》："霆見其多用狗鋪，其下營直是日，要審觀左右營勢。"

《辛巳泣蘄錄》："前夜，金賊聲連，相接為狗吠之聲。聞之，諸卒曰：'此正所謂擺狗鋪也。'"又："擺狗鋪，其聲如狗吠連接，巡邏徹曉。"宋·曾公亮《武經總要前集》卷六："舊法：更鋪之次，更置狗鋪。軍在賊境，將士遠行困乏，籍狗以為警也。"宋·朱熹《資治通鑒綱目》："犬鋪，猶今言狗鋪也。軍中列置吏卒巡儌所止處，設架懸鈴其間，以絕行人。五代晉高祖與契丹主防圍唐晉安寨，置營於寨南，長百餘里，厚五十里，多設鈴索吠犬，人跬步不能過。"

【拐子馬】亦稱"拐子陣""拐子馬陣"。古騎兵陣法名。選用精銳騎兵為大陣的左右翼，相互支援，用以進擊或拒守的陣形。一說為用以沖鋒陷陣的以韋索貫連的人馬。

《中興戰功錄》："我輩元是佐護軍，本無斗志，惟兩拐子馬可殺。"

3.1.6 文具冊籍

包括各類文具、書籍、典冊、公文、書法繪畫及與之相關的名物。

【散筆＊】毛筆的一種。其筆毫約長寸半，藏一寸於管中，一筆可抵他筆數支，為世所重。

《談苑》卷四："古人以散筆作隸書，謂之散隸。近歲蔡君謨又以散筆作草書，謂之散草，或曰飛草。"

【寶相枝＊】㊍一種毛筆的名稱。

《清異錄・寶相枝》："開平二年，賜宰相張文蔚、楊涉、薛貽（矩）寶相枝各二十，龍鱗月硯各一。寶相枝，斑竹筆管也，花點勻密，紋如兔毫。"

【定名筆＊】㊍唐時賣給應試舉人答卷用的毛筆，稱"定名筆"。取功名藉此而定之意。

《清異錄・定名筆》："唐世舉子將入場，嗜利者爭賣健毫圓鋒筆，其價十倍，號'定名筆'。"

【退鋒郎】㊍【禿友＊】㊍禿筆的擬人戲稱。即筆鋒損壞的毛筆。

《清異錄・退鋒郎》："趙光逢薄遊襄漢，濯足溪上，見一方磚類碑，上題字云：'禿友退鋒郎，功成鬢髮傷……'磚後積土如盎，微有苔蘚，蓋好事者瘞筆所在。"

【半身龍＊】㊍【夾槽＊】㊍筆擱。

《清異錄・畦宗郎君》："筆曰'畦宗郎君'，夾槽曰'半身龍'。"

【松煤＊】指墨。

《仇池筆記》卷上："真松煤遠煙，自有龍麝氣。世之嗜者如滕達道、蘇浩然、呂行甫，暇日晴暖，研墨水數合，弄筆之餘，乃啜飲之。"

【月團＊】㊍墨名。

《清異錄・月團》："徐鉉兄弟工翰染，崇飾書具，嘗出一月團墨曰：'此價值三萬。'"

【端硯＊】以高要縣（今廣東省肇慶市高要區）東南端溪所產石製成的硯臺。

《北窗炙輠錄》："舊傳陳無己《端硯》詩云：'人言寒士莫作事，神奪鬼偷天破碎。'"

該詞唐時已有，齊己《謝人墨》詩："正色浮端硯，精光動蜀箋。"

【研滴＊】注水以供磨墨用的文具。也稱"水注"。

《清異錄・畦宗郎君》："歐陽通善書，修飾文具，其家藏遺物尚多，皆就刻名號。研室曰：'紫方館'，金蓋盛研滴曰'金小相'。"

【水滴＊】同"研滴"。

《錢氏私志》："徽皇聞米元章有字學。一日，於瑤林殿張絹圖，方廣二丈許，設瑪瑙硯、李廷珪墨、牙管筆、金硯匣、玉鎮紙、水滴，召米書之。"

《玉堂雜記》卷下："御前列金器，如硯匣、壓尺、筆格、糊板、水滴之類。"

【硯瓦】硯的別稱。

《北夢瑣言》卷六："鄭文公畋與盧相攜親表也，閥閱相齊，詞學相均，同在中書，因公事不叶，揮霍間言語相擠詰，不覺硯瓦翻潑。"

該詞唐時已有，唐・李咸用有《謝友生遺端溪硯瓦》詩。

【研瓦＊】㊉同"硯瓦"。

《聞見後錄》卷二八："曰研瓦者，唐人語也，非謂以瓦為研。蓋研之中心隆起如瓦狀，以不留墨為貴。"

《畫史》："晉、唐皆鳳池研。中心如瓦凹，故曰研瓦。" "研"同"硯"。本指一種光滑的石頭。《集韻・霰韻》："硯，《說文》：'石滑也。'或作研。"

【瓦硯＊】㊉硯的別稱。

《硯譜》："古瓦硯出相州魏銅雀臺，里人因掘土，往往得之……青維州石末硯，皆瓦硯也。"

【瓦研＊】同"瓦硯"。

《春渚紀聞・記研・南皮二臺遺瓦研》："魏武都鄴，築三臺以居，銅雀其一也，最為壯麗。後世耕者，得其瓦於地中，好事者斫以為研，號為奇古。"

【毫楮】指毛筆和紙。

《澠水燕談錄・名臣》："張忠定公詠布衣時，希夷先生一見奇之。……別贈以毫楮。"

該詞唐時已有，唐・張彥遠《法書要錄》卷二："此亦非可倉促運於毫楮。"

【三韓紙＊】⑭【高麗紙＊】即繭紙。用綿繭或桑皮製造的白色棉紙。質地堅韌。

《緯略・三韓紙》："所謂三韓紙者，即繭紙也……東坡云：潘谷作墨精妙，雜用高麗紙。"

《大詞典》引清・蓮園《負曝閒談》例。

【麻紙＊】用麻的纖維做成的紙。

《畫史》："潤州節推莊鼎字節之，青州人收麻紙《爾雅》圖，衣冠人物與蘇氏一同。"

【桑皮紙＊】用桑樹皮為原料製造的紙。

《負喧雜錄》："又扶桑國出芨皮紙，今中國惟有桑皮紙。"

【鄱陽白＊】⑭紙名。

《清異錄・鄱陽白》："先君子蓄紙百幅，長如一匹絹，光緊厚白，謂之鄱陽白。"

【春膏紙＊】紙名，出吳地，為宋時佳品。

《負喧野錄・論紙品》："吳人取越竹，以梅天水淋，眼令稍乾，反覆硾之，使浮茸去盡，筋骨瑩澈，是謂春膏。其色如蠟，若以佳墨作字，其光可鑒，故吳箋近出，而遂與蜀產抗衡。吳門孫生造春膏紙，尤造其妙。"

【松花紙＊】一種淡黃色的箋紙。

《續博物志》卷十："元和中，元稹使蜀，營妓薛淘造十色彩牋以寄。元稹於松花紙上寄詩贈淘。"

【松紋紙＊】有像松木樣的紋理的紙。

《清異錄·剡溪小等月面松紋紙》："先君畜白樂天墨跡兩幅，背之右角有方長小黃印，文曰：剡溪小等月面松紋紙。"

【冷金紙＊】㊎帶白色的泥金或灑金的紙。

《書史》："王羲之《玉潤帖》，是唐人冷金紙上雙鉤摹。"

【毛頭紙＊】㊍一種粗糙的白紙，多用來糊窗戶或包裝。

《清波別志》卷中："米元章《畫史》……如米所言，乃有喪服者所用毛頭紙，既涉不祥，其可寫錄文書？"

《三朝北盟會編》卷二十五："又得成遂問隔營一軍官借得一筆硯及毛頭紙三幅，燈下寫了次日投不得因。"明·陸釴《山東通志·貨用屬》："紙，以桑樹、楮樹等皮為之，又名毛頭紙。"清·祁坤《外科大成》卷一："用牛皮膠熬至稀稠得所，攤毛頭紙上，每用一塊，貼瘡腫上。"清·徐珂《清稗類鈔·鑒賞類三》："北方燕、趙之間，工亦不良，精者用連史紙，粗者用毛頭紙，即糊窗紙。"《大詞典》未列書證。

【化化牋＊】㊎指粗劣不潔只可供雜用的紙。

《清異錄·化化牋》："記余未冠時，游龍門山寺，欲留詩，求紙。僧以皺紙進。余題大字曰'化化牋'，還之。僧慚懼躬揖，請其故，答曰：'紙之粗惡，則供溷材，一化也；丐徒取諸圊廁，積之家，匠買別抄紈麵，店肆收苞果藥，遂成此紙，二化也。故曰化化牋。備雜用，可也；載字畫，不可也；舉以與人，不可之甚也。'"

【封皮】包裝用紙，信封。

《避暑錄話》卷上："晏元獻公平居書簡及公家文牘，未嘗棄一紙，皆積以待書。雖封皮亦十百為沓，暇時自持熨斗，貯火於旁，炙香匙親熨之，以鐵界尺鎮案上。每讀書得一事，則書以一封皮。"

【裁刀＊】[晚]**【治書奴＊】**[本]裁紙刀的别稱。

《清異録・治書奴》："治書奴，裁刀。治書參差之不齊者，在筆墨硯紙間，蓋似奴隸職也，卻似有大功於書。"

《大詞典》"裁刀"條引明・陶宗儀《輟耕録》例。

【鎮紙】文具名。多用金屬或石等製成，用來壓紙、壓書。

《清異録・畦宗郎君》："歐陽通善書，修飾文具，其家藏遺物尚多，皆就刻名號。研室曰'紫方館'，金厎盛研滴曰'金小相'，鎮紙曰'套子龜''小連城''千鈞史'。"

【界尺】[本]文具。長數寸至尺許。用以間隔行距、畫直線或鎮書紙。

《國老談苑》卷一："（太宗）又以柏為界尺，長數寸，謂之隔筆簡。每御製或飛宸翰，則用以鎮所臨之紙。"

《避暑録話》卷上："晏元憲平居書簡及公家文牒，未嘗棄一紙，皆積以傳書，雖封皮亦十百為沓……以鐵界尺鎮案上。"

【隔筆簡＊】[晚]作書畫時用以間隔行距、畫線或鎮紙的文具。

例見"界尺"。

《大詞典》引明・陶宗儀《説郛》例。

【由準氏＊】[未]同"界尺"。

《清異録・畦宗郎君》："歐陽通善書，修飾文具，其家藏遺物尚多，皆就刻名號……界尺曰'由準氏'。"

【粉板】[晚][誤]寫字用的白漆的木板。

《澠水燕談録・書畫》："國朝已來奉使大遼者道出寺下，例往觀之，題名粉板。"

《大詞典》引清・紀昀《閱微草堂筆記》例，釋義為"白漆的木板"。

【粉牌】粉刷後的木牌，用以記事。也稱"粉板"。

《青箱雜記》卷八："松皆有節誰青蓋，僧盡無心也白頭。欲刷粉牌書姓字，調卑官冗不堪留。"

該詞唐時已有，唐・張祜《開聖寺》："西去西山五里程，粉牌書字甚分明。"

【抱身*】㊥笏的一種。

《塵史·禮儀》："笏，衣緋紫者以象，上詘下直……皇祐間，極大而差薄，其勢向身微曲，謂之抱身。"

【漆方士*】㊥【漆雕開*】㊥供複印用的塗漆簡板的戲稱。

《清異錄·漆方士》："王丞相溥，還政閒居，四方書牘答報皆手筆，然不過百字。目前事與親黨相聞，勒於紙札封疊，造赤漆小版書其上，僕吏以帊蒙傳去，雖一時間可發數十……故又有'漆方士'、'漆雕開'之名。"

【砑紙版*】㊥用以碾壓印製箋紙的木版。

《清異錄·砑光小本》："姚顗子姪善造五色牋，光緊精華。砑紙版乃沈香，刻山水、林木、折枝、花果、獅鳳、蟲魚、壽星、八仙、鐘鼎文，幅幅不同，文縷奇細，號砑光小本。"

【砑光小本*】指印有精美圖案的紙張。

例見"砑紙版"。

【錦郎*】㊥檳榔製的書軸名。

《清異錄·錦郎》："檳榔含章甚美，絕象白錦，性體堅剛，耐於斷削，予治為書軸，因名錦郎。"

【筭子】即算子。竹製的籌。筭同"算"。

《談苑》卷四："三代以韋為筭袋，盛筭子及小刀磨石等。"

《鶴林玉露》卷二："《五代史》：漢王章不喜文士，嘗語人曰：'此輩與一把筭子，未知顛倒，何益於國！'筭子，本俗語，歐公據其言書之，殊有古意。溫公通鑑改作'授之握筭，不知縱橫'，不如歐史矣。"該詞北魏已有，賈思勰《齊民要術·素食》："蜜薑：生薑一斤，淨洗，刮去皮。算子切；不患長，大如細漆箸。"石聲漢注："即竹製的籌。"

【筭袋*】即算袋。舊時百官貯放筆硯等的袋子。

例見"筭子"。

【真字】謂楷書。

《避暑錄話》卷下:"張文孝公觀一生未嘗作草字,杜祁公一生未嘗作真字。"

《括異志》卷六:"公大喜,亟召見,即以篆文示之,乃曰:'請紙筆易為真字。'即烏犀丸方,書畢而去。"

【散隸*】以散筆作的隸書。

《春渚紀聞·東坡事實》:"(李巨山)又於陶安世家,見為劉唐年君佐小女裙帶上作散隸。"

該詞唐時已有,李延壽《南史·周朗傳》:"(周顒)少從外氏車騎將軍臧質家得衛恒散隸書法,學之甚工。"

【散草*】【飛草*】宋代草書的一種,即以散筆所作之草書。

《談苑》卷四:"古人以散筆作隸書,謂之散隸。近歲蔡君謨又以散筆作草書,謂之散草,或曰飛草,其法皆生於飛白,亦自成一家。"

在《夢溪筆談·技藝》中也有相同記錄。

【堆墨*】㈧謂點畫肥重的大字。

《澠水燕談錄·書畫》:"陳文惠公善八分書,變古之法,自成一家,雖點畫肥重而筆力勁健。能為方丈字,謂之堆墨,目為八分。"

【八分書*】書體名。也作"八分"。

例見"堆墨"。

該詞唐時已有,李綽《尚書故實》:"八分書起於漢時王次仲。"

【方丈字*】謂一丈見方的大字。

例見"堆墨"。

《談苑·名覆金甌》:"明皇命相,先以八分書書姓名,金甌覆之。"

【堆墨書*】㈧一種字體大且點畫肥重的書法。

《澠水燕談錄·談謔》:"陳文惠善八分書,點畫肥重,自是一體,世謂之'堆墨書',尤宜施之題榜。"

【麻三剝四*】兩種公文的格式。

《月河所聞集》："麻三剥四，謂制一行三字，剥麻一行四字。"

【奴書＊】 [本]謂僅工於模仿的書法。

《筆説·學書自成家説》："學書當自成一家之體，其模仿他人，謂之奴書。"

【波磔＊】 書法指右下捺筆。一説左撇曰波，右捺曰磔。

《東觀餘論》卷上："凡草書分波磔者，名章草。"

《能改齋漫録·類對》："出鋒須長，擇毫須細，管不在大，副切須齊。副齊則波磔有凴，管小則運動省力，毛細則點畫無失，鋒長則洪潤自由。"

【賊毫＊】 指書法用筆的劣鋒。

《書史》："暫字内斤字足字轉筆，賊毫隨之，於斫筆處賊毫直出其中，世之摹本，未嘗有也。"

【御容＊】 皇帝的畫像。

《談苑》卷一："是時詔索天下御容，令轉運司差官護送入京。"

【切脚】 運用切音的原理，用反切上下字代替本字。

《履齋示兒編》卷二十二："《容齋隨筆》云：'切脚語：世人語音有以切脚而稱者，亦間具之於書史中。如以'蓬'為'勃籠'，'槃'為'勃闌'……"

【圖子】 圖形，圖樣。

《曲洧舊聞》卷二："元豐初，官制將行，裕陵以圖子示宰執，於御史中丞、執政位牌上貼司馬温公名。"

【屏風兒＊】 指詔書的草稿格式。宋代皇帝的詔書體制不一，故翰林院吏常以片紙抄録舊作以供當值的翰林參考，稱"屏風兒"。

《淳熙玉堂雜記》卷下："内制名色不一，儀直時或未詳其體式，故凡詞頭之小者，院吏必以片紙録舊作於前，謂之屏風兒。"

【印紙＊】 舊時官府印發的各種表、簿以及證件等。

《遵堯録》卷二："審官院近所選京朝官充知州者三十餘人，御前印紙、歷子，朕親書於其前曰：'勤公潔己，奉法除奸……'"

該詞五代已有，《舊唐書·食貨志下》："市牙各給印紙，人有買賣，隨自署記，翌日合算之。"

【空券[1]＊】 ㊍空白契據。

《自警編》卷八："遂作空券數千，具載本法，印給內外廂界保伍，凡得兒者，皆使自明所從來，書於券付之，略為籍記，使以時上其數，給多者賞，且分常平餘粟，貧者量授以為資。"

【空券[2]＊】 ㊍紙鈔或待兌現的有價票據。

《四朝聞見録乙集·楮券》："水心葉先生進策，亦謂不數年間，將交執空券而無所售。"

《宋史·趙瞻傳》："七年，朝廷患錢重，議以交子權之，命瞻制置。瞻曰：'有本錢足恃，法乃可行，如多出空券，是罔民也。'"又《列傳·趙開傳》："今長吏旁緣為奸，不時歸貨，以空券給夷人，使待資次，夷人怨恨，必生邊患，為二害。"明·焦竑《國朝獻徵録》卷七十一："夫就人而不予直，是縣官給賈人食物也，是主人使僕張空券入市買也。"清·賀長齡《皇朝經世文三編·治體四·變法上》："昔元明以鈔票為虐政者，則以一紙空券，欲巨萬現銀，情同誆騙。"

【空名＊】 ㊢指未填姓名的官方文書。常指官員任命狀，任命時再臨時填寫任命者姓名。

《曾公遺録》卷八："又奏：已令王瞻等將不作過首領書填空名，補將校。"

《大詞典》僅釋義為"虛名"。宋·薛居正《舊五代史·晉書·安從進傳》："從進聞高祖往北，遂反，少帝以空名授李建崇、郭金海討之。"《續資治通鑒長編·真宗咸平五年》："又令城埔籍其族酋長之數以聞，出空名指揮使宣十五道。軍主宣三道，委知鎮戎軍李繼和填名給之。"明·凌濛初《初刻拍案驚奇》卷二十二："有了錢，百事可做，豈不聞崔烈五百萬買了個司徒麽？而今空名大將軍告身，只換得一醉；刺史也不難的。"清·柯劭忞《新元史·天澤傳》："署為參謀，委以一路之事，常署空名，委劄數十事，畀大節用之。"清·梁章鉅《樞垣記略·詩文一》："新來方面開何缺，封事先題進空名。(自注：書缺而空其名，以待御筆。)"空名還和其他官樣文書結合，組成很多短語：如空名告劄、空名告、空名告身、空名告敕、空名誥敕、空名度牒、空名宣敕、空名官告、空名帖、空名敕劄、空名敕書、空名敕、空名宣頭、空名券、空名爵牒、空名狀、空名諭旨、空名劄、空名印紙、空名劄子、空名關子、空名執照，等等。

【由子＊】�義憑條，憑據。

《襄陽守城錄》："出倉廩米，斛只收原糴價錢，委官詣門抄劄，貧乏下戶給由子，日逐賑糶，以接民食。間有鋪席財主與公有情之家，冒名請由子糶米，乃委官逐門覈實，果有物力之家，即收回由子，給與貧乏下戶及驚移之人。"

《朱子語類》卷一百一十一："催稅之法，頃見崇安趙宰使人俵由子，分為幾限，令百姓依限當廳來納，甚無擾。及過隆興，見帥司令諸邑俵由子催稅，而責以十限。"《大詞典》列兩義項：❶即遊子。由，通"遊"。❷理由；藉口。①

【頭子³＊】㊍指宋初樞密院所發差使驛傳馬匹的一種憑證。

《愧剡錄·金銀牌》："皇朝符券，皆樞密院主之。舊有銀牌，以給乘驛者，闊一寸半，長五寸，面刻篆字曰'敕走馬銀牌'，凡五字，首為竅，實以韋帶。其後罷之，樞密院給券，謂之頭子。"

【銀牌＊】銀字牌。凡發兵、出使、乘驛用之。

《宣和乙巳奉使金國行程錄》："每遇迎送我使，則自彼國給銀牌入。"

《北轅錄》："接伴戎服陪立，各帶銀牌……虜法出使皆帶牌，有金銀木之別。"《宋史·輿服志六》："符券。唐有銀牌，發驛遣使，則門下省給之。"

【名紙】㊍㊚猶名片。

《談苑》卷四："古者未有紙，削竹木以書姓名，故謂之刺。後以

---

① 義項❷未列書證。清·貪夢道人《彭公案》第一三四回："要訪查此事，總是要在茶館酒店，聽些個閑話，喝酒是個由子。"該例可補該書證之缺。

紙書，故謂之名紙。"

該詞唐時已有，唐·戴孚《廣異記·汝陰人》："向暮，化成一女子，手把名紙直前云：'王女郎令相聞。'"《大詞典》引五代·齊己《勉吟僧》詩為首例。

【刺子＊】㊍名片。

《投轄錄·水太尉》："夷曠意以謂必中人之衡，密命從者往謁之，投刺子於幕外。"

【文刺¹＊】㊒猶名片、名刺。

《侯鯖錄》卷一："《刊誤》云：古無文刺，唯書竹簡以代結繩，謂之簡冊也。魏禰衡處士致名於紙，是紙上題名，投刺公侯。自後相承，刺謁者見通名紙為公狀也，至今士子之家存焉。"

《大詞典》引明·郎瑛《七修類稿》例。

【門狀＊】㊍猶拜帖。

《談苑》卷四："古者未有紙，削竹木以書姓名，故謂之刺。後以紙書，故謂之名紙。'唐李德裕為相，極其貴盛，人之加禮改具銜候起居之狀，謂之門狀。'"

【賀刺＊】㊍用以祝賀的名帖。

《文昌雜錄》卷三："有一朝士好為諧謔，嘗云近求得一對，的似有理：'躁因修賀刺，怒為答空書。'聞者無不大噱。"

【喚子＊】㊍點名招喚的紙條。

《清異錄·鼎社》："洛下多妙妓，守禮日點十名，以片紙書姓字，押字大如掌，使人持呼之。被遣者詣府尹出紙呈示，尹從旁斂字，妓見紙畫時爭到買喚子，號曰'鼎社'。"

【名件】猶證件、證物。

《雲臥紀談》卷上："溫徐曰：'呆漢，若遺却物，就山門具名件交取。'"

【符券＊】符信；票券。

《愧郯錄·金銀牌》:"皇朝符券,皆樞密院主之。"

【信劄*】⑱書信文書。指朝廷在遷謫官員程序上,不是直接起擬詔書,而是通過書信文書的方式徵詢對方意見或告知相關情況。

《卻掃編》卷上:"體既簡易,降給不難,每除一官,逮其受命,至有降四五劄子者。蓋初畫旨而未給告,先以劄子命之,謂之信劄。"

信劄也指普通書信。清·悟進、悟元等《鴛湖用禪師語錄》:"智一禪人不遠數千里而來,並持諸縉紳信劄邀余回浙相聚。"

【折簡】指書劄或信箋。

《文昌雜錄》卷三:"禮部尚書恩賜今年龍茶一斤。折簡諭林郎中云:'欲以五餅分送郎官,如何?'"

該詞唐時已有,唐·崔致遠(高麗)《奏招降福建道草賊狀》:"與其繼獻捷書,曷若盡收降款。是以遠飛折簡,便倒群戈。"

【文字】指寫有文字的材料,包括奏疏或劄子等公文或案卷。

《曾公遺錄》卷九:"令乞引喝使臣轉出文字,於內東門外付人吏,從之。"又:"是日打撰文字是一老內臣,文字上自批鑿云'不出',卻誤降出去,亦須行遣。"

《曲洧舊聞》卷八:"熙寧初議新法,中外惶駭,韓魏公有文字到朝廷,裕陵之意稍疑。"

【事件】⑲文案。

《麟臺故事(殘本)·國史》:"國初直館分撰日曆,每季送史館,其後修撰官專之。太平興國八年,監修李昉奏復唐時政記故事,每月送館,題曰'事件'。"

《大詞典》引明·劉若愚《酌中志》例。

【頭子[4]*】一種公文的別稱。

《聞見前錄》卷九:"魏公坐政事堂以頭子勾任守忠者立庭下,數之曰:'汝罪當死。'"

唐末至宋,樞密使不經由中書直行下達的劄子,事大者稱"宣",事小者稱"頭子"。《夢溪筆談·故事一》:"晚唐樞密使自禁中受旨,出付中書，即謂之'宣'……至後唐莊宗，復樞密使，使郭崇韜、安重誨為之，始分領政事，不關由中書直行下者，謂之'宣'，如中書之'敕'；小事則發頭子、擬堂帖也。至今樞密院用宣及頭子，本朝樞密院亦用劄子。"

【腹藁*】㊗先在心中孕育的文稿。

《清波別志》卷下："鄧溫伯為內相，當元豐末建儲親王及內外將相進恩，一夕獨草制二十二道，益敏而工。其有腹藁耶？"

《大詞典》"腹稿"條引元・曾瑞《青杏子》例。

【牙契²】㊗由牙人經手的契約。

《容齋續筆・田宅契券取直》："今之牙契投稅，正出於此。"

【初稾*】㊗指草稿，未定稿。同"初稿"。

《王氏談錄・修書進稾》："公言：修書稾草，《隋書》尤重，謂之初稾，每與正本並奏。

《大詞典》"初稿"條引清・葉廷琯《吹網錄》例。

【詔意*】㊗翰林學士起草文件前，由熟知軍國大事的要臣擬訂的文件要點。

《石林燕語》卷五："唐詔令雖一出於翰林學士，然遇有邊防機要大事，學士所不能盡知者，則多宰相以其處分之要者自為之辭，而付學士院，使增其首尾常式之言而已，謂之'詔意'。"

《北夢瑣言》卷五："李太尉破昭義，自草詔意而宣付翰林，至如鄭文公自草高太尉詔，皆務集事，非侵局奪美也。"《宋會要輯稿・禮五三》："是惇進入，先帝云已得兩宮旨，令撰此詔意。"《文獻通考・刑考五》："時四方盜賊多，朝廷患之，故重其法，仍分命使者捕。逐蘇逢吉自草詔意云：'應賊及四鄰同保，皆全族處斬。'"

【白劄子*】指已擬定而未用璽的詔令。

《曾公遺錄》卷七："己未，館伴繳納到遼使白劄子，欲抽退西界兵馬、還復疆上，拆廢城寨等事。"

《容齋五筆・宗室覃恩免解》："邁以待制侍講內宿，適蒙宣引……時所攜只是白劄子，蒙徑付出施行。遂一例免舉。"

【清本 *】[晚]指校正謄寫或付印的文稿本。

《清異録》卷上：“菼薌清本，良於醫，藥數百品，各以角貼，所題名字詭異。”

《大詞典》引梁啟超《亡羊録》例。

【録本 *】抄本；抄録的副本。

《避暑録話》卷下：“每令書史取其詩稿示客，有不解意以録本至者，必瞑目怒叱曰：‘何不將我真本來?’”

《歸田録》卷二：“至今每親試進士，改放及第，自十人以上，御試卷子並録本於真宗影殿前焚燒。”《談苑·呂申公不悦范希文》：“一日，希文答元昊書，録本奏呈。”

【引黄 *】[本]指奏章前面所附的摘要。因多用黄紙書寫，故稱。

《石林燕語》卷三：“唐制，降敕有所更改，以紙貼之，謂之貼黄。蓋敕書用黄紙，則貼者亦黄紙也……其表章略舉事目與日月道理，見於前及封皮者，又謂之引黄。”

【貼黄[1]】[本]唐代詔敕用黄紙，凡有更改，仍用黄紙貼在上面，叫做“貼黄”。

例見“引黄”。

【貼黄[2]】指奏劄意有未盡，摘要另書於後。

《曾公遺録》卷九：“同奏貼黄云：‘雖已奉皇太后聖旨，緣未曾奏稟皇帝，須至聞奏。’”

《石林燕語》卷三：“今奏狀劄子皆白紙，有意所未盡，揭其要處，以黄紙別書於後，乃謂之貼黄。”

【告赤 *】[未]即告敕。朝廷授官文書。“赤”通“敕”。

《錦里耆舊傳》卷五：“但曾經赴任委，不敗官，不犯刑章，又無贓汚，告赤圓備，考課分明，便仰依資注官，銓司不得稽滯。如有失墜告赤，無以自明，但有失墜時公憑及於本任官處取得文解者，竝准例參選。”

宋·薛居正《舊五代史·選舉志》："其判成諸色選人,黃甲下後,將歷任文書告赤連粘,宜令南曹逐縫使印。"清·陸心源《唐文拾遺續拾》卷六十:"銓司引驗後,本行準格敕及將銓狀,歷任告赤文書,限三日內點檢。"宋·司馬光《資治通鑑·後唐紀二》:"自唐末喪亂,搢紳之家或以告赤鬻於族姻,遂亂昭穆。"胡三省注:赤,當作敕。做"敕"義的"赤"還有"契赤"的説法,清·徐松《宋會要輯稿·食貨六九》:"其棄下田土如契赤分明,或雖無契赤而官司並鄰至有文字可以照據,委非偽冒者,並令給還。"

【文解】㊝公文。

例見"告赤"。

該詞唐時已有,唐·李隆基《選限期敕》:"嶺南及黔中參選吏曹,各文解每限五月三十日到省。"《大詞典》引《元典章》例。

【剝麻 *】指用白麻紙寫的貶降官職的詔書。

《月河所聞集》:"麻三剝四,謂制一行三字,剝麻一行四字。"

《朝野類要·降免·剝麻》:"本朝無誅大臣之典,故大臣有罪,亦多是先與宮觀,然後臺諫上章,得旨批依,別日又宣麻降之,漸次行貶。"

【板簿 *】㊗戶籍。同"版簿"。

《談苑》卷二:"施、黔州多白花蛇,螫人必死,縣中板簿有退丁者,非蛇傷則虎殺之也。"

【樓羅曆 *】㊗指花名冊。

《清異錄·樓羅曆》:"劉鋹在國,春深令宮人鬥花……宮人出入皆搜懷袖,置樓羅曆以驗姓名,法制甚嚴,時號花禁。"

【小錄 *】㊝宋新科進士的題名錄。

《石林燕語》卷五:"試院官舊不為小錄。崇寧初,霍端友牓,安樞密知舉,始創為之……進士小錄,具生月日時者,敘齒也。"

《大詞典》引元·脫脫《宋史》例。

【歷子】㊝宋代記述官員政跡功過以備考課升降用的本子。

《遵堯錄》卷二:"審官院近所選京朝官充知州者三十餘人,御前印紙、歷子，朕親書於其前曰：'勤公潔己，奉法除奸……'"

《大詞典》引元·脫脫《宋史》例。

【腳色】猶履歷。

《曲洧舊聞》卷十："磨勘之法，庶官則自具腳色家狀，陳乞於有司。"

【白契*】指未向官府納稅加蓋官印的房地產等文契。

《吹劍四錄》："大率買產百千，輸官者十千有畸，而買契紙賂吏案之費不與焉。故人多隱藏白契，有以白契告首者，追賞及種種費用外，又倍稅焉。"

【花書】㊗即花押。

《石林燕語》卷四："唐人初未有押字，但草書其名，以為私記，故號花書……花書之起，其必始此矣。"

《演繁露·花書》："國初人簡牘往來，其前起語處皆書名，後結語處即以花書代名，不再出名也。花書云者，自書其名，而走筆成妍狀，如花葩也。"《緯略·鳳尾諾》卷十："齊高帝使江夏群王學鳳尾，一學便工……蓋諸侯箋奏，皆批曰諾。諾字有尾若鳳焉，蓋花書也。"

【口號】㊝頌詩的一種。多指獻給皇帝的頌詩。

《避暑錄話》卷下："是歲冬，初雪。太上皇意喜，吳門下居厚首作詩三篇以獻，謂之'口號'，上和賜之。"

《湘山野錄》卷上："頃有眉守初視事，三日大排，樂人獻口號，其斷句云：'為報吏民須慶賀，災星移去福星來。'"《大詞典》引元·脫脫《宋史》例。

【空書*】㊝沒有實質內容的書信。

《文昌雜錄》卷三："昔見故老說：有一朝士好為諧謔，嘗云近求得一對，的似有理：'躁因脩賀刺，怒為答空書。'聞者無不大噱。"

該詞唐時已有。唐·杜荀鶴《維揚冬末寄幕中二從事》："江上數株桑棗樹，自從離亂更荒涼。那堪旅館經殘臘，只把空書寄故鄉。"宋·鄭俠《西塘集·防兵》："癸丑甲寅之間，熙河用兵安上門，最近諸營每子弟一人歸，約空書半擔而來。自門入，向晚，左右前後盡哭泣聲，蓋戰沒之家屬得書而泣也。"《三朝北盟會編》卷二百二十："檜每生日，四方競獻奇寶，金玉勸盞為不足道，至於搜盡世閑之希奇以為侑。如符行中鄭藹在四川，饋送不可計，雖空書，亦於書匣中用金獅子二枚坐書。"明·抱甕老人《今古奇觀》卷十八："當賢母子來投，老夫茫然不知就裏，及至拆書看時，並無半字。初時不解其意，仔細想將起來⋯⋯難敘衷情，故把空書藏著啞迷。"清·佚名《金臺全傳》第十一回："金臺便道：'何大哥，舍間尚有三兩年的余糧，也不必拿怎麼銀錢去的，一封空書吾母已心寬的了。'"空書也指"書空"，即用手指在空中虛劃字形。漢·王充《論衡·書解篇第八十二》："夫文德世服也，空書為文，實行為德，著之於衣為服。"明·郎瑛《七修類稿·事物類》："雲川之筰都間，有曹將軍家，久舍一仙，自稱宋狀元何魁，或懸筆空書，或箕頭染翰，談詩論文，評書作畫。"明·孫志宏《簡明醫彀》："右手豎食指，屈余四指，空書上九字於水面，又二篆書蓋面，向東吸氣一口，吹入水中，令患人口飲水即化。"

【目錄＊】㈣價目。

《清異錄·芭蕉袴》："馬行油作鋪目錄，入朝避雨衫、芭蕉袴，一副二貫。"

《大詞典》僅一個義項，從書目角度釋義。

【句投】句讀。

《珩璜新論》卷四："俗言'句投'，馬融《笛賦》：'觀法於節奏，察度於句投。（自注：徒鬬反）'注：'句投'，猶章句也。"

【石本＊】石刻的拓本。

《韓忠獻公遺事》："公留守日，以其詩藏置於班瑞殿之壁。既成，或請打石本以進。"

【程課＊】猶課程。規定的學業內容和進程。

《道山清話》："韓莊敏一日來予子弟讀書堂，遍觀子侄程課，喜甚。"

3.1.7 建築

包括房屋、亭臺、樓閣、窩棚等建築及與修築相關的各類名物，也包括建築邊的附屬物。

【樓子¹】 樓房。亦指其他分層結構之物或其上層，包括城樓、船樓等。

《襄陽守城錄》："又於敵樓外作皮簾，又用布袋盛糠秕，置敵樓戰柵上，虜炮打入，著皮簾即彈去，著糠袋即住，不損壞樓子。"

《東京夢華錄·宣德樓前省府宮宇》："街南遇仙正店，前有樓子後有臺，都人謂之臺上。"記載戰爭的宋人筆記中，"樓子"用例頗多。《避戎夜話》卷上："二十四日早，賊推大梯四乘來攻字號樓子。三乘皆為撞竿所壞，又再來撞，撞不著，火熾逼著樓子，沿燒字號及三樓子。"《中興戰功錄》："翌日，號令諸軍併力共攻玠營，兌方一樓子自寅至午危甚。"陳規《守城錄·守城機要》："……其上皆有樓子，所用木植甚多，若要畢備，須用氈皮掛搭，然不能遮隔大炮，一為所擊，無不倒者。樓子既倒，守禦人便不得安。或謂須預備樓子，隨即架立。"

【金帳＊】 特指一些游牧民族可汗居住的帳房。因柱以金製而得名。

《黑韃事略》："凡韃主獵帳所在，皆曰'窩裏陀'，其金帳（自注：柱以金製，故名。）凡偽嬪妃與聚落群起，獨曰'大窩裏陀'者。"

【火鋪】 ⑨誤點火惑敵的空營帳。

《黑韃事略》："秣馬營裏，使無奔逸，未暮而營，具火謂之'火鋪'。及夜則遷於人所不見之地，以防夜劫，而火鋪則仍在於初營之所，達曉不動也。"

《資治通鑒·後漢高祖乾祐元年》："（郭威）乃偃旗臥鼓，但循河設火鋪，連延數十里，番步卒以守之。"明·邱濬《大學衍義補》卷一三六："司前用四木建鼓樓一所，添兵置鼓以支更，每更擊鼓而火鋪則擊柝以相應，由近及遠，不許雜亂。""火鋪"還指旅店。清·平江不肖生《俠義英雄傳》第十五回："得趁夜間涼爽的時候行走，白天就在火鋪裏睡覺。"又第四十七回："只因彭家眷屬一行人馬太多，占滿了一家火鋪，不能再容納以外的旅客，八騎馬只得在旁邊另一家火鋪裏歇宿。"清·吳恭亨《對聯話》卷十一："茶陵尹白眉銘綽為予述舊作火鋪對聯，亦有別趣。一云：'大烹以養；小住為佳。'二云：'君行且止；賓至如歸。'"《大詞典》釋義為"古代候望敵情的崗亭",未列"旅店"的義項。

【朵殿 *】 大殿的東西側堂。

《驂鸞錄》:"朵殿又畫燻御上直、畚香籌衣之事,尤為精研。"

【貯廊 *】 ㊅ **【主廊 *】** ㊅ 廳後的屋子。

《甕牖閒評》卷六:"廳後屋,人多呼為主廊,其實名貯廊。《澠水燕談》云:'是時會議於玉堂後貯廊。'"

【安樂窩 *】 宋邵雍自號安樂先生,隱居蘇門山,名其居為"安樂窩"。後泛指安靜舒適的住處。

《嬾真子》卷三:"洛中邵康節先生,術數既高,而心術亦自過人。所居有圭竇、甕牖。圭竇者,墻上鑿門,上銳下方,如圭之狀;甕牖者,以敗甕口安於室之東西,用赤白紙糊之,象日月也。其所居謂之'安樂窩'。先生以春秋天色溫涼之時,乘安車,駕黃牛,出遊於諸公家。諸公皆欲其來,各置安樂窩一所。"

【蓆屋 *】 即席屋,用席搭蓋的簡易房子。蓆同"席"。

《辯誣筆錄》卷一:"余曰:'東路蹂踐尤甚,直抵南都,更無片瓦。'舜徒曰:'元帥府官兵極多,須廣蓆屋以徒。'"又:"余對以蓋造蓆屋,以備元帥之歸。"

《中興小紀》卷二十八:"行在遺火……上曰:'累令去蓆屋作瓦屋,皆不奉行,朕已戒內侍,如敢不遵……'"

【山棚】 為慶祝節日而搭建的彩棚,其狀如山高聳,故名。

《蜀檮杌》卷上:"七月丙午,衍應聖節,列山棚於得賢門。"

【虛棚 *】 ㊅臨時紮的棚子,戰爭時常用以防守禦敵。

《避戎夜話》卷上:"初縛虛棚時,仲友使多備濕麻刀、舊氊袄襖,蓋防賊人有火箭火炮也。"又:"西廊每門兩人,守踏定板外鑰匙,須敵樓上,與虛棚凡三層止,是受敵處,每間不得過十五人,弓、弩、槍、斧手相間,分作三番,晝夜輪轉,更其勞逸,使得休息。"又:"四邊皆有虛棚女墻,復於旁置兩門,如城門法。"

《靖康紀聞》："姚友仲選銳兵下臨分布床子九牛弩、大小炮坐，又於城下絞縛虛棚，人立如山，箭下如雨，金人迨晚不能寸進……"又："金人乘寒急攻，通津、宣化二門益急，詔六班俱登城，城上及虛棚人物戈戟如織。"清·蒲松齡《聊齋俚曲集》第七回："麥子有余，麥子有余，泥墻再把上灰除，紮上個新虛棚，就教人進的去。"

【槽廠＊】㊚寺院裏常用作磨坊或養牲口的棚舍。

《雲臥紀談》卷上："次日陞堂，示眾曰：'已著槽廠，將錯就錯。騎却聖僧，不妨快樂……'"

槽，一種長方形或正方形的較大的盛東西的器具。廠，棚舍，沒有牆壁的簡易房屋。《廣韻·漾韻》："廠，露舍。"槽廠一詞唐時已有，唐·惠能《六祖壇經》曰："五祖云：'這獦獠根性大利，汝更勿言，著槽廠去。'慧能退至後院，有一行者，差慧能破柴踏碓。"宋·紹曇《五家正宗贊》卷一："祖異之，乃曰：'著槽廠去。'師禮而退，遂負石舂米。"宋·釋普濟《五燈會元》卷一："祖知是異人，乃訶曰：'著槽廠去。'盧禮足而退，便入碓坊，服勞於杵臼之間，晝夜不息。"明·蔡德清《憨山老人夢遊集》卷二："屬宗從事法門，因著入槽廠，宗躍然負米采薪，履水踏雪，百務惟先。"清《天岸升禪師語錄》："但時當末年，室中無立雪之操持；世日下趨，槽廠無負舂之實履。"

【覆海】㊛【綺井】【藻井】古代指有繪畫、雕刻等裝飾的天花板。

《緯略·藻井》："沈存中《筆談》曰：屋上覆橑，古人謂之'綺井'，亦曰'藻井'，又謂之'覆海'。今令文中謂之鬭八。吳人謂之罳頂，唯官室祠觀謂之藻井，即天花板也。"

《大詞典》"覆海"條引《夢溪筆談》例，該詞唐時已有，《法苑珠林》卷五一："京師慈恩寺僧慧滿，在塔行道，忽見綺井覆海下，一雙眼睛光明殊大。"'綺井''藻井'南北朝已有，南朝梁·蕭子顯《南齊書·東昏侯本紀》："繁役工匠，自夜達曉，猶不副速，乃剝取諸寺佛刹殿藻井仙人騎獸以充足之。"北魏·酈道元《水經注·河水》："其殿四注兩夏，堂宇綺井，圖畫奇禽異獸之象。"

【鬭八＊】我國傳統建築天花板上的一種裝飾處理。多為方格形，凸出，有彩色圖案。

例見"覆海"。

【罳頂*】天花板。

例見"覆海"。

【天花板*】㊍室內的天棚。即承塵。

例見"覆海"。

【隔眼】㊍窗子眼。

《五國故事》卷上:"嘗於宮中以銷金紅羅冪其壁,以白銀釘玳瑁而押之,又以綠鈿刷隔眼,中糊以紅羅。"

【亮隔*】能透光的花格長窗。也作"亮槅"。

《甕牖閒評》卷六:"取明隔子,人多呼為亮隔。"

【簷溜溝*】㊍屋簷下面承接雨水的橫槽子。也作"簷溜""簷溝"①。

《宜州家乘》:"自丙子至庚寅,晝夜或急雨,簷溜溝水行。"

【簷溜*】同"簷溜溝"。亦指簷溝流水。

《夷堅甲志·郁老侵地》:"生時與張氏比鄰,吾屋柱址,已盡吾境,而簷溜所滴者,張地也。"

該詞唐時已有,唐·賈島《郊居即事》詩:"葉書傳野意,簷溜煮胡茶。"

【屋極*】屋頂。

《搜神秘覽·龍徒》:"古視屋極可以窺天,他如故焉。"

【門首】門口;門前。

《捫虱新話·韓文公參大顛》:"適來門首,接見首座,亦復如此。"

該詞唐時已有,唐·張鷟《朝野僉載》卷三:"擇日下函,並花車卒

---

① 《大詞典》"簷溝"未列書證。宋·陸游《開歲連日大雪》詩:"開歲大雪如飛鷗,轉盼已見平簷溝。"

至門首。”

【門頭】[晚]猶門戶。

《枯崖漫録》卷上：“浙翁佛心禪師示如璨法語云：‘本色道流，十二時中，六根門頭，空牢牢地……一一照破，直是汙染不得。若也六根門頭，纔有纖毫異念，便被許多為障……’”又卷下：“鬧市門頭有個入處，只為諸人見頑了也。”

《大詞典》引明・天然癡叟《石點頭》例。

【扂楔 *】門栓和豎在門左右的短木。比喻小材。

《澠水燕談録・才識》：“琦器魁礌，豈視扂楔。可屬大事，重厚如勃。”

【陔 *】[本]階梯。

《麈史・風俗》：“閩中呼梯為陔。陔，階之譌也。”

【雞竿 *】一端附有金雞的長竿。古代多於大赦日樹立。

《淳熙玉堂雜記》：“大禮後，上御樓揭雞竿肆赦。”

該詞唐時已有，許渾《正元》詩：“高揭雞竿闢帝閽，祥風微暖瑞雲屯。”

【刹竿 *】刹柱。寺前的幡竿。

《清異録・六尺雪檀》：“同光中，有舶上檀香，色正白，號‘雪檀’，長六尺，地人買為僧坊刹竿。”

該詞唐時已有，唐・義淨《浴像功德經》：“造窣睹波形如棗許，刹竿如針，蓋如麩片，舍利如芥子。”

【精藍 *】佛寺；僧舍。精，精舍；藍，伽藍。

《孫公談圃・原序》：“四年夏五月，單車而至，屏處林谷，幅巾杖屨，往來乎精藍幽塢之間。”

【鬧藍】喧鬧的寺廟。藍，伽藍，寺院。

《叢林盛事》卷下：“禪道尚無心理會，肯將身入鬧藍中。”

《大詞典》僅釋義"熱鬧多事的場合",袁賓在《再釋"鬧藍"》① 一文中,解釋"鬧藍"為"喧鬧多事的寺廟",更符合詞的本義。《雲臥紀談》卷下:"我亦將頭入鬧藍,且圖香火有同龕。"《容齋隨筆·朱藏一詩》:"政和末,老蔡以太師魯國公總治三省,年已過七十,與少宰王黼爭權相傾……士論指三館為鬧藍。"

【堡子*】圍有土墻的小城鎮、村莊或堡塞。

《曾公遺錄》卷七:"西人毀新修堡子,尋復完葺訖。"

【城子】㈡城墻,也泛指城市。

《蒙韃備錄·燕聚舞樂》:"我使人相辭之日,國王戒伴使曰:凡我好城子多住幾日,有好酒與吃,好茶與吃,好笛兒、鼓兒吹着打着。所說好城子,乃好州縣也。"

【女頭】城墻上垛子一類的防護建築。也稱女墻。

《辛巳泣蘄錄》:"仍告示百姓般傳磚石及街石與樑柱,列在一千三百女頭之上,以為備城檑木之用。"

《東京夢華錄·東都外城》:"新城每百步設馬面、戰棚、密置女頭,旦暮修整,望之聳然。"

【巷尾街頭*】㈡大街小巷。

《雲臥紀談》卷下:"我亦將頭入鬧藍,且圖香火有同龕。布囊貯滿一落索,巷尾街頭學放憨。"

【線路】細小狹窄的道路。

《靖炎兩朝見聞錄》卷上:"眾兵曰:'須與官家一線路去。'"

《夢粱錄·城內外河》:"下馬荒堤上,四顧但湖泓,線路不容足,又與牛羊爭。"

【私小路*】㈡隱蔽的小路。與官道、大路相對。

《辛巳泣蘄錄》:"教授阮希甫曰:'或者之議為不可恃,似聞尚有

---

① 袁賓。"囉囉哩"考(外五題)[DB/OL]. http://www.guoxue.com/magzine/zgcx/zgcx131.html, 2004.

私小路,差塞不盡。'與裒曰:'虜人多不由關隘,亦不特有私小路而已,但有山腳可登之處,彼盡能擁騎而上。'"

宋·李曾伯《可齋雜稿·續稿後》卷八:"廣西與湖南接境,客旅私小路,非止一途,若處處控扼,實難周遍。"《宋會要輯稿·食貨一七》:"欲乞應客人商稅之物所經由私小路,並令欄頭只批引放過,就前路官務照驗,一並收稅。"又"訪聞州縣尚有依舊存留去處,及於私小路邀截客旅,重叠收稅。"又《食貨二七》:"及分委官前去斷閉私小路,不通人跡往還,仍將出戍官兵分認地分,剽畫界至,守把捕捉。"又《方域一八》:"已將清溪接南平軍界去處,除民旅出入大路兩處存留,置立鋪屋差人守戍外,其私小路盡行斷塞,以絕透漏。"又"自南平軍白錦堡楊大由私小路入恭州江津縣清流寨雁門殺虜人口,合添屯防拓。"又"諸路州縣稅場遇有客人販到物貨投稅,各有立定名件則例。今聞專欄乞覓,多喝稅錢,稍或不從,苦楚留滯,致令客人於私小路偷瞞商稅。"

【慢道】宋代稱斜坡道為慢道。

《靖炎兩朝見聞錄》卷上:"金人掘斷諸門慢道,復於城外鋤治慢道,以鐵鷂子登城。"

《雲麓漫鈔》卷七:"(邵青等)掠鄉民三千餘人,沿江采薪叠慢道。"

【水約*】㊍攔水的堤壩或堤埂。

《塵史·利疚》:"若自大安門外,白兆廨院以北石岸盡處為水約,以殺湍銳,庶幾保上下津居人,及免入城之患。張全公朝議與予洎士人、僧俗同列狀,以訴於州,乞置水約。"

約,阻止,阻攔。《戰國策·燕策二》:"秦召燕王,燕王欲往。蘇代約燕王曰:……"水約即阻止水的堤壩或堤埂。明·王慎中《湖水立頌德碑》:"與夫禁民壅湖為田,立水約以裁貪爭。"

【泥灰*】㊋石灰、黏土等混和而成的建築材料。

《珩璜新論》卷四:"俗以和泥灰為'麻刀'。"

《大詞典》引今人樹棻《夜深沉》例。

【脂灰*】㊍油灰。

《孫公談圃》卷下:"王青未遇時,貧甚。有人告曰:'何不賣脂灰，令人家補墨器？"

【坑子】⑳指墓坑，墓穴。

《江鄰幾雜志》："吳春卿葬新鄭，掘地深二丈五尺，中更掘坑子，才足容棺。"

《大詞典》引明·馮夢龍《醒世恒言》例。①

【地步】¹⑱面積。

《曾公遺錄》卷七："今止築會州及北冷牟兩處城寨，仍依前減地步。"

《大詞典》引元·脱脱《宋史》例。

【狗腳木*】⑳可掛遮蔽物阻擋射來的箭石的木頭。

《守城錄·守城機要》："女頭立狗腳木一條，掛搭皮、竹筢籬牌一片，遮隔矢石。"

《乞施行修城官吏奏狀》："……用防城器具筢籬牌、狗腳木、砲坐、檑木等修蓋諸城門樓一十一座，甕城兩所，釣橋四座。"宋·曾公亮《武經總要前集》卷十二："狗腳木，植二柱於女墻內，相去五尺，準墻為高下，柱上施橫木鉤掛。"《大詞典》引明·茅元儀《武備志》例。

【拒馬子】即"拒馬"。可以移動用以防騎兵的障礙物。

《襄陽守城錄》："公前日出兵用竹籠絆馬，恐虜人別生狡計措置，令前行人各持小拒馬子一副，遮攔虜人來路。"又："偶當夜月暗，用拒馬子截斷來路……虜再來衝突，為拒馬子所礙，不能馳騁。"

【杈子】⑱古時用於阻攔人馬通行的木架，最初用於官府宦宅前，宋以後也用於賓館、酒樓、茶肆、街道等場所。也作"行馬"。

《攬轡錄》："燕至畢，與館伴使副並馬行柳隄，緣城過新石橋，中以杈子隔絕。道左邊，過橋入豐宜門，即外城門也。過石玉橋，燕石色如玉，上分三道，皆以欄楯隔之，雕刻極工。中為御路，亦攔以

---

① "坑子"本指窪下去的地方。唐·王燾《外臺秘要方》卷二一："掘地作小坑子，坐艾於坑中。"《大詞典》未列該義項書證。

杈子。"

《康熙字典》:"梐者,交互其木,以為遮闌也。漢魏三公門視行馬,又名杈子。"《大詞典》"杈子"釋義為"置於官府宦宅前阻攔人馬通行的木架。"在宋人筆記中,杈子不僅置於官府宦宅,也置於其他平民化的場所。《都城紀勝·酒肆》:"酒家事物,門設紅杈子緋緣簾貼金紅紗梔子燈之類。"《夢粱錄·鋪席》:"杭州大街,自和寧門杈子外,一直至朝天門外清和坊,南至南瓦子北,謂之'界北'。""杈子"還指"叉狀的用具"。該義項《大詞典》未列。五代·靜、筠《祖堂集·秘魔巖》:"師常提杈子,每見僧參,驀項便杈云:'那個魔魅教你出家?那個魔魅教你受戒?那個魔魅教你行腳?道得亦杈下死,道不得亦杈下死。速道速道。'其無對。師便打趂出。"宋·悟明《聯燈會要·五臺秘魔巖和尚》:"(秘魔巖和尚)常提一杈,才見僧來,提起杈云……法眼代云:'乞命,乞命。'玄覺代云:'老兒家,放下杈子得也。'"南宋·法應《禪宗頌古聯珠通集》卷二十一:"秘魔杈子動家邦,來往禪人被死降;禪佛單刀直入處,始知項羽到烏江。"

【行馬*】㊎同"杈子"。

《雲麓漫鈔》卷十:"東晉時有檢校御史專掌行馬,外事以吳混為之。"

《通雅·宮室》:"行馬,官府門設之,古賜第亦門施行馬……宮闕用朱,官寺用黑。宋以來謂之杈。"

【沙子[1]*】㊎即杈子,用於阻擋人馬通行的木架。

《夷堅乙志·張文規》:"廊上有欄楯,如州縣所謂沙子者。"

【圍子[2]】㊈四周用土石或樹木等構成的障礙物。

《道山清話》:"皇帝服藥,爾輩敢近木圍子高聲!"

《大詞典》該義項無書證。

3.2 其他自然物

3.2.1 山川田地

包括土地、山川、河流等地球表面的環境形勢。

【乾岡*】居西北方位的山岡。舊時被視為宜於營建帝王宮殿之地。

《續世説・讒險》:"(張權輿)上疏,以度(裴度)'名應圖讖,宅據乾岡,不召自來,其心可見。'"

《孫公談圃》卷上:"孔道輔上言:'德用狀類藝祖,宅枕乾岡。'即出知隨州,謝表云:'狀類藝祖,父母所生;宅枕乾岡,先朝所賜。'"

【幽塢*】僻靜的山坳。

《孫公談圃序》:"四年夏五月,單車而至,屏處林谷,幅巾杖屨,往來乎精藍幽塢之間。"

【下尾*】㊗河流的下游。

《曾公遺錄》卷九:"又令都水相度黄河下尾可疏導之處,無令塘泊之患。"

該詞南北朝已現,北魏・酈道元《水經注・河水》:"沇州,九河既道,謂徒駭、太史、馬頰、覆釜、胡蘇、簡、絜、句盤、鬲津也,同為逆河。鄭玄曰:下尾合曰逆河。"又《漯水》:"俗諺云:高梁無上源,清泉無下尾。"《續資治通鑑長編・神宗熙寧七年》:"昨昨修漳河,聞漳河歲歲抉;修滹沱河,又卻無下尾。"《宋史・河渠志四》:"若孫賈斗門雖可泄入廣濟,然下尾窄狹,不能盡吞。"清・李桓《清耆獻類徵選編》卷九:"請照武職塘汛之例,於下尾等處設立塘汛,程途徑直近速。"

【灘瀧*】㊗水急而淺的河道。

《吳船錄》卷上:"沫水合大渡河由雅州而來,直擣山壁,灘瀧險惡,號舟楫至危之地。"又卷下:"乘水退下巫峽,灘瀧稠險,憤淖洄洑,其危又過夔峽。"

"瀧",湍急的河流。唐・元結《欸乃曲》之五:"下瀧船似入深淵,上瀧船似欲昇天。"《葆光錄》卷三:"襲明子曾經歷閩中,涉建溪,渡延平,灘瀧險阻,溪鳥繁萃。"宋・范成大《刺濆淖》詩:"峽江饒暗石,水狀日千變。不愁灘瀧來,但畏濆淖見。"宋以後還有用例。明・田汝成《炎徼紀聞》卷二:"斷藤峽舊名太藤峽,云其江發源柳慶,東繞潯州,碕𠂆磯排,灘瀧洶灣,兩岸萬山盤磚六百磝里。"清・屈大均《廣東新語・地語》:"從城南鐵潭口至牙溪以下,稍疏浚之,排其闊沙,燔其礧石,使灘瀧三百六十，一無所阻。"

【濆淖＊】巨大的漩渦。

《吳船錄》卷下："乘水退下巫峽，灘瀧稠險，濆淖洄洑，其危又過夔峽。"

宋·范成大《刺濆淖》詩序："濆淖，盤渦之大者，峽江水壯則有之，有大如一間屋。"

【黃花水＊】㊅長江春夏暴漲稱作黃花水。

《江南別錄》："每歲，大江春夏暴漲，謂之黃花水。及天兵至，水皆退小，識者知天命焉。"

黃花水也指河流名。唐·李吉甫《元和郡縣志》卷三十一："黃花水，在縣南八里。"清·黃廷桂《四川通志》卷二十三："黃花水，《元和志》：在犀浦縣南八里，今無考。"清·屈大均《廣東新語·水語》："其曰黃花水者，東出芙蓉逕，西出陳塘上，不至鯉魚頭合流，北至散灘逕，納白溪水出康禾。"黃花水也指早上的第一汲井水。明·朱橚《普濟方》卷二百五十三："早起汲井水，第一汲水即黃花水。"

【泥淖¹＊】㊅泥濘的窪地。

《括異志·德州民》："泥淖中，足跡長二尺餘。"

【沙子²＊】㊄沙漠。

《松漠紀聞》卷上："大實深入沙子，立天祚之子梁王為帝而相之。"

【窩裏陀＊】㊅蒙古族的打獵圍場。

《黑韃事略》："凡韃主獵帳所在，皆曰'窩裏陀'，其金帳（自注：柱以金裹，故名）。凡偽嬪妃與聚落群起，獨曰'大窩裏陀'者。"又："窩裏陀為打獵圍場，自九月起至二月止，凡打獵時，常食所獵之物，則少殺羊。"

【養印田＊】㊅古代廣西少數民族地區知州掌管的、供祭祀用的田地。

《桂海虞衡志·志蠻》："其田計口給民，不得典賣，惟自開荒者由己,謂之祖業口分田。知州別得養印田,猶圭田也。"

【地土】土地。

《曾公遺錄》卷八:"同呈夔州路走馬程允武信,言轉運司差人吏根括地土不便,以奏報後時罰金十斤。"

《清波雜志》卷三:"(海陵)后土祠前後地土膏腴,尤宜芍藥。"

【地頭】處所;地方。

《枯崖漫錄》卷下:"(海月禪師)過二聖、座元几案間,見窮谷語,舉雲門話墮,於光明寂照中,便有歇泊地頭。"

《守城錄》:"選募有心力百姓,分布諸門,上城禦敵。乃分認地頭,譏察奸細,及催督修城人夫工役。"《翠微先生北征錄·平戎十策》:"其間或被諸軍取押之官匿而不發,則盡給羸病而不到地頭,此非重禄受財邪?"《藏一話腴乙集》卷下:"若然,則黃魁、衛魁,貴賤不分,雌雄莫別;而湧金關、候潮關與函谷關、大散關雜稱之,亦莫知是何地頭矣。"

3.2.2 氣象

氣象指大氣的狀態和現象,包括風、雲、雨、雪、雷、電以及古人認為能預示吉凶的雲氣變化等。

【碧翁翁*】㊣猶天公。

《清異錄·碧翁翁》:"晉出帝不善詩,時為俳諧語,詠天詩曰:'高平上監碧翁翁。'"

【天色】天氣。

《猗覺寮雜記》卷上:"李長吉詩云:'淡菜生寒日。'以天色極寒方出。"

【天弓*】㊣虹的別稱。以其彎曲如弓,故名。

《侯鯖錄》卷四:"天弓,即虹也。又謂之帝弓。"

【帝弓*】㊣指虹。

例見"天弓"。

【海絳*】㊣下雨的一種徵兆。

《可書》："紹興戊申夏旱。忽一日，東方有青赤氣亙天而上，俗謂之海繂。不三日，遂雨。時人以此為雨候。"

【龍掛＊】指龍卷風。遠看積雨雲下呈漏斗狀舒卷下垂，舊時以為是龍下掛吸水。

《避暑錄話》卷下："五六月之閒，每雷起雲族，忽然而作，類不過移時，謂之過雲雨，雖三二里間亦不同。或濃雲中見若尾墜地蜿蜓屈伸者，亦止雨其一方，謂之龍挂。"

【過雲雨＊】小陣雨。雨隨雲至，雲過雨停，故稱。

例見"龍掛"。

該詞唐時已有，白居易《晚涼偶詠》："飄蕭過雲雨，搖曳歸飛翼。"

【打頭風＊】逆風。

《猗覺寮雜記》卷上："風之逆，舟人謂之'打頭風'。坡云：'卧聽三老白事，半夜南風打頭。'元云：'江喧過雲雨，船泊打頭風。''過雲雨'亦俗諺。"

該詞唐時已有，白居易《小舫》詩："黃柳影籠隨棹月，白蘋香起打頭風。"

【南馬杓＊】湖南一帶南風，因吹三日將池塘積水耗減將盡而得名。

《岳陽風土記》："湖湘間南風三日，則陂塘積水耗減已盡，土人謂之南馬杓。"

【報風＊】㊉颶風。

《甕牖閒評》卷三："《遯齋閒覽》載閩中泉、福、興化三州瀕海，每歲七八月多東北風，俗號癡風，亦名為報風。此說妄也。余鄉常有颶風，但初來聲勢頗惡，與三州不異，人家即曰：報起矣。有頃，則亦蜚瓦拔木，無所不至。所謂報起者，即颶風也，第其名不同耳，初不見有東北風。"

【舶趠風＊】指梅雨結束夏季開始之際強盛的季候風。

《避暑錄話》卷上："常歲五六月之間梅雨時，必有大風連晝夕，逾旬乃止，吳人謂之'舶䑦風'，以為風自海外來，禱於海神而得之，率以常。"

【貪狼風＊】謂暴風。

《蜀檮杌》卷上："知星者趙廷乂言曰：'此貪狼風，千里外必有破軍殺將之凶。'"

【箭風＊】㊅謂向人直射的隙風。

《緯略·避風》："孫思邈論衛生，以為人當避暗風、箭風。"

【鹽風＊】㊅吹鹵水成鹽之風。

《塵史·占驗》："今解梁盛夏以池水入畦，謂之種鹽。不得南風，則鹽不成，俗謂之鹽風。"

【杓風＊】㊅指兩湖一帶夏季的一種大風。

《塵史·占驗》："荊湖間夏有大風，朝起夕止，連日如此，土人曰䫻風。音諒。有則大旱，陂澤立涸，稻田多裂。又名杓風，如杓勺水也。"

【梅雨】指初夏產生在江淮流域持續較長的陰雨天氣。

《步里客談》卷下："江淮春夏之交多雨，其俗謂之梅雨也。"

《避暑錄話》卷上："常歲五六月之間梅雨時，必有大風連晝夕，逾旬乃止。"該詞漢代已有，《太平御覽》卷九七引漢·應劭《風俗通》："五月有落梅風，江淮以為信風。又有霖霪，號為梅雨，沾衣服皆敗黦。"

【分龍雨】【隔轍雨＊】㊅夏季所降對流雨，晴雨各異，古人以為由於龍分管不同區域的降雨使然，故謂之"分龍雨"，也稱作"隔轍雨"。

《續博物志》卷一："俗以五月雨為分龍雨，一曰隔轍雨。"

【分龍日】農曆五月二十日之後，降雨具有明顯的地域差異，民間因稱五月二十日為分龍日，以為是龍的分管區域不同而造成晴雨差異。亦稱"分龍兵""分龍"。

《避暑錄話》卷下："吳越之俗，以五月二十日為分龍日，不知其何據。前此夏雨時行，雨之所及必廣，自分龍後則有及有不及，若有命而分之者也。”

【分龍】 即“分龍日”。

《雞肋編》卷中：“（二浙）以五月二十日為分龍，自此雨不周遍，猶北人呼隔轍也。”

【龍潤＊】 [本]雨的別稱。

《清異録・龍潤》：“李煜在國時，自作祈雨文曰：尚乖龍潤之祥。”

【漏天＊】 [本]指如天瀉漏。比喻多雨、久雨或飛泉盛大。①

《晁氏客語》：“雅州蒙山常陰雨，謂之漏天。產茶極佳，味如建品，純夫有詩云：‘漏天常泄雨，蒙頂半藏雲。’”

《朱子語類》卷第八十六：“古語云：‘蜀之日，越之雪。’言見日少也。所以蜀有‘漏天’。古語云：‘巫峽多漏天。’老杜云：‘鼓角漏天東。’言其地常雨，如天漏然。”唐・杜甫《陪章留後侍御宴南樓得風字》詩：“朝廷燒棧北，鼓角漏天東。”楊倫箋注：“《梁益記》：‘雅州西北有大、小漏天，以其西北陰盛常雨，如天之漏也。’

【冷飛白＊】 [本]雪的異稱。

《清異録・冷飛白》：“老伶官黄世明常言逮事莊宗，大雪內宴，鏡新磨進詞，號曰冷飛白。”

【爵餳＊】 [本]凝聚在植物枝葉上的一種露珠。

《甲申雜記》：“一日，邑吏云甘露降，視松竹閒光潔如珠，因取一枝視劉貢父，貢父曰：‘速棄之，此陰陽之戾氣所成，其名爵餳，飲之令人致疾。’古人蓋有説焉，當求博識之君子，求甘露、爵餳之別。”

古人迷信，有的認為是甘露，祥瑞之兆。有的認為是陰陽二氣不順所成，可致人疾病，與甘露不同。爵，通“雀”。朱駿聲《説文通訓定聲・小部》：“爵，叚借為雀。”

---

① 一説地名，在今四川省雅安市境。其地多雨，故稱。

【雀餳＊】㊋即爵餳。

《甲申雜記》："冬月常出木醴，後主以為甘露之瑞，俗呼為雀餳。"

一說雀餳為不祥之兆。宋·王陶《談淵》："翰林侍講學士杜鎬，博學有識。都城外有墳莊，一日若有甘露降布林木。子姪輩驚喜，白於鎬。鎬味之，慘然不懌。子姪啟請，鎬曰：'此非甘露，乃雀餳。大非佳兆，吾門其衰矣。'"

【爛雨＊】㊋方言，指連續下的雨。

《談苑》卷二："同州人謂雨沾足為'爛雨'。"

該例出現在不同的文本中，說法略有不同。《江鄰幾雜志》卷上："同州民謂沾足為爛雨。"清·吳玉搢《別雅》卷一："《江隣幾雜志》曰：'同州民謂連雨為爛雨。'"一說蜀地也有此說法。明·顧起元《說略》卷一："蜀中以常雨為爛雨。"該方言也進入文人詩句中，宋·張侃《午步積谷山探梅才有一二蘂》詩："爛雨才放晴，街頭泥三寸。"

【雹子＊】㊋冰雹。

《說郛》卷二引《江鄰幾雜志》："胡武中在真州，常見火雹子，墜地火滅。"

《大詞典》自引元·無名氏《漁樵記》例。

【冰牌＊】㊋冰排。北方江河解凍時順流而下的大塊浮冰群。也指極大的冰塊。

《晁氏客語》："荊公論黃河冰牌常打損汴口，云：'何不用閘？'客云：'黃河水非他處比擬，冰下水流積疊而起，閘無濟於事。'"

清·葉夢珠《閱世編》卷一："自閘港以北，中間稍通數尺一路，然冰牌乘潮而下……閔行渡口略通而冰牌覆舟死者數十人。"清·曹廷傑《西伯利東偏紀要》："蓋三處河身極狹，兩岸樹木極多……若可堵塞至二三十里遠，冰牌不能衝動，冬夏遂難通行。"清·唐蕓洲《七劍十三俠》第三十四回："上帝大怒，命三條烏龍，興雲布雨，雹泡冰牌，戰於空中，又傷了無數人民、禾稼。"

【樹架＊】㊋【樹稼＊】【樹介＊】嚴寒時節，樹上霜雪霧露凝凍成冰。

《梁谿漫志·樹稼靈佺誤》:"木冰即是,亦名樹介,言其象介胄也。寧王見而嘆曰:'此所謂樹架者也,諺云:樹架達官怕,必有大臣當之,吾其死矣。'《新唐書·五行志》記永徽年凝凍封樹,引劉向語亦謂之'樹介',而《舊唐書》作'樹稼'。"

《唐會要·雜錄》:"開元二十九年十一月二十二日,雨木冰,凝寒凍裂,數日不解,寧王憲見而嘆曰:'此俗謂之樹架,諺曰:樹生架,達官怕……'"元·王惲《秋澗集》卷三十:"哭聲交慘簫箛咽,樹架爭嚴縞素余。"清·趙吉士《寄園寄所寄·滅燭寄》:"余戊申蒞任晉地,季冬二十六日,署中晨起,見林木皆白,枝柯雕鏤,仰視太空及地,絕無所睹。詢之土人,曰:'此樹架也。'因作《樹架記》。"

【霧子*】㈱霧。

《北行日錄》卷下:"十四日乙丑。霧子下,天明開霽。"

【霜信*】霜期來臨的消息。

《文昌雜錄·附錄》:"北方有白鷹,似鷹而小,色白,秋深則來。白鷹至則霜降,河北人謂之'霜信'。"

《夢溪筆談·雜志一》:"北方有白雁,似雁而小,色白,秋深則來。白雁至則霜降,河北人謂之'霜信',杜甫詩云:'故國霜前白雁來',即此也。"

3.3 機構組織或社會制度

包括官府、軍隊、社團、商業或行業等。

【五房*】唐宋中書省下分管行政事務的五個部門。

《自警編》卷八:"中書習舊弊,每事必用例,五房吏操例在手,顧金錢惟意所去取。"

【村團*】相鄰村落構成的基層組織。

《桂海虞衡志·志蠻》:"每村團又推一人為長,謂之主戶。餘民皆稱提陀,猶言百姓也。"

清·李慶辰《醉茶志怪·柳兒》："留榮於其家，襄辦村團，月給薪水，榮甚感之。"《續資治通鑒·宋紀九十二》："晏州六縣水路十二村及十州五村團思峨洞諸熟夷，素黠勇善鬥。"

【腔窠】猶規矩或門徑。

《曾公遺錄》卷九："余云：'覿乃寶文閣直學士，何為在欽臣之後？'楳云：'只為當時謫重，在腔窠中未可進。'余云：'當以人材為先，腔窠何可拘礙。'"

【小數】小手段。

《曾公遺錄》卷九："朝廷之上，處事當以大公至正如青天白日，何可如此用小數，卻被人看破。"

該詞唐時已有，唐·陸贄《謝密旨因論所宣事狀》："執大權時不任其小數，守公器者不徇於私情。"

【手段】技巧。

《談藪》："茶坊有賣熟水人持兩銀杯，一客衣服濟然若巨商者過，行就飲。總轄遙見呼謂曰：'吾在此，不得弄手段，將執汝。'客憼悚而去。"

【軍額*】軍隊編制的名額。

《宋景文公筆記》卷上："國朝有骨朵子直，衛士之親近者……今為軍額，固不可改矣。"①

【行府】在京師外設置的調度軍務的機構。

《辯誣筆錄》卷一："初以二相兼督府，一在內，一時出視師，謂之行府。有相專在外，凡朝廷應副督府錢物，盡歸行府，無慮千萬。"

該詞唐時已有，唐·吳融《綿竹山四十韻》："行府寄精廬，開窗對林麓。"

【十樣錦*】宋代任官中散大夫、中奉大夫者有十種恩遇，稱"十樣錦"，亦用以為其官名的代稱。

---

① 大象版《全宋筆記》中該句標點"直"屬下，誤。

《曲洧舊聞》卷十："今之中散大夫，即昔之大卿監也，舊說謂之十樣錦。受命之初，不俟赦恩，便許封贈父、母、妻一次，一也……國史立傳，十也。"

【坑塹】㉆喻險惡環境。

《麈史·博弈》："鄭都官詩有'能銷永日是樗蒲，坑塹由來似宦途'之句。蓋所難者在過關，以前後為坑塹也。"

《大詞典》引元·王和卿《文如錦》例。

【天荒＊】歷來不出科舉人才的地域。

《邵氏聞見後錄》卷十七："唐荊州每解送舉人，多不成名，號曰'天荒'。"

該詞五代已有，五代·王定保《唐摭言·海述解送》："荊南解比號天荒。"

【抱冰公事＊】㉆舊時官場謂清苦的差事。

《清異錄·抱冰公事》："蒙州立山縣丞晁覺民，自中原避兵南來，因仕霸朝，食料衣服，皆市于鄰邑，一吏專主之；既回，物多毫末，皆置諸獄。當其役者曰：'又管抱冰公事也。'"

【蛾眉班＊】唐制中書、門下、御史臺官員朝見皇帝時，左右分行對立，狀如蛾眉，故稱。

《儒林公議》："今請準舊儀，侍從官先次入，起居畢，在左右分行侍立於丹墀之下，故謂之蛾眉班。"

【架閣＊】指架閣庫。宋元時代儲藏文牘案卷的機構。

《麈史·利疚》："予向為京西漕屬，見架閣得割安州為京西元旨，止以京西缺財用為言。"

該詞也指架閣庫官。宋·陳亮《甲辰答朱元晦書》："五月二十五日，亮方得離棘寺而歸，偶在陳一之架閣處逢一朱秀才。"

【生界＊】㉆古時天子教化未及之處。

《曾公遺錄》卷七："河東乞豫調兵夫入生界采進築材植。"

《溪蠻叢笑》："去州縣堡寨遠，不屬王化者，名生界。"《續資治通鑑長編·神宗元豐七年》："瀘南緣邊安撫司言新收生界八姓邏始黨一帶，宋、納兩江夷族，願依七姓團結為義軍，乞剌字支例物。從之。"清·鄭達《野史無文》卷五："別遣白文選將四萬人守七星關，抵生界次師，示伐遵義，以牽制蜀兵。"另外，唐代為避李世民諱，"世界"稱作"生界"。唐·杜行顗《佛頂尊勝陀羅尼經》："以善住事具白聖尊，其時如來頂放大光，其光雜色流照十方一切生界。"唐·彥悰述《佛頂尊勝陀羅尼經序》："時有廟諱國諱，皆隱而避之。即'世尊'為'聖尊'，'世界'為'生界'，'大勢'為'大趣'，'救治'為'救除'之類是也。"

【巍科】猶高第。古代稱科舉考試名次在前者。

《塵史·不遇》："魏公少年巍科，與宋景文同召試秘閣《琬圭賦》。"

《桯史·劉蘊古》："其二弟在北皆登巍科。"該詞唐時已有，唐·良价《王子頌·末生》詩："業就巍科酬極志，比來臣相不當途。"

【保伍】指古代一種民間聯防編籍制度。以五家為伍編組在同一基層戶籍單位中的鄰里居民。

《厚德錄》卷二："遂作空券數千，具載本法，即給內外廂界保伍。"

【體面】體制；格局。

《采石瓜洲斃亮記》："允文曰：'汝輩今可一戰乎？'眾人笑指北岸曰：'那邊體面，怎抵當？'"

【天杖＊】㈹後周宣帝一種杖罰人的說法，杖責一百二十下。

《猗覺寮雜記》卷上："後周宣帝每捶人，以百二十為度，名曰'天杖'。"

【合歡杖＊】㈹【隨年杖＊】㈹五代劉銖杖罰人的方式，兩杖一起責打稱"合歡杖"，責打數與被杖責人年齡相同的稱作"隨年杖"。

《猗覺寮雜記》卷上："五代劉銖每杖一人，必兩杖俱下，謂之'合歡杖'。又隨年數杖之，謂之'隨年杖'。"

【短般*】㊅宋代一種人事升遷制度。

《石林燕語》卷三:"自職令薦書及格,皆改京官,不及格而有二薦書,則遷兩使職官,謂之'短般'。"

【排連】宋代禁軍依次升遷制度。

《曾公遺錄》卷八:"再對,以諸軍排連隔下已有條格,更不進擬,便聖旨行下。"

《宋史·兵志十》:"凡軍頭、十將、節級轉補,謂之'排連',有司按籍閱試,如列校轉員法……建炎、紹興之間,排連轉員屢嘗損益。"

【諸行*】各個行業。

《靖炎兩朝見聞錄》卷上:"開封府管戚里、醫人、樂人、百姓、老娘諸行。"

《都城紀勝·茶坊》:"又有一等專是諸行借工賣伎人會聚行老處,謂之市頭。"

【茅行*】㊅喪葬行業。

《清異錄·大小脫空》:"長安人物繁,習俗侈,喪葬陳拽寓像……製造列肆茅行,俗謂之'茅行家事'。"

【按打奚*】㊅古代蒙古的一種極刑。

《黑韃事略》:"有過則殺之,謂之按打奚。"

元·徐元瑞《吏學指南·雜刑》:"斷按打奚罪戾,謂斷沒罪過也。"元·祥邁《辯偽錄》卷二:"呵寺院的田地不回與,呵爭底人有呵斷按打奚罪過者。"

【市學*】村鎮上的學校;私塾。

《黑韃事略》:"燕京市學多教回回字及韃人譯語。"

《東京夢華錄·秋社》:"市學先生預斂諸生錢作社會,以致雇倩、祇應、白席、歌唱之人。"

3.4 其他抽象事物

【地步²】㊅地位。

《齊東野語·耿聽聲》:"虎(周虎)、輅(彭輅)時皆為將官,獨震(夏震)方為帳前佩印官。郭(郭逵)曰:'周彭地步或未可知,震安得遽爾乎?'"

【事契*】情誼。

《韓忠獻公遺事》:"平日事契如此,若以伯氏嘗薦而後見攻,此乃韓厥之舉。"

【面分】情面;情分。

《曾公遺錄》卷九:"是太后面分事。"

【意思】神情。

《談藪》:"適視婢瘡口在左手,蓋與僕有私,竊器與之,以刀自傷,偽稱有賊。而此僕意思有異於眾,以是得之。"

【況味】景況和情味。

《麈史·諧謔》:"某多幸,纔入仕不識州縣況味。"

【格尺*】⑥標準。

《建炎進退志》卷三:"官馬既無,獨陝西、京東西諸路尚有私馬,宜降指揮立格尺,以善價賈之。"

【子細[1]】詳情;底細。

《曾公遺錄》卷七:"蔡卞不知子細。序辰供進語錄,在王韶事未發前,故隱不言拜供儀式,在王韶事發後,便言曾拜。"

《雞肋編》卷中:"(李裁)泛舟已到桐廬,五鼓欲行,忽有人大呼,尋李大府船。李驚起視之,乃一老人衣布道袍云:'睦州賊發,吾家所存者三人而已。不可往彼,宜速回也!'李欲登岸詢其子細,則已不見。遂遽還會稽。"

【巴鼻】來由;根據。

《雲卧紀談》卷下:"(德占)因致問於靈源曰:'昔有老宿,見人便喚為倒騎牛漢,且道如何得不被佗恁麼喚?'靈泉對以是'佗巴鼻在我手裏'。"

"巴鼻"是很典型的俗語詞。宋・陳師道《後山詩話》:"熙寧初,有人自常調上書,迎合宰相意,遂丞御史。蘇長公戲之曰:'有甚意頭求富貴,没些巴鼻使奸邪。'有甚意頭,没些巴鼻皆俗語也。"

【腦語*】㊍開頭的話。

《高齋漫録》:"大觀四年之冬,立鄭貴妃為皇后,時翰林學士范公致虛當制。明日,宰相何公執中奏陳制書不工,上令何公改為之。腦語云:'天地尊位,二氣合而萬物生;日月益明,四時敘而百度正。'"

【謎】【隱語】指不直説本意而借别的詞語來暗示的話。也作"謎子"。

《齊東野語・隱語》:"古之所謂廋詞,即今之隱語,而俗所謂謎。"

《朱子語類》卷一百三十九:"或言:'某人如搏謎子,更不可曉。'曰:'然。尾頭都不説破,頭邊做作掃一片去也好。只到尾頭,便沒合殺,只恁休了。篇篇如此,不知是甚意思。'"隱語的説法,漢代已有,《漢書・東方朔傳》:"舍人不服,因曰:'臣願復問朔隱語,不知,亦當榜。'""謎"應當出現在南北朝,南朝宋鮑照有《字謎》詩。

【市語】㊍㊊市井百姓的口頭語言,各行各業的專門用語(包括行話)。

《清異録・百八丸》:"和尚市語以念珠為百八丸。"

《類説》卷四:"長安市人語各不同,有葫蘆語、鏁子語、紐語、練語、三折語,通名市語。"《東京夢華録・宰執親王宗室百官入内上壽》:"内殿雜戲,為有使人預宴,不敢深作諧謔,惟用群隊裝其似像,市語謂之'拽串'。"《大詞典》僅釋義為"行話"。

【滑語*】㊌形容滑溜的以類聯句詩。

《江鄰幾雜志》:"宋次道集顔魯公文為十五卷,詩才十八首,多是湖州宴會聯句詩,公必在其間,又有大言、小言、樂語、滑語、讒語、醉語。"

聯句詩是古詩的一種形式,由兩人或多人各成一句或幾句,合而成篇。舊傳始於漢武帝和諸臣合作的《柏梁詩》。南朝梁・劉勰《文心雕龍·明詩》："回文所興，則道原為始；聯句共韻，則《柏梁》餘制。"聯句詩帶有遊戲的性質，是古時文人調笑呈才方式的一種體現。明·蔣一葵《堯山堂外紀·唐》："又戲聯滑語，顏真卿云：'雨裹下山踏榆皮。'皎然云：'莓苔石橋步難移。'"後亦指具戲謔之風的語言。清·沈德潛《明詩別裁集》卷七："遵巖以古文傳，然五言古亦窺顏、謝堂廡，無一淺語滑語。"清·龔煒《巢林筆談》卷下："蘇文忠《靈壁張氏園記》："下譬之飲食，適於飢飽而已，便是寫滑語。"

【大言＊】[晚]雜體詩的一種。

例見"滑語"。

《大詞典》引清·沈德潛《説詩晬語》例。

【小言＊】[晚]指短詩、詞。

例見"滑語"。

《大詞典》引明·胡應麟《詩藪·古體上》例。

【樂語】文體名。宋宮廷演劇，命詞臣作樂語，使伶人歌唱。先為對偶韻文，後附以詩，也有不附詩的。後遂成為文體，各作家常有所作。

例見"滑語"。

《卻掃編》卷中："范忠宣公守許昌，鄒侍郎完為志教授，嘗因宴集吏請樂語，公命鄒為之，鄒辭以為備官師儒而為樂語，恐非所宜，公深引咎謝焉，自是大相知。"《墨莊漫録》卷七："優詞樂語，前輩以為文章餘事，然鮮能得體。"

【讒語＊】[本]讒言。

例見"滑語"。

該詞唐時已有，唐·鄭還古《望思臺》詩："讒語能令骨肉離，姦情難測事堪悲。"

【醉語＊】醉後的胡言。

例見"滑語"。

該詞唐時已有，唐·盧綸《無題》詩："高歌猶愛思歸引，醉語惟誇漉酒巾。"

【噇語＊】㊋含糊不清的話語。

《枯崖漫錄》卷中："夜間睡夢亦提起古德話頭，若噇語，喑喑略可辨。"

"噇"，多言。《荀子・非相》："然而口舌之均，噇唯則節。"王先謙集解："《眾經音義》十二引《埤蒼》云：'噇，多言也。'從言之字，或從口，故譖又為噇矣。'噇唯則節'者，或辯或唯，皆中其節也。"宋・紹曇《五家正宗贊・臨濟宗》："杓卜聽虛聲，熟睡饒噇語。"元《月澗禪師語錄・送會侍者見雪巖》："仰山作夢夢未醒。噇語如今轉更喬。"明・唐桂芳《先兄敏仲訓導墓表》："冒犯霜露，得蠱證，載遷坑上，病革，噇語諵諵，不獲，呼桂芳永訣為恨。"

【話頭】㊋佛教禪宗和尚用來啟發問題的現成語句。往往拈取一句成語或古語加以參究。

《密齋筆記》卷五："庸僧不知出處，拈出作話頭。"

該詞五代已有，靜、筠《祖堂集・雲門和尚》："問：'一口吞盡時如何？'師云：'老僧在你肚裏。'僧曰：'和尚為什摩在學人肚裏？'師云：'還我話頭來。'"《大詞典》引宋・釋普濟《五燈會元》例。

【話霸】㊋話柄。也作"話靶""話欄"。

《枯崖漫錄》卷下："是何話霸？"

《鶴林玉露》卷十："今日到湖南，又成閒話靶。"宋・僧贛藏《古尊宿語錄》卷四十："摩竭掩室已不及初。毗耶杜詞至今話欄。"元・喬吉《李太白匹配金錢記》第一折："（帶云）我欲待低頭拾去來。（唱）我則怕人瞧見做風流話欄。"

【瓜葛】瓜與葛。皆蔓生植物。比喻輾轉相連的親戚關係或社會關係。

《珩璜新論》卷四："俗所謂'瓜葛'，亦有所出也。《後漢・禮儀志》'上陵議'注：'苟先帝有瓜葛之屬，男女畢會'也。晉王導與子悅弈棋，爭道，導笑謂曰：'與子有瓜葛，那得爾耶！'"

4 行為

文獻記載人類活動，就有記錄行為的詞語。行為詞有具體的動作行為，也有抽象的心理行為；有人的行為，也有社會的行為；有人的生命行為，也有人與人之間相互的行為。具體來說，包括生命行為、生活行為、經營勞作行為、心理行為、人際行為、社會治理行為及其他行為。

4.1 生命行為

本部分包括人的生理活動、疾病醫療等行為有關的俗語詞。

【打睡】 打瞌睡；睡覺。

《蘆浦筆記·打字》："然世間言打字尚多……又有打睡、打嚏噴、打話。"

該詞五代已見，靜、筠《祖堂集·雪峰和尚》："師每日只管睡，雪峰只管坐禪……峰云：'今生不著便，共文遂個漢行，數處被他帶累。今日共師兄到此，又只管打睡。'"

【黑甜】 酣睡。

《冷齋夜話》卷一："詩人多用方言……謂睡美為'黑甜'，飲酒為'軟飽'，故東坡詩曰：'三杯軟飽後，一枕黑甜余。'"

該詞唐時已有，唐·呂喦《望梅花》之四："正濃美，一味黑甜，問人間，甚物堪比。"

【破睡】 ⓔ睡醒；使睡意消失。

《清異錄·不夜侯》："胡嶠《飛龍磵飲茶》詩曰：'沾牙舊姓餘甘

氏，破睡當封不夜侯。'新奇哉。"

《北行日錄》卷上："姚漕相訪，仲舅破睡見之。"該詞唐時已有，白居易《贈東鄰王十三》詩："驅愁知酒力，破睡見茶功。"《大詞典》引宋·蘇軾《寄蘄簟與蒲傳正》例。

【下程】停駐；休憩。

《自警編》卷六："盛夏跣足日行數十里，腳底都穿破。一日下程，大底兒子悶絕於地，後來究竟不起。"

【熟歇】㊗好好休息。

《重明節館伴語錄》："出玉津園，將至都亭驛，思顏衮云：'射射不易，歸館且熟歇。'"

該詞歷代都有用例。《東坡志林》卷一："若人悟此，雖兵陣相接，鼓聲如雷霆，進則死敵，退則死法，當甚麼時也不妨熟歇。"宋《北磵居簡禪師語錄》："在我靈隱門下，只好香炊別甑濃點釅茶，供養伊。教伊三條椽下，七赤單前熟歇去。"明·羅貫中《三國志通俗演義·孫仲謀合淝大戰》："是夜，張遼賞勞三軍，傳令不許解甲宿歇。左右曰：'今日全勝，吳兵遠遁，將軍何不解甲熟歇？'"清·嚴有喜《漱華隨筆》卷三："太王父暨王母邱壟皆在京師，缺然展掃，有身具心，豈敢忘君父哉！顧自審非名場中人，遂早甘熟歇。"

【噴嚏】鼻黏膜受刺激，急劇吸氣，並由鼻中急速噴出，同時發出聲音的現象。

《夷堅乙志·光祿寺》："蔣安禮為光祿丞，齋宿寺舍。因噴嚏，鼻涕墜卓上。"

《嬾真子》卷三："俗說以人嚏噴為人說，此蓋古語也。"該詞唐時已有，張鷟《朝野僉載》卷二："忽有虎臨其上而嗅之，虎鬚入醉人鼻中，遂噴嚏聲震，虎遂驚躍，便落崖。"

【打嚏噴＊】㊗即打噴嚏。

《蘆浦筆記·打字》："然世間言打字尚多……又有打睡、打嚏噴、打話。"

【旋溷*】㊋大小便。

《溫公瑣語》:"確令獄卒與之同室而處,同席而寢,飲食旋溷共在一室。"

【剌撒*】㊋拉屎撒尿。

《錢氏私志》:"師云:'在行住坐臥處,着衣吃飯處,痾屎剌撒處。'"

【旋溺*】㊋小便。

《南燼紀聞錄》:"騎吏掌行者千戶,自言姓幽西名骨碌都,常以言戲朱后,復恣無禮。嘗路行之次,朱後下畦閒旋溺,骨碌都從之。"

《夷堅丙志·張風子》:"旋溺時,直濺丈許乃墮。"宋·贊寧《宋高僧傳》卷二十一:"人皆未嘗見其登青而旋溺也。"金·李杲《醫學發明》:"治腎氣虛乏,下元冷憊,臍腹重疼痛,夜多旋溺。"明·王綸《明醫雜著·小便不禁》:"人之旋溺,賴心、腎二氣之所傳送,蓋心與小腸為表裏,腎與膀胱為表裏。"清·沈金鰲《幼科釋謎》卷四:"……故液滲入膀胱,而旋溺遺失,不能收禁也。"

【送尿*】㊋解小便。

《叢林盛事》卷上:"元曰:'著衣、喫飯、屙屎、送尿、拖箇死屍路上行。'"

該詞歷代都有用例。宋·僧賾藏《古尊宿語錄》卷四:"道流佛法無用功處,敗是平常無事,屙屎送尿,著衣吃飯,困來即臥。"又卷二十八:"逐日屙屎送尿,萬事與人一般。"《林間錄》卷上二:"著衣吃飯,不是畢竟,屙屎送尿,不是畢竟。"元《萬峰和尚語錄》:"著衣吃飯時也參,屙屎送尿時也參。"清·真在《徑石滴乳集·性空覺禪師法嗣》:"莫有腦後拔楔者麼,咄屙屎送尿漢。"

【屙屎*】排泄大便。

例見"送尿"。

《雞肋編》卷上:"飯遲屙屎疾,睡易著衣難。"

【腸祕*】㊌便秘。祕,同"秘"。

《曾公遺錄》卷七："前一日，上宣諭以久嗽及腸祕，密服藥，多未效。"又："大腸與肺為表裏，腸祕亦是一臟病。"

宋·丹波康賴（日本）《醫心方》卷三十："《拾遺》云：油，大寒，主天行熱，腸秘內結。"宋·佚名《小兒衛生總微論方》卷三："沈遲者虛冷，沈緩者傷食，脈牢緊者癖聚，牢實者腸秘。"《大詞典》"腸秘"條引清·葉廷琯《吹網錄》例。

【腹散*】㊍腹瀉。

《曾公遺錄》卷七："前後殿不坐，三省宅引，余獨以腹散不入。"又："兩日前似霍亂，昨夕腹散，猶八九次，胸滿，粥藥殊不可下。"又："丁卯，宣祖忌，余以腹散不赴。"卷八："丙辰，以病腹散在告，上遣中人徐涅賜食宣問……"

【滑泄*】㊍中醫指體液、大小便、精氣等排出時不受控制，多由體虛導致，也指內臟器官等虛弱的癥候。

《曾公遺錄》卷九："醫者孔元、耿愚深以為憂，以為精液不禁，又多滑泄。"

宋·陳直《養老奉親書·秋時攝養第十一》："治老人乘秋，臟腑虛冷，滑泄不定。"該詞在中醫典籍中很常見。元·李東垣《內外傷辨惑論》卷中："臟腑積冷，心腹疼痛，大便滑泄，腹中雷鳴。"清·劉仕廉《醫學集成》卷二："直出不禁，滑泄也。"明·李時珍《本草綱目·禽部》："脾虛滑泄。用烏骨母雞事例……""滑泄"也指食物或藥材所具有的可導致脾胃虛寒的屬性。明·王肯堂《證治準繩幼科》卷四："若過投寒劑如升麻、芩、連及滑泄之藥，必致內傷脾胃。"清·汪昂《醫方集解·和解之劑》："薤葉光滑，露亦難佇，故曰薤露，其性滑泄，能通氣滯，故胸痹下重並用之。"清·潘楫《醫燈續焰》卷十三："蔬中勿食不時、無名、大熱、大寒、滑泄之菜。"

【免乳】分娩。

《澠水燕談錄》卷七："范文正公未免乳喪其父，隨母嫁淄州長山朱氏。"

《夷堅甲志·玉津三道士》："聞侍妾免乳，亟入視之，生一男。"該詞漢代已有，《漢書·外戚傳上·孝宣許皇后》："婦人免乳大故，十死一生。"顏師古注："免乳，謂產子也。"

【解顱*】㋿中醫學病癥名。指小兒在兩歲後囟門仍不閉合的現象。

《曾公遺録》卷八："醫者云：解顱因發急風，不可治。"

明·李時珍《本草綱目·草部下》："小兒解顱，囟開不合，鼻塞不通。"明·黃衷《海語》卷中："印魚出南海，中似青魚而脩廣過之，頭骨中圻，如解顱之嬰……"

【扼吭¹*】氣逆於喉。

《清波雜志》卷九："一時失言，有所不免，若曰愧而扼吭，無是理也。"

【病風*】患風搐或風痹病。

《避暑録話》卷下："俗言磨墨如病兒，把筆如壯夫。又云磨墨如病風手，皆貴其輕也。"

【心風】指癲癥。

《曾公遺録》卷七："余云：'如此婉順曉之，人亦不怒，蓋聲色屬不自知爾。'夔云：'公言惇心風，豈不是罵？'"

【打試】㋿宋代稱檢驗視力。也作"打視"。

《歸田録》卷二："舉手試眼之昏明曰打試。"

宋·趙昇《朝野類要》卷五："庫務差遣人及投軍人須遠視目力，喝其指數，謂之打視，防其目疾爾。"

【頭童*】㋱指頭髮脫落，指年老。

《坦齋通編》："翁本老人之稱，而秃乃無髮者，如頭童之類。"

《大詞典》引清·姚鼐《題夢樓集》例。該詞唐時已有，韓愈《進學解》："頭童齒豁，竟死何裨？"

【挑生*】㋿廣西少數民族一種詛咒害人的巫術。①

---

① 馮雪冬認為是一種飲食過度、消化不良的病癥。參其博士學位論文《宋代筆記詞彙研究》。

《永樂大典》卷八五六九引《桂海虞衡志》:"廣南厭勝害人之術,不一端。挑生,則以魚肉食客,對之行法。魚肉能各以本形反生人腹中,人輒死。"

【挑草子＊】㈱指用針刺嘴唇、舌尖或額頭等部位出血,以治療寒熱時疫的方法。

《桂海虞衡志·雜志》:"草子,即寒熱時疫。南中吏卒小民不問病源,但頭痛體不佳便謂之草子。不服藥,使人以小錐刺唇及舌尖出血,謂之挑草子。"

《嶺外代答·瘴》:"間有南人熱瘴,挑草子而愈者。"明·張介賓《景岳全書·性集雜證謨》:"若夫熱瘴……偶成此證。其熱晝夜不止,稍遲二三日,則血凝而不可救矣。南中謂之中箭,亦謂之中草子。然有挑草子法,乃以鍼刺頭額及上下唇,仍以楮葉擦舌,皆令出血,徐以草藥解其內熱,應手而愈。"明·鄭全望《瘴瘧指南》卷上:"南人治熱瘴,初起不用藥,只挑草子之法,廣中之處有人能之。凡有瘴發一二日,卷其上下唇之裏,以針刺其血。"又:"然則南方挑草子之法,不可廢也。但南人未知辨赤色之道,愚謂熱瘴初起,刺病患兩足腕出血,又刺舌下出血。"

【將理】休養調理。

《建炎進退志》卷四:"臣夙夜毗勉,雖久患痁疾,亦不敢在假將理。"

該詞唐時已有,唐·錢珝《為集賢崔相公論京兆除授表》:"忽患瘡痍,不離枕席。近雖潰穴,尚有本根。固極虛羸,且須將理。"

【混死＊】㈱苟且活在世上一直到死。

《續世說·譎險》:"建成因令妃嬪譖之曰:'秦王自言我有天命,方為天下主,豈有混死。'"

明·天然癡叟《石點頭》第三回:"又想:'我今脫了這苦累,樂得散誕幾年,就死也做個逍遙鬼。難道不強似那苦戀妻子,混死在酒色財氣內的幾倍。'"

【壽享】享年。敬辭,稱死者活的壽數。

《錢氏私志·求嗣》:"伯兄果酉時生,平生淡薄,壽享正七十有九。"

該詞南北朝已有，佚名《上清元始變化寶真上經》："得知黃老四變之容，壽享萬年，修行其道，飛行上清。"《舊唐書·文宗本紀》："辛巳，上崩於大明宮之太和殿，壽享三十三。"

4.2 生活行為

生活行為主要指人們在日常生活中的行為動作，包括喜怒哀樂、衣食住行、嬉戲遊玩等。

【滴酥＊】㈱用酥油做的花果模型或圖案。

《師友談記》："澈，資政傳正之子也。傳正守長安日，澈之婦閉戶不治一事，惟滴酥為花果等物。每請客，一客二十釘，皆工巧。盡力為之者，只用一次。復速客，則更之。以此諸婦日夜滴酥不輟。"

《武林舊事·元夕》："節食所尚，則乳糖圓子……澄沙糰子、滴酥鮑螺、酪面。"

【澄窨＊】㈱將酒窨藏，使之澄清。

《清異錄·甕宮集大成》："雍都，酒海也。梁奉常和泉病於甘，劉拾遺玉露春病於辛，皇甫別駕慶雲春病於釅，光祿大夫致仕韋炳取三家酒，攪合澄窨飲之，遂為雍都第一。"

【添豑＊】㈱【豑水＊】㈱在酒裏加水。

《珩璜新論》卷四："俗言'添豑（自注：定斗反）'，以水投酒，謂之'豑水'。"

【揚擲＊】簸篩除去米中的雜物。

《近事會元·揚擲米運》："《唐志》云：明皇開元初，每運米至京，或砂礫糠粃雜乎其間，詔使揚擲較其虛實。揚擲之名，自此始也。"

該詞五代時已有，《舊唐書·食貨志下》："先是，米至京師，或砂礫糠粃，雜乎其間。開元初，詔使揚擲而較其虛實。"

【打水＊】㈱汲水。

《歸田錄》卷二："汲水曰'打水'。"

【剪治】㈢用剪子修（枝葉、指甲、動物皮毛等）。

《仇池筆記》卷下："今乃見岑參詩有《衛駕赤驃歌》，曰：'赤髯胡雛金剪刀，平時剪出三鬃高。'乃知唐御馬皆剪治，而三鬃其飾也。"

該詞南北朝時已有，失譯《大方廣十輪經》卷三："幼小嬉戲所生之處，及諸澡浴偃臥飲乳，剪治手足一切爪甲，案摩支節。"宋·李綱《拙軒記》："竹樹雖美，叢檜茂密，不加剪治，全其自然。"也引申為處理、懲治。南朝梁·蕭子顯《南齊書·虞玩之傳》："此後有犯，嚴加翦治。"

【打飯*】㈢給勞作的人送飯稱"打飯"。

《歸田錄》卷二："役夫餉飯曰'打飯'，兵士給衣糧曰'打衣糧'。"

【打火】㈠旅途中休息做飯。

《蘆浦筆記·打字》："行路有打火、打包、打轎。"

《大詞典》引元·王實甫《西廂記》例。

【噇飯*】㈢無節制地大口吃飯。

《叢林盛事》卷下："雪巢見之，大稱賞曰：'禪和子三十年在眾噇飯，未必有此作，他日必成大器。'"

《玉篇·口部》："噇，喫兒。"唐·張鷟《朝野僉載》卷五："將一楪槌餅與之曰：'噇却！做箇飽死鬼去。'"宋·祖琇《僧寶正續傳》卷二："死心又問：'準老你安許多僧，只是聚頭打閧了噇飯，你畢竟將何為人。'"明·瞿汝稷《指月錄·寶志禪師》："雲門云：'你立不見立。行不見行。四大五蘊不可得。何處見有山河大地來。是你每日把鉢盂噇飯。喚甚麼作飯。何處更有一粒米來。'"清·超永《五燈全書·京都聖感桂芳林禪師》："好箇消息，禪不會慘，噇飯第一，飯後喫茶，不知何味。"

【淡喫*】㈢吃本應有鹽味，却沒有放鹽的食物稱"淡喫"。也作"淡吃"。

《經鉏堂雜志·食時五觀》："余嘗入一佛寺，見僧持戒者，每食先淡喫三口……且先喫三口白飯，已過半矣。"

【囚飲 *】露髮赤腳著械而飲酒。

《文昌雜錄·附錄》："石曼卿善豪飲……每與客痛飲，露髮跣足，著械而坐，謂之'囚飲'。飲於木杪，謂之'巢飲'。以藁束之，引首出飲，復就束，謂之'鱉飲'。"

【巢飲 *】在樹上飲酒。

例見"囚飲"。

【鱉飲 *】一種飲酒遊戲。用蒿草束身，伸頭出來飲酒，飲完後再束身。

例見"囚飲"。

【開素 *】⑯開葷。俗稱開齋。

《猗覺寮雜記》卷上："'親家翁''開素''鵲填河'皆俗語，白樂天用俗語為多。"

【破盤】分食祭餘的酒菜果品。

《家訓筆錄》卷一："以其享祀酒食，合族破盤。"

【軟飽】飲酒。

《冷齋夜話》卷一："詩人多用方言……謂睡美為'黑甜'，飲酒為'軟飽'。"

【聲説】⑯猶申説。

《曾公遺錄》卷七："兼不獨序辰不於語錄內聲説拜受酒一節，時彥以下亦不曾聲説，並合取勘。"

《大詞典》用元散曲《四換頭》例。

【下語 *】⑯措辭；用語。

《說郛》卷三十七引《西畲瑣錄》："蓬州道士賈善翔，字鴻舉，能劇談，善琴嗜酒，士大夫喜與之游。東坡嘗過之，戲書問曰：'身如芭蕉，心如蓮花……'末云：'鴻舉下語。'"

該詞唐已有用例。唐·元兢《詩髓腦》："若單用佳城，即如滕公佳城為形跡病也，文中例極多，不可輕下語也。"《大詞典》引宋·蘇軾《西江月》例。

【打號】㊗喊號子。

《蘆浦筆記·打字》："世間言打字尚多……畚築之間有'打號'。"

宋·高承《事物紀原·博弈嬉戲·杵歌》："今人舉重出力者，一人倡則為號頭，眾皆和之，曰'打號'。"

【鬼擘口】亦作"鬼劈口"。謂隨口亂說。

《曲洧舊聞》卷八："東坡曰：'當時阿誰教汝鬼擘口？'子由無語。"

【鬼劈口】㊗謂隨口亂說。

《揮麈後錄餘話》卷一："穆父既出國門，蔡元度餞別，因誦其前聯，云'公知子厚不可撩撥，何故詆之如是？'穆父愀然曰：'鬼劈口矣！'"

【附語＊】迷信謂鬼魂憑藉活人講話。

《文昌雜錄》卷三："昔年通判壽州，知州光祿卿林洙，因鼓角匠入州衙為盜，被傷而卒。後一日，其家女僕附語云……"

《東坡志林·辨附語》："世有附語者，多婢妾賤人。否則衰病不久當死者也。其聲音舉止皆類死者，又能知人密事，然皆非也。"

【話墮】㊗失言。

《枯崖漫錄》卷上："……忽隨侍過饒之薦福，看雲門話墮。又十年，一日，繞蓮池行，自誦云：'那裏是這僧話墮處。'忽大徹。"

該詞唐時已有，唐·裴休《黃檗山斷際禪師傳心法要》："問：'才向和尚處發言，為甚麼便言話墮？'師云：'汝自是不解語人，有甚麼墮負。'"宋釋慧開《禪宗無門關·非風非幡》："頌曰：風幡心動，一狀領過，只知開口，不覺話墮。"宋·釋道璨《偈頌二十五首》之十四："放開也在我，捏聚也在我。睦州擔板漢，開口成話墮。"宋·釋曇華《禪人寫真請贊十二首》之三："者漢初無罪過，祇是頭區眼大。雖然肚裏醒醒，開口便先話墮。"

【咭嘹舌頭 *】比喻學舌而喋喋不休且言不及義。"咭嘹"也作"吃嘹""狧嘹"。①

《叢林盛事》卷上:"吳揮扇,旻曰:'有甚不脫灑處?'吳大喜曰:'便請末後句。'旻乃搖扇兩下,吳曰:'親切!親切!'旻曰:'咭嘹舌頭三千里。'"

【厮看 *】㑚看。

《曾公遺錄》卷九:"又云:'一面駁奏,一面厮看,好讀書人。'"又:"陛下嘗宣諭云:'厮看又防甚事?'"

《雞肋編》卷上:"曾乾曜有《醜奴兒詞》十三首,皆咏外州風物。其一云:'驀地厮看時……'"明·凌濛初《二刻拍案驚奇》:"見村中老人家每動手下棋,即袖著手兒站在旁邊,呆呆地厮看。"清·俞萬春《蕩寇志》第一百四回:"魯武二人都喘著氣厮看,只見李逵大吼奔上……"又第一百三十三回:"王進見他走出,也不追趕,立住了馬厮看。"

【扠睫 *】㑚擦眼淚。

《曲洧舊聞》卷二:"未幾器之訃至,晁以道對客誦'南嶽新摧天柱峰'之句,至哽咽不得語,客皆扠睫。"

扠,擦拭。《廣雅·釋詁二》:"扠,拭也。"宋·歐陽修《謝觀文王尚書惠西京牡丹》詩:"見花了了雖舊識,感物依依幾扠睫。"

【打失鼻孔 *】㑚嗅覺遲鈍之意。

《枯崖漫錄》卷上:"春葩千萬叢,春山千萬疊。正與麼時,釋迦老子打失鼻孔,是汝諸人還知麼?"

宋·釋普濟《五燈會元》卷二十:"大小巖頭打失鼻孔。忽有人問保寧,浩浩塵中如何辨主?祇對他道,天寒不及卸帽。"宋·釋心月《偈頌一百五十首》之四十九:"晝見日,夜見星,妙高山色青又青。便與麼去,不惟打失鼻孔,亦乃失卻眼睛。"宋《虛舟普度禪師語錄》:"此香,枝葉

---

① 雷漢卿. 語文辭書釋義商補[M] // 漢語史研究集刊:第十三輯. 成都:巴蜀書社,2009:285.

全無，一味真實，覷著則兩目全枯，嗅著則打失鼻孔。"明·無慍《山庵雜錄》："我思打失鼻孔日，是何氣息今猶存？"也有"打失眼睛"的說法，即眼神遲鈍。宋·釋智朋《偈傾一百六十九首》之一："良醫之門，愈多病人，傅大士打失鼻孔眼睛，至今尋討不見。"明《二隱謐禪師語錄》："所以靈雲見桃，打失眼睛；山谷聞桂，打失鼻孔。"

【放生】把捕獲的小動物放掉。慈悲為懷者視放生為善舉。

《淳熙三山志·寺觀類四》："雙峰院新俗里，咸通元年置，有放生池。"

《武林舊事·浴佛》："是日西湖作放生會，舟楫甚盛，略如春時小舟，競買龜魚螺蚌放生。"該詞先秦已有，《列子·說符》："邯鄲之民，以正月之旦獻鳩於簡子，簡子大悅，厚賞之。客問其故，簡子曰：'正旦放生，示有恩也。'"

【點頭*】頭微微向下一動。表示允許、贊成或領會等。

《道山清話》："安石略陳數語，人不聞安石所言何事，但見上連點頭曰：'極是，極是。'"

該詞五代已有，五代·齊己《寄松江陸龜蒙處士》詩："道在誰開口，詩成自點頭。"

【䶂*】㊗大笑。

《嬾真子·送窮擬逐貧賦》："僕不覺大笑。時同舍王抃彥法問曰：'何䶂？'（自注：笑至甚為䶂。）"

【盤礴】箕踞。伸開兩腿坐。

《仇池筆記》卷下："曹煥遊嵩山，中途遇道士盤礴石上。"

《昨夢錄》："各解衣盤礴，慘淡經營，不復相顧。"

【枯坐*】㊗默坐，呆坐。

《枯崖漫錄》卷中："短篷遠禪師，平生不設臥具，晝夜枯坐，得'遠鐵橛'之稱。"

《大詞典》引元·虞集《天曆戊辰前續詠貧士》例。

【瘦坐*】㊗即枯坐。

《枯崖漫録》卷下："枯椿曇禪師，清介寡言，瘦坐竟日。"

該詞唐時已有，孟郊《秋懷》其十三："瘦坐形欲折，腹飢心將崩。"常指禪坐。宋·釋普度《送僧》："瘦坐清行合澗邊，衲衣楚楚濕蒼煙。"宋·宏智正覺撰《宏智禪師廣録·禪人發心丐席求頌》："默遊兩岸雪蘆外，瘦坐五湖煙水中；未許春眠夢蝴蝶，大方引步劫壺空。"又《鑒維那求月堂頌》："胡床瘦坐搖香篆，淨照壺中一默遊。"

【傴立＊】㊍弯着腰站立。

《北行日録》卷上："二人立垛側喝箭，射每中，則面廳傴立，撒手報覆。"

傴，彎腰。《廣雅·釋詁一》："傴，曲也。""傴立"後世多有用例。元·袁桷《先大夫行述》："至大祭，盛服俟廟門，陳器薦牲饌，低首傴立，終日不少動。"元·吳師道《梵隆畫番王獻佛圖》："拱手傴立，顏和愉足，明神化羣，情趣眇然"明·宋濂《蘭亭觴詠圖記》："二童執觴流於溪，一童傴立其後，舉觴次第授之。"清·聶鈫《泰山道里記》："靈辟峰南為朗公山，西巖有朗公石，狀如老僧傴立。"

【倦跼＊】㊍拳曲；蜷曲。同"倦局"。

《重明節館伴語録》："被旨伴筵，幸得相陪。館中可煞倦跼？"

"倦"通"蜷"，《夷堅丙志·華嚴井鬼》："終夕倦局，恰登床欲寢。"明·王九思《難經集注》卷四："勞動其力，倦局其足，故傷脾也。""跼"義即屈曲不伸。《後漢書·李固傳》："亭長嘆曰：'居非命之世，天高不敢不跼，地厚不敢不蹐。'"李賢注："跼，曲也。"

【拳跽】㊍屈膝下跪。

《蜀檮杌》："吾唐室諫臣，終不能拳跽與雞犬同食。"

【勃跳】蹦跳。也作蹳跳。

《枯崖漫録》卷上："昨夜泥牛勃跳，帶累金剛發顛。"

該詞唐時已有，唐·雲門文偃撰、守堅編《雲門匡真禪師廣録》："師乃云：'火爐勃跳上三十三天，見麼？見麼？'"

【翻筋斗＊】【打筋斗＊】身體向下翻轉仍復原狀。亦作"翻跟斗"

"翻斤斗"。

《叢林盛事》卷上："直打翻筋斗而出。"又："尤在印之頂顙之上打筋斗耳。"

《林間錄》："彼問見南泉，而以此對，卻成虛空中打筋斗。"

【運掉*】運轉擺動。

《黑韃事略》："有環刀，效回回樣，輕便而犀利，靶小而褊，故運掉也易。"

【厮踢*】㊋踢。

《高齋漫錄》："東坡與溫公論事，偶不合。坡曰：'相公此論，故為鱉厮踢。'溫公不解其義，曰：'鱉安能厮踢？'曰：'是之謂鱉厮踢。'"

宋·釋普濟《五燈會元》卷二十："佛眼曰：'官馬厮踢，有甚憑據？'師曰：'說甚官馬厮踢，正是龍象蹴踏。'"

【于于】㊌相屬貌，相繼。

《黑韃事略》："每飲馬時，其井窟止可飲四五馬，各以資次先後，于于而自來，飲足而去，次者復至。"

《大詞典》用元·蒲道源《閑居記事》例。

【繼火*】傍晚舉火以接日光。

《五國故事》卷下："嘉王宗壽者，王氏宗室中最為賢王。嘗因重陽，衍召宗室及近臣宴於宣華苑，自旦至於繼火，沈酒尤甚。"

【停待】等待；停留。

《珩璜新論》卷四："俗所謂'停待'，《晉書》已有此語也。《愍懷太子傳》：'陛下停待'是也。"

【坐冬*】㊋避冬。

《曾公遺錄》卷七："河東奏，北人沿代州邊界置圍場十所，今歲必於西京坐冬。"

《續資治通鑑長編·哲宗元符二年》："知章等既受詔，河北諸州數言，遼主今歲必於西京坐冬，及於河東對境多作圍場，屯兵聚量，以俟受禮。"遼·楊佶《大契丹國故雍肅恭壽仁懿秦晉國大長公主墓誌銘》："其年冬十一月十七日薨於龍化州西南坐冬之行帳，享年七十有六。"元·脫脫《遼史·營衛志中》："五月，納涼行在所，南、北臣僚會議。十月，坐冬行在所，亦如之。"元·張德輝撰、民國·姚從吾校注《嶺北紀行》："其地饒沙，冬月稍暖，牙帳多於此坐冬，與北南大臣會議國事。遼史、元史、時人旅行記中，重視避冬的史料尚多……冬天選住山陽溫暖的地區，積薪儲水，以為禦寒。"

【過位 *】前往某一處所。

《宣和乙巳奉使金國行程錄》："館伴使、副過位，召國信使、副為惜別之會，名曰'換衣燈宴'。"

【着力 *】用力。

《肯綮錄·東坡易簀》："公云：'西方不無，但箇裏着力不得。'錢濟明云：'先生平時踐履，至此更須着力。'曰：'着力即差。'語絕而逝。"

該詞唐五代已有，《敦煌變文集·無常經講經文》："須自鈍丞（准承）方免難，望他著力沒因由。"

【大刀頭】【刀頭】"還"字的隱語。

《邵氏聞見後錄》卷十八："古樂府：'藁砧今何在？山上復有山。何當大刀頭？破鏡飛上天。''藁砧'，鈇也，問夫何在。重山，出字，夫出也。'何當大刀頭'，刀頭有環，何時還也。'破鏡飛上天'，月半還也。如李義山'空看小垂手，忍問大刀頭'；宋子京'曾損歸書憑鯉尾，莫令殘月誤刀頭。'俱用此事云。"

《漢書·李陵傳》記載，漢武帝時李陵敗降匈奴，昭帝即位，遣陵故人任立政等三人至匈奴招陵。單于置酒賜漢使者，"立政等見陵，未得私語，即目視陵，而數數自循其刀環，握其足，陰諭之，言可還歸漢也。"刀頭有環，環、還音同，後以"大刀頭""刀頭"作為"還"字的隱語。南朝陳·徐陵《玉臺新詠·古絕句》："槁砧今何在？山上復有山。何當大刀頭？破鏡飛上天。"宋·范成大《余與陸務觀自聖政所分袂留此為贈》

詩:"一語相開仍自解,除書聞已趣刀頭。"①

【回腳 *】㈱回程,返回原處。

《可書》:"自稅舟得一草籠回腳糧船,與舟人約價登舟,見賣蒸餅者,於篋中取金錢十文,市一枚以食。"

該詞唐時已有,唐·杜牧《七夕》:"雲階月地一相過,未抵經年別恨多。最恨明朝洗車雨,不教回腳渡天河。"宋·徐夢莘《三朝北盟會編》卷三十:"城下之戰,固不可輕議。待其回腳,數路躡之,使前不得還,後以重兵擁之,可一舉而殲之。"《文獻通考·四裔考七》:"又自北流遵陸一百二十里至郁林自郁林,州水路可至廣州,皆有回腳鹽船,運鹽牛車可顧。"清·佚名《第一奇女》第四十六回:"我昨日已合夥計商議妥,上米倉雇下南來的回腳船。"清·徐松《宋會要輯稿·食貨四二》:"緣在京四排岸司回腳空船,官員指射乘載赴任,已有編敕,其川峽回腳空船即未曾明立條貫。"

【飛頭 *】㈦傳說中嶺南一帶少數民族的荒誕怪俗,頭可長翼飛走,天亮回到脖子上。

《續博物志》卷十:"嶺南溪洞中,往往有飛頭者,故有飛頭老子之號。頭將飛一日前,頸有痕,匝項如紅縷。妻子共守之,及夜生翼飛去,曉卻還。"

指頭顱飛走的事晉時有記載,干寶《搜神記》卷十二:"秦時,南方有落頭民,其頭能飛,其種人部有祭祀,號曰'蟲落',故因取名焉。"唐代"飛頭"一詞基本固定,且對頭飛走的情況有較詳細的記載,與《續博物志》所記內容大同小異,唐·段成式《酉陽雜俎》卷四:"嶺南溪洞中往往有飛頭者,故有飛頭獠子之號。頭將飛一日前,頸有痕,匝項如紅縷,妻子遂看守之,其人及夜狀如病,頭忽生翼脫身而去,乃於岸泥尋蟹蚓之類食,將曉飛還如夢覺,其腹實矣。"宋代其他筆記中也有記載。《嶺外代答·獠俗》:"舊傳其類有飛頭、鑿齒、鼻飲、白衫、花面、赤褌之屬二十一種,今右江西南一帶甚多,殆百餘種也。"後人也認為"飛頭"是

---

① "大刀頭"還指圓滿,以取刀頭象形。宋·梅堯臣《祫享觀禮二十韻》:"帝來清廟下,月欲大刀頭。"該義項《大詞典》未收。

一種疾病。清·毛對山《醫話》:"嘗觀《拮奇集》載黑犬遍體無雜毛,目如丹朱者,名風夷,能治飛頭之疾,初不知飛頭何疾,閱《搜神記》吳時將軍朱桓一婢,每夜臥頭輒飛去,將曉復還。又《酉陽雜俎》嶺南溪洞中往往有飛頭者……噫!此固疾耶,奇甚矣。未識何由而得,遍閱諸書,無從考證耳。"《大詞典》"飛頭"條僅一個義項,指南宋抗戰派韓侂冑被誅後,和議再起,金人索要韓的頭顱,南宋政府破棺取首送去。飛頭即指此事。

【巾裹¹】㊣用頭巾打扮。

《北夢瑣言》卷三:"唐路侍中巖,風貌之美,為世所聞……善巾裹,蜀人見必效之,後乃翦紗巾之腳,以異於眾也。"

【巾裹²】㊣謂舉行冠禮。

《聞見近錄》:"前人每子弟及冠,必置盛饌,會鄉黨之德齒,使將冠者行酒,其巾裹如唐人之草裹,但繫其腳於巾者。酒行,父兄起而告客曰:'某之子弟僅于成人,敢有請。'將冠者再拜,右席者乃焚香善祝,解其繫而伸之。冠者再拜謝而出,自是齒于成人,冠服遂同長者,故謂之巾裹,亦古之冠禮也。"

【草裹*】㊣唐時一種頭巾裹法。

《聞見近錄》:"前人每子弟及冠,必置盛饌,會鄉黨之德齒,使將冠者行酒,其巾裹如唐人之草裹,但系其腳於巾者。"

該詞唐時已有,李白《玩月金陵城西孫楚酒樓達曙歌吹日晚乘醉著紫綺裘烏紗巾與酒客數人櫂歌秦淮往石頭訪崔四侍御》:"忽憶繡衣人,乘船往石頭。草裹烏紗巾,倒被紫綺裘。"宋·喻良能《題太白祠堂》:"倒披綺裘草裹巾,酒醒玉山來映人。明月滄江故無恙,騎鯨何處狎龍鱗。"

【重戴¹*】㊣頭巾之上加戴帽子。

《麈史·官制》:"舊,尚書郎中皆重戴。官制之後,大夫皆不許重戴。"

《宋史·輿服志五》:"所謂重戴者,蓋折上巾又加以帽焉。宋初,御史臺皆重戴,餘官或戴或否。"《大詞典》引元·脫脫《宋史》例。

【重戴²*】㊣既有傘又戴帽。

《石林燕語》卷三："既有繖，又服帽，故謂之重戴。"

【科髮＊】 ㊌即科頭，指不戴冠帽，裸露頭髻。

《冷齋夜話》卷八："道士驚，科髮披衣，啟關問其故。"

明·謝榛《樓居秋夜》："短笻不到地，老子愛樓居。徙綺常科髮，疏慵肯著書。"清·盧焯《福建通志》："無何，父卒于南都，女縞衣茹素，科髮垢容坐臥小樓上九年。"

【繡面＊】 ㊌紋面。①

《諸蕃志·志物》："女及笄，即黥頰為細花紋，謂之'繡面'。女既黥，集親客相賀慶，惟婢獲則不繡面。"

【文刺²＊】 ㊎即文身。指在身體上刺畫有色的花紋或圖案。

《雞肋編》卷下："擇卒之少壯長大者，自臀而下文刺至足，謂之'花腿'。"

清·徐松《宋會要輯稿·帝系七》："因而破壞資產、費用錢物，若為文刺身體者，各加二等，並千里編管，不以蔭論。"又《道釋一》："其先經還俗，或曾犯刑責負罪逃亡，及景跡凶惡、身有文刺者，並不得出家。"《大詞典》僅釋義"猶名片，名刺"。

【雕青】 刺青。在人體上刺花紋，並塗上青色。宋元時風俗，表示武勇。

《陶朱新録》："王恩太尉自親事官出，上皇時為三衙。其夫人為買妾，甚美。恩方詣之，見恩髀間雕青，驚指曰：'此何物也？'"

【裝裹】 裝饰，打扮。

《辯誣筆録》卷一："適自部中來，朝廷要二十副珠子、花鐶、頭面裝裹內人。"

該詞唐五代已有，《敦煌變文集·韓擒虎話本》："官健唱喏，丐（改）箕衣裝，作一百姓裝裹。"

【打扮】 使容貌和衣着好看；裝飾。

---

① 參馮雪冬博士學位論文《宋代筆記詞彙研究》。

《蘆浦筆記·打字》："裝飾謂之打扮。"

【銜袖*】㋰放在袖子裏,多用指文書。

《梁谿漫志·江陰士人彊記》："葛心不平,坐良久謂之曰:'君謁太守亦有銜袖之文乎?'其人曰:'然。'葛請觀之,其人素自負,出以示。"

該詞唐時已有,韓愈《試大理評事王君墓誌銘》："嫗曰:'無苦,翁大人,不疑人欺我,得一卷書粗若告身者,我袖以往,翁見,未必取視,幸而聽我。'行其謀。翁望見文書銜袖,果信不疑。"《能改齋漫錄·記文》:"孫既見卻,遂留寓待報,嘗作一《謝郡官小啟》云:'固有文書銜袖,大人不以為疑。無何君命至門,將軍為之不受。'"元·佚名《東南紀聞》卷二:"數日婿來,以文書銜袖,觀之則名登於進卷矣。"清·閑齋氏《夜譚隨錄·董如彪》:"筍展誦一遍,銜袖而笑。"

【渾衣】㋰不脫衣服。即和衣。

《自警編》卷七:"張忠定公差銜校往捕之,戒曰:'爾生擒得處,則渾衣撲入井中,作逃走投井申來。'"

宋·宋祁《哀江南》詩:"媿婳斯文念賈生,精神雕琢坐寒更。一書草就渾衣臥,恨煞東方不肯明。"清·蒲松齡《聊齋俚曲集》第五回:"炕上沒有蘆席,周元拿了個桿草來鋪上,那萬歲渾衣欹倒。"

【和衣】㋱謂不解衣服。

《詩話總龜》卷二四引《江南野史》:"(韓熙載)晚年奉貢入梁京,絕知舊,題壁云:'……目前相識無一人,出入空傷我懷抱。風雨蕭蕭旅館秋,歸來窗下和衣倒……'"

該詞唐時已有,唐·呂嵒《步步高》:"退群魔,困也和衣臥。"《大詞典》引宋·張先《南歌子》例。

【漂絮*】漂洗絲棉絮。一說在水中擊絮。

《緯略·漂》:"漂絮,擊絮也。宋景文公詩'藥有不龜方,擊絮管無妨',亦以漂為擊也。"

【紉紅*】㋰縫紉。紅,指女紅。

《談藪》:"張帥蜀時,有新變,為帥守者不許將官家,擇處子十人執院紉紅之役。"

【補衲】㊝縫補,補綴。

《清異錄·闌單帶疊垛衫》:"諺曰:'闌單帶,疊垛衫,肥人也覺瘦嚴嚴。'闌單,破裂狀;疊垛,補衲蓋掩之多。"①

《大詞典》引柔石《為奴隸的母親》例。

【折洗＊】㊛縫補、清洗破舊衣服。

《石林燕語》卷十:"王荊公性不善緣飾,經歲不洗沐,衣服雖弊,亦不浣濯。與吳沖卿同為群牧判官,時韓持國在館中,三數人尤厚善,無日不過從。因相約:每一兩月,即相率洗沐。定力院家,各更出新衣,為荊公番,號折洗王介甫云。"

《能改齋漫錄·記事》:"熙寧元年,京師百官月俸四萬余緡,諸軍十一萬緡,而宗室七萬余緡。其生日折洗、昏嫁喪葬、四季衣不在焉。"元·秦志安《金蓮正宗記》卷四:"一日謂門人來靈玉曰:關中人謂衣裳破碎重修理者云何。對曰:謂之折洗。"清·夢筆生《金屋夢》第五十七回:"(了空)那日走到一坐山崖邊,只見一個白衣貧婆,在山澗邊折洗破衣,見了空來,坐在一株松樹根下打坐,便問了空道:'小禪師,你有甚麼衣服脫下來,我替你漿洗漿洗。我在前庵裏住,有個兒子出了家,來此看他,替他折折衣服,也是生他一場。'"《宋會要輯稿·食貨六四》:"乞自今後除傳宣及合同取索御前使用,並太皇太后、皇太后、皇后以下春冬折洗。"明·蘭陵笑笑生《金瓶梅詞話》第三十七回:"李瓶兒說道:'媽媽子,成日影兒不見……丟下好些衣裳,帶孩子被褥,等你來幫著丫頭每折洗折洗,再不見來了。'"折洗可用指衣服外的東西,指翻轉清洗,比喻蕩滌心靈。明·朱梓《普濟方·勞瘵門總論》:"紫河車一具,即男子胎衣。水洗淨,酒醋再折洗,用童尿並好酒煮爛。"宋·葉適《王簡卿侍郎以詩贈王孟同王成叟之姪也輒亦繼作》:"大溪逢侍郎,折洗心胃清;新詩發妙意,說盡文字情。"

---

① 大象出版社《全宋筆記》本"補衲蓋掩"中"衲"後點斷,誤。

【打鋪】㊝搭置臨時性的床鋪。多指打地鋪。

《蘆浦筆記·打字》:"席地而睡謂之打鋪。"

《大詞典》引明·施耐庵《水滸傳》例。

【捉婚】㊝提婚。

《過庭錄》:"永錫登甲科,京師權貴競捉婚,永錫皆謝絕。"

【驚婚＊】㊝指民間未婚女子因害怕被搜選入宮而急急婚配。

《五國故事》卷上:"(孟昶)遂遷新宮而居。以其宮宇稍廣,乃選民間女子有殊色者充之……而民間懼其搜選,皆立求媒伐而嫁之,謂之驚婚焉。"

【轉席】㊝舊時婚俗,迎接新婦入門時,須以氈席、褥席鋪地,新婦腳踏氈褥走進夫家,謂之"轉席"。

《芥隱筆記·轉席》:"今新婦轉席,唐人已爾。樂天《春深娶婦家》詩云:'青衣轉氈褥,錦繡一條斜。'"

【交盃】㊝舊俗舉行婚禮時,將兩個酒杯用紅絲線繫在一起,令新婚夫婦交換着喝這兩個酒杯裏的酒。

《塵史·風俗》:"古者婚禮合巹,今也以雙杯彩絲連足,夫婦傳飲,謂之交盃。"

《大詞典》收"交盃盞""交盃酒",未收"交盃"。

【餪女＊】謂舊時女兒嫁後三日,母家餪送食品或辦酒宴祝賀。

《晁氏客語》:"女嫁三日後餉食謂之餪女。"

【煖女】同"餪女"。

《履齋示兒編》卷二十三:"景文公納子婦三日,其婦家饋食物書云:以食物煖女。"

《侯鯖錄》卷三:"世之嫁女,三日送食,俗謂之煖女。"《東京夢華錄·娶婦》:"三日,女家送綵段油蜜蒸餅,謂之'蜜和油蒸餅'。其女家來作會,俗謂之'煖女'。"《聞見後錄》卷二七:"(宋景文公)嘗納子婦三日,子以婦家饋食物書白,一過目即曰:'書錯一字,姑報之。'至白報書,即怒曰:'吾薄他人錯字,汝亦爾耶?'子益駭,又緩當用何餪字?久之,怒聲曰:'从食从而从大。'子退檢字書《博雅》中出'餪'字,注云:'女嫁三日餉食為餪女。'始知俗間餪女云者,自有本字。"

【煖屋】㊝【煖房】舊俗稱備禮賀人遷入新居,或備禮賀人新婚。煖,同"暖"。

《清波別志》卷中:"里巷間有遷居者,鄰里釀金治具過之,名煖屋,乃古考室之義。或謂煖屋為俗語,嘗觀王建《宮詞》:'太儀前日煖房來,囑向昭陽乞藥栽。敕賜一窠紅躑躅,謝恩未了奏花開。'則知'煖房'之語亦有自來。"①

《夢粱錄·嫁娶》:"前一日,女家先往男家鋪房,掛帳幔,鋪設房奩器具、珠寶首飾動用等物,以至親壓鋪房,備禮前來煖房。"

【燒尾】唐時大臣初拜官向皇帝獻食。

《近事會元》卷三:"舊例,公卿大臣初拜官,皆許獻食,名曰燒尾。宗晉卿謂璟曰:何不燒尾?璟奏中宗曰:今粒食踴貴,百姓不足,臣不稱職,所以不敢燒尾。"

【摸石】㊝四川風俗,水中摸石以占求子之祥。摸到石頭生男,摸到瓦塊生女。

《豐清敏公遺事》:"西蜀繁富,風俗華侈,摸石、藥市等會,士女駢集,競為奢僭,帥守、監司往往勉徇其俗,謂不如是必召亂。"

元·費著《蜀錦譜》:"二十一日,出大東門,宴海雲山鴻慶寺,登眾春閣觀摸石。蓋開元二十三年靈智禪師以是日歸寂,邦人敬之,入山遊禮,因而成俗。山有小池,士女探石其中,以占求子之祥。"明·曹學佺《蜀中廣記·風俗記第一》:"成都風俗,歲以三月二十一日遊城東海雲寺摸石於池中,以為求子之祥。"明·陳耀文《天中記》卷四:"成都三月有海雲山摸石之遊,山有小池遊人競來摸瓦石於池中以為求子之兆,得石者為男,得瓦者為女。"

【延巧*】㊝七夕節以紅白羅迎接織女的風俗活動。

---

① 該書證取四庫本,大象出版社《全宋筆記》本"煖"作"暖"。

《五國故事》卷上："俄而,元膺以延巧之夕,將請建宴於東宮,遂謀作亂。"又："李煜每七夕延巧,必命紅白羅百疋以為月宫天河之狀,一夕而罷,乃散之。"

【談天】看相算命。

《玉照新志》卷二："舅氏宏父,談天者多言他日必為卿相。"

《桯史·看命司》："中都有談天者,居於觀橋之東,日設肆于門,標之曰'看命司'。"《清波雜志》卷三："今談天者既出入貴人門第,揣摩時事,以售其說。"

【推步*】猶推命。

《錢氏私志·求嗣》："大父寶閣善推步,午時遣人來報光玉云:'得數七十有九,若今日酉時生,是箇有福節度使。'伯兄果酉時生,平生淡薄,壽享正七十有九。"

【響卜】舊時迷信,據說聽別人講話可卜吉凶,謂之"響卜"。一般在除夕夜進行。

《曲洧舊聞》卷九："《王建集》有《鏡聽詞》,謂懷鏡於通衢間,聽往來之言以占休咎,近世人懷杓（自注:懷杓,今謂之打瓢。）以聽,亦猶是也。又有無所懷而直以耳聽之者,謂之響卜,蓋以有心聽無心耳,然往往而驗。"

該詞五代已有,王定保《唐摭言·聽響卜》："畢誠相公及第年,與一二同人聽響卜。夜艾人稀,久無所聞。俄遇人投骨於地,群犬爭趨;又一人曰:'後來者必銜得。'"

【打瓢*】㊛【懷杓*】㊛【鏡聽*】懷杓（瓢或鏡）出門聽人說話,以占吉凶休咎。

例見"響卜"。

杓,一種有柄的舀東西的器具。《集韻·藥韻》："杓,挹酌器,通作勺。"古時迷信,很重占卜,占卜中有一種響卜,聽別人講話以卜吉凶。唐時有"鏡聽",唐·王建《鏡聽詞》："重重摩挲嫁時鏡,夫婿遠行憑鏡聽。"放鏡在胸前,出門聽人言,以占卜丈夫在外的情況。後有懷瓢、懷杓，皆此類。明·沈長卿《沈氏日旦》卷一："響卜有奇驗者，以有心聽無心，原屬自己之靈也。古人有懷鏡以聽、懷杓以聽者，亦此意。"清·畢沅《失釵怨》："歸來幾度興長喟，夢怯魂驚難割愛。平明急起索金錢，遣婢橋頭打瓢卦。"

【燒琵琶＊】㊗古時蒙古族用燒羊骨來占卜的一種方法。

《黑韃事略》："其占筮，則灼羊之枚子骨，驗其文理之逆順，而辨其吉凶，天棄人予，一決於此，信之甚篤，謂之燒琵琶……徐霆注：霆隨一行使命至草地，韃主數次燒琵琶，以卜使命去留，想是琵琶中當歸，故得遣歸，燒琵琶即鑽龜也。"又："如大勢軍馬併力蝟奮，則力燒琵琶，決擇一人以統諸部。"

【拈香】㊝撮香焚燒以敬神佛。

《枯崖漫錄》卷中："（禪師）赴溫陵光孝請，開堂祝聖。拈香罷，乃云：'……'"

《能改齋漫錄·事始二》："然行香事，按《南山鈔》云：'此儀自道安法師布置。'又《賢愚經》云：'為蛇施金設齋，令人行香僧手中。'《普達王經》云：'佛昔為大姓家子，為父供養三寶。父命子傳香。'此云'行香僧手中'與'傳香'，今世國忌日尚行此意。至人君誕節，遂以拈香為別矣。"該詞唐時已有，唐·陳元光《半徑廬居語父老》："環拜諸公罷，拈香莫晚曩。"《大詞典》引《能改齋漫錄》例。

【然頂＊】即燃頂。用艾灸頭頂，以表示虔誠或祈福。

《建炎兩朝見聞錄》卷上："士庶讀詔，悉散還，通夕憂慮，至有然頂爇臂者。"

《青箱雜記》卷二："（龔慎儀）嘗奉使嶺表，劉主囚之，踰年不遣。慎儀憂悸，不知所出，乃然頂禱佛，願捨宅建寺，庶遂生還。"

【爇臂＊】㊗燃香於臂，以示赤誠。

《靖康紀聞》："士庶讀詔悉還，通夕不寐，至有然頂爇臂者。"

【小現】㊗佛教裏指菩薩的化身。

《吳船錄》卷上："朝日照之，則有光彩發溪上，倒射巖壑，相傳以為大士小現也。"又:"雲中復有金光兩道,橫射巖腹,人亦謂之小現。"

該詞東晉已有,法顯《摩訶僧祇律》卷九:"行時若逢人來,當即於淺草中,小現處坐,令行人見之,若人問言汝是何人,答言出家人何道出家。"後世還有用例。宋·黃大受《病起》詩:"枕上最宜思過眚,靜中倒得養精神。不辭小現維摩詰,只恐今無問病人。"清·陳浩《題沛上人松月傳心小照讀卷中方望溪先生文對雨成十四韻》:"朝來出錦囊,小現菩提相。"

【津送[1]】辦理喪事。

《經鉏堂雜志·令還山葬》:"他年身後一切從儉,子孫不許隨順世俗,以侈為尚。津送止合痛省,墳域還山足矣。"

《清波別志》卷下:"遼使耶律迪病且殆,自通好後,未有故事,今用章頻、王咸宜奉使卒於契丹,北人津送體例比類,預立畫一,送館伴所,密掌之,如迪死即施行。"

【勑葬*】宋代大臣或貴戚死亡,皇帝遣內侍監護葬事,稱"勑葬"。

《談苑》卷一:"京師語曰:'宣醫喪命,勑葬破家。'"

【暖孝*】㊎舊俗喪家於出殯前夕鼓樂宴客稱"暖孝"。

《師友談記》:"宣仁上仙……至七日,忽有旨下光祿供羊酒若干,欲為太后、太妃、皇后暖孝。"

【澆奠】㊊灑酒祭奠。

《曲洧舊聞》卷一:"逮質肅薨於位,裕陵澆奠。"

《萍洲可談》:"宰相薨,駕幸澆奠。"該詞唐時已有,唐·沈亞之《劉巖夫哀文》:"三爵與洗,祝延呼兮。為君澆奠,一饗余兮。"《大詞典》引《萍洲可談》例。

【燒飯*】㊎遼、金、元俗,祭祀後,焚燒祭祀用的酒食。

《吹劍三錄》:"元祐間,遼使言契丹於慶州崇奉仁宗御容,每夕宮人理衣衾,朔望大上食,食氣盡,登臺燎之,曰燒飯。"

【打調*】㊎調笑。

《蘆浦筆記·打字》："街市戲謔，有打砌、打調之類。"

【打顆】㊅戲曲演出中演員即興説趣話逗樂。泛指説笑逗樂。亦作"打諢""打渾"。

《猗覺寮雜記》卷下："優伶打顆，亦起於唐。李栖筠為御史大夫，故事，曲江賜宴，教坊倡顆雜侍……顆，力困切，弄言也。"

【打諢】同"打顆"。

《蘆浦筆記·打字》："飲席有打馬、打令、打雜劇、打諢。"

【打渾】同"打顆"。

《甕牖閒評》卷八："内宴優伶打渾，惟御史大夫不預，蓋始于唐李栖筠也。"

【打砌】㊅打諢。

《蘆浦筆記·打字》："街市戲謔有打砌、打調之類。"

【打鬨】胡鬧；開玩笑。亦作"打哄"。

《過庭録》："元祐間，伶人丁線見，教坊長，以諧俳稱……丁生及副丁石參謝忠宣，丁線見言曰：'餓殺樂人也相公。'丁石曰：'今時和歲豐，朝野歡樂，爾何餓為？'線見指忠宣而言曰：'是他著這幾個好打鬨趁浪，我輩衣食何患？'忠宣亦為一嗤。"

【趁浪】㊅湊熱鬧。

例見"打鬨"。

【惹鬧＊】㊅湊熱鬧。

《江南野史》卷二："建封不識大體，求綰中書政事。嗣主曰：'卿乃一使相耳，安可亂常僭於臺輔。汝無惹鬧。'自是人號之為'王惹鬧'。"

該詞唐五代已有，《敦煌變文·常經講經文》："從今後，休惹鬧，有高聲處身莫到。"清·佚名《九雲記》第十回："樓上諸公子，日至門外，咬喝惹鬧。最中張公子仗他吏部之勢，言辭悖醜，多率狠僕，將欲劫逼。"清·裧襫道人《妝鈿鏟傳》第十一回："路崎嶇，難逍遙，精一山前多惹鬧。”清・朴趾源（朝鮮）《熱河日記》：“甲軍則多年迎送，學語於我人，但慣聽搗伊之稱故耳，一場惹鬧，以致失睡。”

【趁哄】[本] 湊熱鬧。

《過庭録》：“温公曰：‘某適過范淳父門，邀之同去，徐思之，不敢輕言，被他不是個趁哄低人。’”

【抨棋＊】[本] 弈棋。

《肯綮録・抨棋》：“弈棋謂之抨棋。抨，普耕切，彈也，其字從手。”

【角賭】[本] 爭賭勝負。

《續世説・奸佞》：“（李道古）遊公卿門，角賭之際，僞為不勝而厚償之，故得一時虛名，而嗜利者悉與之狎。”

【飲博＊】飲酒博戲。

《猗覺寮雜記》卷下：“孝文時，吴太子入見，侍皇太子飲博。”

《歸田録》卷一：“楊大年每欲作文，則與門人賓客飲博、投壺、弈棋，語笑諠譁，而不妨構思。”

【排調】[晚] 戲謔，戲弄調笑。

《續世説》卷六《排調》：……

其内容全為戲謔之語。《世説新語》中就有《排調》一章，該詞南北朝時已有。《大詞典》引明・顧起元《客座贅語》例。

【撚錢＊】[本] 用手撚錢旋轉的一種游戲。

《避暑漫抄》：“（慈聖光獻曹后）在父母家時，與群女共為撚錢之戲，而后一錢輒獨旋轉盤中，凡三日方止。”

【簸錢】[本] 古代一種以擲錢賭輸贏的游戲。

《錢氏私志》：“内翰伯見而笑云：‘年十七，正是學簸錢時也。’”

該詞唐時已有，王建《宫詞》之九三：“暫向玉花階上坐，簸錢贏得兩三籌。”

【撲錢】[未] 古代一種以擲錢賭輸贏的遊戲。

《密齋筆記》卷五："淨慈寺畫壁女像，眼多遭剔去。或曰：撲錢者以塗錢面，則撲者不滿。又曰：倡家取雜粉中，則色媚。"

《朱子語類》卷四："又問：'一陰一陽，宜若停勻，則賢不肖宜均。何故君子常少，而小人常多？'曰：'自是他那物事駁雜，如何得齊！且以撲錢譬之……'"宋·陳振孫《直齋書錄解題》："以撲錢背面喻八卦陰陽純駁，此鄙說也。"撲錢之戲自古而有，且有很多種說法，稱作"意錢""擲錢""簸錢""撲賣"等。清·程穆衡《水滸傳注略》卷三十七："撲錢之戲最古，今猶盛行。漢曰意錢，《唐詩》：'白袷春來學意錢。'亦曰擲錢，《官詞》：'金錢擲罷嬌無力。'亦曰攤錢，《杜詩》：'白晝攤錢高浪中。'李濟翁謂攤鋪其錢，不使疊映欺蔽也。亦曰簸錢，《六一詞》：'堂上簸錢堂下走。'宋時有櫃坊局，博戲關撲，騙賺財物，又名撲賣，其法用五六錢就地撲之，純背曰快，純字曰叉（亞醜切），又有'五花''雙間'等名，大約叉快各半。"

【撲賣】㈢宋元民間盛行的一種博戲。以錢為博具，以字幕定輸贏。小販多用以招攬生意。

《都城紀勝·市井》："其夜市除大內前外，諸處亦然，惟中瓦前最勝，撲賣奇巧器皿百色物件，與日間無異。"

【賣撲＊】㈢同"撲賣"。

《東京夢華錄》卷十："御街遊人嬉集，觀者如織。賣撲土木粉捏小象兒，並紙畫，看人攜歸，以為獻遺。"

【撲買¹】㈢同"撲賣"。

《夢粱錄·十二月》："街市撲買錫打春幡勝、百事吉斛兒，以備元旦懸於門首，為新歲吉兆。"

【打標＊】㈢猶奪標。

《江南野錄》："嗣主之世，許諸郡民划競渡船，每至端午，官給綵，俾兩兩較其殿最，勝者加以銀椀，謂之打標。"

【打圍】打獵。因須多人合圍，故稱。

《曾公遺錄》卷七："北人於邊界批斫林木，準備戎主打圍。"

【打野胡】舊時民間歲末跳鬼驅邪風俗的俗稱。也稱"打夜胡"。

《晁氏客語》："《舊唐書·敬宗紀》：'帝好深夜自捕狐貍，宮中謂之"打夜狐"。'後民間稱跳鬼驅邪為'打野胡'。"

《雲麓漫鈔》卷九："世俗歲將除，鄉人相率為儺，俚語謂之'打野胡'。"

【打夜狐*】唐敬宗深夜捕狐貍，宮中稱"打野狐"。

例見"打野胡"。

《近事會元》卷五："唐敬宗寶曆二年十一月，帝好深夜自捕狐貍，宮中謂之打夜狐。"清·方以智《通雅·諺原》："唐敬宗自捕狐貍，謂之'打夜狐'，今民稱跳鬼為'打夜狐'，訛為'野胡'。"

【打夜胡】同"打野胡"。

《夢粱錄·十二月》："街市有貧丐者，三五人為一隊，裝神鬼、判官、鍾馗、小妹等形，敲鑼擊鼓，沿門乞錢，俗呼為'打夜胡'，亦驅儺之意也。"

【抹鞦*】㊍騎射的一種方式，騎在馬上向背後射箭。

《黑韃事略》："疾如颷至，勁如山壓，左旋右折，如飛翼，故能左顧而射右，不特抹鞦而已。"

《宋史·兵志九》："近歲專用順鬃直射、抹鞦背射法，止可輕騎挑戰，即用眾乃不能重列，非便。"明·何良臣《陣紀·技用》："馬射必以離把十五步而及者為熟，又能以每把必發分騣、對鐙、抹鞦者為精奇。"明·李呈芬《射經》："若久馳純熟，則馬上身法，如分騣、對鐙、抹鞦云者，惟所用之。鄭若曾曰：武士之常技三。曰分騣，向前射也；曰對鐙，向傍射也；曰抹鞦，向後射也。"

【射弓*】射箭。

《曾公遺錄》卷七："是日，引呈副都頭以上第三番將校畢，入引呈新行門射弓。"

【廝撲】㊋相扑。

《叢林盛事》卷上："喜問曰：'上座甚麼人？'直云：'安州人。'

喜曰：'我聞你安州人會廝撲，是否？'直便作相撲勢。"

《大詞典》引明·洪楩《清平山堂話本》例。

【綽撥*】㋳打毬術語。撥打。

《北狩見聞錄》："少頃，侍中劉彥宗具傳太子之意，跪奏云：'聞上皇聖賢甚高，欲覓一打球詩。'其請頗恭。徽廟云：'自城破以來，無復好懷。'遂作一詩，寫付彥宗。曰：'錦袍駿馬曉棚分，一點星馳百騎奔。奪得頭籌須正過，無令綽撥入邪門。'（自注：綽撥、邪門，皆打毬家語。）"

宋·曹勛《綠綺七詠》詩："連滄觀下兩軍分，金勒爭馳笑語溫。綽撥未能防輂棒，飛星時聽過毬門。"

4.3 經營勞作行為

這部分主要是與經濟、生產、貿易相關的行為動作俗語詞。

【搜和*】㋳混合攪拌。搜，攪拌。

《清異錄·黑太陽》："用精炭搗治作末，研米煎粥，搜和得所，豫辦圓鐵範，滿內炭末，運鐵面錘實擊五七十下，出範陰乾。"又《同阿餅》："天成中，帝令作同阿餅。法用碎肉與面搜和，如臂，刀截每只二寸厚，蒸之。"

該詞唐時已有，孫思邈《銀海精微》卷上："緩緩熬煉，滴水內成珠，方將前藥搜和為丸，即作錠子也。"後世頗有用例。《夢溪筆談·異事異疾附》："（奇石）其色紫光，如辰州丹砂；極光瑩，如映人；搜和藥劑；有纏紐之紋；重如金錫。"宋·朱翼中《北山酒經》卷中："候蒸豆熟，放冷，搜和白面並藥末。"金·張元素《醫學啟源·六氣方治》："用安息香膏，次煉蜜，一處搜和為丸，梧桐子大。"明·張介賓《景岳全書·宙集古方八陣》："右以茯苓為末，熔黃蠟搜和為丸，如彈子大。"清·魏之琇《續名醫類案》卷二："將安息香膏重湯煮凝，後入諸藥，搜和成劑，丸如桐子大。"

【盤灘*】㋳進險要河段前把貨物從船上卸下，運到險要河段之外再裝船。

《吴船录》卷下："（新滩）石乱水泅……两岸多居民，号'滩子'，专以盘滩为业。"

【探宝*】㊚指沧州一带民众带乾糧入深谷寻阴沉木，以铁锥插地探木，称为"探宝"。

《谈薮》："夫村取板，皆贫民下户率一二十人，请财主出本，裹糧入深谷，结茅舍宿食，每日四散，用铁椎插地探板，谓之'探宝'。"

【掘得窖子*】㊚挖到了窖藏的宝贝。

《仇池笔记》卷下："江南人好作盘游饭，鲜脯鲊炙无不有，埋在饭中。里谚曰'掘得窖子'。"

【掘著窖子】㊚同"掘得窖子"。

《猗觉寮杂记》卷下："後人偶掘地得钱谓之掘著窖子。"

【打化】犹募化。

《芦浦笔记·打字》："僧道有打化。"

《夷坚支志戊·刘黄二道人》："黄哥记得与我在秀州打化时事否？"

【游索*】遇经济困难，外出向人求索。

《国老谈苑》卷二："查道初应举，自荆州湖游索，获资十余万。"

《能改斋漫录·记事一》："樊若水，江南人，贫甚游索，乡人不为礼。"

【打合】拼凑。

《芦浦笔记·打字》："然世间言打字尚多……又有打睡、打嚏喷、打话、打闹、打閧、打和、打合。"

《四朝闻见录·杨和王相字》："司帑者乘间白王曰：'恩王前日曾批押予相字者钱五百万，有之乎？'王曰：'是，是。'……司帑进曰：'某以非恩王押字拒之，众人打合五十千与之去矣。'"

【麻刀[1]】㊡将石灰、泥灰等和碎麻一起混合搅匀。

《珩璜新论》卷四："俗以和泥灰为'麻刀'。出《唐六典》：京兆歲送麥稍三萬圍，麥麩二百車，麻擣二萬斤。"①

《大詞典》僅釋義"同石灰和在一起抹牆用的碎麻"。

【薩埵*】㊉喜好施捨。

《嬾真子》卷二："戲言曰：'今日眾僧闕供，摩薩埵宜知。'（自注：好施謂之薩埵。）"

《大詞典》僅釋義"梵語。摩訶薩埵之簡稱，即大士，大菩薩"。

【打腰】㊉束腰，特指把錢物綁在腰間。

《蘆浦筆記·打字》："負錢於身為打腰。"

【打博】貿易。②

《松漠紀聞》："每春冰始泮，遼主必至其地，鑿冰釣魚，放弋為樂。女真率來獻方物，若貂鼠之屬，各以所產量輕重而打博，謂之打女真。"

【打女真*】遼代與女真人進行貿易之稱。

例見"打博"。

【折博*】謂以金銀折換實物，或物與物相折換。

《重明節館伴語錄》："天使任邦俊賜袞等以下生餼，依例折博，袞等受賜訖。"

【銷折 shé *】㊉損耗。

《石林燕語》卷三："倉廩宿藏，動經數歲，若取之如此，後豈免銷折乎？"

【銷折 zhé *】㊉抵銷。

《蘆浦筆記·紫微王舍人夢》："臺餽往來，世固有之，而冥冥之中已批料歷，則是銷折平生合得之物。"

---

① 四庫本"圍"作"捆"，麥越作"麥麩"，"麻擣"作"麻刀"。
② "打博"還指下棋，博通"簙"。宋·潘自牧《記纂淵海》卷八八引《鄴侯家傳》："肅宗與張亮娣打博，子聲聞於外。"該義項《大詞典》未收。

【折本】賠本,虧本。

《經鉏堂雜志·讀書》:"凡營利者皆折本,唯讀書不折本。"

【賒荷＊】㊍賒欠和負債。

《清異錄·瓶盞病》:"肴核有無,醪醴善否,一不問;典當抽那,借貸賒荷,一不卹。"

【索逋＊】㊓催討欠債。

《北窗炙輠錄》卷上:"趙元鎮丞相未第時,曾投牒索逋二百緡。"

《大詞典》引元·劉君錫《來生債》例。

【理索】索回。

《曾公遺錄》卷九:"此非理索,又非逃背,何可不收接?"

【呼索＊】索取;呼叫索取。

《澠水燕談錄·名臣》:"韓丞相在此,無得過有呼索。"

《東京夢華錄·食店》:"都人侈縱,百端呼索,或熱或冷,或溫或整,或絕冷、精澆、膘澆之類,人人索喚不同。"

【占射[1]＊】㊓占取。射,指物而取。

《麈史·利疚》:"今之職田豈其遺制耶?視職高下以限頃畝,著於令甲矣。然郡縣始因其所有之田而占射之,故多寡未必如令。"

《大詞典》引元·脫脫《宋史》例。

【占便宜】得到非分的好處。

《晁氏客語》:"陳平令周勃先入北軍,亦不是推讓功能底人,只是占便宜,令周勃先試難也。"

【吃(喫)手腳＊】㊌吃虧。也作"吃(喫)腳手"。

《采石戰勝錄》:"虞侯謂顯忠曰:'……今采石虜既吃手腳,必不敢窺伺……'"

宋·岳珂《金佗續編》卷二十五:"官軍不知地利,多落賊人姦便,痛喫手腳。"

【喫腳手＊】未同"吃手腳"。

《采石瓜洲斃亮記》："允文謂顯忠曰：'賊懲采石之敗，提大兵往瓜洲，京口無戰備，我欲行，患兵少。今采石虜既喫腳手，不敢復此窺伺……'"

【典顧＊】㊋即典雇，即典押出雇。指以人（多以婦女）作抵押，換錢或償債。顧同"雇"。

《靖康紀聞》卷上："初八日，民間權住典顧人口，以散失人口者甚眾，人難於尋覓，慮隱匿者不肯歸還也。"

典，典押，到期可以贖回。顧，雇賃。明‧宋濂《篇海類編‧身體類‧頁部》："顧，與雇同，倩也。"《夢粱錄‧恩需軍民》："局側有局名慈幼，官給錢典顧乳婦，養在局中。"元‧脫脫《金史‧百官志四》："諸因災傷或遭賊驚卻饑荒去處，良民典顧、冒賣為驅，遇恩官贖為良分例若元價錢給，男子一十五貫文，婦人同，老幼各減半。"《元代法律資料輯存‧無冤錄所見元代有關法律文書》："……亦有因小事不能轉旋，有負借貸不能還債，一朝之忿自傷殘害者，或有人家典顧人口不幸而死者。皆不可一例而行。"明‧陳子龍《皇明經世文編》卷二十九："有在彼典顧婦女成家者，及還則以所得財物，賄其枉法官吏。"《大詞典》"典雇"條引《元典章》例。

【雜賃＊】出租雜物。

《曾公遺錄》卷七："公言布欲與西人畫河為界，乃云是雜賃院子裏婦人言語，莫亦是罵否？"

《東京夢華錄‧雜賃》："若凶事出殯，自上而下，凶肆各有體例。如方相、車輿、結絡、彩帛，皆有定價，不須勞力。尋常出街市幹事，稍似路遠倦行，逐坊巷橋市，自有假賃鞍馬者，不過百錢。"

【打轎＊】㊋租坐轎子。

《蘆浦筆記‧打字》："行路有打火、打包、打轎。"

【打勾】㊎購買。

《蘆浦筆記‧打字》："然世間言打字尚多……又有打睡、打噴嚏、打話、打鬧、打鬭、打和、打合、打過、打勾。"

《大詞典》引元・無名氏《漁樵記》例。

【打醋*】㈤買醋。

《蘆浦筆記・打字》："請酒醋謂之打醋、打酒。"

【打酒*】㈤買酒。

例見"打醋"。

【射買*】㈤選購。

《錦里耆舊傳》卷五："官中收沒屋舍莊田，除已有指揮及有人經官收買外，餘無人射買者，有本主及妻兒見在無處營生者，並宜給還却，據元額輸納本戶稅賦。"

宋元時，射買是一種很常見的交易方式。《文獻通考・職役考一》："諸路公人如弓箭手法給田募人為之，凡逃、絕、監牧之田籍於轉運司者，不許射買請佃，以其田給應募者。"元・脫脫《金史・食貨志四》："五年，以前此河灤罷設官，復召民射買，兩界之後，仍舊設官。"《宋史・食貨志上五》："凡逃、絕、監牧之田籍於轉運司者，不許射買請佃。"

【和買】㈤【預買】㈤宋代，政府於春季貸款給農民，至夏秋時令農民以絹償還，謂之和買。

《澠水燕談錄・雜錄》："祥符初，王旭知潁州，因歲饑，出庫錢貸民，約蠶熟一千輸一縑。其後李士衡行之陝西，民以為便，今行於天下，於歲首給之。謂之和買絹，或曰預買，始於旭也。"

《吹劍四錄》："祥符初，潁州饑，守臣王旭以官錢十萬與民，約來年蠶熟，每千輸一縑，謂之和買。"

【撲買²】宋元的一種包稅制度。

《麈史・利疚》："二曰酒茶，乃景德以前，因撲買縣酒，其課利計茶以納。"

宋代對酒、醋、陂塘、墟市、渡口等稅收，由官府核計應徵數額，招商承包。承包者按定額向官府納稅，超額的歸承包人。《宋史・食貨志下七》："建炎三年，總領四川財賦趙開遂大變酒法：自成都始，先罷公帑實供給酒，即舊撲買坊場所置隔釀，設官主之，民以米入官自釀，斛輸錢三十，頭子錢二十二。"

【請射＊】㊍選擇。

《容齋四筆·熙寧司農牟利》："又有議前代帝王陵寢，許民請射耕墾，司農可之，唐之諸陵，因此悉見芟刈。"

宋·蘇軾《申三省起請開湖六條狀》："今來起請，應石塔以內水面，不得請射及侵占種植，如違，許人告。"宋·胡仔《苕溪漁隱叢話》卷二十四："……綿亙數十里，皆為良田，其為利不貲矣。故有辨其水色，即請射而懸空出稅三二年者。"《文獻通考·戶口考一》："如有浮客願編附，請射逃人物業者，便準式據丁口給授，如二年以上種植家業成者，雖本主到，不在卻還限，任別給授。"

【簽】下令徵調。

《北行日錄》卷下："我輩三四口種少麻豆，足了得吃，舊時見說厮殺都歡喜，而今只怕簽起去。"

《大詞典》引《元史》例。

【抽解²】㊋對沿海港口進出口貿易徵收實物稅。

《吹劍四錄》："客板每百片，將作監、臨安府、轉運府三處，共抽解二十四片，僅餘七十六片。"

《翠微北征錄》卷一："抽分竹木之錢，抽解磚瓦之錢，寨兵虛券之錢……州郡根括而無餘矣，果解於何所邪？"《萍洲可談》卷二："凡舶至，帥漕與市舶監官蒞閱其貨而徵之，謂之'抽解'……舶至未經抽解，敢私取物貨者，雖一毫皆沒其余貨，科罪有差，故商人莫敢犯。"《大詞典》引元·脫脫《宋史》例。

【攔稅＊】㊍於途中設卡徵稅。

《吳船錄》卷下："今徙州治於南岸，鎖江之名猶存，猶置鎖中流，但攔稅而已。"

【搜括】用各種方法盡力掠奪財物。

《靖康傳信錄》卷上："搜括金銀限滿，民力已竭。"

【括納*】㊇同搜括。

《靖康紀聞》:"龍德宮、寧德宮八殿所有,一銖一兩,無不括納,車載而去者絡繹於道。"

【搗蒜*】㊆五代時秦雍之間稱地方官的勒索行為。一説"倒算"之語訛。

《近事會元·搗蒜》:"後唐閔帝初,秦雍間令長設酒食,私丐於部民,俗謂之'搗蒜'。及清泰初,安重誨為京兆尹,之鎮長安,亦為之。秦人曰:'日為搗蒜。'考者詳之,蓋語訛耳,乃'倒算'是也。"

宋·薛居正《舊五代史·唐書列傳》:"先是,秦雍之間,令長設酒食,私丐於部民者,俗謂之'搗蒜'。及重霸之鎮長安,亦為之,故秦人目重霸為'搗蒜老'。""搗蒜"還形容動作快如搗蒜泥。明·吳承恩《西遊記》第八十五回:"若老孫使鐵棒往下就打,這叫做搗蒜打,打便打死了,只是壞了老孫的名頭。"元·范子安《陳季卿誤上竹葉舟》:"則間你搗蒜似街頭拜怎摸?俺是個窮貧道,住山阿,怎將你儒生度脫。"清·蔡召華《笏山記》第十二回:"挽個蓬踏髻兒,戴朵紙花兒,夾著少青,搗蒜兒的亂拜,又拜了介之。"《大詞典》僅釋義為"頻頻磕頭貌",不確。

【撒花】㊇蒙古語。謂行賄索賄,奉獻禮品。

《黑韃事略》:"其見物則欲,謂之撒花……撒花者,漢語覓也。"

【掘窖*】㊇猶掘藏。

《仇池筆記》卷下:"詩人陸道士出一聯云:'投醪谷董羹鍋內,掘窖盤遊飯碗中。'"

【填陪*】即"填賠",賠償,償還。也作"陪填"。

《錦里耆舊傳》卷一:"今年正月九日已前,應在府及州縣鎮軍人百姓,先因侵欠官中錢物,或保累填陪。"

陪,同"賠",賠償。唐·白居易《甲牛觝乙馬死,請償馬價,甲請半價,乙不伏判》:"請徵律典,當陪半價,勿聽過求。""陪填"唐時已有,唐·金明七真《三洞奉道科戒營始》卷一:"驢騾置驢騾坊,所損常住，皆須陪填，不得直爾，師同法眾例。"《唐律疏議·廄庫》："準令：驛馬驢一給以後，死即驛長陪填。"宋·李燾《續資治通鑑長編》卷三百七十六："其押綱之人，往往盜竊官物，走竄失陷，則勒保人陪填。"《文獻通考·職役考一》："百姓賣屋納役錢，臣不能保其無此。然論事有權，須考問從前差役賣屋陪填，與今賣屋納役孰多孰少，即於役法利害灼然可見。""填陪"還指"（泥土等）回填的意思"。宋·張君房《雲笈七籤·靈驗部一》："我以無知，犯暴道法，取東明觀土，修築私舍，地司已奏天曹，罰令運土填陪，不知車數。"陪，重疊的土堆。《說文·阜部》："陪，重土也。"徐灝注箋："重土為陪，引申為凡相重之偁。"《大詞典》未收"陪填"，"填賠"條未提及"填陪"，未列（泥土等）回填的義項。

【支破】支付；撥給。

《家訓筆錄》卷一："增添人口，展修房戶等，應有所費，並於椿留內支破。"

【應副】支付；供應。

《家訓筆錄》卷一："如諸位子弟懷私取索，即不得應副。"

《孫威敏征南錄》："願朝廷應副軍須，使無後顧之患。"

【打發】㊗發付，發放。

《蘆浦筆記·打字》："左藏有打套局，諸庫支酒謂之打發。"

【打供】供養；照應。

《蘆浦筆記·打字》："設齋有打供。"

《閑窗括異志》："蓋寺有神姓施，封護國公，為之打供，僧徒得以濟。"宋·九山書會才人《張協狀元》第六出："織絹更得緝麻，得人知重。感得諸天打供，又遭遇李大公。"錢南揚校注："打供，供養。"

【打衣糧*】㊗謂分發衣服、糧食給士兵。

《歸田錄》卷二："兵士給衣、糧曰打衣糧。"

【打請】㊗宋元時軍隊請領軍糧之稱。

《蘆浦筆記·打字》："世間言打字尚多……諸軍請糧謂之'打請'。"

《東京夢華錄·外諸司》:"諸軍打請,營在州北,即往州南倉,不許雇人般擔,並要親自肩來,祖宗之法也。"

【打袋*】㊍鹽場打包發貨。

《蘆浦筆記·打字》:"鹽場裝發謂之打袋。"

《宋會要輯稿·食貨二五》:"即今客旅般請浩瀚,廣要鹽貨打袋應副支遣。"又《食貨二七》:"分委措置官巡歷諸場,逐時依額外鹽價收買打袋,發赴鹽倉支發。"宋·黃震《申陳提舉到任求利便劄狀》:"交鹽者買納官,打袋者亦買納官。"

【打套*】㊍將財物包扎屯儲。

《蘆浦筆記·打字》:"左藏有打套局。"

《東京夢華錄·外諸司》:"左藏大觀元豐宣和等庫、編估局、打套所。"

【打角】㊍包裝捆扎。

《曾公遺錄》卷八:"辛巳,同呈,泛使蕭德崇等昨以戎主系腰及玉帶,不打角……珠子六萬三千顆,欲亦不打角,令回謝使副愛護前去。"

《蘆浦筆記·打字》:"包裹謂之打角。"元·王士點《秘書監志》卷三:"書籍:《通鑑》一部、《播芳》一部……打角物件,柳箱子四個。"元·完顏納丹《通制條格》卷十八:"得封記打角俱無損壞,布袋箱包亦不松慢。"清·徐松《宋會要輯稿·食貨二七》:"今措置,欲於積下散鹽內取撥一十萬碩,打角二萬五千袋,均下行在並建康兩榷務給賣。"宋·蘇轍《論蜀茶五害狀》:"及至賣茶本法,止許收息二分,今多作名目,如'牙錢'、'打角錢'之類,至收五分以上。"

【打包】㊍整束行裝。

《蘆浦筆記·打字》:"行路有打火、打包、打轎。"

【粘背*】㊍用紙或布等材料做襯托,把破損部分粘合一起進行修復。

《茅亭客話》卷十:"嘗手寫孫思邈《千金方》鬻之,凡借本校勘，有縫折蠹損之處，必粘背而歸之。"

背，同"褙"，裱褙。唐・張懷瓘《二王等書錄》："晉代裝書，真草渾雜，背紙皺起。"《文昌雜錄》卷三："尚書省二十四司制勑及勑甲等，近日檢報，多稱斷裂，宜各委本司郎中甲庫官，並重粘背及同書名印所斷裂縫。"明・高濂《遵生八牋》卷十五："法糊方，……投蠟、礬、薫香、石灰、官粉熬化，入麪作糊，粘背不脫。"清・岳濬《山東通志》卷十三："凡在蒲關以下者不經稱掣皆系散鹽，運使按季發票之時粘背用印外，另用一黑扒故曰黑扒鹽。"

【黏葉＊】㊡起始於宋代的一種古書裝訂形式。即所謂蝴蝶裝。

《王氏談錄・錄書須黏葉》："公言：作書冊，黏葉為上，雖歲久脫爛，苟不逸去，尋其葉第，足可抄錄次序。"

【打粘＊】㊡用糊狀物粘紙。

《歸田錄》卷二："以糊粘紙曰'打粘'。"

【鈝銷＊】銷熔。

《靖炎兩朝見聞錄》卷上："初三日，金人退換金銀未鈝銷者數兩虧者，亦縱收納官貪咨酷虐，故為是耳。"

《燕翼詒謀錄》卷三："於是官錢皆為小民盜銷，不可禁止。大中祥符七年，知益州凌策請改鑄，每貫重十二斤，銅錢一當十，民間無鈝銷之利，不復為矣。"

【打乾＊】㊡【打乾種＊】㊡乾旱環境中播種。

《塵史・占驗》："安陸地宜稻，春雨不足則謂之打乾種，蓋人牛種子倍費。元符己卯，大旱，歲暮，農夫告曰：'來年又打乾矣。'"

【種鹽】㊡製鹽。

《塵史・占驗》："今解梁盛夏，以池水入畦，謂之種鹽。"

【打量】㊡丈量。

《歸田錄》卷二："以丈尺量地曰打量。"

【打魚＊】㊡捕魚。

《歸田錄》卷二："網魚曰'打魚'。"

【醉魚 *】㊈一種捕魚方法，用毒藥使魚昏迷。

《曲洧舊聞》卷三："土人不善施網罟，冬積柴水中為罧以取之，以擣澤蓼雜煮大麥撒深潭中，魚食之輒死，浮水上，可俯掇，久之復活，謂之醉魚云。"

【接花 *】㊈嫁接花木。

《緯略·接花》："接花之法，惟見劉禹錫詩'分畦十字水，接樹兩股花'。"

該詞歷代多有用例。《東坡志林》卷四："與朱勃遜之會議於潁，或言洛人善接花，歲出新枝，而菊品尤多。"《洛陽牡丹記·花釋名第二》："有民門氏子者，善接花以為生。"《天彭牡丹譜·花品序第一》："自是，洛花散於人間，花戶始盛。皆以接花為業，大家好事者皆竭昆其力以養花。"明·薛鳳翔《亳州牡丹史·接四》："風土記書接法不祥，亦不甚中肯綮，凡接花須於秋分之後，擇其牡丹壯而嫩者為母。"清·趙學敏《鳳仙譜》卷上："馬塍王森楠善接花。"

【打船 *】㊈造船。

《歸田錄》卷二："造舟車者曰'打船'、'打車'。"

《大詞典》引清·袁枚《隨園隨筆》例。

【打併】收拾。

《蘆浦筆記·打字》："收拾為打疊，又曰打併。"

《談苑·呂許公知許州》："是日，張公打屏閣子內物色過半矣。"

【打撲】收拾；安排。也作"打疊"。

《曾公遺錄》卷九："是日打撲文字是一老內臣，文字上自批鑿云'不出'，卻誤降出去，亦須行遣。"

【打屏】收拾；清理。也作"打并""打併"。

《談苑》卷一："是日，張公打屏閣子內物色過半矣，既夕鎖院。"

【收掌】㊈收存保管。

《曾公遺録》卷七："西安未進築，先降指揮，令章粢親自收掌，不得不司，候進築畢，節次施行。"

《大詞典》引宋・曾鞏《請給中書舍人印及合與不合通簽中書外省事》例。該詞唐時已有。唐・呂道生《定命録》："嶠獎某聰明，每有詩什，皆令收掌。"唐・杜佑《通典・刑法八》："乞陛下得告狀，但收掌，不須推問。"

【椿管*】儲存保管。

《建炎進退志》卷三："應勸誘到錢物，並別項椿管，聽候朝廷指揮，專充募兵、買馬、緣邊事支用。"

【椿留】㊅儲存，留存。

《家訓筆録》卷一："椿留錢歲終有餘，即撥入租課，曆正初混同計數，分給椿留。"

宋有封椿庫，為儲存備用物的內庫，因亦以"椿"指存儲、儲備。岳珂《桯史・大散論賞書》："若得銀絹一二萬匹兩，錢引一二十萬，椿在鳳州，有此重賞而虜不破滅無有也。"《朱子語類》卷一百八："每歲椿留五百名之衣糧，並二季衣賜之物，令轉運使掌之。"

【打疊¹】收拾；安排。①

《聞見近録》："明日道士忽至，顧文懿曰：'打疊了未？'語畢而去。使人訪之，即卧店中卒矣。"

【區畫】籌劃，安排。亦作"區劃"。

《厚德録》卷三："會河北大水，流民轉徙東下者六七十萬人，公一皆招納之，勸民出粟，自為區畫，散處境內，室廬、飲食、醫藥，纖悉無不備。"

《避暑録話》卷下："會河北大饑，流民轉徙東下者六七十萬，公皆招納之，勸民出粟，自為區劃，散處境內，屋廬、飲食、醫藥，纖悉無不

---

① 《大詞典》該詞條釋義為：❶收拾；安排。❷振作。義項❷引元・無名氏《紅繡鞋》例。"振作"義金代已有用例。金・晉真人《晉真人語録》："若要真功者，須是澄心定意，打疊精神，無動無作，真清真淨。"

备。"该词最初指"区分,划分",汉·黄宪《天禄阁外史》卷一:"昔禹治水壤,区画万国,以镇民神,故巡狩诸侯,百姓若捧太阳之余光,瞻候云之闿气。"《大词典》"区分,划分"义项引刘师培《人类均力说》。

【排办】准备;安排。

《曾公遗录》卷七:"近日闻后宫就馆有日。上云:'已排办。'"

《家训笔录》卷一:"岁时享祀,主家者率诸位子弟协力排办,务要如礼。"该词唐时已有,唐·吕岩《沁园春》词:"人间漂荡多年,又排办东华第二筵。"

【干办²】经办;办理。

《续墨客挥犀·胥吏魁桀狡狯》:"一日,陈谓胥曰:'宅中欲会一二女客,何人可使干办?'"

【包揔*】㊡包揽;总揽。揔,同"总"。

《自警编》卷七:"韩魏公言,在政府时,极有难处事,盖天下事无有尽如意,须索包揔,不然,不可一日处矣。"

清·姚止庵《素问经注节解·阴阳别论》:"五藏应时,各形一脉,一脉之内,包揔五藏之阳,五五相乘,故二十五阳也。"清·顾炎武《历代帝王宅京记》卷九:"北对芒阜,连巘修垣,包揔众山。"

【巴揽】犹言包揽。

《自警编》卷六:"人主之势,天下无能敌者,或有过誉,人臣欲回之,必思有大于此者巴揽之,庶几可回也。"

【讨头】寻究头绪。

《丛林盛事》卷下:"箇事可谓非男女等相,多少丈夫汉十年五年在众中讨头不著,他虽是箇女人,宛有丈夫之作,胜却多少杜撰长老也。"

【根寻】跟踪寻找。根,通"跟"。

《曾公遗录》卷八:"自己未大风雪,虏使至畿内,人马多冻倒及有散失者,接伴申,恐一齐入门不及。下开封府,令根寻不见人马,寻皆得之。"

該詞唐時已有，韓愈《論捕賊行賞表》："今下手賊等，四分之內，已得其三，其餘兩人，蓋不足計。根尋蹤跡，知自承宗，再降明詔，絕其朝請。"《大詞典》引宋·文天祥《集杜詩·〈福安宰相〉序》例。

【下腳手*】着手；下手。

《辛巳泣蘄錄》："阮教授曰：'甚好，既得此，正騎虎之勢，宜急下腳手。不然，來日事變，我輩先為魚肉矣。'"

【踏襲】⑩猶蹈襲，照樣沿襲。

《畫墁錄》："此近司門符節之制，然踏襲鄙俗，至是果命罷之。"

《大詞典》引豐子愷《湖畔夜飲》例。

【生創*】㊖指說法或做法沒有先例或依據。

《曾公遺錄》卷七："及言'是當朝郡縣之地'，恐生創。京答云：'……若言本朝郡縣之地，興州、靈州、銀、夏、綏、宥，不是朝廷地是誰地？此地皆太宗、真宗賜與李繼遷，如何是生創？'"《宋史·職官志三》："即不得持兩端。如或事有疑難，及生創無條例者，令長貳據所見申明將上取旨。"宋·王與之《周禮訂義》卷二："秦漢以來人主私意，日生創為條目掌天下之財。"民國·錢仲聯《夢苕盦詩話》："造語生創，有時亦病鉤棘。"

【奪胎*】原為道教語。謂脫去凡胎俗骨而換為聖胎仙骨。後用以喻師法前人而不露痕跡，並能創新。也作"奪胎換骨"。

《緯略·鳳毛》："宋元憲詩：'羽毛丹穴種，頭角玉麟兒。'尤更奪胎。"

【牽攏】㊖牽拉（牲畜）使不放縱。

《揮麈後錄》卷四："夏人從其請，先以所練精兵，每一馬以二人御之，紿言于金人曰：'萬馬雖有，然本國乏人牽攏。今以五千人押送，請遣人交之。'"

攏有"牽、拉"的意思。唐·李廓《長安少年行》之二："長攏出獵馬，數換打球衣。"五代、宋、金時設牽攏官或牽攏軍，職司儀仗馬匹牽攏。《丁晉公談錄》："太宗即位後未數年，舊為朱邸牽攏僕馭者皆位至節帥,人皆嘆訝之。"《宣和奉使高麗圖經》卷十二:"左右衛牽攏軍,服紫窄衣,練鵲文錦,絡縫烏紗軟帽,布襦革履,以馭眾馬。"宋·王君玉《雜纂續》:"不禄底大官門前牽攏馬。對屠兒説買物放生。"元·脱脱《金史·禮志十一》:"第三日,入見。其日質明,都管、三節人從皆裹帶,館伴與來使副各公服,齊請赴馬臺,館伴牽攏官喝:'排馬。'來使牽攏官喝:'牽馬。'各上馬張蓋。都管馬上奉書在使前,至中門外,以外為上,對立,先來使牽攏官兩聲諾,次館伴牽攏官亦然,齊揖,各傳示,再揖,請行。"又《儀衛志下》:"本破①如牽攏之職,公使從公家之事,從己執私家之役者也。"

【張掛】㉚展開掛起。

《曾公遺録》卷九:"余因言:'敕榜可收,昨敦逸只為收敕榜遂黜逐。'余云:'榜朝堂已數年不收之。'余云:'但令臺中更不張掛可也。'"

該詞五代已有,王定保《唐摭言》卷十五:"南院放榜……即自北院將榜就南院張掛之。"《大詞典》引《元典章》例。

【掛搭¹】㈠貼近物體垂掛。

《守城録·守城機要》:"女頭立狗腳木一條,掛搭皮、竹篦籬牌一片,遮隔矢石。"

《德安守禦録》下:"數日,斫就天橋……上中下三層當面並兩邊及頂上,皆用牛皮、厚氈毯、棉被掛搭。"《大詞典》引徐遲《狂歡之夜》。

【蓋掩】㈤遮蓋。

《清異録·闌單帶叠垛衫》:"諺曰:'闌單帶,叠垛衫,肥人也覺瘦巖巖。'闌單,破裂狀;叠垛,補衲蓋掩之多。"

該詞漢代已有,漢·趙岐《孟子注疏》卷七:"眸子不能蓋掩人之惡也。"明·王驥德《曲律·論家數第十四》:"近鄭若庸《玉玦記》作,而益工修詞,質幾蓋掩。"清·汪寄《海國春秋》第三十六回:"利恒兵到,將無數坑屋茅披盡行放平,用土蓋掩。"

---

① "本破"指儀從,《大詞典》未收。

【障蔽＊】指遮蔽。

《珩璜新論》卷四：“齊隋婦人施羃䍦，羃䍦，全身障蔽也。”

【扛舁＊】㊋舉抬。

《諸蕃志·南毗國》：“其餘從行官屬，以白番布為袋，坐其上，名曰'布袋轎'，以扛舁之。”

《大詞典》引清·魏源《籌齍篇》例。

【擡捺＊】㊋（把東西）擡起放下，也指聲音、地位等升降起伏。

《北行日錄》卷上：“射每中，則面廳偃立，撒手報覆，樂使喝打著，即樂作，否則以擡捺後手見曉。”

宋元《萬松老人評唱天童覺和尚頌古從容庵錄》：“巖頭一擡一捺，洞山錯下名言，殊不知，洞山一擡一捺，更甚分明……可謂果從花裏得，甘向苦中來。巖頭擡捺，洞山賺出；洞山擡捺，萬松說破。”明《破山禪師語錄》卷十七：“東川呂居士請贊燕頷虎須，碧眼螺髮。身披紫衣，拽杖擡捺。”明《吹萬禪師語錄》卷十六：“然至派立五家，宗立五門，雖機用權設之不同，擡捺抑揚之殊異，然猶樸古雅正，發藥不舛所謂醇古之風者也。”清·性統《續燈正統》卷十八：“抑揚擡捺事紛紛，不及當然一句親。”

【頒洞＊】㊋沖擊、震動。

《黑韃事略》：“馬之初乳，日則聽其駒之食，夜則聚之以沸，貯以革器，頒洞數宿，味微酸始可飲，謂之'馬奶子'。”徐霆注：“先令駒子啜教乳路來，即趕了駒子，人即用手沸下皮桶中，却又傾入皮袋撞之，尋常人只數宿便飲。”

《大詞典》引民國·黃中黃《孫逸仙》例。

【搭撲＊】㊋打撲，撲滅。

《辛巳泣蘄錄》：“至日午時，喜得一雨，滿謂可以使虜賊退遁，以保全生靈。不意火牛被雨，燒燎不著，又虜賊以濕氈搭撲火頭。”

【攝水＊】㊋引水。

《吳船錄》卷上：“西川夏旱，支江水涸，即遣使致禱，增堰壅水以入支江，三四宿，水即遍，謂之攝水。”

【澆沃＊】猶澆灌。①

《清異録・百菓門》：“遼東一處有瓜，若澆沃則以酒代水。”

【移那】[晚][義]移動、挪動。

《曾公遺録》卷七：“涇原奏減罷近裏城寨官員。詔諸路並依此相度，速具可以減廢員闕聞奏，並戍守兵馬，亦速依近旨，裁減移那廢並。”

那，同“挪”，移動。歐陽修《論乞賑救饑民劄子》：“只聞朝旨令那移近邊馬及於有官米處出糶。”“移那”即為移動、挪動。《宋會要輯稿・方域一四》：“修河物料，望令轉運、發運使依例點檢，相度埽岸急慢、物料多少，逐旋移那，則經久别無朽損，又不敢過外約度。”蘇轍《御史中丞論時事八首》：“若助役錢有闕剩，即從本司通一路移那應副支使。”《續資治通鑒長編・仁宗皇祐元年》：“若將來豐稔，逐路稍減冗官，或移那軍馬近南就食，令轉運司多方擘畫……”《大詞典》引《元典章》例，釋義為“調換”。

【那輟＊】[未]挪取，挪用。即“那掇”。

《道山清話》：“士人者笑曰：‘我這領白襴直是不直錢材？’闍者曰：‘也半看佛面。’士人曰：‘便那輟不得些少來看孔夫子面。’人傳以為笑。”

輟，通“掇”，取。《老學庵筆記》卷七：“卿輟由俸禄，恭備貢輸，遥陳稱賀之誠，知乃進忠之節。”《師友談記》：“如事少者，須於合用者先占下，别處要用，不可那輟。”《三朝北盟會編》卷一百五十七：“浚既被召，盡刷四川之物以行科率之擾，敷及下户，尚敢托言那輟隨軍錢物，應付解潛、程昌寓，欲以邀功，不知隨軍錢物何所從出哉！”《朱子語類》卷七十三：“井是那掇不動底物事，所以改邑不改井。”

【津般】搬運。

---

① 《大詞典》“澆沃”有兩義項：❶澆灌，引宋・梅堯臣《麥門冬内子吳中手植》例；❷飲酒，引宋・蘇舜欽《送施秀才》例。“澆沃”一詞唐已有之，令狐德棻《周書・本紀》第七：“縱胡人乞寒，用水澆沃為戲樂。”此處為人與人間的行為，釋義為“澆灑”為宜。

《靖炎兩朝見聞錄》卷上："十二日，津般金銀衣段，莫知其數。"

【般挈 *】㊛搬運，搬遷。般同"搬"。

《搜神秘覽·原分》："又於廨舍後廟側，逵一大木三匝，戞摶有聲而起。三日中，是木下聞若人般挈錢聲。"

《翠微北征錄》："車之弊弊於重滯，或有搬挈，皆成棄物。"般，搬運。《玉篇·舟部》："般，運也。"挈，提起。《說文·手部》："挈，懸持也。"《續資治通鑑長編·神宗熙寧八年》："昨降指揮，令卿等暫般挈家屬在彼，可速依準，庶北人伺知，信我不憚持久。"宋·徐夢莘《三朝北盟會編》卷一百二十："宰相黃潛善、汪伯彥禁止街市不得扇搖邊事，亦不許士庶般挈出城……以內帑所有通夕般挈。"宋·戴埴《鼠璞·楮券源流》："自商賈憚於般挈，於是利交子之兌換。"明·邱濬《大學衍義補》卷一六："官與之牛具、種子，趁時耕作，以為嗣歲之計，待歲時可望，然後般挈以歸。"

【搬挈 *】㊛搬運，搬遷。同"般挈"。

《大宋宣和遺事·利集》："十二月初五日，遣入城搬挈書籍。"

明·馮夢龍《喻世明言》卷二十四："等至天明，一同婆婆、僕人搬挈祭物，踰墻而入。"

【剝載 *】㊛用船分載運送。

《北行日錄》卷下："官司憚開河剝載之擾，創議行淮，使舟艣四往返，無不驚虞。"

剝，分開。《說文》："剝，裂也。從刀，從彔。彔，刻割也。"元·脫脫《金史·河渠志》："六年，尚書省以凡漕河所經之地，州縣官以為無與於己，多致淺滯，使綱戶以盤淺剝載為名，奸弊百出。"明·蔣一葵《堯山堂外紀·宋·王琪》："一日，有米綱至八百里村，水淺，當剝載。"明·楊士聰《玉堂薈記》卷下："運軍日貧，商販裹足，剝載既已無力，一旦淺阻在前，惟袖手而觀，諉罪於河道。"

【打過】放過去。

《蘆浦筆記·打字》："然世間言打字尚多……又有打睡、打噴嚏、打話、打鬧、打鬨、打和、打合、打過。"

《朱子語類》卷八："學者須是立志，今人所以悠悠者，只是把學問不曾做一件事看……遇事則且胡亂恁地打過了。此只是志不立。"

【出脫】開脫。

《師友雜志》："富貴利達，今人少有出脫得者，所以全看不得，非是小事，切須勉之。"

【打脫】㊝事情弄砸、未成功。

《叢林盛事》卷上："李浩侍郎與師游久矣，嘗贊師真云：'平生波波挈挈。纔得箇院子住便打脫，而今又向幀子上出來，知他是死是活。'"

元·無名氏《趙匡義智娶符金錠》第二折："若還要我說親，十家打脫九家。"元·徐元瑞《吏學指南·勾稽》："打脫，謂事不幹濟，猶物自解也。"打脫還有"逃脫"義。清·隨園主人《繡戈袍》第二十回："你明日可往襄陽府游擊大老爺處報知，說他多帶兵丁來方可；不然，恐他打脫。"

【違咈＊】㊝違背，不順從。

《曾公遺錄》卷七："三省能禍福人，兼事如意，必遷擢；若違咈，禍患立至。"

宋·陸游《南唐書》卷六："簡言親治簿書，督責嚴峻，人或以事請托，必固違咈。"宋·劉安世《論胡宗愈除右丞不當》："惟其不合眾望，違咈人情。"《大詞典》用明·李東陽《武昌徐公挽詩》例。

【煞好＊】㊝破壞、削弱。

《南燼紀聞錄》："知軍怒曰：'現有首告人在，你不得胡說，煞好公事。'帝爭不已，知軍命左右以鞭擊之，帝口血出，齒碎。"

煞，削減，損壞。《集韻·怪韻》："煞，削也。""煞好"為偏義複合詞。辛棄疾《竊憤錄》："前日大火，莫是有人生事？如此煞好公事。"若"煞"作副詞"很"解時，"煞好"為"很好"義。《朱子語類》卷第六十四："呂氏說'博學、審問、慎思、明辨、篤行'一段煞好，皆是他平日做工夫底。"

【死馬醫＊】㊝謂病已無望，猶姑試醫治。常喻最後的嘗試。

《猗覺寮雜記》卷下："世俗無可奈何，尚欲救之者，謂之死馬醫。"

《曲洧舊聞》卷二："蔡持正既下殿，謂同列曰：'此事烏可，須作死馬醫始得。'"《春渚紀聞·死馬醫》："有名士為泗倅者，臥病既久。其子不慧。郡有太醫生楊介，名醫也。適自都下還，眾令其子謁之……其子曰：'大人疾勢雖淹久，幸左右一顧，且作死馬醫也。'聞者無不絕倒。"

【漏落】遺漏。

《文正王公遺事》："臣兩為大祀使奉符瑞者，一一非臣自覩。令堂吏取司天監邢中和狀，稱有此瑞，乞令編修官實錄臣奏，不可漏落。"

【打失】㉞失去，遺失。

《枯崖漫錄》卷上："劍池邊楊大伯，笑中打失攔腰白，直至如今尋不得。"

《大詞典》引明·馮夢龍《醒世恒言》例。

【脫腕*】㈨失去手腕上的環釧。常用此形容揮手迅速。

《畫墁錄》："水退，死者眾多，婦人簪珥皆失，多有脫腕之苦。"

宋·陳德武《詠掬水月在手》："恰似玉盤拈指，莫是金環脫腕，寶鏡逐華容。"元·謝馬希聲《龔香鼎》："預憂凝塵助脆滑，失聲脫腕春冰拋。"元·袁易《八月一日雨後賦兼寄城中諸友》："紈扇那能脫腕揮，紗巾不覺酣眠墮。"明·沈周《七星檜》："北者蜷而禿，袖破舞脫腕。"清·吳穎芳《纑絲聊句》："窄袖揚短袂，拳曲跳脫腕。"《大詞典》僅釋義為"形容書寫用力且極其迅速"。

【錯脫*】㊗錯失。

《冷齋夜話》卷七："及謫英州，雲居佛印遣書追至南昌，東坡不復答書，引紙大書曰：'戒和尚又錯脫也。'"

宋·阮閱《詩話總龜》卷十九："坡曰：'軾七八歲，常夢是僧。又先妣方孕時，夢一僧來託宿。'及謫英州，雲遣書至南昌，坡引紙大書曰：'戒和尚又錯脫也。'"錯脫也指錯訛遺漏。清·丁紹儀《聽秋聲館詞話》

卷十三："惜彼時宋元善本書匿而未出，僅見毛氏所刻與世俗流傳刊鈔各本，每有錯脫，梓時又多帝虎之訛，均未校改。"清·周學海《內經評文》卷三："篇中多有錯脫處。宜細考之。"錯脫還指（關節）錯開脫位。金庸《射雕英雄傳》第十三回："完顏康半身酸麻，跟著左手手腕也已被他拿住，只聽得喀喀兩聲，雙手手腕關節已同時錯脫。"

【漏逗】疏漏；疏忽。

《枯崖漫錄》卷下："金烏飛上欄干，看你一場漏逗。"

【應格*】合格，符合標準。

《曲洧舊聞》卷一："胡宗炎以應格引見，上驚其年少，舉官逾三倍。"

《石林燕語》卷一："故事，臺官皆御史中丞知雜與翰林學士互舉。其資任須中行員外郎以下，太常博士以上，曾任通判。人未歷通判，非特旨不薦，仍為裏行。此唐馬周故事也。議者頗病太拘，難於應格。"

4.4 心理行為

心理行為指心理活動，或者具有某種心理的行為動作。

【着心*】用心，關心。也作"著心"。

《辛巳泣蘄錄》："秦倅又曰：'宜速差人前去硬探，仍多支錢與其去，庶幾着心。'太守曰：'然。'"

《吹劍四錄》："著心計較般般錯，退步思量事事寬。"

【推排】排列；排列推算。

《續世說·直諫》："陳岵不因僧得郡，諫官安得此言？須推排頭首來。……若尋究推排，恐傷事體。"

【具眼*】謂有識別事物的眼力。

《海嶽名言》："吾夢古衣冠人授以折紙書，書法自此差進，寫與他人都不曉。蔡元長見而驚曰：'法何太遽異耶？'此公亦具眼人。"

【燭事*】㈱洞察事理。

《澠水燕談錄》卷四：“朝廷不以遵路不才，得與曼卿並命，今一道兵馬餫雖已留意，而切懼愚不能燭事。”

燭，洞悉，察見。《韓非子·孤憤》：“智術之士，必遠見而明察，不明察，不能燭私。”明·安遇時《包公傳》第七十回：“兒聞此人明見萬裏，燭事如神，想吾父之冤在此雪矣。”清·洪亮吉《卷施閣文乙集》卷一：“蓋聞非神無以燭事而或有所窮，非勢無以馭物而或有所遏。”

【支吾¹】㊍猶豫，躊躇。

《揮麈餘話》卷二：“張太尉冷笑：‘我別有道理。待我遮裏兵才動，先使人將文字去與番人。萬一支吾不前，交番人發人馬助我。’”

【覷捕】㊍禪語。參究，參驗考究之義。

《枯崖漫錄》卷上：“十二時中，時時覷捕，驀然泯慮絕知解，如晴空萬里，不掛片雲，何患日頭不出也？”

宋·釋普濟《五燈會元》卷六：“卻祇從這裏猛著精彩覷捕看，若覷捕得他破，則亦知本命元辰落著處。”宋《密庵和尚語錄》：“於一切善惡逆順境界中，搖撼不動，二六時中，默默地回光返照，冷眼覷捕，驀然覷透父母未生已前本來面目。”明《古雪哲禪師語錄》卷一：“作麼生是不離當念底意旨，向者裏著得只眼，覷捕得透，便可統剎海於毫端。”清《雨山和尚語錄》卷四：“重門無縫，夜簾垂蔭，密室難窺，直饒寒山子鞋獰似虎，琉璃殿上覷捕無門。”

【做工夫】㊍對某件事情用心，即下功夫。

《叢林盛事》卷下：“有以生緣出處而號之者，有因做工夫有所契而立之者，有因所住道行而揚之者，前後皆有所據，豈苟云乎哉？”

《枯崖漫錄》卷中：“做工夫須是省要處做，令到這般田地，方堪為種草。”宋·胡安國《與子寅書》：“治心修身，以飲食男女為切要，從古聖賢，自這裏做工夫，其可忽乎？”《朱子語類》卷一百二十：“先生謂饒廷老曰：‘觀公近日都淶沒了這個意思。雖縣事叢冗，自應如此，更宜做工夫。’”又卷二十九：“范益之云：‘顏子是就義理上做工夫，子路是就事上做工夫。’”明·呂坤《呻吟語·存心》：“學者欲在自家心上做工夫，只在人心做工夫。”

【子細²】小心,留神。

《鶴林玉露》卷十:"相公且子細,秀才子口頭言語,豈可便信?"

【着摸＊】㊩捉摸。

《摭青雜説》:"每公庭侍宴,能將舊詞更改,皆對景有着摸處。"

《二程遺書》卷二:"譬之一物,懸在空中,苟無所倚著,則不之東則之西,故須着摸佗別道理。"

【打筭】即打算。計算;核算。

《蘆浦筆記・打字》:"結筭謂之打筭。"

《鶴林玉露》卷四:"祭酒芮國器奏曰:'陛下只是被數文腥錢使作,何不試打算,了得幾番犒賞?'"

【秤停】衡量斟酌。

《自警編》卷七:"吕寶臣尤善秤停事,每事之來,必秤停輕重,令得所而後已也,事經寶臣處者,人情事理無不允當。"

【占射²＊】猜測。

《四朝聞見録・賢良續第三則》:"乘此暇日,取五十餘家之文書,掇其可以發論者,數十百題,具如別録,間竊顛倒,白讀,窺伏首尾,乃類世之覆物謎書……戲與朋友共占射之,賢於博弈云爾。"

【俄測＊】㊩在短時間內測度出來。

《吹劍四録》:"禍福倚伏之機,不可俄測。"

【滿謂＊】㊩完全以為。

《辛巳泣蘄録》:"至日午時,喜得一雨,滿謂可以使虜賊退遁以保全生靈。"又:"我輩守城,調發幾及一月,滿謂援兵之至,可以保全城壁。"

該詞歷代有用例。宋・徐鈞《趙奢》詩:"北山據險最能兵,中外俱聞馬服名;滿謂將門還出將,不知有子誤長平。"元・陳夢根《徐仙翰藻》卷七:"此獸一出時太平,滿謂太平當今日,不圖今日不如昔。"清・許霞村《秋水軒尺牘・與趙南湖》:"令弟才華意氣,滿謂嵇山獨鶴,足以振采雞群；何期牙琴一摧，墓草已宿，令人感慨系之！"

【煞有＊】的確有。

《南爐紀聞錄》："蓋天大王、韋夫人共你父子三人煞有公事，但你這般人，留之何用？"

【形迹＊】指見外、見疑。

《曾公遺錄》卷九："王祖道言，不當差官區磨後苑作等處官物，亦以為形迹先帝。"

【色叫】㊤變色驚呼。指不合事理。

《麈史·體分》："樞相王公德用自圃田復召入長宥密。有干薦館職者，王曰：'……某武人，素不閱書，若奉薦則色叫矣。'世以為知言。蓋今人以事理不相當為色叫。"

【消得】值得。

《明道雜志》："蘇子瞻在資善堂，與數人談河豚之美，諸人極口譬喻稱贊，子瞻但云：'據其味，真是消得一死。'"

該詞唐時已有，孫元晏《甘寧斫營》詩："百口寶刀千匹絹，也應消得與甘寧。"

【不消得】用不着。

《曾公遺錄》卷七："余問：'上曾差中使監勘否？'上云：'不曾差，不消得。'"

《江鄰幾雜志》："我前畫大蟲猶用金箔貼眼，我便不消得一對金眼精。"

【不消】㊦不需要；不用。

《晁氏客語》："若説人好，則不好者自然分明，不消説。"

該詞五代已有，靜、筠《祖堂集·報慈和尚》："問：'諸餘則不問，請師盡其機。'師云：'不消汝三拜。對眾道却。'"《大詞典》引宋·蘇軾《贈包安靜先生》例。

【莫須有】㊦恐怕有；也許有。

《曾公遺録》卷七："兼序辰兩有分析，奏狀至三二十紙，其間莫須有不實之語。"

《大詞典》引元·脱脱《宋史》例。

【乘快＊】[晚]趁一時快意。

《遵堯録》卷一："爾謂帝王可容易行事耶？旦來前殿，我乘快指揮一事，偶有誤失，史必書之，我所以不樂也。"

《大詞典》引明·陳邦瞻《宋史紀事本末》例。

【燒惱＊】[未]佛教詞語，生氣煩惱。

《經鉏堂雜志·嗔》："嗔為兩惱，先自燒惱，然後燒人。"

該詞唐時已有，唐·玄奘《大乘大集地藏十輪經》卷二："執著有情紛擾世界，成就種種煩惱疾病，鬬正法眼，忿恨燒惱。"玄奘《大乘阿毗達磨集論》卷四："燒害有三，謂貪燒害嗔燒害癡燒害，由依止貪嗔癡故，長時數受生死燒惱，故名燒害。"又："由執著相及隨好故燒惱身心，故名為熱。"唐·菩提流志《大寶積經》卷四十四："由無苦故，則無燒惱；無燒惱故，即是真實。"

【驚虞＊】[未]驚動，驚吓，令人吃驚。

《北行日録》卷下："官司憚開河剥載之擾，創議行淮，使舟纔四往返，無不驚虞。"

《廣雅·釋言》："虞，驚也。"明·何喬遠《名山藏》卷二十八："六飛遠狩，根本空虚，萬一叵測，得無驚虞？"明·佩衡子《吴江雪》第十四回："唤醒雪婆知就裏，便喬作坐衙嚇鬼，險惡風浪，驚虞身世，珠淚如春水。"又第二十一回："小姐道：'……我又慮者，江郎畢竟不曾回去。他情過尾生，必在近地探聽我的消息。倘有驚虞，又增我一番業障了。'"清·徐葆光《中山傳信録》卷二："竊惟皇上覆載無外，覃恩於弱小之邦；使臣沖風破浪，艱險驚虞，莫此為甚！"

【脚根點地＊】[未]禪家謂徹底省悟為脚跟點地。

《五總志》："雲門老婆心切，接人易與，人人自得，以為得法，而於衆中求脚根點地者，百無二三焉。"

該詞歷代有用例。宋·釋紹曇《題佛跡巖》："一度拼身透險崖，石頭機路骨如苔。腳跟點地不點地，立處何曾踏實來。"明·七樂生《三教偶拈》卷二："佛印如此聰明，未嘗腳跟點地。"清《兜率不磷堅禪師語錄》卷下："鼻孔遼天也未腳根點地，須知光舒是何三昧，觸目無非妙機。"

【打疊²】㊛指思想上排除雜念，修養心性。

《鶴林玉露》卷二："吾輩學道，須是打疊教心下快活。古曰無悶，曰不慍，曰樂則生矣，曰樂莫大焉。"

《常談》："東坡《與滕達道書》：'晚景若不打疊，此事則大錯，雖二十四州鐵，打不就矣。'"《朱子語類》卷一百一十八："人須打疊了心下閑思雜慮。如心中紛擾，雖求得道理，也沒頓處。須打疊了後，得一件方是一件，兩件方是兩件。"又："學者博學、審問、慎思、明辨等，多有事在。然初學且須先打疊去雜思慮，作得基址，方可下手。"金·丘處機《驚睡》："打疊神情，物物離心上。虛空帳，慧燈明放。坐待金鷄唱。"

【習上】㊛學好，上進。

《經鉏堂雜志·習上》："俗語教人必曰習上，自兒童以至於成人，自初學以至於賢人君子，皆當以習上為念。"

明·袁於令《隋史遺文》第四十二回："不期丘君明有一個侄兒懷義，一向飲酒撒潑賭錢，不習上。"明·楊爾曾《韓湘子全傳》第五回："我家止有這不肖之子，又不肯讀書習上，反學那雲遊乞丐營生，耽誤青春。"清·沈復《浮生六記》卷三："汝婦不守閨訓，結盟娼妓；汝亦不思習上，濫伍小人。"清·李伯元《文明小史》第二十二回："只是有幾個不習上的學生，正好借此到花街柳巷去走走。"

【認業】認命。

《韓忠獻公遺事》："立人之子，人皆知不若立己之子，然太后既無子，不得不自認業。"

《聞見前錄》卷三："又謂魏公對太后曰：'自家無子，不得不認業。'……恭惟太皇太后，天下之母也，以其無子，而令認業，為臣子者，悖慢至此，不幾於跋扈者乎？"

4.5 人際行為

人際行為指人們之間相互的行為，多為非單人所能完成者，既包括個體與個體間的行為，也包括個體與群體、群體與群體間的行為。

【搏取 *】㊣奪取。

《林間錄》卷上："至於為物作則，則要用便用，聊觀其一戲，則將搏取大千如陶家手。"

《大詞典》引瞿秋白《餓鄉紀程》例。

【哄堂】御史公堂會食時舉座大笑。後泛指滿座皆大笑。

《近事會元》卷二："李肇《國史補》云：凡御史上臺，絕言笑。有不可忍，雜端大笑，合坐皆笑，謂之哄堂，哄堂不罰。"

唐御史臺有臺、殿、察三院，三院會餐禁止說笑，掌雜事的御史忍不住笑引起滿堂發笑則稱作"哄堂"。其他場合的滿座大笑也稱"哄堂"。《雞肋編》卷上："每諢一笑，須筵中哄堂，眾庶皆噱者，始以青紅小旗各插於墊上為記。"

【烘堂】㊣同"哄堂"。

《歸田錄》卷二："間以滑稽嘲謔，形於風刺，更相酬酢，往往烘堂絕倒，自謂一時盛事，前此未之有也。"

【烘堂大笑 *】㊣同"哄堂"。

《歸田錄》卷一："馮相、和相同在中書。一日，和問馮曰：'公靴新買，其直幾何？'馮舉左足示和曰：'九百。'和性褊急，遽回顧小吏云：'吾靴何得用一千八百？'因詬責久之。馮徐舉右足曰：'此亦九百。'於是烘堂大笑。"

【齷茶 *】官府兵丁差役向街肆店鋪點送茶水，藉以乞求錢物，謂之"齷茶"。

《都城紀勝·茶坊》："或講集人情分子，又有一等，是街司人兵，以此為名，乞覓錢物，謂之齷茶。"

《夢粱錄·茶肆》："又有一等街司衙兵百司人，以茶水點送門面鋪席，乞覓錢物，謂之'齷茶'。"

【作會】 ㉄聚會。

《澗泉日記》卷上："汝且未作會，明日自置酒，念家會難以召客，獨請岑嵩起。"

《東京夢華錄·娶婦》："三日女家送綵段，油蜜蒸餅，謂之蜜和油蒸餅。其女家來作會，俗謂之煖女。"該詞最初指舉行會盟。《禮記·檀弓下》："殷人作誓而民始畔，周人作會而民始疑。"鄭玄注："會，謂盟也。"後也指宗教法會。晉·鳩摩羅什《眾經撰雜譬喻》卷下："道人即為鬼作會呼名咒願，余人次復為作會。"南北朝·吉迦夜、曇曜《雜寶藏經》卷四："問維那言：'一日作會，可用幾許？'維那答言：'用三十兩金，得一日會。'"也指普通聚會。唐·王士源《孟浩然集·序》："閑遊秘省，秋月新霽，諸英華賦詩作會。"《大詞典》引明·凌濛初《初刻拍案驚奇》例。

【接伴[2]＊】 指接待外國使臣。

《夢粱錄·三衙》："客省者，掌收接聖節建奉香及賀表，外國使人往來接伴之禮。"

【召飯＊】 ㉄請吃飯。

《甲申雜記》："退而喜甚，因章睦州召飯，詰其對上語，呂盡告之。"

《少儀外傳》卷上："及欲行，來召飯，叔巽欲往，人或止之曰：'此人相待如此之薄，何必赴飯？'"金·王寂《遼東行部志》："一日，山下渤海民家召飯，陰置蠱毒。既覺，輒嗽新泉，危坐數日，所苦良已。既而復召，復去。"

【速客＊】 請客。

《北行日錄》："同會七人，解、張、雍、王酒三行，李守速客，即往赴之。"

《師友談記》："每請客，一客二十釘，皆工巧。盡力為之者，只用一次。復速客，則更之。"

【遺問＊】 ㉄贈送禮物和問候。

《文昌雜録》卷三：“然公卿家尤重此日，莫不鏤金刻繒，加飾珠翠，或以金銀，窮極工巧，交相遺問焉。”又：“唐歲時節物……今歲時遺問略同，但餻糜、結杏子、點炙杖子今不行爾。”

該詞唐時已有，唐·劉餗《隋唐嘉話》卷下：“群臣上萬歲壽，王公戚里進金鏡綬帶，士庶結絲承露囊，更相遺問。”

【厮賴＊】[本]猶抵賴。

《侯鯖録》卷四：“宋韓子華宴客，有姬人魯生舞罷，為遊蜂所螫；旋持扇向蘇東坡乞詩。坡書云：‘窗搖細浪魚吹日，舞罷花枝蜂繞衣’云云。上句記姓，下句書蜂事。坡謂：‘惟恐他姬厮賴，故云耳。’”

【櫝食＊】[本]以盒供食。

《國老談苑》卷二：“杜鎬廣博，為龍圖閣學士。真宗一日問：‘櫝食原於何代？’鎬對曰：‘漢景帝為太子，文帝鍾愛，既居東朝，文帝念之曰：“太子之食，必料差殊。”乃命太官每具兩擔櫝，以一賜之，此其始也。’”

【啐酒＊】[本]勸酒，催人飲酒之辭。

《石林燕語》卷五：“公燕合樂，每酒行一終，伶人必唱‘啐酒’，然後樂作，此唐人送酒之辭。本作‘碎’音，今多為平聲，文士亦或用之。”

【侑席＊】[未]為宴飲者助興。

《墨莊漫録》卷八：“政和間，汴都平康之盛，而李師師、崔念月二妓，名著一時。晁沖之叔用每會飲，多召侑席。”

侑，在宴席上助興、勸食或陪侍。《正字通·人部》：“侑，勸也，相也。古者既食而勸食曰侑。”唐·呂巖《仙樂侑席》：“……”《夷堅丁志·玉真道人》：“有佳客至，則呼之侑席。”明·蔣一葵《堯山堂外紀·宋·洪邁》：“暇日，宣子造郡齋，景盧留款，亦出家姬侑席。”清·葉申薌《本事詞·柳永望海潮》：“州守宴之籌邊閣，名妓有陳文者侑席。”

【津送[2]】照料護送。

《北夢瑣言》卷四:"特除選人楊載宰此邑,參辭特於私第延坐與語,期為落此猥籍,津送入京。"

【廊食*】古代常朝百官,朝退後皇帝賜食於殿前廊下,謂之廊食。也叫廊餐、廊下餐、廊下食。

《近事會元》卷三:"後唐明宗天成初,以亂離之前,常參官每日朝退,賜食廊下,謂之'廊食'。"

《桯史·紫宸廊食》:"是歲,虜方搆兵北邊,賀使不至,百官皆賜廊食。"

【幾頭酒*】㊍古代風俗,沐浴後飲酒,謂之"幾頭酒"。

《侯鯖錄》卷三:"幾頭酒,山東風俗,新沐訖飲酒,謂之幾頭。顏師古云:"字當為禨,音機。禨,謂福祥也。"

【請見*】㊍宋代士人的一種禮節。

《澠水燕談錄·雜錄》:"國初襲唐末士風,舉子見先達,先通牋刺,謂之請見。既與之見,他日再投啟事,謂之謝見。又數日再投啟事,謂之溫卷。"

【謝見*】㊍唐宋舉子應試前,拜見達官顯要之後再投書信感謝,叫做"謝見"。

例見"請見"。

【溫卷】唐宋舉子於應試前,將名片投呈當時名人顯要後,再將其著作送上,以求推薦,稱為"溫卷"。

例見"請見"。

該詞五代已有,五代·王定保《唐摭言·惡分疏》:"拯既執贄,尋以啟事溫卷。"

【接坐*】㊍挨着坐。

《近事會元·州縣官禁部民接坐》:"後唐明宗長興二年九月,詔天下州縣,官無與部民接坐。"

接,靠近。《儀禮·聘禮》:"賓禮接西塾。"鄭玄注:"接,猶近也。"

接坐指靠近坐，即挨著坐。該詞唐時已有，後歷代有用例。唐·釋道宣《廣弘明集》卷十九："對別殿而重肩。環高廊而接坐。"五代·王定保《唐摭言》卷十一："退朝每得陪行，就食尋常接坐；攀由鴻鵠，倚是蒹葭。"《續資治通鑑長編·仁宗康定元年》："凡入粟五百斛為上爵，許以珠金為婦女服飾，得與本部七品官接坐。"宋·辛棄疾《南渡錄》："帝迎之，乃早見紫衣人，帝與之接坐，語不可曉。"《宋史·趙隣幾傳》："往往召豪吏接坐，引滿，吏因醉挾私白事，承裕悟之。"明·于慎行《谷山筆麈》卷十七："高騈素性嚴潔，甥侄輩未嘗得接坐。"清·蒲松齡《聊齋志異·桓侯》："彭暗問接坐者：'主人何人？'答云：'此張桓侯也。'"

【挂牌】㈢佛寺中主持和尚正式說法。

《叢林盛事》卷上："仁縳至，即請歸首座寮，眾訝之。未幾，令秉拂挂牌，眾服膺。"又："凡遇供日，但挂牌一次，主事有白之者，辨曰：'我已挂牌了也，如何又虛費……'"

【挂牌兒】㈥指茶樓等公共場所供音樂愛好者聚會，奏樂練唱。

《夢粱錄·茶肆》："大凡茶樓多有富室子弟、諸司下直等人會聚，習學樂器、上教曲賺之類，謂之'掛牌兒'。"

【暖講*】㈥謂以酒食與聽講者相慰勞。

《嬾真子》卷一："溫公（司馬光）之任崇福，春夏多在洛，秋冬在夏縣，每日與本縣從學者十許人講書……公每五日作一暖講，一盃一飯一麵一肉一菜而已。"

【口到*】㈥【換醆*】㈥蒙古族開始飲酒時相互喝對方的酒，用以防毒的一種方法，後成為一種飲酒儀式。

《黑韃事略》："凡初酌，甲必自飲，然後飲乙，乙將飲，則先與甲、丙、丁呷，謂之口到。甲不飲，則轉以飲丙，丙飲訖，勻而酬乙，乙又未飲，而飲丁，丁如丙禮，乙纔飲訖，勻而酬甲，甲又序勻以飲丙、丁，謂之換醆。本以防毒，後習以為常。"

【出頭】出面。

《北窗炙輠錄》卷上："趙元鎮丞相未第時，曾投牒索逋二百緡，其縣令曰：'秀才不親至，乃令僕來耶？'因判其牒曰：某人同趙秀才出頭理對。元鎮視其牒曰：'必欲趙秀才出頭乎？奉贈三百千。'"

該詞唐時已有，唐·王梵志《天下浮逃人》詩："強處出頭來，不須曹主喚。聞苦即深藏，尋常擬相筭。"①

【打頭】¹ ㈤帶頭；領先。

《清異錄·肢體》："天下多口不饒人，薄德無顧藉，措大打頭，優伶次之。"

【打和】㈤發聲應和；幫腔。

《蘆浦筆記·打字》："然世間言打字尚多……又有打睡、打噴嚏、打話、打鬧、打鬭、打和。"

《東京夢華錄·宰執親王宗室百官入內上壽》："小兒班首近前，進口號，雜劇人皆打和畢，樂作，群舞合唱。"《大詞典》釋義為"表演技藝"。

【秉拂*】㈤手執拂塵。引申為侍奉。

《叢林盛事》卷上："仁纔至，即請歸首座寮，眾訝之。未幾，令秉拂掛牌，眾服膺。"

該詞宋以前已有。最初指"手執拂塵"，為其本義。《舊唐書·音樂二》："《太平樂》，亦謂之五方師子舞。師子鷙獸，出於西南夷天竺、師子等國。綴毛為之，人居其中，像其俯仰馴狎之容。二人持繩秉拂，為習弄之狀。"元·釋念常《佛祖通載》："時眾踰千七百，見其秉拂提唱，皆服之。"後引申為侍奉。宋·釋普濟《五燈會元》卷十九："及冬至，秉拂昭覺元禪師出眾問云：'眉間掛劍時如何？'師曰：'血濺梵天。'圜悟於座下，以手約云：'住！住！問得極好，答得更奇。'元乃歸眾，叢林由是改觀。"《大詞典》引清·曹寅《松巔閣記》例。

【接陪*】㈤接待陪伴。

《枯崖漫錄》卷上："或用資給俗家，或有接陪知己。"

《叢林盛事》卷上："今育王一千來眾，長老日逐接陪不暇，豈有工夫

---

① "出頭"還有"到官府見官或自首"義。宋·李綱《差官體究周十隆等受招安奏狀》："周全、錢晌、謝雲於三月二十三日赴縣出頭。"該義項《大詞典》未列。

著實與汝輩發機。"元·佚名《全相平話·秦並六國平話》卷上:"玉肌花貌,蓮步柳腰,談論接陪,精神舉措。"明·凌濛初《初刻拍案驚奇》卷十九:"僧齊公一向與他相厚,出來接陪了,登閣眺遠,談說古今。"明·羅貫中《隋唐野史》第九十九回:"帝急宣賀內幹接陪番使,館於驛庭,選吉日入朝見聖。"

【扶策】㋱攙扶;支撐。

《江南餘載》卷上:"開寶初,舉子齊愈及第,綴行至白門,忽於馬上大笑不已,遂墜。馭者扶策良久乃蘇,蓋其喜成名如此。"

《北夢瑣言》卷十六:"舟忽傾側,上墮於池中,宮嬪並內侍從官並躍入池,扶策登岸,移時方安。"《東京夢華錄》卷六:"天武官十余人,簇擁扶策,喝曰:'看駕頭。'""扶策"唐時已現,唐·羅隱《市賦》:"參雜胡越,奔走孩稚,扶策而來,挈提而至。"《大詞典》引《北夢瑣言》例。

【給事*】㋱侍奉。

《道山清話》:"有二老兵皆陝人,給事左右,坐久,甚苦之。"

《大詞典》引明·謝肇淛《五雜俎》例。

【給役*】㋱供應使役。

《宣和奉使高麗圖經》卷二十一:"房子,使館之給役者也。"

《大詞典》引元·脫脫《宋史》例。

【揩背*】為人揩擦背部。

《仇池筆記》卷上:"泗州雍熙塔下,余戲作《如夢令》兩闋云:'水垢何曾相受,細看兩俱無有。寄語揩背人,盡日勞君揮肘。輕手,輕手,居士本來無垢。'"

【為地*】代為疏通說項;幫忙。

《摭青雜說》:"司戶見楊玉,甚慕之,玉亦有意而未有因。司理與司戶契分相投,將與之為地,畏太守嚴明,有所未敢。"

【為之地*】同"為地"。

《龍川別志》卷上:"自越州還朝,出鎮西事,恐許公不為之地,無以成功,乃為書自咎,解讎而去。"

《揮麈三錄》卷三:"汪因謁之,投分甚懽,日夕往還,三載之間,益以膠固。萬俟還朝,繼而大拜。首加薦引,力為之地。入朝七年間,遂登政府。"

【歸依】㉅ 投靠;依靠。

《經鉏堂雜志·謬敬》:"世多以請謁之恭、書問之謹,為歸依於我。"

《大詞典》引元·佚名《小尉遲》例。

【瞻際＊】㊡ 參拜;瞻仰禮拜。

《重明節館伴語錄》:"衮等復令北引接回傳語曰:'謝差人傳示,幸得瞻際。'"

瞻,指"瞻仰;敬視"。《詩·大雅·桑柔》:"維此惠君,民人所瞻。""際"指"接觸",《左傳·昭公四年》:"叔孫為孟鐘,曰:'爾未際,饗大夫以落之。'"杜預注:"際,接也。孟未與諸大夫相接見。"宋·袁說友《東塘集》卷十六:"予於醇父,昔未瞻際,維故夏之六月偶一見而倒屣。"宋·胡寅《寄張教授書》:"閣下言動之詳,獨某恨未獲瞻際也。"元·佚名《居家必用事類全集·拜見承出》:"比者經從君子之里,謂得瞻際。既扣閽人,聞命騎從他出,悒悒而退,比嘗求見,不遇而退。"元·弋咸《禪林備用清規》:"知賓尊長禪師,尊候起居多福,久欽道譽,獲奉瞻際,下情不勝感激之至。"

【啞揖】㊡ 相揖而不作聲。

《石林燕語》卷六:"中丞、侍御史上事,一屬皆東西立於廳下,上事官拜聽已,即與其屬揖而不聲諾,謂之'啞揖'。"

【交禮＊】㊡ 相對而拜。

《文昌雜錄·補遺》:"《東宮舊事》曰:'太子至承華門,設位拜二傅,二傅交禮畢,不復登車。'"

【交抱＊】㊡ 兩人擁抱,北方少數民族見面時的禮節。

《黑韃事略》:"其禮,交抱以為揖,左跪以為拜。"

清·佚名(朝鮮)《瀋館錄》卷一:"三十日午後,清主急邀世子大君即詣其闕，則諸王皆會引入庭中，東西分坐，俄有女隊簇擁一婦人直升清主坐榻之前，行交抱禮。""交抱"也指兩物交合圍繞。五代·王仁裕《玉堂閑話》卷三："言粗畢，有五六盜自叢薄間躍出，一夫自後雙手交抱，搏而仆之。"清·汪寄《海國春秋》第二十一回："且說這雙敖谷在金蟹山前，兩山交抱峙立，如二敖之狀，故名雙敖谷。"清·袁枚《子不語》卷十六："次晨僕入，不見主人，遍尋之，得於樹上。急撥其腕，交抱樹柯，堅不可解。"

【厮摟＊】㊔兩人擁抱。即"交抱"。

《黑韃事略》："其禮，交抱以為揖，左跪以為拜。"徐霆注云："霆見其交抱，即是厮摟。"

明·施耐庵《水滸傳》第四十五回："這婦人在側邊見是海和尚，罵一聲：'賊禿，倒好見識！'兩個厮摟厮抱著上樓去了。"

【掛搭²】�義（接受）遊方僧人投宿。也作"掛褡"。

《叢林盛事》卷上："游後退雲巘，過廬山棲賢，長老見其堅老又且川氣，不肯挂搭。"又："因記得有一老僧抵吳門萬壽，時主者不肯掛搭。"

"掛褡"因指懸掛衣缽於僧堂的鉤上，故稱。

【掛搭³】多指遊方僧人投宿寺院。

《叢林盛事》卷下："時太守王公佐聞已，下令諸山，挂搭僧人不得揀擇，所謂斷佛種子也。"

【扣問】㊐詢問；討教。

《玉照新志》卷四："生扣問為何物，婦曰：'刑人之杖瘡膏藥靨也。'"

該詞五代已有，五代·杜光庭《墉城集仙錄》卷八："……因指其院以示之，叟入院，不扣問，徑至洞玄之前。"《大詞典》引宋·魏了翁《跋楊司理德輔之父紀問辯歷》例。

【取問】㊐詢問。

《曾公遺錄》卷七："將校轉員賜宣，取問願換前班人，四廂同軍頭司拍試。”又卷八：“慶曆中戎主西山打圍，嘗牒報河東，令勿驚動，今乃不牒報，乞移文取問。”卷八：“慶曆中戎主西山打圍，嘗牒報河東，令勿驚動，今乃不牒報，乞移文取問。而熙寧、元豐中亦嘗於此打圍，不曾報，亦不曾問，嘗以此諭並帥，故有是請。”

《大詞典》用明·凌濛初《二刻拍案驚奇》例。

【報覆】稟報；報知。

《北行日録》卷下：“射每中，則面廳傴立，撒手報覆。”

【打話】對話，交談。

《蘆浦筆記·打字》：“然世間言打字尚多……又有打睡、打嚏噴、打話。”

《守城録》卷三：“二十日方遣人至齊安門下，高聲呼城上人，且不要放箭防禦，教來打話。”

【色授＊】用神色傳遞内心的感情。

《吹劍録》：“女不言而色授之。子胥飯畢，曰：‘我得志必報汝。’女曰：‘吾年三十，以母故不嫁。今失色於男子，何以見我母。’言訖，沉水死。”

【傳衣缽＊】[晚]謂傳授佛法。後亦泛稱師徒傳授繼承。

《石林燕語》卷八：“唐末，禮部知貢舉，有得程文優者，即以已登第時名次處之，不以甲乙為高下也，謂之‘傳衣缽’。”

《大詞典》引元·脱脱《宋史》例。

【格佞＊】[晚]破除諂媚阿諛。

《續世説·奸佞》：“帝有時慙恧變色，亦感其輸情，時人謂之‘格佞’。”

《大詞典》引元·脱脱《宋史》例。

【厮魔＊】[未]糾纏。

《道山清話》：“公且先去共曹家那漢理會，卻來此間厮魔。”

【支梧】抵擋。

《南唐野史》卷五:"周世宗師眾四面攻擊,仁瞻支梧拒守,經年不能下。"

【支吾²】㊋對付;應付。亦作"支梧"。

《涑水紀聞》卷十一:"西賊姦計,大未可量,朝廷當獎勵逐路帥臣,豫作支吾。"

該詞唐時已有,白居易《在家出嫁》詩:"衣食支吾婚嫁畢,從今家事不相仍。"

【支吾³】支撐;抵擋。

《江南野史》卷五:"周世宗師眾四面攻擊,仁瞻支吾拒守,經年不能下。"

【衒鬻＊】㊍猶炫耀。

《澠水燕談錄·名臣》:"祥符中,王沂公奉使契丹,館伴耶律祥頗肆談辨,深自衒鬻,且矜新賜鐵券。"

【裝潢子＊】亦稱"裝幌子"。比喻張揚,招搖。

《密齋筆記》卷四:"裝潢匠,裝乃裝背,潢則今所謂糨紙者。唐人進奏文字多用潢紙寫。故韓退之集中有'用生紙寫'之語。諺有云:裝潢子。亦不為無據。"

《能改齋漫錄·事始》:"俗以羅列於前者,謂之'裝潢子',自唐已有此語矣。"

【磨兜堅＊】【磨兜鞬＊】【磨兜＊】㊍亦作"磨兜肩"。誡人慎言的意思。

《丞相魏公譚訓》卷三:"祖父常說:穀城國門有一石人,刊其腹曰:'磨兜鞬,慎勿言。'劉泊少時嘗遇異人,教之曰:'君當佐太平,然宜慎磨兜之戒。'"

《甕牖閒評》卷八:"唐劉泊少時,嘗遇異人謂之曰:'君當佐太平,須謹磨兜堅之戒。'穀城國門外有石人,刻其腹曰:'磨兜堅,慎勿言。'故云。"

"磨兜堅"應為古時很俗的說法,大學者朱熹都不知其意。《朱子語類》卷一百三十八:"嘗見徐侍郎敦立書三字帖於主位前云'磨兜堅',竟不曉所謂。後竟得來,乃是古人有銘,如'三緘口'之類。此書於腹曰:'磨兜堅,謹勿言!'畏秦禍也。"後人又寫作"磨兜肩"。明·顏文選《駱丞集注·幽縶書情通簡知己》:"孔子觀於周廟有金人焉,三緘其口而銘其背曰'磨兜肩',古之慎言人也。"該俗語一直沿用至清代,清·胡天游《石笥山房集·文集》卷五:"去古逾遠,世鮮直節,磨兜勿言,唯口有鉗。"清·黃本驥《自宜章歸湘諸君以詩話別舟中各和一首卻寄》詩:"活世折肱求劑答,盟交緘口凜磨兜。"清代文學家吳展成晚年以"磨兜"為號。清·李放《皇清書史·逸篡錄》:"吳展成,字慶咸,號螟巢,一號二瓢(按晚號磨兜老人)。"又《皇清書人別號錄》:"……磨兜吳展成、松禪翁同龢、井上黃晉良……"《大詞典》未收"磨兜肩""磨兜"。

【交訟 *】⑭互相爭論。

《黑韃事略》:"每呼韃人為自家骨頭,雖至細交訟事,亦用撒花直造韃主之前,然終無不決而去。"①

《大詞典》引《明史》例。

【爭劫 *】⑭圍棋術語,指雙方在棋盤上爭奪。

《續世說·雅量》:"宋明帝賜王景文死,敕至之夜,景文在江州,方與客棋。看敕訖,置在局下,神色恬然。爭劫竟,斂子納奩畢,徐謂客曰:奉敕見賜以死。"

該書證也見於唐,唐·李延壽《南史·列傳第十三》記載相同內容,唐·皮日休《任詩》:"閑尌不置罰,閑弈無爭劫。"《春諸紀聞》卷五:"宋文帝使人賫藥賜王景文死,時景文與客棋,以函置局下,神色不變,且思行爭劫。"清·丁紹儀《東瀛識略》卷五:"如奕棋然,不於閑中布子,必待爭劫而後籌所以補救,所謂臨渴掘井、亡羊補牢,豈不晚哉!"後引申為爭鬥強奪。清·王夫之《讀通鑒論·五代上》:"乘權者既忘民之死,民亦自忘其死;乘權者既以殺人為樂,民亦以相殺為樂;剽奪爭劫,有不自知其所以然而若不容已者,莫能解也。"

【打鬥 *】⑭鬥爭。

---

① 大象出版社《全宋筆記》本該例最後一句為"然無終予決而去"。

《蘆浦筆記·打字》："然世間言打字尚多……又有打睡、打噴嚏、打話、打鬧、打鬪。"

朱熹《荅李孝述繼善問目燔之姪》："竊疑其雖未盡見是理，自然流行之妙而於本然，實體固已識之，但恐識認未至真的，又自度此心，了他未下，然亦可見其直要於打鬪處下死功夫，勝過去，不但及此而遂已也。"

【鬪合 *】㊌ 即合鬪。相鬥；爭鬥。

《經鉏堂雜志·遣女十戒》："第四不得鬪合。鬪合上下，致不和睦，眾人知之，罪不可逃。"

《大詞典》僅釋義"湊在一起；聚集。"

【合鬪 *】㊋ 相鬥；爭鬥。

《經鉏堂雜志·買妾家訓》："至於合鬪親房，內外不足，又不論也。"

該詞唐時已有，唐·王梵志《家中漸漸貧》詩："東家能涅舌①，西家好合鬪。兩家既不合，角眼相蛆妒。"

【合鬧 *】取鬧。

《談苑》卷四："慶曆中，西師未解，晏元獻為樞密使，大雪，置酒西園。歐陽永叔賦詩云：'須憐鐵甲冷徹骨，四十餘萬屯邊兵。'晏曰：'昔韓愈亦能作言語，赴裴度會，但云："園林窮勝事，鐘鼓樂清時。"不曾如此合鬧。'"

【打鬧】㊍ 爭鬥；爭吵。

《蘆浦筆記·打字》："然世間言打字尚多……又有打睡、打噴嚏、打話、打鬧。"

《大詞典》引元·鄭光祖《三戰呂布》例。

【炒鬧】吵鬧。

《曾公遺錄》卷九："余劄子云'將等皆唯唯'，是不曾道一句言語，須炒鬧。余云：'但炒不妨。'"

---

① 同"捏舌"。指說閑話，造謠生事。

《夷堅丁志·吳升九》:"母詣鄰家求寄一宿,鄰人曰:'婆兒子性氣惡,我留你必遭炒鬧。'"

【撕吵＊】㋯即"廝吵"。爭吵。

《密齋筆記》卷四:"不知淵明有何產業,慮五子爭分,想是怕他窮撕吵。"

宋·九山書會才人《張協狀元》第二十出:"解元,你兩人撕吵則甚?"

【説破】把隱秘的意思或事情説出來。

《韓忠獻公遺事》:"意他公莫與,既見,謂:'官家不得驚,有一文字須進呈説破,只是不可泄。上今日皆慈壽力,恩不可忘……'"

該詞唐五代已有。《敦煌變文校注·維摩詰經講經文(四)》:"喜有四件,憂有四般,不如對我世尊,一一分明説破。"

【説謊】㋲有意説不真實的話。

《黑韃事略》:"霆見其一法最好,説謊者死。"

《大詞典》引元·鄭廷玉《金鳳釵》例。

【説㤽＊】㋯説謊。

《黑韃事略》:"其法,説㤽者死,故莫敢詐偽。"

【賴】㋲騙取。

《程氏續考古編》卷九:"《書》曰:'萬事永賴。''兆民賴之。'此則即庇賴之賴耳。而今之俗語凡曰賴者,皆以誣負為義,常疑此之俗語無所稽據,偶讀《左氏》,至昭公十二年,楚王謂子革曰:'鄭人貪賴其田,而不我與。'則謂賴為誣負,古語已然矣。"

《大詞典》引元·張國賓《薛仁貴》例。

【誣負[1]＊】㋯騙取。

例見"賴"。

誣,加之以不實之辭,妄言。《書·仲虺之誥》:"夏王有罪,矯誣上天,以布命於下。"負,虧欠。《説文·貝部》:"負,受貸不償。"《晉書·

袁耽傳》："桓溫少時，遊於博徒，資產俱盡，尚有負。""誣負"指說假話將別人東西占為己有。

【誣負²＊】㊛污蔑誹謗。

《靖康要錄》卷六："夫之冤有不得伸者，必為昭雪，而宣仁為臣下所誣負謗抑有年矣。"

《說文・言部》："誣，加也。"段玉裁注："加與誣皆兼毀譽言之，毀譽不以實皆曰誣也。"唐・慧琳《一切經音義》引《考聲切韻》："誣，加謗也。"宋・蔡襄《贈勤師》："不喜釋老言，衹斥遭誣負。"

【脫空²＊】落空；沒有著落；弄虛作假。

《師友雜志》："凡事據實而言，纔涉詐偽，後來忘了前話，便是脫空。"

【打煞】㊛打死。也作"打殺"。

《聞見近錄》："馬樞密知節，勁直自任，持大笏入朝，上頗怪之，馬曰：'臣見本院長官多欺陛下，臣不怕驚動官家，惱亂宰相，則打殺此廝兒久矣。'"

該詞晉已有，晉・葛洪《抱朴子・內篇》："於是官軍以白棒擊之，大破彼賊，禁者果不復行，所打煞者，乃有萬計。"《敦煌變文集・齗齗書一卷》："本性齗齗，打煞也不改。"唐・釋神會《神會禪話錄・南陽和尚問答雜徵義》："其人不委所由，乃打煞慧可，死經一宿重活，又被毒藥而終。"明・董其昌《容臺別集》卷一："我當時若見，一棒打煞與狗子吃，貴圖天下太平。"清・曾衍東《小豆棚・物類》："我喳喳，他咄咄，不把仇人快打煞。"打煞有"忍耐"的意思。明・風月軒入玄子《舞春雲》第七回："你想怎樣花一般的美人，同床而臥，便是鐵石人，也打煞不住，叫我如何忍耐得過。"民國・李涵秋《廣陵潮》第六十九回："不過三十多歲的女人，便有時打煞不住，煩躁起來，也只得緊緊咬著被角，死命的挨。"

【打殺】㊝打死。

《羅湖野錄》卷四："死心禪師，紹聖間，住江西翠巖……遂設問於學徒曰：'且道果有鬼神乎，若道有，又不打殺死心；若道無，莊丁為甚麼死?'"

《青瑣高議別集·補遺》："吳來日於橋側，俟至午後，橋壞，打殺者果五十三人，豈不異哉！"該詞晉代已有，晉·陶潛《搜神後記》卷九："王兒乃突前痛打，是一黃狗，遂打殺之。"漢·安世高《佛說柰女耆婆經》："王聞大怒曰：'鼠子何敢求是五願。'促具解之，若不能解，今打殺汝。"唐·張鷟《朝野僉載》卷五："嶺南有報冤蛇……若打殺一蛇，則百蛇相集。"《大詞典》引明·洪楩《清平山堂話本》例。

【扼吭²*】⑱自縊。①

《呻吟語》："車人語張叔夜曰，將過界河，叔夜扼吭死。"

《大詞典》引清·鈕琇《觚賸》例。

【開眼尿床*】⑭睡醒了尿床，佛教裡指愚癡、糊塗的言行。

《冷齋夜話》卷十："無故於八達衢頭架大屋，養數百閑漢，此真開眼尿床也，何足復對語哉！"

宋·僧賾藏《古尊宿語錄》卷四十二："衲僧跳不出，打在噴嚏裡，動即開眼尿床，夢中說夢。明·黎眉《教外別傳·南岳下六世》："翠巖開眼尿床，問在答處。"清《神鼎一揆禪師語錄》："惱亂黑甜枕子墮，平空惹起撩天禍，兒孫計較不成眠，開眼尿床作甚麼。"

【昏賴】無理耍賴；無賴。

《黑韃事略》："漢兒及回回等人販入草地，韃人為之，回回又以物置無人之地，卻遠遠車望，才有人觸著，即來昏賴。"

【拋屎撒屙*】⑭胡作非為。

《叢林盛事》卷下："多年臘果養得五箇虎子，橫行四海，向大唐國裡、日本國裡、新羅國裡拋屎撒屙，直得乾坤漆黑，日月奔忙，須彌岌岌，四海揚波。"

【踏坑塹*】⑭不依照道理或遵循規律辦事。

---

① "扼吭"還比喻控制要害部位。宋·劉宰《漫塘集》卷十五："遂用樊噲十萬眾橫行之謀，且謂人心久歸，可為扼吭擣虛之計。"《大詞典》引明·葉憲祖《鸞鎞記》例。

《塵史·博弈》："《樗蒲經》曰：'凡近關及後一子，謂之塹。近關及前一子，謂之坑。落坑塹非貴采不出。凡一馬打一馬，如遇退六路馬，則一馬可踏五馬。'故世指不循理者，謂之踏坑塹。"

【揿鼻日（木）＊】㈻本指獸醫用於控制牛馬鼻的木頭，比喻為人牽鼻，不得不從的意思。

《清夜錄》："太宗子元儼有盛名，號八大王。有人入蜀謁張忠定公，投參政書，公納之袖中，無語；次投丞相書，亦如前；及投八大王書，公曰：'真揿鼻日。'"

此例中"揿鼻日"一詞，在不同文本有不同的記載，有的作"揿鼻目"，有的作"揿鼻木"。四庫本《說郛》卷二十三下收錄的俞文豹《唾玉集》中"揿鼻日"作"揿鼻目"。《宋人軼事彙編》卷三："有人入蜀謁張忠定，投參政書，公納之袖，無語；次投丞相書亦如前；及投八大王書，公曰：'真揿鼻日。'《清夜錄》《唾玉集》'日'作'目'，皆不可解，殆當時方言也。"《玉篇·手部》："揿，拗揿也。"南朝梁·宗懍《荊楚歲時記》："家家睡床打戶，揿狗耳，滅燈燭以禳之。"唐·韓愈《送窮文》："揿手覆羹，轉喉觸諱。"有"揿鼻"的說法，即揪鼻子，被人（物）牽著鼻子，有被控制的意思。《大詞典》未收該詞。宋·崔敦禮《謝丘守京剡啓》："容容徒炙手之附，帖帖惟揿鼻之從。"宋·孫覿撰、李祖堯編注《內簡尺牘》："揿烏犍之鼻。注：《鴻慶本集》與《王壽基帖》云：'示別紙必遭揿鼻之厄也。'"清·汪洪《郴州觀風告示》："字險怪而不知轉喉，觸諱句倔強而莫制，揿鼻難馴，趨荊棘以入羊腸，厭膏粱而甘鳩羽。"清·金萬重（朝鮮）《九雲夢》卷一："忽有異香揿鼻而迅，既非蘭麝之薰，亦非花卉之馥。"民國·佚名《雙珠球寶》卷一："鬚長鼻正登天下，立刻回家告妻聽，方孝氏想做皇后，夫睡接鬚揿鼻正。"也有"揿鼻木"的說法，元·高茂卿《翠紅鄉兒女兩團圓》第二折："醜扮王獸醫拿揿鼻木上，云……真個有鬼，我拿出我這揿鼻木來。"元·馬致遠《呂洞賓三醉岳陽樓》第四折："我自拿著揿鼻木，拽著我布道服。"宋·李劉撰、明·孫雲翼箋釋《四六標準》卷三："初非有揿鼻之木：揿，力結切，幻也。《增韻》紾也，捋也。宋·俞文豹《唾玉集》：'太宗子元儼有威聲，號八大王。有人謁張乖崖投丞相及給事書，皆納之袖中無語；及八大王書,乃曰:"眞捩鼻木。"'按:《南史》殷浩語孫盛曰:'莫作強口馬,我當捩卿鼻。'孫曰:'卿不見決鼻牛,人當勞卿頸。'捩鼻木,乃獸醫所用,牛馬鼻為木所捩,不得不從。猶云為人牽鼻也,宋人好用當代人語入文字中。"《四六標準》中"捩鼻日"作"捩鼻木"。指獸醫用於控制牛馬鼻的木頭,比喻為人牽鼻,不得不從的意思。以此可見,"捩鼻木"為當,"捩鼻目"應為"捩鼻木"的音訛,"捩鼻日"為"捩鼻目"的形訛。

【傳神 *】謂畫人像。

《丞相魏公譚訓》卷六:"劉元甫少時,一僧善傳神,見曾祖。曾祖召元甫,使僧謂之傳神。"

4.6 社會治理行為

社會治理行為指和社會治理有關的行為動作。

【籠街喝道】封建時代的官員外出時,侍從人員鳴鑼開道,吆喝街坊上的行人回避。亦省作"籠街"。

《近事會元·籠街喝道》:"唐文宗太和二年,舒元褒上疏云:元和長慶中,中丞行李,不過半坊,今乃遠至兩坊,謂之籠街喝道。但以崇高自大,不思僭擬之嫌。"

【水路 *】㊅古代皇室貴族出行時,令人前導且灑水於路,謂之"水路"。

《清波別志》卷中:"設凡貴遊出,令一二十人持鍍金水罐子前導,旋灑路過車,都人名曰'水路'。"
《東京夢華錄·公主出降》:"公主出降亦設儀仗行幕,步障水路。凡親王公主出則有之。皆系街道司兵級數十人,各執掃具、鍍金銀水桶,前導灑之,名曰'水路'。"

【宣引 *】㊅皇帝宣召大臣,由內侍引見,稱"宣引"。

《淳熙玉堂雜紀》卷中:"(必大)得旨,赴東華門祗候宣引。日已晡,聞有內宴,小黃門出云:'恐改日引。'然不敢退。酉後,忽宣入選德殿。"

【再坐 *】㊅指宋時皇帝召對或接受大臣朝見後,因故再次與大臣坐在一起討論國事，謂之再坐。

《王文正公筆錄》："予初為學士，一日真宗承明再坐召對。（自注：承明直崇政之南，每崇政殿聽朝罷至此，謂之倒坐。御膳畢，復坐，謂之再坐。）"

《文獻通考·王禮考二》："如假日起居辭見畢，即移御坐，臨軒視事。既退，復有群司奏事，或閱器物之式者。謂之後殿再坐。"《武林舊事·聖節》："其日候宰執奏事訖，追班，上坐垂拱殿，先引樞密院并管軍官上壽，東京分為二日，今只並為一日。禮畢，再坐紫宸殿。"

【喚班*】㈱臣子對皇帝進行一般的朝見時，掌管朝班儀節的官吏按順序呼叫臣僚依次就位。

《談苑》卷二："王汾嘲劉攽云：'常朝多喚子。'蓋常朝知班吏多云班班，謂之'喚班'。"

元·馬端臨《文獻通考·王禮考三》："應正衙見、謝、辭文武臣僚，並依御史臺儀制喚班，依序分入於文武班後，以北為首，分東西相向，重行異位，依見、謝、辭班序位。"

【書填*】㈱填寫。

《曾公遺錄》卷八："又奏：已令王瞻等將不作過首領書填空名，補將校。"

宋·宋慈《洗冤集錄·自縊》："或復檢官不肯相同書填格目，血屬有詞，再差官復檢出，為之奈何？"《宋史·食貨志上一（農田）》："九年，王之奇奏增定力田賞格，募人開耕荒田，給官告綾紙以備書填，及官會十萬緡充農具等用。"明·戚繼光《練兵實紀雜集·儲練通論下》："每月一次，類報本營，各將領書填字號，免其責打。"清·柯劭忞《新元史·程鉅夫傳》："又有外省官將空頭咨示旋來內省，尋趁有錢人員，書填姓名；亦有內省通同作計，公行添插人員。"

【團句*】㈱指把字詞組合成一個完整的句子。也泛指寫作。

《文昌雜錄》卷三："唐通事舍人宣詔，舊令拾遺團句把麻者，蓋謁者不知書，多失句度，故用拾遺低聲摘句以助之……搢笏宣讀，兩舍人捧之。然團句每以為艱也。"

元·戴善甫《陶學士醉寫風光好》第二折："學士睡了，小官出門，見壁上十二字，乃是他寫下的。……川中狗者，蜀犬也；蜀字看個犬字，是個獨字。百姓眼者，民目也；民字著個目字，是個眠字。虎撲兒者，爪子也；爪字著個子字，是個孤字。公廚飯者，官食也；官字著個食字，是個館字。團句道'獨眠孤館'。"明·彭大翼《山堂肆考·職臣》："唐通事舍人宣語，多不知書，至宣讀輒失句讀，故用拾遺團句低聲以助之，謂之把麻。"後團句也泛稱寫作。清·沈嘉客《春興四首》："余以病不能團句，而正夫促余者再，遂成此篇。"

【改乙＊】㈱修改。

《儒林公議》："既而，命小黃門捧書數箱示之，皆文藁也，其中刪塗改乙，皆上親翰。"

宋·岳珂《寶真齋法書贊》卷十六："草書稿本共二十幅，兩卷，通二百五十一行，多有塗注改乙處，並依本文謄寫。"本指文稿塗改時，改甲為乙，如明·吳遵《初仕錄·謹僉押》："原甲字改作乙字，仍又改乙為甲，雖明辯者卻於甲字生疑，而不知本來是甲。""改乙"成固定的用法，指修改。清·顧廣圻《思適齋序跋·序三》："於是為之更正次第、勘定文句，補刪改乙，幾及千條，合前所刊《內篇》，存諸篋中，冀無負宿諾云爾。"

【帖麻＊】唐宋時任命大臣用黃白麻紙頒詔，如有改動，則須改貼重寫，叫做"帖麻"。也作"貼麻"。帖同"貼"。

《密齋筆記》卷一："本朝惟文潞公建雙節，終亦辭了帖麻不行。"

宋·孫逢吉《職官分紀》卷十五："今所除蓋學士承旨揚察之誤，尋帖麻改正之。"《宋會要輯稿·職官六》："第請改正，不復降麻，止帖麻用印，重寫告身。"《宋史·劉沆傳》："論者以為非故事，由學士楊察之誤，乃帖麻改沆監修國史，弼為集賢殿大學士。"

【貼麻】同"帖麻"。

《曾公遺錄》卷九："夔云：'非閉藏，要添入即添。'遂貼麻添入：'應合牽復、敘用、量移、移放人等，並疾速檢舉施行。'"

【立班】官員在上朝、迎送等正式場合依品秩站立。

《文昌雜錄》卷三："連遇朝假，則百官詣文德殿立班，謂之橫行參假。"

《春明退朝錄》卷中:"於禮,群臣無一日不朝者,故正衙雖不坐,常參官猶立班,俟放朝乃退。"該詞唐時已有,白居易《待漏入閣書事奉贈元九學士閣老》詩:"彩筆停書命,花磚趁立班。"

【追班 *】㊙百官按位次排列謁見。多指謁見皇帝。

《道山清話》:"明肅既上賓,時遺誥以太妃楊氏為皇太后,軍國大事內中商量。閣門促百官班賀皇后,時蔡齊為中丞,厲聲叱曰:'誰命汝來,不得追班。'"

此處為謁見皇后。《麈史·朝列》:"凡朝會必集於此,以待追班,然後入。"《東京夢華錄·宰執親王宗室百官入內上壽》:"駕興,歇座。百官退出殿門幕次。須臾追班,起居再坐。"該兩例為謁見皇帝。《大詞典》釋義"謂百官按位次排列謁見皇帝"。

【上事】㊗官吏上任視事。

《春明退朝錄》卷上:"舍人院每知制誥,上事,必設紫褥於庭,面北拜廳。"

《廣卓異記》卷六:"禮部侍郎趙光逢放柳璨及第,璨不多時便拜相。上事日,座主尚居散職,謁見之時,令朱衣吏連姓朗而贊之,全不優容,時議短之。"該詞唐時已有,唐·李涪《刊誤·上事拜廳》:"予嘗為河南少尹,至上事日功曹吏張從玘曰:'請服羅巾吉衫。'予詢之,則曰:'先拜恩,後上事。'又眾官列位,儐者曰:'面西再拜。'拜訖,成上事之禮。"《大詞典》引《資治通鑑》例。

【押角 *】㊗坐於榻角。唐中書、門下兩省官上事之制。

《文昌雜錄補遺》:"唐國子祭酒李涪作《刊誤》云:'兩省官上事日,宰相臨焉。上事者,設床几面南而坐,判三道案,宰相別施一床,連上事官南坐於四隅,謂之押角。'"

也作"壓角"。《春明退朝錄》卷上:"舍人院每知制誥,上事,必設紫褥於庭,面北拜廳,閣長立褥之東北隅,謂之壓角。宗袞作《掖垣叢誌》而不解其事,按《舊唐書》亦無聞焉。唯裴廷裕《正陵遺事》云,舍人上事知印,宰相當壓角,則其禮相傳自唐也。"《南部新書》丙:"兩省官上事日，宰相臨送，上事者設牀，坐而判三道，宰相別施一牀，南坐四隔，謂之壓角。"

【橫行參假 *】㊖朝假日百官例行朝參。

《文昌雜錄》卷三："連遇朝假，則百官詣文德殿立班，謂之橫行參假。"

【常朝 *】㊖舊時臣子對皇帝的一般的朝見。

《文昌雜錄》卷三："兩省官文武百官，日赴文德殿，東西相向對立，宰臣一員押班，聞傳不坐，則再拜而退，謂之常朝。"

《談苑》卷二："王汾嘲劉攽云：'常朝多喚子。'蓋常朝知班吏多云班班，謂之喚班。"

【喝賜 *】㊖大聲宣布賞賜的一種儀式。

《曾公遺錄》卷七："昨進築兩堡，得旨，與特支。今止築一堡，未敢喝賜……將來進築，已秋涼，更不喝賜。"

《麟臺故事》卷五："提舉三館、秘閣及知閣門中貴人喝賜轉官等恩例，駕興，改章服者皆受賜殿門外。"《文昌雜錄》："親王、使相、節度使至刺史、學士、臺省官、文武百寮、諸軍將校等，並并敘班於於朝堂，喝賜茶酒，門謝畢退。"《北行日錄》卷下："……喝有敕兩拜，又喝賜衣帶、鞍馬、匹段等……五拜再喝賜酒食，又五拜升露臺少立。"《文獻通考·王禮考十七》："舍人班前代奏，歸班，再拜，喝賜跪受。……起居通事班前，代奏萬福，喝賜跪受，並如上儀。"明·馮夢龍《警世通言》卷八："當下喝賜錢酒，賞犒捉事人。"

【搶節 *】㊖宋時大官拜命時，管理街道的差役及閑蕩不務正業者傳聲呼喊，謂之搶節。拜官者散錢予以犒賞，稱之為搶節錢。

《錢氏私志》："初拜交旌，再拜交節。是日，諸處街司，以至市井遊手，前後傳呼，謂之搶節。"

《武林舊事》卷六："大官拜命則有所謂搶節錢，病者則有施藥局，童幼不能自育者則有慈幼局……""搶節"也指節日期間邊境外族犯境搶劫。《明神宗顯皇帝實錄》卷之一百一十："言醜虜搶節搶年，其勢飄忽如風雨，即本鎮應援猶不及，況調遠戍之兵收一擊之奇乎？"

【謝花＊】㊗群臣叩謝皇帝賜花。宋代大宴及御筵時的一種禮節。其所賜花，並須戴歸私第，不得更令僕從持戴，違者糾舉。也作"謝賜花"。

《文昌雜錄》卷四："既就坐御，群臣謝花，拜於坐次。天禧中，司諫祖士衡上言：欲望每更衣再坐，有司引群臣班於殿廷。俟升御坐，謝花於廷，乃分引上殿。"

【覆考＊】復試。

《澠水燕談錄·貢舉》："易（錢易）有時名，不得魁薦，頗不平之，上書言試題語涉譏諷……上命錢若水覆考。"

《齊東野語·王魁傳》："舊制：御試舉人，設初考官先定等第，復彌之以送覆考再定。"

【迎授＊】㊗謂迎接王命。

《猗覺寮雜記》卷下："今之封王建節，以鼓吹迎節於閣門，謂之迎授。"

【斜封＊】謂非朝廷正命封授（官爵）。

《近事會元·斜封》："唐睿宗景雲元年八月，以中宗時官爵踰濫，因依妃主墨敕而受官者，時謂斜封，禁之。"

該詞唐時已有，唐·張鷟《朝野僉載》卷一："景龍中，斜封得官者二百人。"

【焚黃】舊時品官新受恩典，祭告家廟祖墓，告文用黃紙書寫，祭畢即焚去，謂之焚黃。後亦稱祭告祝文為焚黃。

《投轄錄·何丞相》："一日，丞相自郎官謁告，焚黃於括蒼，假道泗水，暝晦未久，艤舟初定。"

【穿秉＊】謂穿禮服而執朝笏。

《淳熙玉堂雜記》卷上："惟中書門下省刑房錄事、尚書省刑房主事各一人，穿秉同至，仍舊繫鞻見之，不迎不送，不設茶湯而退。"

【頭直＊】㊗【末直＊】㊗宋代指翰林學士輪流每天值班，以備皇帝召見、咨詢，若因特殊情況連值兩天班，則稱作頭直、末直。

《淳熙玉堂雜記》卷下："隆興初，上用真宗故事，輪講筵。學士院官直宿禁林，每夕兩員，以備宣引、咨訪，往往賜酒留款，其後以兩人難獨召，若同召，則議論難盡，止命一員遞宿……（自注：每直兩日謂之頭直、末直。）"

【點宿＊】㊗長官每間隔幾日輪流值班。

《文昌雜錄》卷五："新制：寺監丞、簿皆輪宿直。長貳每五日一點宿。有一卿長，每點宿，亦令丞、簿自依日赴直。謂長貳點宿，乃點檢之義。按學士、舍人新拜官，有爆直，舊官間數日乃點檢，直欲新來者稍休也，豈點檢之謂邪？士大夫不可以不知故事。一點字，其誤如此。"

《宋會要輯稿·職官一八》："十一月七日，詔秘書省依舊制，日輪官一員止宿。遇請假驗寔，即以次官，長貳五日一次點宿。"明·解縉《永樂大典（殘卷）·考古質疑》："如《集英春宴罷，赴太常寺點宿》云：……"

【腰黃＊】猶腰金。謂身居顯要。

《驂鸞錄》："江西帥，前右正言龔寔之欲取王士元'三江五湖'之句以廳事，後堂為'襟帶堂'，余為書其榜，戲為讖曰'襟者，金也。不三年，府公其腰黃乎？'"

【貼職】兼職。

《石林燕語》卷六："直館、直院謂之'館職'，以他官兼者謂之'貼職'。"

該詞唐時已有，劉禹錫《復荊門縣記》："初，公以縣之之便聞於上也，禹錫方以郎位貼職於計曹。"

【陛辭＊】指朝官離開朝廷，上殿辭別皇帝。

《韓忠獻公遺事》："公陰知時事，陛辭日，上謂：'卿去，誰可屬國者？'"

【門謝＊】㊗赴宮廷謝恩。

《清波別志》卷上："章惇坐不進呈蔡確母明氏狀，放罪。惇無一言，即日門謝。"

【巡白＊】㈭百官到宰相辦公處商議國事，也指商討。

《麈史·諧謔》："百官赴政事堂議事謂之巡白。"

宋·李燾《續資治通鑑長編》卷四百九十："復慮文自斃，乃於吏部選委孫往西京督攝之。孫赴都堂巡白執政曰：……"又卷四百九十四："疑難公案合奏巡白者，押劄子後……如合詣都省巡白，即再限二日錄元劄子赴部……"清·徐松《宋會要輯稿·職官一五》："詔審刑院、大理寺自今中書、樞密院送定公事，依條定奪，毋得巡白。"

【鎖廳＊】即鎖廳試。指現任官吏機構暫停辦公參加科舉考試。

《石林燕語》卷四："祖宗時，見任官應進士舉，謂之'鎖廳'。"

【鎖應＊】宋代稱現任官或有爵祿者應進士試。也稱"鎖廳試"。

《雲谷雜記》卷三："祖宗時，宗子無預於科舉。神宗始詔有官者許鎖應，未命者從其應舉，自是宗子始得預進士第。"

【鎖中＊】㈭指有官爵者參加科舉考試登第。

《卻掃編》卷中："祖宗時，有官人在官應進士舉謂之鎖廳者，謂鎖其廳事而出。而後世因以有官人登第謂之'鎖中'，甚無義理。"

【宣鎖＊】㈭古時的一種保密方式，指文件宣讀前鎖住起草文件的學士院。

《淳熙玉堂雜紀》卷下："隆興初，上用真宗故事，輪講筵，學士院官直宿禁林……間遇除授宣鎖，講筵官已入直，率聞名蒼皇而出，有不及伺候，從吏借馬於內諸司者。"

宋制，凡擬草除授宰執及重要事項的制詔，由天子當晚宣召當直翰林學士官面諭，歸院後，令內侍鎖學士院，禁人出入。天明前呈送皇帝，俟當日晨交中書授舍人宣讀後，方可開院。合稱"宣鎖"。《癸辛雜識別集下·史嵩之致仕》："丙申之春，御筆：'史嵩之退安晚節已踰十年，可特授觀文殿大學士，依舊金紫光祿大夫求國公致仕，仍盡與宰執恩數，令學士院降詔，仍免宣鎖。'"

【雙鎖＊】㈭指宋代翰林院處理起草詔書等重大事機時，鎖閉院門，斷絕往來，以防洩密。起草四道詔書，則學士分頭起草，叫做"雙鎖"。

《清波別志》卷下:"故事,鎖學士院,有四制,則並命學士分草,謂之'雙鎖'。"

【整齪*】㊚整飭。

《靖康傳信錄》卷上:"今日之計,莫若整齪軍馬,揚聲出戰,團結民心以待勤王之師。"

【卷班[1]】㊚宋元朝拜皇帝時的一種制度。謂朝見後官員們隨本班班首順次後轉退出。

《石林燕語》卷七:"起居畢,宰執升殿,尚書以次各隨其班,次第相踵,從上卷轉而出,謂之'卷班'。"

《大詞典》引元·脫脫《宋史》例。

【籠門*】㊚宋代,皇帝因雨不朝,傳旨群臣向殿門跪拜後退出,謂之籠門。

《石林燕語》卷七:"遇雨,則旋傳旨拜於殿門下,謂之'籠門'。"

《大詞典》引清·袁枚《隨園隨筆》例。

【咄散*】㊚宋代政府官員處理政務後的散會儀式。

《石林燕語》卷六:"中丞、侍御史上事,臺屬皆東西立於廳下,上事官拜廳已,即與其屬揖而不聲諾,謂之'啞揖';以次升階,上事官據中坐,其屬後列,坐於兩旁。上事官判案三道後,皆書曰'記諳',而後引百司人吏立於庭臺。吏自廳上屬呼曰:'咄!'則百司人吏聲諾,急趨而出,謂之'咄散'。"

【在告*】官吏在休假期中。告,古時官吏休假。告假,請假。

《孫公談圃》卷中:"蘇少保頌為人深沈有度量,不悅於荊公,罷知制誥。歸班二年,赴常朝,未嘗一日在告,與人終日無一言及之。"

【展限*】謂放寬限期。

《曾公遺錄》卷九:"北使展限,遺留番二十九日,登位番三月六日。"

《桯史·汪革謠讖》："三省樞密院同奉聖旨，取謀反人，教練乃受錢展限耶？"

【展年＊】㊉延長年限。

《曾公遺錄》卷九："又創為熙秦冒賞降官，各將副以上，例追兩官，部隊將、使臣，例追一官，餘各以所冒對行降官展年，情重者取旨。"

《萍洲可談》卷三："是舉不預薦，方嘆惋，忽有旨展年免解，湖州惟戚山一名預免，來年遂過省登第。"《宋史·食貨志下》："川引每界舊例三年一易。自開喜軍興以後，用度不給，展年收兌。"

【申發】發送。

《南燼紀聞錄》："虜主時時要申發文字，故必須來此。"

該詞五代已有，五代·李亶《諭諸司寺監敕》："諸司寺監，凡有文簿施行奏覆，司長須與逐司官員同簽署申發，不得司長獨有指揮。"

【細滿＊】㊉任期三年。始於南朝宋齊，因小滿為節氣，故以細滿稱之。

《吹劍錄》："齊以治民之官，三年為斷，曰'小滿'。然小滿乃節氣名，故今人改曰'細滿'。"

宋·趙汝鐩《送同官葉權院造朝二首》詩："細滿豈無待，橫飛亦未遲。催班天上去，黃色已浮眉。"宋·胡寅《代張子期上秦太師啟》："人懷布武之心，士切競辰之志。乃顧卑飛之羽翼，已逾細滿之光陰。"明·唐桂芳《代送貢友瞻幛詩》："三年細滿返故里，舊栽楊柳今扶疏。"

【甲乙＊】㊉評定優劣。

《石林燕語》卷八："或言高下定於考試官，編排第受成而甲乙之，無預與奪。"

【移放＊】㊉古時官吏的一種管理制度。指改變流放之地，將因罪遠謫的官吏調遷條件好的地方任職。

《曾公遺錄》卷九："應合牽復、敘用、量移、移放人等，並疾速檢舉施行。"

移,轉移,遷徙。《廣雅·釋詁四》:"移,轉也。"放,放逐。《說文·放部》:"放,逐也。"《宋史·徽宗紀四》:"東南官吏昨緣寇盜貶責者並次第移放,上書邪上等人特與磨勘。"又《高宗紀八》:"壬午,復命檢舉諸人因赦移放者,告訐得罪者不預。"清·徐松《宋會要輯稿·刑法六》:"乞應該登極赦以前雜犯配軍,除元係軍人及宣敕永不放還者更不移放,其元犯殺人、放火、強盜……看詳量移。""移放"還指將某物移動位置並放置於某地。白居易《放魚》:"一時幸苟活,久遠將何如。憐其不得所,移放於南湖。"明·李春芳《海剛峰先生居官公案傳》卷一:"前月,明到翊家制環,帶金五兩,移放桌上。"清·韓邦慶《海上花列傳》第十九回:"又將吃大菜的桌椅移放客堂中央,仍鋪著一單。"

【枝頭乾[2]＊】㊅本指沒有摘下而在樹枝上變乾的果子。喻滯留原職,久不升遷。

《石林燕語》卷五:"一時名士在館率論資考次遷,未有越次進用者,皆有滯留之歎……文潛遽曰:'豈不勝汝枝頭乾乎?'聞者皆大笑。"

【移敘＊】㊅官吏因罪貶謫,遇赦酌情復職或調遷近處任職。

《曾公遺錄》卷九:"上云:'浩擊惇甚力,章疏具在。浩之貶,惇或與聞,度惇必未肯便與移敘。'余曰:'……不必指名,但以大赦,應牽復、移敘之人速具姓名取旨,則必不敢緩也。'"

敘,指按規定的等級次第授官職,按功勳大小給予獎勵。《周禮·天官·宮伯》:"行其秩敘。"鄭玄注:"敘,才等也。"唐·柳宗元《賀赦表》:"歸還流竄,羅網之釋也;移敘貶黜,覆載之仁也。"宋·李燾《續資治通鑑長編》卷四百九十一:"除元祐餘黨及已有特旨人外,並依非次赦,與理三期移敘。"移敘為也稱為量移敘復、量移敘用、量移敘免等。《建炎以來繫年要錄》卷一百八十一:"頃在謫籍文武臣僚未經量移敘復、死於貶所者,令有司檢舉元犯因依,具職位、姓名聞奏,當議輕重,別加恩典。"《宋史·太祖三》:"庚子,有事圜丘,回御五鳳樓,大赦,十惡、故殺者不原,貶降責免者量移敘用,諸流配及埔欠悉放,諸官未贈恩者悉覃賞。"清·徐松《宋會要輯稿·刑法四》:"竊見犯罪編配之人,有量移敘免之法,遇赦則原之。"

【退落】[義][晚]黜退；罷免。①

《文昌雜録》卷四："開寶六年，翰林學士李昉知貢舉，放進士及諸科及第者凡三十八人……昉所放，退落者十人。"

該詞最早出現在佛經裏。晉・鳩摩羅什《坐禪三昧經》卷下："一切眾生處處退落墮滅，斷死失壽命盡，是名死。"隋・那連提耶舍《大悲經》卷一："又不欲令和合安隱故，欲令退落受苦惱故而發心者。"唐・玄奘《大般若波羅蜜多經》卷四百五十二："善現，諸菩薩摩訶薩願力殊勝，常作是念：'一切有情若未解脫，我終不舍。'由起如是廣大心故，於其中道必不退落。"後常常用於科考方面。《宋史・選舉一》："然考官以所試分考，不能通加評校，而每場輒退落，士之中否，殆系於幸不幸。"元・脫脫《金史・選舉志一》："策論進士程試弓箭，其兩舉終場及年十六以下未成丁者，若以弓箭退落，有失賢路。"《元史・選舉志一》："諸試日，為舉人傳送文書，及因而受財者，並許人告。諸舉人於別紙上起草者，出榜退落。諸科文內不得自敘苦辛門第，委謄録所點檢得，如有違犯，更不謄録，移文考試院出榜退落。"《大詞典》僅釋義"倒退落後"，引李大釗《史觀》例。

【卷班2】[義]退班。指貶官或退閑。

《四朝聞見録》卷三："節鉞輕授，甚至致仕亦有封駁者，有正授而中司卷班以出者，有繳真俸者，是以視權尚書為重也。"

【丐閑*】謂請求辭官家居。

《丞相魏公譚訓》卷十："到會稽不久則丐閑，將卜居京口，異時當從公杖屨之遊也。"

【抹階*】[晚]抹掉已辭免的官階。

《石林燕語》卷六："辭既與章相連，後書省表具之字必長。作表字，旁一瞥，通其章階位上過，謂之'抹階'。"

《大詞典》用清・方以智《通雅》引本例。

【放罷】[晚]罢官。

① 參周作明博士論文《東晉南朝道教上清派經典行為詞新質研究》。

《昨夢錄》："李乃記昨夕經由之所。至院門，又至中門，及出大門，則從人皆在，上馬呵殿以歸。後數日，李放罷。"①

《大詞典》引清·畢沅《續資治通鑒》例。

【編管】宋代官吏得罪，謫放遠方州郡，編入該地戶籍，並由地方官吏加以管束，謂之"編管"。此等刑罰亦有用於一般罪犯者。

《曾公遺錄》卷九："亦曉聖意，然編管人逐便後三期方敘，與物停一期便敘極不同，願更留聖念，異日稍濶略常法與敘復。"

【敘復＊】獲罪降職之官按後來的勞績恢復職位。

《曾公遺錄》卷九："亦曉聖意，然編管人逐便後三期方敘，與物停一期便敘極不同，願更留聖念，異日稍濶略常法與敘復。"

【起廢＊】重新起用已被貶黜的官吏。

《韓忠獻公遺事》："公秉政，頗以公有害己心。後起廢為慶帥，元規過闕，乃泣見公。"

【出漢＊】投漢，指投奔漢族人建立的王朝。

《曾公遺錄》卷七："熙河奏，邊厮波等妻男出漢。戊申，同呈熙河奏，西番河南逺川首領出漢。"

【撒殿＊】以珍珠等抛散殿上。宋代南海諸國使節謁見皇帝時所行的最重禮節。

《文昌雜錄》卷一："三佛齊、注輦國朝貢，見延和殿，引至柱外跪，撒金蓮花、真珠、龍腦於御坐前，謂之'撒殿'。"

《夢溪筆談·雜志一》："熙寧中，珠輦國使人入貢，乞依本國俗撒殿，詔從之。使人以金盤貯珠，跪捧於殿檻之間，以金蓮花酌珠，向御座撒之，謂之'撒殿'，乃其國至敬之禮也。"

【館伴】負責接待陪伴外賓。

《石林燕語》卷七："國朝館伴契丹，例用尚書學士……高麗自海

---

① "放罷"有"廢止，免除"義。明·文徵明《明故資善大夫盛公墓誌銘》："法外科斂，一切放罷。"《大詞典》未列該義項。

州來朝，遂差余館伴。"

【解換＊】㊍指一種外交禮節，使節雙方互換禮品，禮品多以衣物為之。

《重明節館伴語錄》："至晚，思令通事請袞等以下赴坐，解換夜筵，袞等告減作三盞，思等循例從之。"

《武林舊事・人使到闕》："復遣執政就驛賜燕，晚赴解換夜筵。伴使始與親勸酬，且以衣物為侑，謂之'私覿'。"《使遼語錄》："是夕，送伴使、副置酒十三盞，與臣等解換。"《宋會要輯稿・職官三六》："夜筵解換館伴，請都管已下就筵勸酒。與都管以下相揖，彼此使、副皆起身。"後也指普通意義的解開（衣服）換衣服。明・萬密《育嬰家秘》卷三："或因浴兒之時，為風所襲，或因解換襁裳，或出懷餵乳，皆風邪之自外入者也。"清・顧靖遠《顧松園醫鏡・御集》："在地之濕，冰水泥濘是也，在人之濕，汗出沾衣，未經解換是也。"清・佚名《八美圖》第七回："又取衣巾叫小使與柳興解換，見其昏迷不省人事，即入內說與柳氏知道。"又："相公且在此等候，我與夫人說知，必有乾衣送與相公解換。"

【摽撥＊】㊊標明調撥。摽，通"標"。

《曾公遺錄》卷八："順安軍知軍馬奭為於界河摽撥職田等事，特勒停。"

《大詞典》引元・脫脫《宋史》例。

【當行】㊍工匠依預定順次服官役。

《愧郯錄・京師木工》："今世郡縣官府營繕創締，募匠庀役，凡木工率計在市之樸斲規矩者，雖居楔之技無能逃。平時皆籍其姓名，鱗差以俟命，謂之當行。"

【管句】管理。也作"管勾"。

《曾公遺錄》卷七："禁中修造，恐無例差外處役兵，兼從政嘗乞差御藥管句，詔差郝隨，雖受宣已數年，而至今不曾赴修內司管句。"又卷八："令王厚同王瞻管句青唐招納事。"

【撿柅＊】㊍同"檢柅"。約束制止。

《黑韃事略》："此蓋專防楚材，故必以回回字為驗，無此則不成文書。殆欲使之經由鎮海，亦可互相撿柅也。"

宋·黃震《黃氏日抄》卷七十二："以至公撿柅弊倖，提領轉般倉誠莫善於本司矣，然弊倖豈易撿柅者哉？"清·杜士晉《連城縣志（康熙版）》："惟是樽縮浮濫，檢柅欺隱，銖積寸累，久之，得銀若干兩而贏。"1997年連城縣地方志編纂委員會再版該文後注釋："檢柅：約束阻塞。檢，約束，限制；柅，遏止、阻塞。""撿"通"檢"。《大詞典》收"檢柅"無"捡柅"。

【拘定】㊗限定。

《吹劍四錄》："淳祐九年，臨安府造百萬倉，一應客板盡拘定，監抽解場劉坦道語吏曰：'客板每百片，將作監、臨安府、轉運府三處，共抽解二十四片，僅餘七十六片，若又盡拘買，是殺其一家也。此必非上意。'吏遂束手。"

《大詞典》引明·凌濛初《二刻拍案驚奇》例。

【連狀＊】㊗指連名上狀。

《近事會元·禁選人帶京債許借料錢》："今年三銓餘遠官，許連狀相保，戶部各保量加給料錢，衣食稍足，可責清廉。"

【下狀＊】�義書面申請。

《曾公遺錄》卷七："近科詔下有司，檢近例，欲以國子監解名羨額，許開封府舉人就試，每十人取一人，而下狀者才三百，所取多不及額解之半。"

《揮麈後錄》卷六："又元厚之作參知政事日，有下狀陳乞恩例者……"《侯鯖錄》卷八："九尾野狐者，一日下狀解籍。"《大詞典》僅釋義為"投遞狀紙"。

【拜殿＊】【拜橋＊】㊗分別指五代時後唐士人有冤，立於殿庭下和御橋下以求申訴。

《江南餘載》卷上："國中至冤者，多立於御橋下，謂之'拜橋'，甚者操長釘、攜鉅斧而釘腳。又有闌入立於殿庭者，謂之'拜殿'。後主時，進士曾覬、謝泌皆南省下第，而覬釘腳、泌拜殿以稱冤。士風於此掃地。"

【釘腳＊】㋻五代後唐士人用長釘、斧子釘在腳上，以此叫冤的一種方式。

例見"拜殿"。

【說話】㋱說理，交涉。

《曾公遺録》卷七："西人遣鬼名布嗲聿玠來說話。令答以要國主及用事者常在左右親信之人同移勿乜來，乃可說話。"又："惠卿奏，與西人說話，先已降旨，令明示以開納之意。"又："初分畫綏德地界，西人於道路兩旁置鋪，行旅苦之，數移文及與說話。"

《大詞典》引元·吳弘道《上小樓·閨庭恨別》例。

【告首】告發。

《靖炎兩朝見聞録》卷上："是日，復以從官、郎中分頭四壁根括緊急，婢僕告首紛然，有以仇隙而告首者，告訐之風盛行。"

《甲申雜記》："（我）因盜官錢三十貫，為同輩告首，乃召告者入庫交錢，遂殺之。"

【首身】自首。

《曾公遺録》卷八："令熙河、秦鳳，限百日，許逃亡軍人首身，與依舊收管，弓箭手仍免降配。"

【體量】㋱體察衡量；實地考察。

《曾公遺録》卷七："嘉問在荊南，買金虧價，及他事甚多，下京湖北路監司體量，皆有實狀……既體量到，卻送嘉問分析，便以為無罪斷放。當時若以體量狀按治，嘉問已粉碎矣。"

《大詞典》引元·脫脫《宋史》例。

【契勘＊】考核；查考。

《曾公遺録》卷九："余云：'榜朝堂已數年不收之。'余云：'但令臺中更不張挂可也。'上云：'待契勘。'"

【看詳】㋱審閱研究。

《曾公遺錄》卷七："差左膚仍依擬定令取索文字看詳，及句追合要干證人對定。"

該詞五代已有，五代·梁文矩《請詳議任瑤封事奏》："臣看詳左拾遺任瑤所進封事，切見唐莊宗朝宰臣豆盧革韋説。"《大詞典》引宋·曾鞏《請給中書舍人印及合與不合通簽中書外省事》例。

【取會＊】古代公文用語。猶核實，勘對。

《道山清話》："文潛時有僕曹某者，在家作過，亦丢失酒器之類，既送天府推治，其人未招承，方文移取會也。"

《鐵圍山叢談》卷一："（徽宗）親筆為詔，謂：取會到本庫，稱自建隆以來，不曾有支遣。"

【根括】徹底清查；徹底搜求。

《曾公遺錄》卷八："同呈夔州路走馬程允武信，言轉運司差人吏根括地土不便。"

【勘破】弄清楚。

《叢林盛事》："谷山旦，初參佛性泰和尚，一日上堂，舉，趙州云：'臺山婆子已為諸人勘破了也。'"

【繳駁＊】即繳駁，駁還。唐宋時特指門下省駁正制敕之違失而封還章奏。

《曾公遺錄》卷七："繳駁及訴理事，取怨非一。及先臣周輔熙寧，元豐中曾勘鞠公事，多有嫌隙，乞出自睿斷，選官看詳，或乞別推。"

【訴理＊】接受申訴而重新審理。①

例見"繳駁"。

【逃背＊】叛逃。

---

① 《大詞典》"訴理"條有兩義項：❶接受申訴而重新審理；❷指申訴請求重新審理。兩義項皆引宋例，義項❷在唐·李延壽《北史》中有用例，《北史·酷吏傳》："其妻姑為太尉、東陽王丕妻，恃丕親貴，自許詣丕申訴求助，謂敕提曰：'當為訴理，幸得申雪，願寬憂，不為異計。'"

《曾公遺録》卷九："不得理索、不得收接逃背人。"

【建牙＊】㈲太守出廳前樹立牙旗。

《甕牖閒評》卷八："今所謂衙喏者，蓋牙喏也。當用此牙字。古者太守出廳則建牙。牙者，牙旗也。建牙以表太守出廳耳，于是兵卒鳴鼓而聲喏，每日早晏皆然。"

【剝竊＊】㈨偷竊。

《樵談》："小人出事剝竊，入事熏修，是攘雞賽神，攫金裝佛，神佛其據我乎？"

《宋會要輯稿·食貨六一》："其官吏但以招攜戶口，剝竊虛名，其於國家，一無所濟。"宋·趙佶《大觀茶論·品名》："輝之秀皮林葉，師復師貺之虎巖葉，椿之無又巖芽葉，懋之老窠園葉，各擅其美，未嘗混淆，不可慨舉，後相爭相鬻，互為剝竊，參錯無據。"明·林雲同《誥封宜人游母吳氏墓碑銘》："文章不宗六經，剝竊子書，及良知等說，以希進取，將安用乎？"

【行遣】處置；發落。

《曾公遺録》卷九："是日打撰文字是一老內臣，文字上自批鑿云'不出'，卻誤降出去，亦須行遣。"

《卻掃編》卷上："自今但干近上公事，須降敕處分；其合用劄子，亦當奏裁，方可行遣。"該詞五代已有，五代·李嗣源《放免岐延等州稅錢敕》："自前沒降敕書，稍關除放，頗淹行遣，轉急徵催，物已輸官，人方見榜。"

【圓結＊】㈨圓滿結案。

《曾公遺録》卷七："逐一子細根勘，取見詣實，圓結公案聞奏。"

《宋會要輯稿·職官二四》："自初勘以至圓結，有經涉一二年者。比至奏案到寺，定斷行下，又須數月。"

【結絕】㈩判決結案。

《孫公談圃》卷中："見今未結絕了，如要見，可於某夕幕廡下，切勿驚呼，唯可令一親信者在側。"

該詞五代已有，五代·李重貴《禁盛夏滯獄敕》："宜令逐處長吏嚴切指揮本推司，及委本所判官疾速結絕斷遣，不得淹延。"《大詞典》引宋·司馬光《涑水紀聞》例。

【判按*】同"判案"。謂政府官員批閱公文，處理政務。按，同"案"。

《石林燕語》卷六："上事官判按三道後，皆書曰'記諮'，而後引百司人吏立於庭臺。"

宋·李昉《太平廣記》卷七十九："韓至京，威勢愈盛，日以橘木棒殺人，判按郎官每候見皆奔走。"宋·孫逢吉《職官分紀》卷七："中書舍人，故事分押六司，佐宰臣判按。"明·徐一夔《送俞齊赴會試序》："欲觀其處決之足以比律情，辭藻之足以華國體，則在乎判按。"清·陳夢雷《外診法》："比類奇恒一節，醫之所貴，如老吏判按，律所不載者，比例斷之，纖悉莫逃也。奇恒者，審其病之奇異平常也。"

【用情】徇私情。

《曾公遺錄》卷七："詔戒路每事徇公，不得用情觀望，有害機事。"

【靴尖蹴倒*】㊛輕易攻占。也作靴尖趯倒、靴尖踢倒、靴尖可倒。

《襄陽守城錄》："初，虜以二十萬眾突灘過江，自以為得計，意欲以靴尖蹴倒襄陽城。"

《三朝北盟會編》卷二百一："順昌城壁如此，可以靴尖踢倒，來日府衙會食。"《續資治通鑒·宋高宗紹興十年》："宗弼至城下，見其城陋，謂諸將曰：'彼可以靴尖趯倒耳！'"明·張景《六十種曲飛丸記·情恨興師》："怒氣沖霄避斗牛，英雄無計報深仇，靴尖蹴倒昆侖頂，劍氣沖翻渤海流。"明·邵璨《六十種曲香囊記·起兵》："機謀變詐，旅力麤豪，靴尖踢倒天關。"清·計六奇《明季北略》卷十一："然廬州猶或城堅易守，至於江浦斗大孤城，靴尖可倒。"

【靴尖趯倒*】㊛同"靴尖蹴倒"。

《中興戰功錄》："兀朮見其城陋，謂諸將曰：'彼可以靴尖趯倒耳。'"

【住坐²】駐守；駐扎。

《曾公遺錄》卷八："臣以為當俟一切撫定河南貌川之後，然後據地利緊慢畫一措置……甚處祇令以本路首領心知向漢有力量者守把住坐。"

《涑水紀聞》卷十一："今若開永洛城一帶道路，其城寨之外必漸有人煙耕種，蕃部等更不敢當道住坐。"

【把截】把守堵截。

《襄陽守城錄》："先以弩手把截大寨，又鐮手直入小寨，殺散虜賊，奪到雲梯什物等。"

《涑水紀聞》卷十二："又令入內西頭侍奉官、走馬承受公事石全正把截十二盤路口。"

【坐甲*】㊍置設警衛。

《談苑》卷三："章獻上仙，內官請坐甲，王獨以謂不須。"

【硬探²】指打探敵情。

《辛巳泣蘄錄》："秦倅又曰：'宜速差人前去硬探，仍多支錢與其去，庶幾着心。'太守曰：'然。'"

宋筆記中多有用例。《翠微北征錄》卷九："硬探，謂遴募膽勇材士，逼入賊境，必更探知虛實。"又："謂如安豐硬探，直至龍灣、潁口等處；盱眙硬探，直至臨壁、青陽等處……硬探則差出之日，重借資賞，日幫五券，合千、頭目人又加倍支。"《中興戰功錄》："張俊欲遣人硬探，無敢應者。有軍兵任存請行，俊壯之曰：'汝果能得其實，當與汝官。'存拜謝而行，不旋踵，以手提二級而還，具得金人之虛實。"《襄陽守城錄》："又令王才硬探至萬山下，有虜賊三人在彼舉號火，王才擒殺一人，取到首級，公喜其勇，升為擁隊。"又："公見虜人喪敗，雖大隊北走，又恐尚有去未盡者，遂差得力人過江硬探。"

【捉事】㊍緝捕（之人）。

《困學紀聞》卷十五："王時雍、徐秉哲等為賣國牙郎，而不忍以宋宗族交與虜人者，開封捉事使臣寶鑒也。"

該詞唐時已有，唐·戴孚《廣異記·岐州佐史》："佐史知其鬼，因問：'君在地下，並何職掌？'云：'是捉事。'"宋·李綱《梁谿集》卷一百七十九："勘會昨因金人取索人口，開封府差捉事使臣、火下等追捉訪聞，內有婦女多被使臣、火下百端逼脅。"《揮麈三錄》卷三："我開封府捉事使臣也，君識一劉廷秀才否？近以通謀為逆，事露，官遣我捕之，君其為我物色焉。"明·馮夢龍《醒世恒言》卷十三："叫那當日緝捕使臣王觀察過來，喝退左右，將上項事細說了一遍：'與你三日限，要捉這個楊府中做不是的人來見我……'卻有一個三都捉事使臣姓冉名貴，喚做冉大，極有機變。不知替王觀察捉了幾多疑難公事。"

【邏事】㊉謂從事巡邏偵探工作。

《肯綮錄·紫姑伸獄》："又明年，軍人有來臨安請衣糧者，茶肆中偶與人言，遂為邏事者所捕。"

【巡綽】亦作"巡逴"。巡察警戒。

《曾公遺錄》卷七："環慶奏具到新立烽臺堡鋪、及人馬巡綽所至之處畫圖進呈。"

《夷堅己志·長垣婦人》："宣和中，開封·長垣縣兩弓手適村野巡逴，遇婦人攜一豬蹄獨行，為三狼所逐，叫呼求救。"

【行夜】巡夜。

《珩璜新論》卷四："《前漢·鮑宣傳》注：'持時行夜。''行夜'，如今'持更'是已；'持時'，如今'報時'是已。"

【持更＊】值更守夜。

《珩璜新論》卷四："《前漢·鮑宣傳》注：'持時行夜。''行夜'，如今'持更'是已；'持時'，如今'報時'是已。"

【報時＊】㊉報告時間。

《珩璜新論》卷四："《前漢·鮑宣傳》注：'持時行夜。''行夜'，如今'持更'是已；'持時'，如今'報時'是已。"

《淳熙三山志·公廨類一》："守漏人四，分為兩番直日，放漏水，候魚珠落銅盤，乃移秤刻，即告戶外報時者。"《大詞典》引元·脫脫《宋史》例。

【排門】挨家逐戶。

《曾公遺錄》卷九:"鄜延排門差括人產牛具及令自備種,耕種新地。"

【迹盜*】跟蹤查捕盜賊。

《曲洧舊聞》卷五:"曾明仲治郡,善用耳目,於迹盜尤有法。"

【蒐捕*】㊋即"搜捕",搜查捕捉。蒐同"搜"。

《建炎復辟記》:"乃分兵蒐捕中官,皆殺之。"

蒐,尋求。《文選·陸機〈辨亡論〉》:"於是講八代之禮,蒐三王之樂。"李善注:"蒐與搜,古字通。""蒐捕"唐時已有,唐·裴度《唐太尉中書令西平王李公神道碑》:"巨盜之間,使聲援斷絕,立成師之法,致號令嚴肅,蒐捕十旬……"《宋史·裴濟傳》:"濟察其舉止,知欲為變,亟命擒之,果有竊發者數十人,已劫鄘開矣,悉蒐捕腰斬之,軍民肅然。"明·焦竑編輯《國朝獻徵錄》卷七十五:"郴州蠻侵掠居人,有司蒐捕之,窮詰其黨,欲盡致之死。"清·黃任《泉州府志選錄·志人》:"盜賊充斥,灼棠領卒蒐捕元醜數十人,駢戮以殉。"該詞也可用於動物。宋·胡寅《崇正辯》卷三:"定林寺沙門僧佑等上啟曰:'京都觶食之族,猶布筌網,馳鷹犬,非所以仰稱優洽之旨。請丹陽、瑯琊二境水陸不得蒐捕。"《大詞典》"搜捕"條未提及"蒐捕"。

【勾捕*】㊌拘捕。

《靖炎兩朝見聞錄》卷上:"十九日,金人移文索禪學、通經、德行數人。開封府勾捕諸禪長老及首座、西堂、禪僧等應募。"

《大詞典》引清·張廷玉《明史·郭惟賢傳》例。

【句追*】拘捕查究。

《曾公遺錄》卷七:"差左膚仍依擬定令取索文字看詳,及句追合要干證人對定,其序辰以下應干應有餘罪之人,叢勘圓結公案聞奏,仍不赦降原減。"

【抄扎】㊌查抄沒收。

《玉照新志》卷四："前大理卿周懿文，抄扎景王府，喫蜜煎等。"又："受犒設酒，將抄扎扇兒、摩孩羅等歸家。""朝散大夫洪芻，差抄扎見景王府祗候人曹三馬。"

《大詞典》引《元典章》例。

【押遞＊】㊟押解傳送。也指從事這項工作的人。

《重明節館伴語錄》："書表引接、押遞五人共送思等毛子一十段、細毛子一十段、毛羅二十段、紫皂花羅四段……"

元・元好問《沁州刺史李君神道碑》："君年十六，以蔭補轉運司押遞官。"清・李桓《清耆獻類征選編》卷九："倘生事為匪，即押遞原籍。"清・樊增祥《樊山政書》卷一："本應懲責押遞，姑寬申飭。"

【解發＊】起解發送。

《靖炎兩朝見聞錄》卷上："是日，解發內夫人及戚里女使猶未已。"

【荷校＊】以肩荷枷。即頸上帶枷。

《江南餘載》卷下："歲餘染疫，言見三囚荷校自陳……"

校，古代刑具。枷械的統稱。《說文・木部》："校，木囚也。"

【散禁＊】囚犯不帶刑具。

《曾公遺錄》卷八："慶州擒到監軍訛勃囉，以二十三日引見，仍付大理寺，暫免檻車鉏手匣腳，散禁，至日以檻車載至東華門。"

該詞唐時已有，《唐律疏議・斷獄・囚應禁而不禁》："死罪枷、杻，婦人及流以下去杻，其杖罪散禁。"

【陵遲】㊟剮刑。古代一種極殘酷的死刑。

《楊公筆錄》："俗謂陵遲人為剮人。"

《大詞典》引元・脫脫《遼史》例。

【剮人＊】㊟古時一種極刑的俗稱。即淩遲。

例見"陵遲"。

清・石振之《續小五義》："明天剮人，為什麼今天全去看？"

【喫棒＊】㊗稱受棒責之刑。也作"吃棒"。

《道山清話》："錢穆父嘗言，頃在館中，有同僚曹姓者，本醫家子，夤緣入館閣，不識字且多犯人。錢一日因誦子瞻詩，曹矍然曰：'每見諸公喜此人，不知何謂。'或言：'其文章之士也。'曹曰：'吾近得渠作詩，皆重疊用韻，全不成語言。'錢恐人作偽，命取以觀之，乃子瞻醉中寫少陵《八仙歌》，錢曰：'此少陵詩，子瞻寫耳。'曹曰：'便老陵也好喫棒。'"

喫，承受，經受。《鶴林玉露・補遺》卷二："喫拳何似打拳時。"五代・靜、筠《祖堂集・報慈》："師云：'合喫棒？不合喫棒？'學人禮拜。"《雞肋編》卷上："曼怒曰：'我是宣教，甚喚作官人？看汝主人面，不欲送汝縣中吃棒。'"《卻掃編》卷下："……已而有旨放罪，乃上表謝，神宗讀至'無官可削，撫已知危'，笑曰：'畏吃棒邪？'"元・釋念常《佛祖通載》卷第十七："眾僧曰：'遮莫是和上親故，不禮拜又不吃棒。'"明・瞿汝稷集《指月錄・潭州長髭曠禪師》："師少間卻問：'適來這僧，還吃棒否？'"明・佚名《龍圖公案・啞子棒》："包公聽罷思忖：這啞子必有冤枉的事，故忍吃此刑，特來獻棒。不然，怎肯屢屢無罪吃棒？"清・性起《八識規矩論義》："夫慘禪者……誠謂實際理中，纖塵不立，佛魔並遣見法實際尚要吃棒，況存聖境，是亂意非量中收。"

【印畫＊】帝王在詔令或奏章上用印畫可。猶今言批准。

《王文正公筆錄》："自余號令除拜，刑賞廢置，事無巨細，並熟狀擬定進入，上於禁中親覽批，紙尾用御寶，可其奏，謂之印畫，降出奉行而已。"

《澠水燕談錄・官制》："其他事無小大，一用熟狀擬進。入，上親批，可其奏，印以御寶，謂之印畫。降出，宰相奉行。"

【用寶】㊗蓋玉璽。

《靖康傳信錄》卷上："上意稍定，即取紙御書'可回'二字，用寶，俾中使追還中宮、國公。"

【畫旨＊】㊝在聖旨上書字判行。

《卻掃編》卷上："蓋初畫旨而未給告，先以劄子命之，謂之'信剳'。"

《大詞典》引元·脫脫《宋史》例。
【僉字】㊋簽字。"僉"同"簽"。

《清異錄·鼎社》："被遣者詣府尹出紙呈示，尹從旁僉字。"
《大詞典》"簽字"條未提及"僉字"，引丁玲《夢珂》例。
【押字＊】簽字。

《江南野史》卷七："嗣主乃於麻紙上大書押字。"
《清異錄·鼎社》："以片紙書姓字，押字大如掌，使人持呼之。"《石林燕語》卷十："李孝壽知開封府，有舉子為僕所陵，忿甚，亟縛之，作狀欲送府。會為同舍勸解，久之，氣亦平，因釋去，自取其狀，戲學孝壽押字，判曰：'不勘案，決臀杖二十。'"
【押縫＊】署名於法書兩紙首尾縫間。

《雲谷雜記》卷四："魏晉以來法書，至梁御府藏之，皆是朱异、姚懷珍題名于首尾紙縫間，故謂之'押縫'，或謂之'押尾'。"
《雲麓漫鈔》卷六："世人多誤（《蘭亭序》）寶鐫本為定武本，或云第五行有僧字，蓋是時搨本至多，惟此僧永所藏為真。又云，當其行間是僧權押縫，後權字磨滅，曾不知老之將至，誤用僧字。"
【免解＊】㊋宋承五代後唐制，舉人獲准不經解試（薦名於朝廷的地方考試），直接參加禮部試，稱"免解"。

《吹劍四錄》："其師但自誦二十篇，不二年，驟盡通九經，以童科免解，而家遂陵替。"又："嚴州錢融堂，時紹定己丑，再以免解到省，門人勸其不必為此行。"
《大詞典》引元·脫脫《宋史》例。
【上請＊】㊍唐宋禮部考詩賦一類題，準舉子問題意，謂之"上請"。

《石林燕語》卷八："唐禮部試詩賦題，不皆有所出，或自以意為之，故舉子皆得進問題意，謂之上請。"
【拆號＊】拆開試卷糊名的彌封號碼。

《淳熙玉堂雜記》："時百官多闕,大抵一人兼數職。凡進士出身皆入試闈,獨留監察御史王綸,蓋備拆號也。"

《老學庵筆記》卷十:"東坡素知李廌方叔,方叔赴省試,東坡知舉,得一卷子,大喜,手批數十字,且語黃魯直曰:'是必吾李廌也。'及拆號,則章持致平,而廌乃見黜。"

【過省*】通過省試。

《文昌雜錄》卷二:"已而五十一人解送,五十二人過省,五十三人及第。"

【奏號*】㊚上報科考結果。

《文昌雜錄》卷六:"自正月九日鏁院,方定二十八日奏號,至是火。"

古時科考實行糊名,閱卷後奏號上報,然後拆號放榜。《夢粱錄·諸州府得解士人赴省闈》:"伺候申省奏號揭榜取旨,差官下院拆號放榜。"《文獻通考·學校考三》:"諸補上舍,以間歲九月五日鎖院,考校合格,分優、平二等奏號,長貳同拆號。"清·徐松《宋會要輯稿·選舉四》:"承前逐舉省試奏號,多不過三百……今年省試約七百餘號,人數增倍,慮拆封逼促擁並,致有差互漏泄。今欲拆號前一日四更奏號,乞自朝廷燈時付拆號官赴院檢拆,次日不限早晚發榜。"

【傳臚】㊝科舉時代,殿試揭曉唱名的一種儀式。殿試公布名次之日,皇帝至殿宣布,由閤門承接,傳於階下,衛士齊聲傳名高呼,謂之傳臚。

《北窗炙輠錄》卷下:"一夕,(叔微)復夢其人,唱四句云:'呼臚殿上,請何是主?王陳間隔,呼六為五。'及是榜,子韶既魁,王郊第四人,陳祖吉第五人,叔微第六人,叔微又係該恩人,陞一名,遂得第五人恩例……呼臚者,傳臚之謂也。"

《大詞典》引明·沈受先《三元記》例。

【呼臚】㊥同"傳臚"。

例見"呼臚"。

【渾化²＊】㊍指科舉中被解送應試者全部錄取。

《游宦紀聞》卷一："秋薦五十有五人，殊無確然之説。世南嘗聞之先生長者云，舊額三十五人。自范文正公守此邦，通榜渾化，驟增員數。"

4.7 其他行為

【了手】完結，了結。

《黑韃事略》："初順韃，後叛去，阻水相抗。忒没真生前常曰：非十年工夫，不可了手，若待了手，則殘金種類又毓盛矣。"

該詞五代時已有，靜、筠《祖堂集·雲門和尚》："日入酉，玄人莫向途中走。黄葉浮漚賺殺人，命盡憧惶是了手。"

【了當】完畢；停當。

《曾公遺録》卷七："令經營會州等處集築，須管於八月以前了當。"

【了畢】完畢；停當。

《曾公遺録》卷七："河東進築嵐石、麟府河外四寨四堡，仍限八月中旬了畢。"

【落手¹＊】㊍離手，放下。

《澠水燕談録》卷四："至於書畫，亦皆精絶。故其簡筆才落手，即為人藏去。"

《夷堅甲志·楊大同》："飲湯未畢，盞落手而仆，即死。"該詞唐時已有，唐·周賀《贈道人》："搖頭説易當朝客，落手圍棋對俗人。"宋·蘇軾《寄吳德仁兼簡陳季常》："忽聞河東獅子吼，拄杖落手心茫然。"明·施耐庵《水滸傳》第一回："端王拿起獅子，不落手看了一回。"

【落手²＊】㊍下手。

《文房四譜·筆譜上》："又《書法》云：點之法，如大石當衢，或如蹲鴟，或如瓜子，或如科斗。落手之法，峨峨若長松之倚溪；立人之法，如鳥在柱首。"

宋·郭茂倩《樂府詩集·新樂府辭五》："調無定律，聲無定本。任落手之參差，從風飆之遠近。"清·黃世仲《廿年繁華夢》第二十三回："那一日，周庸佑打聽得畬老五與雁翎情意相孚，勝過自己，不如落手爭先……"清·佚名《金臺全傳》第四十八回："鄭千大叫：'先落手為強。'"落手也指東西掉在手上。《朱子語類》卷二十二："且如今人被些子燈花落手，便說痛。"宋·陳造《次韻張秀才雪》詩："宿火暖寒聊榾柮，夜光落手急驚嗟。"引申為到手，得到。日語裏"落手"有到手的意思。宋·曾豐《寄題仰止亭》詩："廬陵江滸路窮處，舟子不容仙子渡。豈意一篙落手來，而資雙足凌波去。"元·元好問《中州集·乙集第二》："忘機魚鳥真相識，落手功名亦儻來。"明·陸人龍《型世言》第三十二回："這邊任推官，銀子、古董、酒器已自落手。任推官道：'看這些物事，我也不介意，喜得這鼎，是我功臣，今日依然還我。'"清·黃淦《鋒劍春秋》第二十三回："毛遂暗想：'我怎麼偷法呢？若是上去搶他，王賁在那裏看守，寸步不離，怎麼落手。著等個空兒，撈起就是。'"

【定疊[1]】定當；安定。

《韓忠獻公遺事》："一日遣一近璫小封親札，諭英宗狂惑等事。問相公如何。報曰：'若言語無節。'慈壽既云：'未定疊，未定疊，人言語何足怪。'"

【破天荒*】指前所未有或第一次出現。

《邵氏聞見後錄》卷十七："唐荊州每解送舉人，多不成名，號曰'天荒'。至劉蛻舍人，以荊州解及第，號'破天荒'。東坡嘗以詩二句，遺瓊州進士姜唐佐。'滄海何曾斷地脈，白袍端合破天荒'，用此事也。"

該詞出自五代，王定保《唐摭言·海述解送》："荊南解比，號天荒。大中四年劉蛻舍人以是府解及第，時崔魏公作鎮，以破天荒錢七十萬資蛻。蛻謝書略曰：'五十年來，自是人廢；一千里外，豈曰天荒！'"東坡用"破天荒"詩句，也見《萍洲可談》卷三："東坡貴儋耳，與瓊人姜唐佐遊，喜其好學，與一聯詩云：'滄海何嘗斷地脈，白袍端合破天荒。'"

【厮壞*】破壞。

《仇池筆記》卷下："到處被相公廝壞。"

【清現＊】㊍不依雲而佛光出現，稱"清現"。

《吳船錄》卷上："前山風起雲馳，風雲之間，復出大圓相光，橫亙數山，盡諸異色，合集成采。峰巒草木，皆鮮妍絢蒨，不可正視。雲霧既散，而此光獨明，人謂之清現。凡佛光欲現，必先布雲，所謂兜羅綿世界光相，依雲而出；其不依雲，則謂之清現。"

【殘零²】殘余。

《曾公遺錄》卷八："閤安許以句當御藥院、皇城司歲月減殘零年月磨勘，改宣政使。"

【收嵓＊】㊍謂峰巖間雲霧消散。

《吳船錄》卷上："凡自午至未，雲物淨盡，謂之收嵓。"

【震掉】㊋震顫，抖動。①

《臥遊錄》："水行石間，其聲如雷霆，如千乘車行者，震掉不能自持。"

《歸田錄》卷一："其後胡瑗改鑄編鐘，遂圓其形而下垂，叩之掩鬱而不揚，其鑄鐘又長甬而震掉，其聲不和。"

【蕩兀＊】㊍顛簸，震蕩。

《吳船錄》卷下："壬子，發涪州，過群豬灘，既險且長，水雖大漲，亂石猶森然兩傍，他舟皆蕩兀驚怖號呼。"又："予已在舟中，一切付之自然，不暇問，據胡床坐招頭處，任其蕩兀。"

【打頭²】迎頭，頂頭。常用指風浪阻礙前進。

《猗覺寮雜記》卷上："風之逆，舟人謂之'打頭風'。坡云：'臥聽三老白事，半夜南風打頭。'"

---

① 《大詞典》該詞條有兩義項：❶震顫，抖動；❷驚駭，驚恐。皆引宋例。義項❶在南北朝已有。劉宋·求那跋陀羅《雜阿含經》卷十九："諸天女眾見此堂觀震掉動搖，顛沛恐怖，東西馳走。"義項❷在晉時已有。晉·鳩摩羅什《禪秘要法經》卷上："見肉墮地，在前地已，即大動心，心生驚怖，身心震掉，不能自寧。"

該詞唐時已有，唐·李涉《卻歸巴陵途中走筆寄居知言》詩："去年臘月來夏口，黑風白浪打頭吼。"

【消縮＊】減少衰退；消減。

《仇池筆記》卷上："肉在齒間，消縮脫去，不煩挑刺，而齒性便漱濯，緣此堅密。"

【脫去＊】脫掉。

例見"消縮"。

5 性狀

除名物和行為詞以外，宋代筆記中還有許多俗語詞表示萬物外形、質地、數量、時空範圍等，也有對萬物的評價類的詞，同時也有程度詞、指代詞及擬聲詞。

5.1 外形

外形指人或物體的外在形態，包括顏色、形狀以及給人的視覺感受。

【周旋】美好；漂亮。

《捫青雜說》："今此官人看來亦是一箇周旋底人，又是尉職，或能獲賊，便能報仇。"

該詞唐時已有，《唐代墓誌彙編·婁氏墓誌銘並序》："夭桃之質，德行惟賢；執事君子，容止周旋。"

【庸峭＊】㊃形容人的儀表有風致。

《宋景文公筆記·釋俗》："今造屋勢有曲折者謂之庸峻，齊魏間以人有儀矩可喜者謂之庸峭，蓋庸峻也。"

【整擢＊】㊃整齊，同"整姬"。

《猗覺寮雜記》卷下："今人辦人從、行李之類，其言曰'整擢'。蓋用'姬'字。《後漢·中山簡王傳》：'官騎百人，稱姬前行。'注：'姬音楚角反，猶整齊也。'"

【整姬＊】整齊。

《常談》："《後漢·中山簡王傳》：'吾國各官騎百人，稱姬前行。'

注：娖，楚角反，猶齊整也。今俗曰整娖，必據此而訛也。”

【整一＊】[晚]謂統一整齊。

《建炎進退志》卷二：“統御將佐士卒如古人，斬斬整一，無敢犯令者。”

《大詞典》引清·惲敬《姜太孺人墓誌銘》例。

【疊垛＊】[宋]重叠堆积狀。

《清異録·闌單帶叠垛衫》：“諺曰：‘闌單帶，疊垛衫，肥人也覺瘦巖巖。’闌單，破裂狀。疊垛，補衲蓋掩之多。”又《金泥五檐傘》：“晉少主北還，至孟津界一古寺，遺下所張紫羅傘，五層疊垛簷，仍泥金作盤花，但朱柄折耳。”又：“半空架版，疊垛箱筥，分寢兒女。”

《大詞典》收“疊垛衫”，未收“疊垛”。

【落索】連串不斷的樣子。

《雲卧紀談》卷下：“我亦將頭入鬧藍，且圖香火有同龕。布囊貯滿一落索，巷尾街頭學放憨。”

【庯峻＊】[本]屋勢曲折貌。

《宋景文公筆記·釋俗》：“今造屋勢有曲折者謂之庯峻。”

【逼窄＊】猶狹窄。

《經筵玉音問答》：“寢宫逼窄，不若中書卿所卧處涼。”

【頑很＊】[本]形容險惡。

《吳船録》卷下：“兩岸大石連延，蹲踞相望，頑很之態，不可狀名。”

【艱危＊】[本]艱難危險。

《儒林公議》卷上：“太祖承五代易姓之後，知人心未固，以太宗身試艱危，有英睿之斷，可以王天下。”

【荏苒】形容愁苦連綿不絕。

《北窗炙輠録》卷上：“曩日方食水團，忽人報其夫墮水，由此一驚，遂荏苒矣。”

【蹁跚＊】㊟猶蹣跚。行步搖晃跌撞貌。

《畫墁録》：“忽有緑衣人出道，蹁跚潦倒如醉狀。”

【雕面＊】如雕之面目。比喻面目猙獰、猥瑣。

《蜀檮杌》卷下：“此行非止克敵，當領此雕面惡少數萬人，取中原如反掌。”

【鴝鵒眼＊】㊟鴝鵒，鳥名。俗稱八哥。鴝鵒眼泛指物體上的色暈。其大如五銖錢，小如芥子，形如八哥之眼，外有暈。也作“鸜鵒眼”。

《與袁彥方書》：“但蕆靈仙難得真者……折之，有細塵起，向明示之，斷處有黑白暈，俗謂之有鴝鵒眼。此數者備，然後為真。”

該詞常用指端石上的圓形斑點。以活而清朗，有黑精者為貴。《游宦紀聞》卷五：“眼之品類不一：曰鸜哥眼，曰鴝鵒眼，曰了哥眼，曰雀眼，曰雞翁眼，曰貓眼，曰菉豆眼，各以形似名之。翠緑為上，黃赤為下。”

【鸜鵒眼＊】㊟同“鴝鵒眼”。

《萍洲可談》卷二：“端州石在深谷中，細而潤……石上有鸜鵒眼，宛若生者，暈多而青緑為貴。”

《緯略・研眼》：“端石有眼者最貴，謂之鸜鵒眼，石文精美，如木有節，不知者以為石病。”清・孫承澤《硯山齋雜記》卷三：“叩之有聲，但不甚清遠，亦有鸜鵒眼。色紫緑，慢而大，此乃西坑石也。”

【蘆菔＊】㊟歙硯上的一種紋路。

《負暄野録》卷下：“歙石有四種紋：一曰刷絲，乃直紋也；二曰蘆菔，乃交羅紋也……”

《大詞典》僅釋義為“蘿蔔”。未列該義項。

【活眼＊】端溪硯上圓形的斑點。其有白赤黃暈紋者，謂之“活眼”。

《西溪叢語》卷下：“端硯……西坑六崖，石色青……石眼圓暈數重，青白黃黑相間，極大者為最勝。土人以晶瑩圓明、中無瑕翳者為活眼。”

【死眼＊】㊍端硯上的圓形斑點，具備形體卻無光彩者稱作"死眼"。

《硯譜》："端所出有四，巖石為甲……巖石又分上下，又有活眼死眼之別……形體略具，內外皆白，殊無光彩，謂之死眼。活眼勝淚眼，淚眼勝死眼，死眼勝無眼。"

《硯史·端州巖石》："有瞎眼者，中是白點；死眼者，黑點而暈細；瞖眼者，或青或黑，橫亂其眼，又多青不成眼，圓點橫長青間道如松木紋。"明·曹昭《格古要論·古硯論》："惟端石有眼，古云：無眼不成端。其眼有活眼、淚眼、死眼。"該詞還指"眼珠不動、不眨眼的眼睛，盯著某人或物看時，以表達不滿"。《紅樓夢》第二十四回："那丫頭聽說，方知是本家的爺們，便不似先前那等迴避，下死眼把賈芸釘了兩眼。"也指已經壞死的眼。元·王好古《本草品彙精要·續集》卷七上："凡遇惱怒、酒色、風熱即疼者是活眼，尚可醫治；如不疼是死眼，不必醫也。"明·朱梓《普濟方·眼目門》："若或者眼無淚、不疼痛者即為死眼。"

【刷絲＊】一種產安徽歙縣的名石紋路，精細縝密如刷絲。以此石製硯，稱"刷絲硯"。

《負暄野錄》卷下："歙石有四種紋：一曰刷絲，乃直紋也；二曰蘆腹，乃交羅紋也；三曰眉子，上有黃黑紋如眉；四曰金星，狀若灑金。此四紋者，惟刷絲為上。"

【蘆腹＊】㊍產於安徽歙縣名石上的紋路。

例見"刷絲"。

【眉子＊】安徽歙縣所產的硯石上面黃黑色如眉毛的紋路。

例見"刷絲"。

【金星＊】安徽歙縣所產的硯石上紋路狀若灑金。

例見"刷絲"。

【笏頭[2]＊】宋人稱方團毬路花紋為"笏頭"。

《呂氏雜記》卷上："舊制：執政見任賜笏頭帶，親王使相及武臣任樞府，皆止賜荔枝帶。（自注：俗號毬文為笏頭，御仙花為荔枝。朝省文書亦多從俗焉。）"

《歸田錄》卷二："今俗謂毬路為笏頭，御僊花為荔枝，皆失其本號也。"

【樓閣高＊】㊋對馬骨骼高的一種俗稱。

《月河所聞集》："馬三齒，生楹梓齒，其謂骼高曰樓閣高，下唇緊善齧曰有口齒，皆俗話也。"

【有口齒＊】㊋指馬下唇緊善於咬合的一種俗稱。

《月河所聞集》："馬三齒，生楹梓齒，其謂骼高曰樓閣高，下唇緊善齧曰有口齒，皆俗話也。"

5.2 性質

事物具有的性質特點及給人的心理感覺。

【鐵石心腸＊】猶言鐵打心腸。

《談藪》引宋·潘榘詩："禪人尚有香囊愧，道士猶懷炭婦羞。鐵石心腸延壽藥，不風流處卻風流。"

《墨莊漫錄》卷三："無咎嘆曰：'人疑宋開府鐵石心腸，及為《梅花賦》，清豔殆不類其為人。'"

【空牢牢＊】空落落。

《枯崖漫錄》卷上："本色道流，十二時中，六根門頭，空牢牢地，如一面軒轅寶鑑，胡來胡現，漢來漢現。"

該詞唐時已有，唐·齊己《讀李白集·竭雲濤刳巨鰲》："竭雲濤，刳巨鰲，搜括造化空牢牢。"宋·李覯《雨中作》："朱曦待未見，天蓋空牢牢。"

【從容】㊌經濟寬裕。

《搜神秘覽·神祥》："蘇州百姓龔某者，素以正直自任，有三子一孫，家亦從容，怡怡自若。"

《大詞典》引明·凌濛初《二刻拍案驚奇》例。

【椎樸＊】笨拙。

《黑韃事略》："其人椎樸，安有所能？止用白木為鞍橋，鞦以羊皮，鞾亦剡木為之，箭鏃則以骨，無從得鐵。"

《聞見後錄》卷二二："今之民間輜車，重大椎樸，以牛挽之，日不能三十里。少蒙雨雪，則跬步不能進，故俗謂之太平車。"

【惷野*】㊡愚笨粗野。也作"蠢野"。惷，同"蠢"。

《曾公遺錄》卷八："余云：'履實出呂氏門下，然履惷野不識忌諱。'上云：'履純惷不曉事，必為人所使也。'"

惷，愚笨。《說文·心部》："惷，愚也。"宋·宋祁《代知兗州謝表》："俾茲惷野，尚玷寵私。"清·袁枚《子不語》卷七："僧故蠢野，無所記憶。"《清季申報臺灣紀事輯錄·東洋請討臺灣生番論》："雖然，生番雖蠢野，亦不可視之太輕。"《清實錄·乾隆朝實錄》卷三百二十九："但船廠、黑龍江兵，非京兵可比，蠢野圖利。"又卷七百五十五："幸而莽匪蠢野無知，不過騷擾土司邊境。"《大詞典》也未收"蠢野"。

【村陋*】粗俗淺陋。

《仇池筆記》卷下："杜甫詩固無敵，然自'致遠'已下句，甚村陋也。"

【藍羅*】亦作"藍縷"。比喻學識淺陋。

《近事會元·選部高等、藍羅》："唐高祖、太宗，武德、貞觀初，因隋制以吏部典選後，人滋多判目近淺，乃采經籍古義、僻書隱言以試之。唯恐選人之知，通者謂之高等，弱者謂之藍羅。"

【平善】㊤平安、健康。

《珩璜新論》卷四："俗所謂'平善'，亦有所出也。《趙飛燕傳》：'成帝"昏夜平善"是也。'"

漢·班固《漢書·外戚傳下·孝成趙皇后》："（成帝）昏夜平善，鄉晨，傅絝韤欲起，因失衣，不能言，晝漏上十刻而崩。"《大詞典》首引北魏·楊衒之《洛陽伽藍記》例。

【滋味子*】㊡滋味。

《楓窗小牘》卷上："你輩見儂底歡喜，別是一般滋味子，長在我儂心子裏。"

【平帖】㊤順從，平服。

《碧雲騢》："布昨知魏府，經南郊賞給，軍人平帖無言。"

【定疊】² 定當，安定。

《道山清話》："改東作西，幾時定疊？"

《東軒筆錄》卷一："一日，方乘驢遊華陰，市人相語曰：'趙點檢作官家。'摶驚喜大笑，人問其故，又笑曰：'天下這回定疊也。'"

【連底清 *】㊤清澈見底。形容為人清廉高潔。

《厚德錄》卷四："應山二連：伯氏庶，字君錫，仲氏庠，字元禮，少從學於二宋，相繼登科。君錫為人清修孤潔，故當官人號為連底清。"

【連底凍 *】㊤形容為人嚴肅冷峻。

《厚德錄》卷四："元禮加以肅，人號為連底凍。"

【嚴緊】㊦嚴格；嚴厲。

《清異錄·圍頭債》："晉朝賤者，承人乏供八磚之職，猥蒙天眷。一日大暑，方下直，還私室，裸袒揮拂。未須臾，中使促召，左右急報裹頭巾，余嘆曰：'阿僧祇劫中欠此圍頭債，天使於禁林嚴緊地還之也。'"

《大詞典》引《紅樓夢》例。

【實頭】㊤實在，具體而切實。

《侯鯖錄》卷八："富鄭公與歐公書云：'某在青州作得一實頭事，全活數萬人，大勝如二十四考在中書也。'謂賑濟事。"

《林間錄》卷上："大溈真如禪師一生誨門弟子，但曰：'作事但實頭。'雲蓋智禪師有所示，必曰：'但莫瞞心，心自靈聖。'"《少儀外傳》卷上："為學之要，先要實頭，不說大話。"宋·徐夢莘《三朝北盟會編》卷六十一："我信是實頭言語，便引回去，更不侵掠，是我又有大恩德於你南宋也。你南宋卻背盟約，密諭三鎮堅守不附，又召天下兵援太原。"宋·無準師範《無準師範禪師語錄》卷二："山僧是個實頭人。愛說實頭話。"金·志明《禪苑蒙求》卷上："霜云：'只為太近實頭。'僧云：'如何是長？'霜云：'不屈曲。'"還有樸實頭、老實頭的説法。《朱子語類》卷二十一："眾人有眾人底忠，學者有學者底忠，賢者有賢者底忠，聖人有聖人底忠。眾人只是樸實頭不欺瞞人，亦謂之忠。"元·關漢卿《救風塵》第二摺："則你這亞仙子母老實頭，普天下愛女娘的子弟口，那一個不指皇天各般説咒？"實頭還有"確實，的確"的意思。清·張春帆《九尾龜》第三十回："那陸畹香連忙走過來，仔細把秋谷認了一認，方才認得，忙笑著道：'阿呀！真格是二少，倪隔仔兩年，實頭勿認得哉。'"清·夢花館主《九尾狐》第六十回："阿金道：'菩薩實頭有點靈驗格，第一服藥賽過曉得俚起頭伐瘧疾格……'"又第六十二回："寶玉道：'蠻好蠻好，實頭巧格……'"

【劄定腳＊】㊝腳踏實地。也作"劄定腳步/頭/跟"。

《韓忠獻公遺事》："公云：臨事若慮得是，當劄定腳做，更不移。成敗則任他，如此方可成務。"

《朱子語類》卷十三："初學則要牢劄定腳與他捱，捱得一毫去，則逐旋挨將去。此心莫退，終須有勝時。"又卷二十："義理才覺有疑，便劄定腳步，且與究竟到底。……若只仿像測度，才説不通，便走作向別處去，是終不能貫通矣。"宋·陳埴《木鍾集》卷十："學問既路頭正了，只劄定腳跟，滔滔做去。"南宋《高峰原妙禪師語錄》："劄定腳頭，咬定牙關，牢牢把定繩頭，更不容絲毫走作。"

【難進＊】慎於進取。

《續世説·德行》："既以鳴謙表性，又以難進自居。"

【耐官＊】㊝謂不為寵辱所動，堪任要職為"耐官"。

《雲谷雜記》卷四："昌武與向親，徑入見之（敏中），徐賀曰：'今日降麻，士大夫莫不歡慰，朝野相慶。'公但唯唯……既退，復使人至庖廚中，問今日有親戚賓客，飲食宴會，亦寂無一人。明日再對，上問：'昨日見敏中否？'對曰：'見之。''敏中之意如何？'乃具以所見對，上笑曰：'大耐官職。'故吕居仁《寄向縣丞》詩云：'耐官丞相風流在，坐守簞瓢不訴窮。'"

《大詞典》引元·脫脫《宋史》例。

【脆急*】㊧干脆爽快。

《經外雜鈔》卷二："蘇林曰：'楚人脆急也。'"

該詞唐時已有，唐·劉禹錫《唐故福建等州都團練觀察處置使福州刺史兼御史中丞贈左散騎常侍薛公神道碑》："閩悍而嚚，夷風脆急。恩信綏之，妥然如蟄。"

【鯽溜】機靈，敏捷。"不鯽溜"即不聰慧，不敏捷。

《宋景文公筆記》卷上："孫炎作反切語，本出於俚俗常言，尚數百種，故謂'就'為'鯽溜'，凡人不慧者即曰'不鯽溜'。"

也作"即溜""唧溜"。元·尚仲賢《漢高皇濯足氣英布》第一折："漢王云：'既如此，曹參，你去軍中精選二十個即溜軍士，跟隨何出使九江去者。'"宋·釋圓悟《碧巖錄》一則："說這不唧溜漢。"

【頭然*】㊧頭上火燃，需要急遽施救，比喻情況危急。常用於"如救頭然"。然同"燃"。

《冷齋夜話》卷十："吾始以秀有精彩，乃今知其癡。夫出家兒塚間樹下辦那事，如救頭然。"

該詞晉代已有，晉·法護《佛說文殊師利現寶藏經》卷下："十精進者，謂所造行如救頭然，入於誠諦無放逸，滅於盡證慧無起施。"晉·鳩摩羅什《大莊嚴論經》卷三："汝寧不聞佛之所說，夫行道者如救頭然。"宋·贊寧《宋高僧傳》卷十七："於是大集西明寺，相與謀議，共投啟狀聞諸達官貴戚，若救頭然。"

【波波挈挈*】㊧勤勉忙碌貌。也作"挈挈波波""波波劫劫""劫劫波波"。

《叢林盛事》卷上："李浩侍郎與師游久矣，嘗贊師真云：'平生波波挈挈。纔得箇院子住便打脫，而今又向帳子上出來，知他是死是活。'"

"波波"義即"奔波"。唐·岑參《閿鄉送上官秀才歸關西別業》詩："風塵奈汝何，終日獨波波。"挈挈，急切貌。唐·柳宗元《答韋中立論師道書》："愈以是得狂名，居長安，炊不暇熟，又挈挈而東，如是者數矣。"

《枯崖漫録·龍溪聞禪師》:"北禪唱村田樂,烹露地牛,波波挈挈,怎奈伊何?"宋·釋惟一《偈頌一百三十六首》之一:"雪峰晝裏夜裏,波波挈挈,手不釋杓,腳不離地,理會甚底。"清·釋清馥、釋道暹《黃檗山寺志》卷四:"竹松環繞青蒼映,春寒相交冷暖如。一息頓消灰百念,波波挈挈總皆虛。"清·淨瑩說、智禪編《元潔瑩禪師語錄》卷一:"不管斷臂安心挈挈波波烏烏律律提起也。"《大詞典》未收"波波挈挈""挈挈波波"。

【波波吒吒*】象聲詞。也指勞苦奔波貌。

《叢林盛事》卷下:"我波波吒吒出嶺來見妙喜,又不得預眾,是夙無般若緣也。"

波波,象聲詞,寒顫聲。唐·般剌密諦譯《楞嚴經》卷八:"二習相陵,故有咤咤、波波、羅羅。"子璿義疏:"咤、波、羅等,忍寒聲也。"吒吒,象聲詞。形容喘氣聲。唐·元稹《田家詞》詩:"牛吒吒,田确确,旱塊敲牛蹄趵趵。"近人劉衍文《雕蟲詩話》卷一:"中郎畏閻老哉?波波吒吒聲,幾許解脫,中郎定不入畏。"清·檇李煙水散人《桃花影》第十二回:"只為世人,那裏有個齊頭活到一百歲的,何苦波波吒吒,把那有限光陰,卻做千年久計。"清《奇然智禪師語錄》:"若是唧溜漢一撥便轉,那似山僧波波吒吒吃許多辛苦。"

【絮】囉嗦。

《石魚偶記》:"俗謂人繁細不簡易曰絮。"

【摸稜*】謂處事態度依違,不明確表示可否。亦作"摸棱"。

《吹劍四錄》:"若得時得位,得君得誌,而以此自將,則持祿固寵,摸稜人也。"

《鐵圍山叢談》卷三:"改官匪難,當別有驟進用,徑入侍從行綴矣。然反覆不常,惟畏慎作摸稜態過當,卒致身輔相。"

【瀾浪*】放浪無拘。

《五總志》:"潞公守洛,攜妓行春,日邀致公。一日至獨樂園,園吏視公嘆息,公問之,答曰:'方花木盛時,公一出數十日,不惟老卻春色,亦不曾看一行書,可惜瀾浪卻相公也。'公深愧之,誓不復出。"

【襁褓[1] *】㊙不懂事。

《緯略·襁褓》："晉程曉詩曰：'平生三伏時，道路無行車。閉門避暑臥，出入不相過。今世襁褓子，觸熱到人家……'《聲類》：'襁褓，不曉事之稱也。'"

《大詞典》引清·胡文英《吳下方言考·襁褓》例。

【儇薄 *】巧佞輕佻。

《曾公遺錄》卷七："蔡肇譖鄒浩於蘇轍，遂被逐；師錫亦是軾、轍門下儇薄多言之士。"

【虐戲 *】使人難堪的調笑和嘲弄；惡作劇。

《巖下放言》卷中："公初亦色微變，若不樂者，已而意定，徐曰：'無乃太虐戲乎？'"

【兀捺 *】㊝慚愧。

《仇池筆記》卷下："舜民云：'官軍圍靈州不下，糧盡而返。西人城上問官軍漢人兀捺否，答曰兀捺，城上皆笑。'兀捺者，慚愧也。"

【憤躁 *】㊝因不滿而忿怒或怨恨，從而導致內心不平靜。

《玉照新志》卷四："退翁適在眾中，發於憤躁，掌上密書以示所厚。"

"憤"指郁結於心；憊悶。《論語·述而》："不憤不啟，不悱不發。"朱熹集注："憤者，心求通而未得之意。""躁"，急躁，浮躁。《荀子·勸學》："蟹六跪而二螯，非蛇蟺之穴無可寄托者，用心躁也。"《春渚紀聞》卷四："縣官已懷怒心，始登方丈而足為貓糞所汙，意大憤躁。"金·成無己《注解傷寒論》卷六："煩，熱也；躁，亂也。若憤躁之躁，從煩至躁，為熱來有漸則猶可；不煩而躁，是氣欲脫而爭也。"元·朱丹溪《丹溪手鏡·煩躁》："煩躁謂先煩而漸至躁也；躁為憤躁而躁陰也。"明·田汝成《炎徼紀聞·序》："夫遷謫者，抱憤躁之懷；樸懦者，無統御之略。"清·黃宗羲《明儒學案·崇仁學案一》："貧困中，事務紛至，兼以病瘡，不免時有憤躁。”

【凶肆＊】 ㊞凶惡放縱。

《曾公遺録》卷八：“余云：‘臣不知天若與周穜往復語言，但聞眾議，以天若為凶肆可惡。’”又：“然人情難測，萬一小人有凶肆者鼓倡撓法，亦或所不免，惟在朝廷主張彈壓爾。”

《大詞典》釋義為“出售喪葬用物的店鋪”。此處“肆”為“放縱，任意行事”義，《玉篇·長部》：“肆，放也，恣也。”《新唐書·李義府傳》：“三子及婿尤凶肆，既敗，人以為誅‘四凶’。”元·姚桐壽《樂郊私語》：“然完者凶肆，掠人貨錢，至貴家命婦室女，見之則必圍宅勒取，淫汙信宿，始得縱還。”《續資治通鑒·元惠宗至正十六年》：“然鄂勒哲凶肆，掠人貨財婦女，部曲驕橫。”

5.3 質地

質地指某物質料上的特點。

【刓朽＊】 ㊍壞朽。

《避暑録話》卷下：“三十年間，士大夫多以諱不言兵為賢，蓋矯前日好興邊事之弊。此雖仁人用心，然坐是四方兵備縱弛不復振，器械刓朽，教場鞠為蔬圃。”

刓，壞，損壞。唐·韓語《請上尊號表》：“堯誅九嬰以定下土，血兵刓刃，謹就厥功。”清·李兆洛《自題捧盈圖》：“梁麗劇刓朽，此舍安可恃。一旦厲風來，摧之這然耳。”

【恢實＊】 ㊍大而結實。

《搜神秘覽·雷鬼》：“長約三二尺，而形體恢實，多有骨節起伏，手持兩槌，口流紫涎，腥穢不可近。或者欲殺之，有父老曰：‘此真雷鬼也，殺之不祥。’”

恢，大。《説文·心部》：“恢，大也。”《公羊傳·文公十五年》：“郛者何，恢郭也。”何休注：“恢，大也。”

【點涴＊】 ㊞汙點。

《自警編》卷八：“平生行止，無一點涴，論者雖欲誣之，人主信乎？"

"涴"同"汙（污）"。污染，弄髒。《廣韻·過韻》："涴，泥著物也。亦作污。"《大詞典》釋義"猶點汙"，作動詞。

【泥淖²＊】⑬泥爛而滑。

《曾公遺錄》卷七："有旨，自是日放朝參三日，以頗雨，小有泥淖故。"

該詞五代已現，五代·郭廷誨《廣陵妖亂志·諸葛殷》："是日，雨雪驟降，泥淖方盛，執事者鞭撻迫蹙，師儒攜挈老幼，蔔匐道路，觀者莫不愕然。"《大詞典》引宋·歐陽修《乞罷上元放燈札子》例。

5.4 評價

該類指對人或事物進行判斷、分析、比較後得出的結論。

【角出＊】⑬特出。

《清異錄·大體雙》："劉鋹昏縱角出，得波斯女，年破瓜，黑膌而慧艷。"

《大詞典》引明·湯顯祖《澄源龍公墓誌銘》例。

【占勝＊】㊗指享有或具有美妙的景致。

《畫墁錄》："公卿近郭皆有園池，以至樊杜數十里間，泉石占勝，布滿川陸，至今基地尚在。"

《驂鸞錄》："前都司趙彥端德莊新居在縣後山上，亦占勝。同過思賢寺，清音堂下臨琵琶洲，一水灣環，循縣郭。"《閑窗括異志》："光嚴庵正議之塋瀕湖占勝，為一方冠，東南皆枕湖，遠峰列如筆架，一塔屹於波心。"占勝也指領先，占優勢，占上風。該義唐時已有，唐·雍裕之《曲江池上》："殷勤春在曲江頭，全藉群仙占勝遊。"唐·白居易《奉和汴州令狐相公二十二韻》詩："門靜塵初斂，城昏日半銜。選幽開後院，占勝坐前檐。"宋·頤藏主《古尊宿語錄》卷十四："師與小師文遠論義，不得占勝，占勝者輸胡餅。"元·李文蔚《燕青博魚》第二折："我去那新紅盒子內，拏著這常占勝不占輸、只愁富不愁窮、明丟丟的幾個頭錢問。"清·段正元《時務談》："今舊學與新學競，舊學劣矣，不敗何為？新學優矣，其占勝之前途，實不可量。"

【塞痕*】㊍女真語音譯詞。"好"的意思。

《松漠紀聞》："銀珠笑，即書牒尾，稱塞痕者再。庭下已有牽攏官使二十輩驅之出，僧莫測所以，扣之，則曰：'塞痕，好也。狀行矣。'"

【捺殺因*】㊍蒙古語。好。

《黑韃事略》："捺殺因，韃語好也。"

【三平二滿¹*】㊍【三平兩滿*】平淡，平庸。

《侯鯖錄》卷七："傅欽之作中丞，言劉仲馮。一日，貢父逢之，曰：'小姪何過，致起臺章？'欽之慚云：'也只三平二滿文字。'貢父熟視，笑曰：'七上八下人才。'"

《高齋漫錄》和《類說》卷十五記載了與此相同的內容，但《類說》"三平二滿"作"三平兩滿"。清·夢畹生《粉墨叢談·附錄》："如官樣文章，三平兩滿。"

【三平二滿²*】平平穩穩，日子過得去。

《潁川語小》卷下："俗言'三平二滿'蓋三遇平二遇滿，皆平穩得過之日。"

宋·辛棄疾《鷓鴣天·登一丘一壑偶成》詞："百年雨打風吹卻，萬事三平二滿休。"

【七上八下*】七之上，八之下。猶言中等，還過得去。

例見"三平二滿¹"。

【㪇㪇*】㊍女真語音譯詞。"不好"的意思。

《松漠紀聞》："禮畢，壻牽馬百匹，少者十匹，陳其前。婦翁選子姪之別馬者視之，塞痕則留。(自注：好也。)㪇㪇則退。(自注：不好也。)"

【冒烏*】㊍蒙古語，不好的意思。

《黑韃事略》："冒烏，韃語不好也。"

【歹*】不好。同"歹"。

《黑韃事略》："（韃人）言及飢寒艱苦者，謂之'觟'。（自注：觟者，不好之謂。）"

【得所＊】㈡適當；適宜。

《清異錄·黑太陽》："用精炭搗治作末，研米煎粥，搜和得所，豫辦圓鐵範，滿內炭末，運鐵面錘實擊五七十下，出範陰乾。"

《大詞典》引金·王若虛《寧晉縣令吳君遺愛碑》例。

【坎窟＊】㈥即坎坷。道路、土地坑窪，比喻不得志。

《畫墁錄》："貝丘之役應募，坎窟得官，後為正使，帶親禦器械、涇原鈐轄、知鎮戎軍。"

該詞魏晉已有，晉·法護《佛五百弟子自説本起經·賓頭盧品第八》："唯仁我於是，神足能飛行，還入坎窟中，爾乃得食耳。"唐·義淨《根本説一切有部百一羯磨》卷一："若得長利房舍樓閣，或居坎窟草苫板覆，堪得經行。"唐·義淨《金光明最勝王經》卷七："或在山巖深險處，或居坎窟及河邊，或在大樹諸叢林，天女多依此中住。"唐·慧琳《一切經音義》卷十八："坎窟：上堪敢反，下坤骨反。《杜注左傳》云：'窟，地室也。'文字典説從穴屈聲也。"

【没興】晦氣，倒霉。

《臥遊錄》："久在江湖，不見偉人。前在金山，見滕元發乘小舟，破巨浪來相見，出船巍然，使人神聳，好一箇没興底張鎬相公。"

該例在宋代其他筆記中有記載，《侯鯖錄》卷三："在金山，見滕元發乘小舟破巨浪來相見，出船巍然，使人神聳，好一個没興底張鎬相公……謂張鎬也。蕭嵩薦云：'用之則為帝王師，不用則窮谷一迂叟耳。'"《老學庵筆記》卷四："没興主司逢葛八，賢弟被黜兄薦發。"

【落薄】㈡同"落魄"。

《南燼紀聞錄》："不如我公公作官家快活，今落薄在他家作婢，何有出期？"

該詞唐五代時已有《敦煌變文校注·伍子胥變文》："今遭落薄，知復何言！"《大詞典》引金·元好問《中州集》例。

【死生活受*】出生入死。

《可書》:"党太尉以守邊有功建節,一日出謁,問左右曰:'我節卻如何不見?'左右曰:'皆在前導,各令從人秉之。'党曰:'我死生活受得來,卻教別人把着,都收拾來,待我一擔子擔着。'"

5.5 數量

這部分包括描述事物多少和度量單位的俗語詞,涵蓋了具體和抽象的數量的表達方式。

【沾足[1]*】即霑足。指充足,常用指雨水。

《曲洧舊聞》卷三:"在射洪,禱雨於白崖山陸使君之廟……俄頃,有雲起西北,四合,雨大沾足。"

沾,充足,充溢。漢《白石神君碑》:"不終朝日,而澍雨沾洽。"《談苑》卷二:"同州人謂雨沾足為'爛雨'。"《江鄰幾雜志》卷一:"同州民謂沾足為'爛雨'。""沾足"唐五代已有,《舊唐書·憲宗下》:"辛未,上以久旱,親於禁中求雨,是夜,澍雨沾足。"唐·李昂《暮春喜雨》詩:"郊坰既沾足,黍稷有豐期。百辟同康樂,萬方佇雍熙。"

【霑足*】因物品豐富而讓人普遍受惠得益。

《文昌雜錄》卷四:"祥符中,開寶寺福勝院舍利塔……降下舍利於地面磚石上,約五千餘粒。僧俗虔心求覓,必獲霑足。"

【沾足[2]*】⑱同"霑足"。

《默記》卷中:"(宗易)徐曰:'可令開合。'既如言,烘柿四合俱滿……分遺衆客及其家,靡不沾足。"

《大詞典》釋義"滿足",但"沾足"還有"物的充裕而能使人普遍受益"之義,單單釋為"滿足"不能很好反映該詞的內涵。

【滿盤】⑲全盤。引申為全部、全局。

《枯崖漫錄》卷中:"一不做,二不休,爛烹石虎,活剥泥牛,已是滿盤釘出了也。"

《大詞典》引明·馮夢龍《醒世恒言》例。

【一應】所有一切。

《吹劍四錄》："淳祐九年，臨安府造百萬倉，一應客板盡拘定。"

《夢粱錄·解制日（中元附）》："七月十五日，一應大小僧尼寺院設齋解制。"《武林舊事·乾淳奉親》："早更不乘輅，止用逍遙輦詣文德殿致齋，一應儀仗排立，並行放免，從駕官並常服以從。"該詞唐時已有，唐·李隆基《南郊推恩制》："擇揀一寬處同為廟，一應祭祀為樂饌等，並令官供。"

【應干*】猶言一切有關的。

《靖炎兩朝見聞錄》卷上："除從官已下合赴常朝外，應干馬並再根括，限初七日盡數再納軍前。"

《夷堅丙志·范隅官》："我記得向時張家認只一千石，今所言乃倍之，哀祈此吏放回取干照，遂得暫歸。當來應干文書，盡置篋中，汝為檢索，恐可藉手。"《齊東野語·洪君疇》："臣自班行，叨塵相位，一命已上，皆出親擢。賦性僻介，素不與內侍往還，應干文字，悉由通進司投進。"

【三般兩樣*】多個，不一樣。

《曾公遺錄》卷七："自議邊事以來，語言未嘗不定，卻不似他人，一坐之間，說得三般兩樣。"

【老老大大*】謂年事已高。

《叢林盛事》卷上："游後退雲巘，過廬山棲賢，長老見其堅老又且川氣，不肯挂搭。却云：'老老大大，正是質庫裡典牛耶？'"

【錯趾*】㊄腳丫交錯，常常形容人多。

《孫公談圃》："紹聖之改元也，凡仕於元右而貴顯者，例皆竄貶湖南嶺表，相望而錯趾。"

錯，相互交錯。《詩經·小雅·楚茨》："為賓為客，獻醻交錯。"毛傳："東西為交，邪行為錯。"趾，腳。《爾雅·釋言》："趾，足也。"郭璞注："足，腳。"明·鄭仲夔《耳新》卷六："至晚張燈結彩，遊人駢肩錯趾，賞玩達旦。"清·周郁濱《珠里小志》卷十四："南北居民，錯趾駢肩，呼艇爭渡者，每苦風濤之險。"清·方棻如《奉直大夫巡視臺灣吏科給事中汪君繼燏墓誌銘》:"臺灣顒顒海中,番民錯趾偷渡,作奸、告奸者相逮。"

【孔粒＊】㋤猶言每一文錢、每一粒糧。指很少的錢糧。

《吹劍錄外集》:"紹興間,趙靜樂善湘留守建康,急於財賦,不時差官下諸邑,孔粒以上,概括無遺。"

【一頭地＊】相當於一個頭的高度,亦指一定高度。猶言一截、一段或一等、一着。也作"一頭"。

《吹劍錄》:"使公見乾淳以來至今日之三場,猶將放出一頭地。"

《寓簡》:"道德識見以至於文章語言,須向古人中出一頭地,方始立得腳住。""一頭地"也省作"一頭"。《能改齋漫錄·記詩》:"東坡初登第,以詩謝梅聖俞。聖俞以示文忠公,公《答梅書》略云:'不意後生能達斯理也。吾老矣,當放此子出一頭地。'故東坡《送晁美叔》詩云'醉翁遣我從子遊,翁如退之踐軻丘。向欲放子出一頭,酒醒夢斷十四秋。'蓋敘書語也。陳無已《贈魏衍》詩云:'名駒已自思千里,老子終當讓一頭。'"

【一紏 tǒu＊】㋤一隊。紏,集合量詞。

《黑韃事略》:"五十騎謂之一紏。(自注:都由切,即一隊之謂。)"

【托＊】㋤量詞。長度單位。以成人兩臂平伸為度。

《文昌雜錄》卷三:"昔使高麗,行大海中,水深碧色,常以鐵碙長繩沈水中,深及三十托以上,舟方可行。"

【稻＊】㋤一種度量單位。

《猗覺寮雜記》卷下:"帶闊狹以道言,當用'稻'字。"

《老學庵筆記》卷七:"王荊公所賜玉帶,闊十四稻,號玉抱肚。"

5.6 時空範圍

【日頭】天。

《中興戰功錄》:"你門只有一個日頭活哩。"

【日子】指某日。

《珩璜新論》卷四:"俗所謂'日子',亦有所出。《文選》曹公《檄吳將拔部曲文》:'年月朔日子。'注:'發檄時也。'然則日子者,日時也。"

【日時】泛指日子,時間。

例見"日子"。

【申牌】下午三時至五時。古於衙門和驛站前設置時辰臺,每移一時辰,則以刻有指示時間的牌子換之,故稱。

《甕牖閒評》卷八:"建牙以表太守出廳耳,于是兵卒鳴鼓而聲喏,每日早晏皆然。故謂之早牙、晚牙。今時則不然,每至申牌,太守初不出廳,亦未嘗建牙。"

《東軒筆錄》卷三:"既而吏報申牌,府史牙兵列庭中。"

【旬浹*】浹旬。滿十天。亦指較短的時日。

《厚德錄》卷二:"賀初為婦,未旬浹,其夫出外經求,每一出,數年方歸。"

《四朝聞見錄·皇帝即位》:"垂簾之事,止可行之旬浹,久則不可。"該詞五代時已有,《舊唐書·白居易傳》"俄而元稹罷相,自馮翊轉浙東觀察使,交契素深,杭、越鄰境,篇詠往來,不間旬浹。"

【話次*】㋭說話間。

《呂氏雜記》卷下:"李景弼性淳厚,嘗因話次觸人忌諱。"

次,中,間。《莊子·田子方》:"喜怒哀樂不入於胸次。"陸德明釋文:"次,中也。"宋·萬榮《棠陰比事·原序》:"話次因及皋事,謂凡典獄之官,實生民司命,天心向背、國祚修短系焉,比他職掌尤當謹重。"宋·胡太初、趙與沐《開慶臨汀志·仙佛》:"四年郡守趙遂良聞師名,延入郡齋,結庵州後,以便話次往來。"元·陶宗儀《南村輟耕錄》:"話次因問光,前代藏經,接縫如一線,日久不脫,何也?"明《侶巖荷禪師語錄》卷五:"與法雷和尚話次偶云:……"

【一會子*】㋭指很短的時間或在很短的時間之內。

《襄陽守城錄》:"來早,虜人登高,望見忽有壕一道,莫不驚愕,繼有被虜人回稱,虜人云:'南軍為事便是一會子。'"

【驢年】指不可知的年月。

《枯崖漫錄》卷中:"若恁麼會去,驢年也未夢見在,遮裏須覷見他古人一些子得人憎處始得。"

該詞五代已有,靜、筠《祖堂集·雪峰和尚》:"我尋常向師僧道:'是什摩?'便近前來覓答話處,驢年識得摩?"

【先次】㊋首先。

《玉照新志》卷四:"先次據干照人說出逐人罪犯。"

該詞五代已有,五代·郭威《條件諸色出選門州縣敕》:"如或曾任推、巡、軍事判官等,並諸色出選門官……於銓司註擬前先次除官。"《大詞典》引宋·蘇軾《上神宗皇帝書》例。

【隨背*】㊋隨後。

《摭青雜說》:"此物是小人收得。彼時亦隨背趕來送還,而官人行速,於稠人廣眾中不可辨認,遂為收取。"

清·李斗《揚州畫舫錄》卷四:"天寧門至北門,沿河北岸建河房,仿京師長連短連、廊下房及前門荷包棚、帽子棚做法,謂之買賣街。令各方商輦運買珍異,隨背為市。"

【腦】物體的頂端、中心或邊緣部分。

《梁谿漫志·司馬溫公讀書法》:"吾每歲以上伏及重陽間,視天氣晴明日,即設几案於當日所,側群書其上以曝其腦,所以年月雖深,終不損動。"

【面上】方面。

《曾公遺錄》卷九:"余云:'臣亦曾於皇帝前力言,給事中乃耳目之地,以拯處之,已不可,近又除一范鏜,乃悖門下士。'太母驚曰:'又是他面上人?'"

【空頭】空白。

《自警編》卷七："宰相韓魏公一日出空頭敕一道……數之曰：'汝罪當死，責蘄州團練副使，蘄州安置。'取空頭敕填之，差使臣即日押行。"

《曲洧舊聞》卷三："公任翰林學士，嘗有空頭門狀數十紙隨身，或見賢士大夫稱道人物，必問其所居，書填門狀。"

【口皮邊*】㊋嘴邊，身邊極近處。

《枯崖漫錄》卷下："茶罷，木庵又曰：'須知此事不在方策上，不在口皮邊。'蒙庵曰：'畢竟在什麽處？'曰：'鐵蒺藜當面擲。'蒙庵曰：'大好不在口皮邊。'"

"口皮"指嘴唇。宋·釋道顏《頌古》："近在口皮邊，遠過河沙國。世間多少人，不得油糍喫。"宋·釋紹曇《送日本爾侍者》："徑山無法與人傳，幾度親遭劈面拳。今日大唐回首去，鼻頭元在口皮邊。"宋·釋師遠《頌古三首》："不是風兮不是顛，長街短巷走如煙。院裏有齋常記得，時時掛在口皮邊。"《大詞典》釋義"口皮"為"內蒙古所產之獸皮。因其以張家口為集散地，故名"，無書證。

【牙相*】㊋互相。

《曾公遺錄》卷七："辛酉，同呈曾旼乞兩朝國忌，令人使牙相傳示。"

【劣】僅。

《珩璜新論》卷四："俗以'僅'為'劣'，《南史·王瑩傳》：'瑩子實，追從兄上岸盤頭，令卒與杖，搏頰乞原，劣得免。'"

【公共】㊋共同。

《曾公遺錄》卷九："前後臣僚論鄜州棄守利害不同，備錄下宗回、希甫，公共葉心體度邊情。"

該詞唐時已有，唐·元稹《奏制試樂為御賦》："若此，則宇宙蓋由乎一馬，牽制盡在於四維。雖質文更變，而公共操持。"《大詞典》引宋·蘇轍《論御試策題劄子》。

【分頭】分別，各自。

《靖炎兩朝見聞錄》卷上："是日，復以從官、郎中分頭四壁根括緊急，婢仆告首紛然，有以仇隙而告首者，告訐之風盛行。"

該詞唐時已有，唐·魏徵《隋書·長孫晟傳》："晟因奏請曰：'今王師臨境，戰數有功，賊內攜離，其主被殺。乘此招誘，必并來降，請遣染幹部下分頭招慰。'"

【兩截事*】 ⑭兩回事；不一樣的事。

《楓窗小牘》卷上："僕今知讀書與仕宦，自是兩截事。"

《大詞典》引明·沈德符《野獲編》例。

【一面】 自行，自主。

《南燼紀聞錄》："坐久，有人傳元帥命曰：'來日一面歸宮，不必更來帳下也'"又："帝唯唯，曰：'一面議論。'時眾議皆推康王。"

《靖康紀聞》："尚書省揭榜云：'……如有不依今來約束之人，一面依已降指揮處置施行。'"

5.7 程度

程度指事物變化達到的水平。

【大段】 猶言十分。

《曾公遺錄》卷七："臣雖愚短，不敢不自竭，然亦常懼思慮有所不至，但自度亦不至大段乖謬。"

【理極】 甚，表示程度深。

《臥遊錄》："自夏歷秋，毒熱七八日不解，炮灼理極，意謂不復有清涼。"

該詞三國時已有，三國吳《撰集百緣經·菩薩授記品》："我今困苦理極，正爾誰能救濟我所壽命？"

【煞是*】 ⑭確是；極是。

《采石戰勝錄》："虜主曰：'我是去年煞是無道理事。今日饒我也由你輩，殺我也由你輩，不若早早下手。'"

《大詞典》引元·楊顯之《酷寒亭》例。

【也得】也可以。表示足夠。

《談藪》："已而燭漸近，乃婦人十餘，靚妝麗服，俄趨亭上。競舉氈，見生驚曰：'又不是那一個。'又一婦熟視曰：'也得，也得。'執其手以行，生不敢問。"

【須管】必定，定要。

《靖炎兩朝見聞錄》卷上："在京原開質庫人戶，須管仍開張。"

【龍頭鼠尾*】㈥做事起初聲勢浩大，後來卻無聲息。比喻做事有始無終。也作虎頭鼠尾、虎頭蛇尾、龍頭蛇尾①。

《曾公遺錄》卷八："卞云：'此語未可輕出，如此可謂龍頭鼠尾也。'"

清·鄭績《夢幻居畫學簡明總跋》："讀者勿以此書如龍頭鼠尾，譏文字之不逮也。"

【虎頭鼠尾*】㈥同"龍頭鼠尾"。

《林下偶談·詞科習氣》："余謂近世詞科亦有一般習氣，意主於諂，辭主於誇，虎頭鼠尾，外肥中枵，此詞科習氣也。"

宋後也有用例。明·謝榛《四溟詩話》卷二："律詩無好結句，謂之虎頭鼠尾。"清·李綠園《歧路燈》第七十七回："不但你這個客廳掛不的，萬一有人借去用用，或是公館，或是喜棚，人家看見，還有傳虎頭鼠尾的奇景哩。"

5.8 擬聲

【戛搏*】㈥象聲詞。

《搜神秘覽·原分》："又於廨舍後廟側，遶一大木三匝，戛搏有聲而起。三日中，是木下聞若人般挈錢聲。"

---

① 《大詞典》"龍頭蛇尾"釋義"比喻首盛尾衰"，引《朱子語類》例。該詞五代已見，靜、筠《祖堂集·烏巖》："對云：'和尚適來見什摩？'師云：'龍頭蛇尾。'"

【姑詭*】㊗擬聲詞,古代蒙古人軍隊約定的暗號聲。

《黑韃事略》:"其合而分,視馬箠之所向,其分而合,聽姑詭之聲,以自為號,自邇而遠,俄頃千里。"又:"兵既四合,則最後至者一聲姑詭,四方八面,響應齊力,一時俱撞。"

5.9 指代

指代是用抽象的詞對人或事物進行指示代替,包括人稱、指示、疑問、關係及不定的指代。

【我家】㊗稱自己。

《錢氏私志》:"宣和間,有遼國右金吾衛上將軍韓正歸朝,授檢校少保節度使,對中人以上說話,即稱小人,中人以下,即稱我家。"

該詞唐五代已有,《敦煌變文校注·維摩詰經講經文(五)》:"莫將諸女獻陳,我家當知不受。"

【你們*】㊝代詞。稱不止一個人的對方或包括對方在內的若干人。

《采石戰勝錄》:"我是朝廷官,官家差我擔銀犒賞你們。"

《大詞典》引清·吴敬梓《儒林外史》例。

【你懣*】㊝你們。

《采石戰勝錄》:"虞侯奧說:'我今日只辦兩眼隨你懣……若死於此,則當同死於此;若你懣走,我亦當隨你去,你懣道去甚處,我便去見官家……'"

《大詞典》引明·洪楩《清平山堂話本》例。

【你門*】你。門,後綴。

《中興戰功錄》:"你門只有一個日頭活哩。"

【爾我*】㊗與人談話以你我相稱,指輕賤之稱,不講禮節。

《澠水燕談錄·高逸》:"(史延壽)視貴賤如一,坐輒箕踞稱爾我,人號曰史不拘,又曰史我。"

爾,用於第二人稱,相當於"你",古上下通用,後只用於平輩或對下。《正字通·爻部》:"我稱人曰爾……古人臣稱君皆曰爾。"《孟子·盡心下》:"人能充無受爾汝之實,無所往而不為義也。"焦循正義:"爾、汝為尊於卑、上於下之統通稱。"宋·錢時《融堂四書管見·論語》:"蓋嘆世道益薄,人情益偷,公私藩籬,形骸爾我,其意非專指馬也。"《清實錄·乾隆朝實錄》卷之九百七:"其中詞氣狂妄,於彰寶竟有爾我之稱,其情甚為可惡。"清·安和先生《警富新書》第十四回:"原屬知己,皆可以患難相扶,未嘗有些爾我。"

【渠伊】方言。他;他們。

《類說》卷二一引《南唐近事》:"張崇帥廬州,好為不法,士庶苦之。嘗入覲江都,廬人幸其改任,皆相謂曰:'渠伊必不復來矣。'"

《大詞典》引明·馮夢龍《東周列國志》例。

【他門*】㊅代詞。稱自己和對方以外的若干人。

《道山清話》:"學士學士,他門取了富貴,做了好官,不枉了恁地,自家做甚來陪奉他門。"

《大詞典》收"他們",未收"他門"。

【他別人*】㊅他人。

《晁氏客語》:"念念在此,何暇管他別人。"

五代·佚名《敦煌變文選》:"賤奴並不怨恨他別人,只為道安上人說法總不能平等。"《西塘集耆舊續聞》卷五:"……題其榜曰:'世業楊家鞋底。'或問其故,曰:'是他別人腳跡。'"元·佚名《薛仁貴征遼事略》:"士貴方欲謝恩,向帳下一人高叫:'告使臣。這只不是張士貴的功也,有他別人的。'"宋·惠泉《黃龍慧南禪師語錄》:"如斯見解,自誤猶可誤他別人。"宋·僧賾藏《古尊宿語錄》卷四十一:"就中今時後生,才入眾來,便自端然拱手,受他別人供養。"

【阿誰】疑問代詞。猶言誰,何人。

《珩璜新論》卷四:"俗所謂'阿誰',三國時已有此語。《龐統傳》:'向者之論,阿誰為之。'"

【箇樣】這樣。

《叢林盛事》卷下："箇樣村僧，豈是尋常種艸？"

【兀底】指示代詞。這個；這。亦作"兀得""兀的"。

《嬾真子》卷三："古所謂'阿堵'者，乃今所謂'兀底'也。王衍口不言錢，家人欲試之，以錢繞床不能行，因曰：'去阿堵物！'謂口不言去却錢，但云去却兀底爾。"

【日許】猶言如許、如此。

《珩璜新論》卷四："俗所謂'日許'者，'爾許'也，聲之訛也。《啟顔錄》：詠傴人云：'城門爾許高，故自葡匐入。'"

宋·歐陽修《自敘》詩："時士不俯眉，默默誰與言。賴有洛中俊，日許相躋攀。"

【爾許】同"日許"。

例見"日許"。

該詞三國時已有，《三國志·吳志·吳主傳》裴松之注引三國魏·魚豢《魏略》："此鼠子自知不能保爾許地也。"

【遮裏*】這裏。

《枯崖漫錄》卷中："因什麼在遮裏？"

《揮麈餘錄》卷二："張太尉冷笑：我別有道理，待我遮裏兵才動，先使人將文字去與番人，萬一支吾不前，交蕃人發人馬助我。"

【則甚】猶言怎麼；做什麼。

《石林燕語》卷八："確言：'固是人類，但夷狄耳。'上曰：'既是人，怕他則甚？'"

【遮箇*】這個。

《枯崖漫錄》卷中："不是遮箇道理。"

【遮些子*】㊗這些。

《枯崖漫錄》卷下："你甚處學得遮些子來？"

宋·崇岳《密庵和尚語錄》："今日被人推出做長老，只據遮些子，與兄弟評論。"明《天界覺浪盛禪師全錄》卷二十七："祇如世間人，有能通遮些子，不能通那些子。"又："遮些子通則世出世法無有不通者，遮些子不通即自己一身，底根塵識，與日用動靜，生死性命，皆不通也。"清·呂留良《天蓋樓四書語錄》卷四十六："只為經天緯地事業都在遮些子上做，毫釐差不得耳。""遮些子"還指西南少數民族中的一個部族。明·朱孟震《西南夷風土記》："種類，曰阿昌、曰百夷、曰老緬、曰蒲人、曰㚻人、曰剽人、曰杜怒、曰哈喇、曰古喇、曰得棱子、曰遮些子、曰安都魯……"又："安都魯、遮些子，皆迤西遺種。"

【那裏】疑問代詞。什麼地方。

《靖炎兩朝見聞錄》卷上："上曰：'教我出那裏去？'"

【為甚麼＊】㊡詢問原因或目的。

《雲臥紀談》卷下："魚行水濁，鳥飛毛落，亮座主一入西山，為甚麼杳無消息？"

【與麼】這麼，如此。

《雲臥紀談》卷上："宗便於相中坐，穀便作女人拜。泉云：'與麼則不去也。'"

《叢林盛事》卷上："昌曰：'流俗阿師又與麼去。'南云：'法昌作麼生？'昌拈拂子便打，南曰：'者老漢得與麼無人情。'昌休去。"該詞唐時已有，慧能《壇經·自序品》："不思善，不思惡，正與麼時，那箇是明上座本來面目。"

6 宋代筆記俗語詞的特點

6.1 時代特色鮮明

每一個時代的語言，都有自身的時代特點。詞彙最能快速反映社會生活的變化和時代變遷，尤其俗語詞，因其通俗易懂、常流行於口語的特點，被深深打上了時代烙印。宋代筆記中俗語詞就具有鮮明的時代特色。

6.1.1 政治經濟

宋代是封建王朝承上啟下的時代，前承有唐，下啟明代，封建專制中央集權得到進一步加強，職官制度高度完善。宋代政治比較開明廉潔，終宋一代沒有嚴重的宦官亂政和地方割據，兵變、民亂次數與規模在中國歷史上相對較少。筆記記載的政治內容，不同於正史，其文筆活潑，隨筆而錄，嚴肅的政治話題在作者筆下記錄得相當有趣，其中大量的俗語詞反映出宋朝的政治特點。如"大龍""小龍""假龍""死龍"是與龍圖閣相關的幾個職位的戲稱，取"龍圖閣"首字，前面的限制語素形象地同職位相聯繫，反映該職位的特點。與此同類的還有：與職務有關的俗語詞，如坡、不識字、識字、大資、密學、雜端、者保、捉事人、小火下、火下、判子、小使臣、大使臣等；與機構或職責有關的俗語詞，如鑾坡、五房、駕頭、保伍、行府、架閣、頭直、末直等。宋代政治上對官員的賞罰體制完善，與賞罰任用有關的俗語詞如敘復、編管、牽復、敘用、量移、移放、移敘、放罷等；朝堂談論國家大事，有一系列禮儀規矩，俗語詞中也有反映，如押角、卷班、蛾眉班、在告、倒坐、再坐、常朝、謝花、籠門、咄散、銜諾、牙諾、穿秉、陛辭、迎授等；與文書保密等相關的俗語詞有判按、雙瑣、宣瑣、屏風兒、頭子、詔意、空名、白劄子、文字、告赤、印畫、帖麻、剝麻、貼黃、用寶、引黃、劄子等。

經濟上，宋代商業繁盛，通行的貨幣有銅錢、白銀。由於商品進口，宋代大量銅錢、白銀外流，造成硬通貨短缺，由此出現了世界上最早的紙幣。宋筆記俗語詞中有交子、會子、楮幣、交鈔等反映當時金融業的詞彙。宋代崇尚節儉，設立封樁庫，歲終用度之餘，皆封存該庫不用，以預備每年額外的開支。由此宋筆記中有封樁、封樁庫、樁管、樁留等俗語詞。火兒、柂師、梢工、篙手、柁工、柁人、招頭、灘子、梢子、長年三老、包頭、蜑船、腳船、招竿等俗語詞反映了宋代發達的船運業；身丁香、耗米、頭子錢、牙契錢、牙稅、丁錢、抽解、折支、撲買、攔稅等俗語詞反映了宋代繁重的稅收；地錢、房地錢、屋地錢、錢井經商、行錢、和買、預買、息米等俗語詞反映了宋代發達的租賃借貸業；打女真、打博、折博等俗語詞反映了宋代的貿易行業；冷金紙、桑皮紙、松花紙、東膏紙、毛頭紙、三韓紙、化化牋、鄱陽白、砑紙版等是與紙有關的俗語詞，一定程度上反映出宋代發達的造紙業。

6.1.2 軍事外交

宋朝歷經南北兩朝，享國 319 年。宋朝從建立以來，屢遭外敵入侵，動亂不斷，兵禍常有。當時，與兩宋對峙的政權先後有契丹族的遼、党項族的西夏、女真族的金、蒙古族的元。兩宋最後都是亡於少數民族政權之下。北宋於 1125 年和金聯兵滅遼，僅僅兩年後被金滅掉；南宋和蒙古（後改稱"元"）在 1234 年聯合滅掉了金，四十多年後，苟延殘喘的南宋被元滅亡。整個宋代歷史，戰亂頻繁，在宋人筆記中，對戰爭的記錄非常多，因此在筆記中有相當多與軍事相關的俗語詞，具有鮮明的時代特色。與軍事人員相關的俗語詞有硬探、赤老、細軍、刀斧手、叉鐮手、槍叉手、叉槍手等；關於武器的俗語詞有狗腳木、洞子、對樓、火牛、死火牛、挨牌、響箭、布牌、刀牌、撞竿、火梯、鵝車、竹唧筒、鐵貍、編橋、抱座、環刀、火油等；與訓練、布陣有關的俗語詞有旱教、抹鞦、拐子馬、陳伍等；與崗哨有關的俗語詞有火鋪、狗鋪、號煙等；與軍人隨身裝備有關的俗語詞有軟纏、邏圈甲、柳葉甲等。

兩宋時期，雖戰爭頻發，但在和平時期，與北方的遼、金、元有着非常密切的交流。同時，由於經濟上的繁榮富庶，宋代對外貿易頻繁，開放程度高，交流地域非常之廣，所及包括東亞、東南亞、西亞，甚至達到非洲地區。在宋人筆記裏，有專門記載出使他國的沿途見聞、地理風俗及外交禮儀等內容者。如《重明節館伴語錄》《宣和乙巳奉使金國行程錄》《宣和奉使高麗圖經》《北行日錄》《使金錄》《松漠紀聞》等。也有對外邦進行介紹的著作，如《諸蕃志》《嶺外代答》《黑韃事略》。其中所涉俗語詞，與使者有關的，如三節人從、三節人、人使等；與外交禮節有關的，如撒殿、解換、換衣燈宴等；與接待使節有關的，如館伴、接伴、送伴、銀牌天使、銀牌等；另外還有大量指稱外邦物品的，海膽、沙糊、頓囊、布袋轎、軟兜、生角、倒山角、婆焦、繡面、仙郎、房子、毛連、梅花腦、揀香、沒藥、袋香，等等。

6.1.3　文化科舉

為了防止出現唐後期以來武人專橫，藩鎮割據的局面，宋太祖"杯酒釋兵權"，定下了有宋一代重文輕武的治國基調，即所謂重文教，輕武事，興科舉，重詞賦。宋代科舉制度最基本的特點在於：取士不問家世，限制勢家與孤寒競進，嚴防考官營私、考生作弊，考生憑個人的知識才能進入社會精英階層。在宋人筆記中，很多關於科考的記載，並出現一些與此相關的俗語詞，如鎖中、鎖廳、鎖應、鎖廳試、糊名、拆號、上請等俗語詞反映了宋代科考的紀律規則，定名筆、謝筆等俗語詞反映科舉中考生求吉的心理，免解、過省等俗語詞是反映科考晉級的專有詞語，呼盧、傳臚等是反映科考揭曉唱名儀式的俗語詞。

宋代是重視文教的時代，宋朝皇帝良好的文化素養就是對此最好的證明。宋太宗在位期間，組織編寫了《太平御覽》《太平廣記》《文苑英華》三部內容豐富、卷帙浩繁的大型類書，宋真宗則在《勸學詩》①留下"書中自有千鍾粟，書中自有黃金屋，書中自有顏如玉"的名言。徽宗愛好文藝，畫技爐火純青，書法上則創造了有名的"瘦金體"。宋高宗是一位造詣頗深的書法家。宋人筆記中，有大量文化教育方面的俗語詞。有關文房四寶的俗語詞，如半身龍、夾槽、研滴、鎮紙、界尺、由準氏、寶相枝、裁刀、治書奴、退鋒郎、禿友、水滴、研瓦、照袋、麻紙等；與書法相關的俗語詞，如散草、飛草、堆墨、堆墨書、波磔、賊毫等；與刊刻裝裱相

---

①　一說《勸學篇》。

關的俗語詞,如錦郎、清本、黏葉、粘背、刊匠等;與硯臺相關的俗語詞,如活眼、死眼、淚眼、蘆葉等。

6.1.4 衣食娛樂

宋代是我國社會經濟文化發展的重要歷史時期,城市迅猛發展,商品經濟高度繁榮。宋人筆記中的《東京夢華錄》,《都城紀勝》中的《食店》和《酒肆》,《夢粱錄》中的《夜市》和《諸色雜貨》等作品,對這種繁榮的景象都有詳細的記錄和描述。因此,筆記中的俗語詞很好地反映了當時的社會生活現實。

酒和茶,在當時的社會生活中扮演了極其重要的角色,無論達官貴人,還是平民百姓,都可享用這兩種飲品。宋人筆記中有大量與茶有關的俗語詞,如旗槍、辣茶、龍茶、茶食、建茶、蠟茶、餅茶、茶會、茶托等;與酒有關的俗語詞,如添甃、甃水、瓶盞病、鱉飲、巢飲、囚飲、嗺酒、幾頭酒、酒望、酒子、撞門酒、口到、換盞等。與其他食物有關的俗語詞,如餲餅、鵑餅、爐餅、麻餅、頭食、白熟、饊子、劃子、環餅、義粥、豆子粥等等,更是多不勝數。隨著社會的發展,人們更注重美的欣賞和打扮,穿戴於身的衣物已不僅僅是遮身蔽體的用品,人們講究裝飾,並對其賦予了更多的內涵。與服飾有關的俗語詞,如鞾肩、短冠、團冠、牙魚、冠朵、對衣、抱肚、襠褲、背心、疊垛衫、表段、衣段、鬥高飛、腰條皮、撻尾、垂頭等。

宋朝的娛樂活動豐富多彩,出現了勾欄和瓦肆等專門的娛樂場所,大大豐富了當時的民間文化。單就當時的戲藝而言,就有滑稽劇、雜技、傀儡戲、皮影戲、說話、雜劇等,宋代豐富多彩的娛樂生活由此可見一斑。宋筆記中有關娛樂的俗語詞很多,與賭博相關的俗語詞,如簸錢、渾花、惺惺二十一、象六、撲賣、撲錢、公子家、錄事、彩局、到角媒人、博投、關撲等;有關戲藝聚會等娛樂的俗語詞,如甌宰、飲博、打顴、河市樂、河市樂人、影戲、雜居等;有關技藝類娛樂活動的俗語詞,如撚錢、大旗、獅豹、刀牌、砑鼓、踏索、上竿、鬥跳、弄丸、搞簸旗、築球、角抵、鬥雞、綽撥等。

6.1.5 宗教風俗

宋代與唐代相比,宗教對社會生活的影響力略有下降,宗教也更加世俗化與漢化。宋代開國初期，繼承和發展後周世宗限制佛教的政策。宋太宗任用文臣執政，佛教也漸流行。宋真宗大力提倡儒術，同時又提倡佛教，信奉道教，建立起儒佛道合一的思想統治。宋代筆記中，部分作品由僧侶創作完成，如釋文瑩《湘山野錄》《玉壺清話》、釋曉瑩《羅湖野錄》《雲臥紀談》、釋道融《叢林盛事》、釋圓悟《枯崖漫錄》等。因此在宋筆記中，有不少與佛教有關的俗語詞，如波波挈挈、波波咤咤、開眼尿床、禪和子、百八丸、禪衲、傳衣鉢、屍橛、精藍、鬧藍、曲盝床、觀音衲、小現、然頂、腳根點地、燒惱、掛搭、行腳僧、行腳、西堂、臂香、爇臂等。同時，宋代還有其他宗教的存在，在宋筆記的俗語詞中也有體現，如來自道教的奪胎、奪胎換骨等，關於明教的吃菜事魔、吃菜事魔人等。

宋代由於商品經濟發展，民族融合加強，物質文明和精神文明達到一定高度，在整個封建社會，宋代文明可以説是空前絕後的。宋代的社會經濟變革促使宋代社會風俗在前代基礎上進一步發展，并趨於定型。宋人筆記中有燈夕、乞巧、延巧、種生、花瓜、得巧、水上浮、穀板、摩孩邏、打夜胡等與傳統節日有關的俗語詞；有交盃、餪女、攔門酒、蓋頭、轉席、鬼媒人等與婚俗有關的俗語詞。宋代注重祭祀，與祭祀有關的俗語詞，如焚黃、破盤、燒飯等；宋筆記中還有些關於奇風異俗的俗語詞，如洗兒、雕青、飛頭、挑生、摸石等。古人對自然萬物的認識有一定局限，迷信神秘力量，在宋人筆記中多有與之相關的俗語詞，如燒琵琶、兀日、乾岡、分龍雨、分龍日、葬師、脫空、釘法、附語、望路、勅塸、談天等。宋代有佩香的習俗，關於五花八門的香料的俗語詞反映了當時這一社會現象，如揀香、斫削、香頭、篤耨瓢、梅花腦、金腳腦、滴乳、袋香、乳榻、黑榻、纏末、龍涎香、龍涎等。

6.2　記載方式多樣

6.2.1　簡短自注

6.2.1.1　在文中以小於正文的字體標注

小字標注的內容，用一個詞解釋前面緊鄰的詞，小的標注詞應該是當時較流行，且易懂的詞語。如《緯略·寒具》："逦以'撚頭'為'寒具'也。(自注：即饊子也。)"《北窗炙輠錄》卷下："舊有人於常買家以錢三十得一子石（自注：子石，即石卵也。）漫用壓紙。"《黑韃事略》："有響箭。（自注：即鳴鏑也。）"《曲洧舊聞》卷九："王建集有《鏡聽詞》，謂懷鏡於通衢間，聽往來之言以占休咎，近世人懷杓（自注：懷杓，今謂之打瓢。）以聽，亦猶是也。"《黑韃事略》："有過則殺之，謂之按打奚，不殺則罰充八都魯軍。（自注：猶漢之死士。）"

小字標注前面正文出現的詞，內容包括詞的由來，多為補充說明，便於讀者理解所標注詞的詞義。例如：

【出宋＊】南方某些山居少數民族首領出歸朝廷，稱"出宋"。

《桂海虞衡志・志蠻》："今刺史莫延葚逐其弟延廩而自立，延廩奔朝廷，謂之'出宋'。（自注：凡州洞歸朝者皆稱出宋。）"

小字用俗語詞標注，以對前面正文進行概括說明。

【歇坐＊】㊝古代酒宴中間的短暫休息。

《經鉏堂雜志・筵宴三感》："今夫筵宴以酒十行為率，酒先三行，少憩，（自注：俗謂之歇坐。）或奕棋、或縱步、或欸語，已乃復飲，則有終日之歡。"

【鬪高飛＊】㊝金耳環。比喻的說法。

《北狩見聞錄》："又索於懿節皇后，得所戴金耳鐶子一隻。（自注：雙飛小蛺蝶，俗名鬪高飛。）"

這種記載形式，對判斷其是否為俗語詞非常有幫助。正文用詞應為當時需要特別說明的，要麼是新詞新義，要麼有特別的含義。註釋部分應為當時的通俗語，標注出來便於讀者看懂領會。因此，這樣的記載形式，俗的成分很多，有時正文和標注都是俗語詞。

6.2.1.2 沒有字體大小區別的自注

這類自注多有較明顯的標記。

6.2.1.2.1 標記為："謂……為……""目……為……""呼……為……""言……以為……""（以）……為……"等，例如：

【兀地奴＊】㊝鵝的別名。

《清異錄・兀地奴》："世謂鵝為'兀地奴'，謂其行步盤跚耳。"

【快活三＊】㊝宋元方言稱體胖者。

《可書》："鄧知剛任待制，守軍器監，形貌魁偉，每以橫金銜眾，未嘗衣衫。京師諺曰：'不著涼衫，好個金稜快活三。'蓋一時目肥人為快活三也。"

【賀蘭＊】[義]駝馬。

《北邊備對·賀蘭山》："賀蘭山在靈州保靜縣，山有林木青白，望如駿馬。北人呼駝馬為賀蘭。"

【捲伴＊】[本]誘拐他人妻女潛逃以為伴侶。

《桂海虞衡志·雜志》："南州法度疏略，婚姻多不正。村落強暴竊人妻女以逃，轉移他所，安居自若，謂之捲伴，言捲以為伴侶也。"

【低密＊】[晚]①犀角的異名。

《文昌雜録》卷一："犀為低密。"

【匙子＊】[晚]②小勺子。

《清異録·器具門》："杜岐公悰，以剜耳匙子為'鐵了事'。"

6.2.1.2.2　標記為："曰""即""名""名曰""號""……也"等。例如：

【房中弱水＊】[本]尿。

《清異録·房中弱水》："溺曰房中弱水，見於道書。"

【木芍藥】唐人稱牡丹為木芍藥。

《近事會元》卷五："唐《松牕雜録》云：開元禁中初重木芍藥，即牡丹也，蓋禁中呼之耳。"

【獨子青＊】[末]一種瓜名。

《清異録·獨子青》："遼東一處有瓜，若澆沃則以酒代水，實成破為十段，若段中止有一子，而長數寸，食一顆可作十日糧。國人珍之，名'獨子青'。"

---

① 《大詞典》引明·李時珍《本草綱目》例。
② 《大詞典》引老舍《二馬》例。

【土卵＊】芋頭的一種。

《冷齋夜話》卷四："黄獨者，芋魁小者耳。江南名曰土卵，兩川多食之。"

【潤家錢＊】[本]南漢地方主事者贈錢僚屬，以代酒宴，其錢名潤家錢。

《清異録・潤家錢》："南漢地狹力弱，事例卑猥，州縣時會僚屬，不設席而分饋阿堵，號潤家錢。"

【水雞²】[本]蛙的别名。

《侯鯖録》卷三："水雞，蛙也。"

6.2.1.2.3　標記為："謂之""俗謂之""俗呼（之）""俗言""俗曰""俗號"等。例如：

【公子家＊】[本]設局聚賭抽頭取利者。

《麈史・博弈》："世之糾帥蒱博者，謂之公子家。"

【酒望子】[本]亦作"酒望"。即酒帘。

《猗覺寮雜記》卷下："酒家揭帘，俗謂之酒望子。"

【刺楸＊】[本]泛稱一些五加科落葉喬木。

《曲洧舊聞》卷四："藥有五加皮，其樹身幹皆有刺，葉如楸，俗呼之為刺楸。"

【笑菌＊】[本]一種誤食後使人發笑不止的野生菌。

《避暑録話》卷上："（地漿）亦治楓樹菌食之笑不止，俗言'笑菌'者。"

【袴具＊】[本]腰帶上的飾具。

《近事會元》卷一："腰帶乃是九環、十三環帶也。言環即今之帶上金玉等名具也，俗曰袴具。"

【癡風＊】[本]舊時福建泉州、福州、興化等地稱農曆七八月間所吹的東北風。

《甕牖閒評》卷三:"《遜齋閒覽》載閩中泉、福、興化三州瀕海,每歲七八月多東北風,俗號癡風。"

這類記載形式的俗語詞,由於特徵明顯,容易識別,特別是第三類,俗語的特徵一目了然。

6.2.2 歷時探源

由於筆記隨筆而書的特點,文人常常對某些俗語詞進行探源分析,從歷時的角度,找出該詞的源頭或成因。

6.2.2.1 對單一的條目進行說明

如:【衙喏】㊟【牙喏＊】㊟衙參時兵卒的聲喏。

《甕牖閒評》卷八:"今所謂衙喏者,蓋牙喏也。當用此牙字。古者太守出廳則建牙。牙者,牙旗也。建牙以表太守出廳耳,于是兵卒鳴鼓而聲喏,每日早晏皆然。故謂之早牙、晚牙。今時則不然,每至申牌,太守初不出廳,亦未嘗建牙,州郡兵卒皆鳴鼓而聲喏,謂之衙喏,殊不曉所謂。不獨州郡如此,其他曹職處往往皆然。蓋前後循習,不究所由來耳。"

由此可見,"衙喏"在宋代是很常見的一個詞,但由於時間的推移,人們已"不究所由來"。這段文字探究了"衙喏"源自"牙喏",由古時太守出廳的儀式發展而來,並說明了"衙喏"與"牙喏"的關係,理清了這兩個詞的發展源頭,讓我們對當時常用的"衙喏"有了非常清楚的認識和理解。

6.2.2.2 對一系列詞同時進行溯源

例如《珩璜新論》卷四有這樣一段話:

俗所謂"平善",亦有所出也。《趙飛燕傳》:成帝"昏夜平善"是也。

俗所謂"累重",亦有所出也。《前漢·西域傳》:屯田輪臺,"募民壯健有累重敢徒者詣田所"。注:"累,謂妻子家屬也。"

俗所謂"瓜葛",亦有所出也。《後漢·禮儀志》"上陵議"注:"苟先帝有瓜葛之屬,男女畢會"也。晉王導與子悅弈棋,爭道,導笑謂曰:"與子有瓜葛,那得爾耶!"

俗所謂"阿誰"，三國時已有此語。《龐統傳》："向者之論，阿誰為之。"

俗所謂"見錢""見穀"，漢已用之。《王莽傳》："舍無見穀。"王嘉疏："元帝時，外戚貲千萬者少爾，故水衡、少府見錢多也。"

"工夫"或作"功"字，《魏志·王肅傳》："泰極已前，功夫尚大"也。

俗所謂"日子"，亦有所出。《文選》曹公《檄吳將拔部曲文》："年月朔日子。"注："發檄時也。"然則日子者，日時也。

俗所謂"停待"，《晉書》已有此語也。《湣懷太子傳》："陛下停待"是也。

俗所謂"日許"者，"爾許"也，聲之訛也。《啟顏錄》：詠傴人云："城門爾許高，故自葡匐入。"

俗以"僅"為"劣"，《南史·王瑩傳》："瑩子實，追從兄上岸盤頭，令卒輿杖，搏頰乞原，劣得免。"

俗呼"抽替"，《南史·殷淑儀傳》：孝武帝之貴妃也，有寵而薨，帝思見之，遂為通替棺，欲見輒引替覿屍。

《前漢·鮑宣傳》注："持時行夜。""行夜"，如今"持更"是已；"持時"，如今"報時"是已。《漢官儀》：黃門持五更夜，甲夜、乙夜、丙夜、丁夜、戊夜。亦如今五更也。

今所謂"蒙教賜"之類，《蜀·董和傳》：諸葛亮為丞相，下教教之。說蓋謂此耳。

"無狀"有兩解，賈誼"自傷為傅無狀"，注："無善狀也。"《顯宗紀》："刺史督察尤無狀者。"注："謂其罪惡尤大，其狀無可寄言。"

俗言"添虀（自注：定斗反）"以水投酒，謂之"虀水"，馬融《笛賦》曰："聖哲虀益。"注："虀，猶增益也。"

俗言"句投"，馬融《笛賦》："覘法於節奏，察度於句投。（自注：徒鬭反。）"注："句投"，猶章句也。

俗呼"牝馬"為"課馬"，出《唐六典》：凡牝四遊五課，羊則當年而課之。課，謂歲課駒犢。

俗以和泥灰為"麻刀"，出《唐六典》：京兆歲送麥稍三萬圍，麥越二百車，麻擠二萬斤。①

這段文字裏，有 15 個明確帶"俗言""俗所謂"等標志性結構的俗語詞，說明這些詞語是當時極常用的。從歷時的角度追根溯源，這種俗語詞的記載方式，為俗語詞研究提供了極大便利。②

6.2.3 共時説明

6.2.3.1 對單一的條目進行説明

這類記載方式，主要用於方言，從共時的角度看相同事物的不同説法。例如：

【紫磨金＊】㋳【楊邁金】③【上金＊】㋳上等黃金；中原地區俗稱之"紫磨金"；南方少數民族俗稱之"楊邁金"。

《續博物志》卷十："華俗謂上金為紫磨金，夷俗謂上金為楊邁金。"

【苦船＊】【注船＊】㋳【苦車＊】【注轎＊】㋳"苦船""注船"指暈船；"苦車""注轎"指暈車（轎）。

《甕牖閒評》卷六："《西溪叢話》載南人不善乘船，謂之'苦船'，北人不善乘車，謂之'苦車'，苦音庫。而浙人乃云注船、注轎子，是亦苦船、苦車也。"

該例在行為動作部分有較詳細的討論。

6.2.3.2 對一系列詞進行分析

宋筆記中還有將一系列相關詞放在共時平面進行討論的，極具代表性的是劉昌詩《蘆浦筆記·打字》。原文如下：

歐陽公《歸田錄》云：世俗言語之訛，而君子小人皆同其謬，惟打字耳。如打船、打車、打魚、打水、打飯、打衣糧、打傘、打黏、打量、打試，觸事皆謂之打。《漫錄》以釋文取偏旁證之，謂打字從手從丁，蓋以手當其事者也。此説得之矣。然世間言打字尚多：左藏

---

① 四庫本"圍"作"捆"，"麥越"作"麥欼"，"麻擠"作"麻刀"。
② 該部分俗語詞已分別放在前面各部分進行了討論。
③ 該詞南北朝已有，梁·蕭子顯《南齊書·東南夷傳·林邑國》："宋永初元年，林邑王范楊邁初產，母夢人以金席藉之，光色奇麗。中國謂紫磨金，夷人謂之'楊邁'，故以為名。"

有打套局，諸庫支酒謂之打發，諸軍請糧謂之打請，印文書謂之打印，結算謂之打算，貿易謂之打博，裝飾謂之打扮，請酒醋謂之打醋、打酒，鹽場裝發謂之打袋，席地而睡謂之打鋪，包裹謂之打角，收拾為打疊，又曰打併。畚築之間有打号，行路有打火、打包、打轎。負錢於身為打腰，飲席有打馬、打令、打雜劇、打諢。僧道有打化，設齋有打供，荷胡床為打交椅，舞儺為打驅儺。又宋歌曲調："打壞木樓床，誰能坐相思？"又有打睡、打嚏噴、打話、打鬧、打鬪、打和、打合（讀作閣）、打過、打勻、打了，至於打糊、打麵、打餅、打線、打百索、打條、打簾、打薦、打席、打籬巴。街市戲謔有打砌、打調之類。因並記之。

短短一段文字，包含 60 個由"打"字組成的語言結構。這些結構是當時非常通俗的說法，除少數構成較松散的語言結構，如打糊、打麵、打餅、打線、打百索等未分析外，前面部分已對這段文字中的"打"字詞進行了說明。只有"打睡"是出現於五代的俗語詞，其余都是宋代產生的新詞。由此看出"打"字在宋代具有超強的構詞能力，這段文字也展現了在《蘆浦筆記》成書當時的共時平面下，由"打"字構成的系列詞的大致使用情況。

6.2.4 歷時和共時同存

宋代筆記中對一些俗語詞的討論，不單是歷時或共時，常用二者兼有的方式進行。例如《緯略·餫餅》中的一段：

人呼胡餅為鶻餅（胡骨切），又呼為餫餅（戶烏切）。然"餫"字從食從固，王又注曰："餫，餅也。"今所謂餫餅者，即此義此字也。《釋名》曰：餅，并也。搜揜面使合并也。胡餅，言以胡麻著之也。崔鴻《前趙錄》曰：石季龍諱胡，改胡餅曰麻餅。《晉書》曰："王長文在市中鬻胡餅。"《肅宗實錄》曰：楊國忠自入市，衣袖中盛胡餅。《緗素雜記》曰：張公所論有鬻胡餅者，不曉名之所謂，易其名為爐餅。以為胡餅者，胡人所啗，故曰胡餅也。

該段文字討論"胡餅"，在共時層面稱作【胡餅】、【鶻餅＊】、【餫餅＊】。緊接着從歷時的角度羅列了該詞歷代的用例，並對【麻餅】和【爐餅＊】的由來也作了說明。"麻餅"的說法，據本段文字看當在魏晉南北朝已有之，石季龍是後趙政權建立者羯族人石勒，他非常討厭羯族人被稱作胡人，故改"胡餅"為"麻餅"。"爐餅"為宋代產生的新詞，文中提及的張公即宋代張師正，其《倦遊雜錄》中說："市井有鬻胡餅者，不曉名之所謂，得非熟於爐而食者，呼為爐餅宜矣。"《緯略》所記即為此例。

6.2.5 其他方式

宋代筆記中，除了以上特徵非常明顯，且容易判斷的俗語詞外，還有很多的俗語詞，其出現的語境，既沒有標志性提示，也不是單列條目討論，而是散落在隨筆而書的文字裏。這類俗語詞就不那麼容易看出來，只有憑感覺發現。例如：

【園頭】⑱⑲寺廟裏的園丁①。

《雲臥紀談》卷下："士大夫遊小谿，喜言詩者，大慧必曰：'此間有箇園頭能詩。'"

【渴睡】瞌睡。

《談苑》卷三："呂文穆薄遊一縣，胡旦隨父宰邑，客有譽呂，舉其詩云：'挑盡寒燈夢不成。'胡笑曰：'乃是一渴睡漢耳。'"

【結束 *】⑭嫁妝。

《摭青雜說》："項曰：'彼一家人遭難，獨留得餘生，今我既不留為子婦，寧陪些少結束，嫁一本分人。'"又："金尉問項所索，項曰：'吾始者更要陪些奩具嫁人，今與官人既無結束，豈復需索也？'"

6.3 源流承古啟今

語言是對客觀事物的真實反映。宋代社會的急劇發展，對語言產生了極其重要的影響。語言三要素語音、詞彙、語法中，詞彙首先非常快速地反映了這一變化。但是，客觀存在是有延續性的，人們對客觀事物的認知也具延續性，宋代筆記俗語詞的發展變化也有延續性，具有承古啟今的特點。宋代筆記中的俗語詞，對唐五代，甚至對魏晉南北朝，再前推至秦漢，都有繼承；同時，對於明清時期的詞彙，也有很大影響，有的詞語甚

---

① 《大詞典》引《清史稿》例，釋義為"園丁"，此處據《近代漢語詞典》改。

至流傳至今，我們在使用的過程中，很難發現這樣的詞語來自一千多年前的宋代。

6.3.1 承古

詞彙的發展都有其源流，有跡可循。宋代是近代漢語的初級階段，漢語史發展的重要時期，其詞彙承古的特性在宋筆記俗語詞中有很好的反映。在搜集的 1867 個俗語詞中，首見秦漢的有 32 個，魏晉南北朝的有 53 個，隋唐五代的有 194 個。該部分討論的"承古"，主要指宋代筆記中對宋以前就有的俗語詞的承接，其承古性表現為以下幾個方面。

6.3.1.1 對前代文獻的摘抄和史實典故的敘述

6.3.1.1.1　古時讀書，常有對書籍的摘抄，摘抄的內容涉及俗語詞，這是宋代筆記承古俗語詞的一部分。如：

【內人】【前頭人＊】【內人家＊】【十家＊】宮中的女伎稱內人，由於常在皇帝面前表演，也稱"前頭人"。女伎藝人家在教坊，其家稱"內人家"。得到皇帝寵幸的女伎稱作"十家"。

　　《近事會元》卷四："《教坊錄》云：女妓入宜春院，謂之內人，亦曰前頭人，謂在上前也。骨肉得居教坊，謂之內人家，有請俸，其得幸者，謂之十家。"

【先後】妯娌。

　　《梁谿漫志》卷四："退之《南山詩》云：'或齊若友朋，或差若先後。'人多不知先後之義，練塘洪慶善吏部引《前漢志》云：'見神於先後宛若。'其注云：'兄弟妻，關中呼為先後。'"

這種摘抄前代文獻保留的俗語詞還有杯較、木芍藥、堋的、養和、鳩車、竹馬、少女風、揚擲、課馬、大刀頭等。

6.3.1.1.2　宋人筆記很多是對前代逸聞趣事、人情風俗的記錄，在記錄時保留了前代的俗語詞，主要以相距不遠的唐五代為主。如：

【拋家髻＊】㈠①唐末婦女流行的一種髮式。兩鬢抱面，狀如椎髻。

　　《續博物志》卷十："唐末，婦人梳髮，以兩鬢抱面，為拋家髻。"

---

① 該詞唐時已有，唐·叚柯古《髻鬟品》："長安城中有盤桓髻、驚鵠髻，又拋家髻及倭墮髻。"《大詞典》引《新唐書》例。

【餻糜】[本]**【糉子】**[晚][1]**【結杏子＊】**[未]**【點炙杖子＊】**[未]唐代的應節物品。

《文昌雜録》卷三："唐歲時節物……四月八日，則有餻糜；五月五日則有百索糉子；夏至，則有結杏子……八月一日則有點炙杖子……今歲時遺問略同，但餻糜、結杏子、點炙杖子今不行爾。"

該例記録唐代風俗，提到與節日相關的一些物品，"餻糜"指用米粉等製成的糕。"糉子"是端午節的節日食品，該詞沿用至今。"結杏子"和"點炙杖子"分别是夏至和八月一日的物品，具體是什麼物品已不可知，《大詞典》皆未收録。

這類詞還有破天荒、散隸、草裹、鏁子骨、斜封、燒尾、泱雲兒、阿奢、温卷等。

不管是對前代典籍的摘抄還是對前代史事的記載，這部分宋代筆記俗語詞的"承古"方式，主要是原封不動地承接了宋代以前的俗語詞。有的俗語詞僅僅是對當時社會現象的反映，具有很强的時效性，如"内人""前頭人""内人家""十家"等詞，後世已經不再使用。但有的俗語詞，後世還繼續沿用，有的甚至沿用至今，如"破天荒""骨肉""糉子"等。宋代筆記對這些詞的記録，讓我們了解到這些俗語詞的源流，為其進一步的研究提供了很好的參考。

6.3.1.2　**對前代俗語詞的自然運用**

宋代筆記中的俗語詞，很多並非抄録照搬前代文字或敘述史事過程中的簡單留存，而是在文字實際使用中的自然運用。由此可見，這些俗語詞，在宋代依然有旺盛的生命力。如：

【家會＊】家宴。

《澗泉日記》卷上："汝且未作會，明日自置酒，念家會難以召客，獨請岑嵓起。"

【話墮＊】失言。

《枯崖漫録》卷上："……忽隨侍過鐃之薦福，看雲門話墮。又十

① 《大詞典》引明·馮夢龍《警世通言》例。

年，一日，繞蓮池行，自誦云：'那裏是這僧話墮處。'忽大徹。"

【打殺】打死。

《羅湖野錄》卷四："死心禪師，紹聖間，住江西翠巖……遂設問於學徒曰：'且道果有鬼神乎，若道有，又不打殺死心；若道無，莊丁為甚麼死？'"

這類詞非常多，有秦漢產生的俗語詞，如區畫、犢鼻、兔乳、下輩、累重、瓜葛、見穀、見錢、行夜等；有魏晉南北朝產生的俗語詞，如排調、量裏、漏蹄、磨石、剪治、退落、坎窟、徽子、白水真人等；有唐五代產生的俗語詞，如白暗、過雲雨、毫楮、雞竿、門首、貼職、檐子、直得、竹米、座主、粉牌、黑甜、挨牌、收掌、阿是穴、接坐、軍子、牽攏、影帳、女使、我家、抹胸、腳夫、裏肚、驢年、打睡、張掛、杖子、鏡聽、折角巾等。

6.3.1.3 摘抄、敘述及自然連用兼而有之

摘抄文獻、記錄故事、自然連用前代俗語詞，也不是絕對分開的，有的也兼而有之。如：

【冬烘】迂腐，淺陋。

《避暑錄話》卷上："唐人言冬烘，是不了了之語，故有'主司頭腦太冬烘，錯認顏標是魯公'之言，人以為戲談，今蜀人多稱之。崇寧末，安國同為郎，成都人詹某為諫官，以安國嘗建言移寺省，上章擊之，其辭略云：'謹按：某官人材闒冗，臨事冬烘。'蓋以其蜀人，聞者無不笑之。安國性隱而口吃，每載手躍於眾曰：'吾不辭譴逐，但冬烘為何等語。'於是傳之益廣，遂目為冬烘公。"

可見"冬烘"應在唐時已出現，本例摘抄當時詩句以證之。同時，本例記錄的宋代逸聞，說明該詞宋時依然沿用。在宋人筆記中"冬烘"還有用例，《江南野史》卷七："彭年頭腦太冬烘，眼似朱砂鬢似蓬。"

6.3.1.4 受前代詞彙影響產生新詞新義

宋筆記中有大量俗語詞的新詞新義，本書中有990個新詞，202個新義。新詞的產生，其構詞方式、成詞理據、構詞語素的語義，和前代詞彙有一定關係。新義的產生，是對前代詞彙的繼承和延續，反映了宋代筆記

俗語詞承古的特點。這裏的內容在後面部分有所涉及，這裏不做討論。

6.3.2 啟今

宋代俗語詞中有的詞沿用至明清，部分詞甚至沿用至今，以致對現代漢語詞彙產生影響。這些詞在發展過程中和後世詞義相比，有的詞義完全沒有改變，有的則發生詞義擴大、縮小、轉移的情況。

6.3.2.1 詞義擴大

演變後的詞義所表示的概念外延比原來的詞義所表示的大，叫做詞義擴大。宋代筆記中俗語詞在後世詞義擴大之例，如：

【腰包】㊌①本為腰間所繫的包，後常泛指個人所得或所有，猶私囊。

《叢林盛事》卷下："能悟萬法皆空，於公有變凡成聖之易。其或未然，快請腰包，急去訪他新婦底。"

《夷堅壬志・楚州方夫子》："丁承信者，家富，買爵，（方夫子）倏於眾中挽之，招飲酒，解腰包出一物使食，形如脯，非魚非肉，莫可名狀。"

【打傘＊】㊅跟從的人為某人執傘。

《歸田錄》卷二："從者執傘曰'打傘'。"

宋代"打傘"是指為別人打傘，明清時"打傘"可指為別人撐傘，也指可為自己打傘。明・施耐庵《水滸傳》第十二回："梁中書坐定，左右祗候兩行，喚打傘的撐開那把銀葫蘆頂茶褐羅三簷涼傘來。"《紅樓夢》第四十五回："說著，磕了頭，出外面接了錢，打傘去了。"清・平江不肖生《張文祥刺馬案》第十回："即算這兩個東西嫌兩手難擎，不願意打傘，只是已進了茶棚，何以還將草帽戴在頭上，不取下來涼涼呢？"詞義擴大後，一直沿用至今。

【裝潢¹】裝裱字畫。古時裝裱書畫用黃蘗汁染的紙，即潢紙，故稱。

《西溪叢語》卷下："《齊民要術》有裝潢紙法云：'浸蘗汁入潢，凡潢紙滅白便是，染則年久色暗，蓋染黃也。'……寫訖入潢，辟蠹也。"

該詞南北朝已有，梁・沈約《齊禪林寺尼淨秀行狀》："又寫集眾經，

---

① 《大詞典》引明・施耐庵《水滸傳》例。

皆令具足,裝潢染成,悉自然有。"宋筆記中,【裝潢²】㈥還有"裝訂,裝幀"義,《貴耳集》卷上:"南軒自桂帥入朝,以平日所著之書並奏議講解百餘冊,裝潢以進。"這兩個義項都是用於書畫之類,後來可用在所有的物品上,凡是裝飾使其美觀都可用"裝潢",也可用於人。《紅樓夢》第三十九回:"攢了錢,把這廟修蓋,再裝潢了泥像,每月給你香火錢燒香,豈不好?"蘇曼殊《婆羅海濱遁跡記》:"行至日暮,有大盜四人,擁一女子,盛裝姣服,百計裝潢。"甚至用於人的內心世界,掩飾某種情緒或感情。如魯迅《墳·再論雷峰塔的倒掉》:"這消息,可又使我有點暢快了,雖然明知道幸災樂禍,不像一個紳士,但本來不是紳士,也沒有法子來裝潢。"

6.3.2.2　詞義縮小

演變後的詞義所表示的概念外延比原來的詞義所表示的小,叫做詞義縮小。有的俗語詞,在後世所表達的概念沒有宋代表達的寬泛,如:

【茶食¹】指糖果、脯餌、糕點之類的零食。

《宣和乙巳奉使金國行程錄》:"饅頭、炊餅、白熟、胡餅之類,最重油煮麵食,以蜜塗拌,名曰'茶食'。"

在宋筆記裏,【茶食²】㈥還指酒肉一類的食物。《夢粱錄·分茶酒店》卷十六:"凡點索茶食,大要及時。如欲速飽,先重後輕。兼之食次名件甚多,姑以述於後:曰百位羹、錦絲頭羹……"《松漠紀聞》:"婦人至顯入人家,伺主者出接客,則縱其婢妾盜飲器。他日知其主名,或偷者自言,大則具茶食以贖,謂羊、酒、肴饌之類。次則攜壺,小亦打袴取之。"後來"茶食"詞義縮小,已沒有第二個義項,僅僅指糖果、糕點一類的零食。清·吳敬梓《儒林外史》第四三回:"葛來官聽見,買了兩隻板鴨,幾樣茶食,到船上送行。"現在四川方言還有"派茶食"的說法,茶食即為第一個義項。

【垂頭＊】㈥古時腰帶前端的下垂部分。

《松漠紀聞·補遺》:"契丹重骨咄犀,犀不大,萬株犀無一不曾作帶,紋如象牙,帶黃色,止是作刀把,已為無價。天祚以此作兔鶻。(自注:中國謂之腰絛皮。)插垂頭者。"

《麈史·禮儀》:"古以韋為帶,反插垂頭,至秦乃名腰帶。唐高祖令下插垂頭,今謂之撻尾是也。"古時腰帶反插垂頭,有順從的意思。《文獻通考·王禮考七》:"腰帶者,摺垂頭於下名曰'銍尾',取順下之義。"明·顧起元《説略》卷一:"蓋自古皆有革帶也,皆兩持垂頭,至秦二世始名腰帶,至唐高祖詔要帶向下插垂頭。"宋代"垂頭"有低頭的意思,歐陽修《秋聲賦》:"童子莫對,垂頭而睡。"現僅保留此義。

【院子[1] *】僕役。

《曾公遺録》卷七:"公言布欲與西人畫河為界,乃云是雜賃院子裏婦人言語,莫亦是罵否?"

《歸田録》卷一:"近時舍人院草制,有送潤筆物稍後時者,必遣院子詣門催索,而當送者往往不送。"宋筆記中,【院子[2] *】還指院落。《東京夢華録·諸色雜賣》:"其後街或空閑處團轉蓋房屋,向背聚居,謂之'院子',皆小民居止。"《曾公遺録》卷七:"公言布欲與西人畫河為界,乃云是雜賃院子裏婦人言語,莫亦是罵否布無他,所爭者皆國事,不敢誤朝廷措置爾。"現代漢語裏,"院子"僅僅有院落的意思。

6.3.2.3 詞義轉移

詞義的轉移總是從表示某種意義演變到表示另外一種意義。宋代筆記中俗語詞在後世發生詞義轉移者,如:

【打車 *】㈩造車。

《歸田録》卷二:"造舟車者曰'打船''打車'。"

現在"打車"指租用交通運輸工具。

【打印 *】蓋圖章。

《蘆浦筆記·打字》:"世言打字尚多,不僅歐陽公所云也……印文書謂之打印。"

現代漢語裏"打印"指把電腦或其他電子設備中的文字或圖片等可見數據,通過打印機等輸出在紙張等記録物上。

【真花 *】㈩特指牡丹。

《甕牖閒評》卷七:"牡丹謂之真花,見《牡丹記》。"

《洛陽牡丹記·花品敘第一》:"至牡丹則不名直曰'花',其意天下真花獨牡丹,其名之著,不假曰牡丹而可知也。"宋·陳宓《賦梅堂閑吟》:

"造物全將素作華,牡丹那得號真花。古來騷客知多少,貌得精神有幾家。"現代漢語裏"真花"指真正的花,以有別於"假花"。

【筆帽*】㈥唐時對一種細長帽子的戲稱。

《塵史·禮儀》:"慶曆以來方服南紗者,又曰翠紗帽者,蓋前其頂與檐皆圓故也。久之,又增其身與檐,皆抹上竦,俗戲呼為筆帽,然書生多戴之,故為人嘲曰:'文章若在尖檐帽,夫子當年合裹槍。'"

現代漢語裏"筆帽"指套在筆頭上,用以保護筆尖的套子。

【海膽*】㈥種族部落的名號。

《諸蕃志·三嶼》:"窮谷別有種落,號海膽;人形而小,眼圓而黃,虬髮露齒,巢於木顛。"

現代漢語裏"海膽"指一類生活在海洋淺水區的無脊椎動物。

6.3.2.4 詞義未變

宋筆記中有些俗語詞非常通俗易懂,我們今天在平常的口語中就可脫口而出,一點也沒有古奧之感。如:

【笑面虎*】㈥比喻外貌和善而內心嚴厲凶狠的人。

《談藪》:"奚泗受杖,詣公衮謝罪,公衮呼前勞以酒,拔劍斬之,持其首詣郡……公衮性甚和平,居常若嬉笑,人謂之笑面虎。"

【依樣畫葫蘆*】亦作"依本畫葫蘆"。比喻單純模仿原樣照搬或沒有改變、創新。

《談苑》卷四:"翰林草制,皆檢前人舊本,俗所謂依樣畫葫蘆耳。"

《東軒筆錄》卷一:"穀不能平,乃俾其黨與,因事薦引,以為'久在詞禁,宣力實多',亦以微伺上旨。太祖笑曰:'頗聞翰林草制,皆檢前人舊本,改換詞語,此乃俗所謂"依樣畫葫蘆"耳,何宣力之有?'"

【拖泥帶水】比喻辦事不乾脆利索或語言不簡明扼要。也作"帶水拖泥"。

《叢林盛事》卷下:"若也隨波逐浪,帶水拖泥,孤負己靈。"又:"若如此境界不能洞然明白,則末後一著未免拖泥帶水。"

【殺人不眨眼＊】形容極其殘暴。

《可書》："王韶退居九江，詣佛印求參佛。佛印語曰：'如太尉自是殺人不眨眼上將軍，立地便成佛大居士，何必參也。'"

【先下手為強＊】㊇[1]謂先於他人行動，可以取得優勢。

《采石戰勝録》："亮凶狠，不容吾等説，明日必殺我，不如先下手為強也。"

另外，還有很多這樣的詞，如耳塞、天色、沙子、折本、親骨肉、魚苗、鎮紙、天花板、自家人、馬奶子、滿盤、初稾、交盃、打水、打酒、打醋、打包、車子、翻筋斗、莫須有、公公、老弟、媽媽、蜂糖、打扮、交椅、打諢、不消得、死馬醫、鬼媒人、你們、説謊、連襟、嘍囉、鐵石人、手段等；變體詞如蜜煎、鷺絲、你門、那裏、遮箇、遮裏、梢工、背匙、摸稜、窟籠等，也是現代漢語裏常用的詞。這充分説明宋代筆記俗語詞在啟今方面的極大影響力。

6.4 種類多，途徑廣

6.4.1 種類多

宋代筆記由於涉及社會生活的方方面面，其中俗語詞的詞彙成分也很多樣化，來源很廣泛，包括方言、隱語、行業用語、諱稱等等。

6.4.1.1 方言

方言具有地域性，在宋代筆記中這部分詞常有明確説明。如：

【強團練＊】㊍倔強的團練使。泛指性情倔強的人。

《楓窗小牘》卷下："臨安有諺語，凡見人不下禮，呼曰'強團練'。吾不知其所自來，後得知長老云：'錢氏有國時，攻常州，執其團練使趙仁澤以歸，見王不拜。王怒，命以刀抉其口至耳。'丞相元德昭救解云：'此強團練，宥之，足以勸忠也。'遂以藥附創，送歸於唐。故至今以為美諺。"

【船＊】指衣紐，古代用以連結衣服交襟的小帶。

---

① 《大詞典》引元·關漢卿《單刀會》例。

《冷齋夜話》卷四："'天子呼來不上船'，'船'，方俗言也，所謂襟衽是也。"

【護霜】【愵露＊】㈥方言。前者指使霜不降。後者指使露不下。

《梁谿漫志·方言入詩》："方言可以入詩，吳中以八月露下而雨謂之愵露，九月霜降而雲謂之護霜。竹坡周少隱有句云：'雨細方愵露，雲疎欲護霜。'"

【隔轍】同"隔轍雨"。夏季降雨，有時一轍之隔，晴雨各異。

《雞肋編》卷中："（二浙）以五月二十日為分龍，自此雨不周遍，猶北人呼隔轍也。"

6.4.1.2 隱語

隱語也稱作黑話，是人與人交流的另外一種方式，它是個別社會集團或秘密組織內部人懂得並使用的特殊用語。如：

《清異錄》卷下："王建初起，軍中隱語代器械之名，以犯者為不祥，至孟氏時猶有能道其略者。劍曰'奪命龍'，刀曰'小逡巡'，槍曰'肩二'，斧曰'鐵羔羸'，甲曰'千斤使'，弓曰'潘尚書'，弩曰'百步王'，箭曰'飛郎'，鼓曰'聖牛兒'，鑼曰'響八'，旗曰'愁眉錦'，鐵蒺藜曰'冷尖'。"①

6.4.1.3 行業用語

各行各業都有自己獨特的語言，很多在本章第一部分已有涉及，此不贅述。另外還有一些，如：

喪葬：兇肆、鬼媒人、大脫空、小脫空、面、寓人、寓馬、香亭、魂亭；

醫藥：挑草子、清涼散、腸祕、風丹、滑泄、阿是穴、風候、醫草；

書畫：八分書、散草、散隸、奴書、裝潢、波磔；

馬市：課馬、樓閣高、有口齒、榲桲齒；

名牌：解鹽、定盆、襄樣、端硯、建茶。

---

① 見名物部分。

6.4.1.4 諱稱

人們都有趨利避害的社會心理，因風俗習慣而對某些不吉利或難登大雅之堂的詞語有所顧忌，從而用另一種語言形式表達出來。

【水火】㉄①大小便的諱稱。

《江南野史》卷六："或曰：'婦人年少，為德不一，何不防閑。'答曰：'鎖之矣。'或曰：'其如水火何？'既曰：'鑰匙亦付之矣。'"

【房中弱水】㊎尿的諱稱。

《清異錄·器具門》："溺曰房中弱水，見於道書。"

以上兩例都是因為人的排泄物是非常骯髒的，因此不便說出，於是改為另一種說法。另外，古時人們講究禮儀，直呼其名是很不合禮儀的行為，故在宋人筆記中有避名諱產生的俗語詞。

【甜梅*】㉄②杏的別稱。

《江南別錄》："初，吳武王諱行密，謂杏為甜梅，及是復呼為杏，故老有泣下者。"

【薯藥*】山藥。

《清異錄·月一盤》："蜀孟昶月旦必素飡，性喜薯藥，左右因呼薯藥為'月一盤'。"

"薯藥"稱作"山藥"是因為避宋英宗諱。明·李時珍《本草綱目·菜二·薯蕷》（釋名）引寇宗奭曰："薯蕷因唐代宗名預（豫），避諱改為薯藥；又因宋英宗諱署（曙），改為山藥。"

宋筆記中還記錄因忌諱某種不吉利的現象而產生的俗語詞。如：

【落蘇*】茄子。

《澠水燕談錄》卷九："諺謂'跛'為'瘸'，杭人為諱之，乃稱'茄'為'落蘇'。"

6.4.1.5 與少數民族相關的俗語詞

宋代漢族和少數民族交流頻繁，由於語言習俗的差別，少數民族用語

---

① 《大詞典》引明·施耐庵《水滸傳》例。
② 《大詞典》引明·李時珍《本草綱目》例。

和漢語有很大的不同。為便於交流，需要用漢語進行表達。這類詞語因力求讓漢族人通曉，因此一般都用通俗易懂的形式表達，我們也視其為俗語詞，如洞丁、提陀、郎火、火、田子甲、馬前牌、媚娘、山僚、郎主、阿南、排子頭、仙郎等，這些主要是對人的稱謂。另外，還有部分詞是音譯詞，如：摩邏、盲骨子、鹵股、按打奚、兀剌赤、托落赤、兔鶻、捺殺因、冒烏、兀卒、捺鉢等。

6.4.2　途徑廣

宋代筆記中的俗語詞產生的途徑也是多種多樣，主要有以下幾種產生途徑。

6.4.2.1　諧音

該途徑是指用發音相同或相近的詞代替原有詞語，從而產生一個新的俗語詞。如：

【布袋】 指招贅的女婿。"補代"的音訛。

《猗覺寮雜記》卷上："世號贅婿為布袋，多不曉其義。如入布袋，氣不得出。頃附舟入浙，有一同舟者號李布袋。篙人問其徒云：'如何入舍婿謂之布袋？'眾無語。忽一人曰：'語訛也，謂之補代。人家有女無子，恐世代自此絕，不肯嫁出，招婿以補其世代爾。'此言絕有理。"

一說作**【布代】**的音訛。《潛居錄》："馮布少時，絕有才幹，贅於孫氏。其外父有繁瑣事，輒曰：'布代之。'至今吳中謂倩為布代。"按："倩"指贅婿。

【背匙＊】 ㊉背時。

《冷齋夜話》卷二："予與李德修、遊公義過一新貴人，貴人留食。予三人者皆以左手舉箸，貴人曰：'公等皆左轉也。'予遂應聲曰：'我輩自應須左轉，知君豈是背匙人。'一座大笑，噴飯滿案。"

【毳飯＊】 ㊉戲謔語。猶言三"無"之飯。

《高齋漫錄》："東坡嘗謂錢穆父曰：'尋常往來，須稱家有無，草草相聚，不必過為具。'一日穆父折簡召坡食毳飯。及至，乃設飯一盂，蘿蔔一碟，白湯一盞而已，蓋以三白為毳也。後數日，坡復召穆父食毳飯,穆父意坡必有毛物相報。比至,日晏並不設食,穆父餒甚,坡曰:'蘿蔔湯飯俱毛也。'穆父嘆曰:'子瞻可謂善戲謔者也!'"

"毳"為三"毛",毛為"無"義,《後漢書·馮衍傳》:"飢者毛食,寒者裸跣。"宋·郭忠恕《佩觿》卷上:"河朔謂無曰毛。"

6.4.2.2 字的形音拆分

漢字特殊的部件組成結構,可對其進行拆分,這也是宋筆記俗語詞產生的一種途徑。如:

【雙弓＊】㈮粥。"粥"字由兩個"弓"字和一個"米"字組成,故稱。

> 《清異錄·雙弓米》:"單公潔,陽翟人,恥言貧。嘗有所親訪之,留食饡,慚於正名,但云啜少許雙弓。"

【夕十＊】㈮對量器"升"的戲稱。"夕十"為"升"的析字格。

> 《清異錄·平一公》:"升曰'夕十'。遂知雞林人亦解離合也。"

【白水真人】漢代錢幣"貨泉"的別稱。白水,"泉"的析字格。

> 《清異錄·五百斤鐵蒸胡》:"汴州封禪寺有鐵香爐,大容三石,都人目之曰'香井'。爐邊鎖一木櫃,竅其頂,遊者香畢,以白水真人投櫃竅。"

古代反切的記音方式,需有兩個文字記錄一個漢字的讀音,因此有了反切字表達注音字意義的俗語詞。

【突欒＊】㈮【鯽令＊】㈮【窟籠＊】㈮三個詞分別為"團""精""孔"字的反切。後分別表示"圓或團狀物""精明""洞;孔"之義。

> 《宋景文公筆記·釋俗》:"孫炎作反切,語本出於俚俗常言,尚數百種,故謂'就'為'鯽溜',凡人不慧者即曰'不鯽溜',謂'團'曰'突欒',謂'精'曰'鯽令',謂'孔'曰'窟籠',不可勝舉。"

這種成詞方式在其他宋人筆記中也有記載,《容齋三筆·切腳語》:"世人語音有以切腳而稱者,亦間見之於書史中,如以蓬為勃籠,槃為勃闌,鐸為突落,叵為不可,團為突欒,鉦為丁寧,頂為滴顙,角為矻落,蒲為勃盧，精為即零，螳為突郎，諸為之乎，旁為步廊，茨為蒺藜，圈為屈攣，錮為骨露，窠為窟駝是也。"

6.4.2.3 典故

典故是指詩文等作品中引用的古代故事和有來歷出處的詞語。如：

【折角巾＊】即林宗巾。

《冷齋夜話》卷十："方聽萬壑松聲，泠然而夢，夢見歐陽公，羽衣，折角巾，杖藜，逍遙潁水之上。"

該詞源自東漢。東漢郭太，字林宗，名重一時。一日道遇雨，頭巾沾濕，一角摺疊。時人仿效他，故意摺巾一角，稱"林宗巾"。宋筆記中還有"林宗折巾"的說法，《春渚紀聞·焦尾》："蔡伯喈製焦尾琴……後人遂傚之，如林宗折巾，飛燕唾花，皆以醜為妍也。"

【弄瓦＊】生女。

《談藪·附錄》："王中，建陽人，有才而輕薄。鄉人遊必舉連生二女，作湯餅，王必與席，至於三，慚不招客。王贈詩曰：'數年生女必相邀，今度如何不見招，但願君家常弄瓦，弄來弄去成瓦窯。'"

語本《詩·小雅·斯干》："乃生女子，載寢之地，載衣之裼，載弄之瓦。"瓦，紡磚，古代婦女紡織所用。後因稱生女曰弄瓦。

【少女風】指西風。

《王氏談錄·少女風》："公言：管輅云：'天欲雨，樹上已有少女風。'今俗多云'急風翻葉見白'者是。"

語出《三國志·魏書·管輅傳》"共為歡樂"裴松之注引《管輅別傳》："樹上已有少女微風，樹間又有陰鳥和鳴。"

6.4.2.4 習非成是

語言傳播依靠口耳相傳，說者的表達與聽者的理解難免有偏差。由於古時文字的記載主要以抄寫為主，在傳抄中容易產生筆誤，因此語言在使用過程中，由於形訛、聲訛常會出現另一個表現形式的詞，這種詞因使用廣泛而逐漸固定，成為人們接受的俗語詞。如大家熟知的"牙"，形訛而成"牙"，就是這種情況，在宋筆記中有牙郎、牙相。音訛成詞則如：

【火寸】㊣引火用的蘸有硫磺的木片。猶今之火柴。

《清異錄·火寸》:"夜中有急,苦於作燈之緩,有智者批杉條染硫黃,置之待用,一與火遇,得燄穗然。既神之,呼'引光奴'。今遂有貨者,易名'火寸'。"

"火寸"即"焠兒"。元·陶宗儀《輟耕錄》卷五:"按,此則焠、寸音近,字之訛也。"

此類詞還有煖女(原本:餪女)、麻刀(原本:麻擣)、都念子(原本:倒捻子)、捩鼻目(原本:捩鼻木)、布袋(原本:補代)等。

6.4.2.5 類推

一個詞形成後,容易在此基礎上類推出同類的新詞。如:

【泰水】【列岳*】⑩①分別是對"妻子的母親"和"妻子的伯叔父"的別稱。

《晁氏客語》:"有呼妻母為泰水,呼伯叔丈人為列岳,謬誤愈甚。"

兩詞在該例中雖被認為"謬誤",但也說明這兩種稱謂在當時是客觀存在的,其產生的途徑來源於稱岳父為泰山的稱謂,由此類推出對妻子其他家人的稱謂。

【牙婆】⑩以做買賣中介為業的婦女。②

《朝野僉言》:"至是,令開封府勒牙婆、媒人追尋,哭泣之聲遍於閭巷,聞者不勝其哀。"

因做買賣中介為業的男人稱"牙郎",類推出這類職業的婦女為"牙婆"。

6.4.2.6 衍生

語言中常常有活躍的語素,這些語素很容易與別的語素結合衍生構成新詞,宋筆記中就有大量的此類俗語詞,如:

"干"在宋代有"關涉"的意思,陸游《南唐書·馮延巳傳》:"吹皺一池春水,何干卿事?"在宋筆記中,"干"組成一系列俗語詞,如應干、

---

① 《大詞典》引清·梁章鉅《稱謂錄》例。

② 《大詞典》釋義為"舊稱以介紹人口買賣為業的婦女",引明·施耐庵《水滸傳》例。此處以《近代漢語詞典》為準。

干連、干連人、干照、干照人等。

"那"在宋代有挪動的意思，宋·梅堯臣《依韻和永叔戲作》："不肯那錢買珠翠，任從堆插階前菊。""那"在宋筆記裏衍生出抽那、移那、那輓等俗語詞。

"樁"是宋代特有的儲物備用的內庫。《續資治通鑒·宋高宗紹興三十年》："除劉寶私財還寶外，餘並樁充軍須。"還有"儲備、儲存"義。宋宗澤《遣少尹范世延機幕宗穎維揚奏請回鑾疏》："儲金幣以為敵資，樁器械以為敵用。"由此衍生樁管、樁留、封樁等詞。

"麻"在唐宋有詔書之義，因用黃、白麻紙頒詔，故稱。《正字通·麻部》："麻，朝廷綸命曰麻。"從"麻"衍生出貼麻、帖麻、宣麻、把麻、剝麻等俗語詞。

另如"括"有搜刮、搜求的意思，由此衍生根括、搜括、括納等詞。"射"指射箭，相當於指物而取，由此衍生占射、射買、請射等俗語詞。

6.4.2.7 縮略

由於語言的經濟性原則，人們常常用簡短的語言形式來表達更豐富的內容，由此將一些語言結構進行緊縮省略，宋筆記中許多俗語詞就由此而來，如：

"牙契錢"省作"牙契"；

"猛火油"省作"火油"；

"小火下"省作"火下"；

"河樂市"省作"河市"；

"分龍雨"省作"分龍"；

"送伴使"省作"送伴"；

"骨朵子直"省作"骨朵"；

"快行家"省作"快行"；

"隔轍雨"省作"隔轍"；

"磨兜堅"省作"磨兜"；

"身丁錢"省作"身丁"；

……

6.4.2.8 避諱

避諱生詞，是俗語詞產生的一個重要途徑，該部分在前面已有涉及，此不贅述。宋筆記中因避諱產生的俗語詞，另外還如：蜂糖，因避楊行密諱，諱"蜜"為"糖"；幹辦公事，原本作"勾當公事"，因避宋高宗趙構諱，改"勾當"為"幹辦"；交床，原本稱作"胡床"，因隋煬帝忌諱胡而改稱"交床"；"麻餅"是"胡餅"的諱稱，因羯族首領石勒忌諱稱胡而改之。這些俗語詞在前文中已有描寫。

6.5 利於辭書修訂

6.5.1 對《漢語大詞典》的補訂

宋代筆記中的俗語詞對《大詞典》的補訂具有極大的價值。《大詞典》以"古今兼收，源流並重"為編纂原則，集古今漢語詞彙研究之大成。本書搜集的1867個俗語詞，全部與《大詞典》進行比對，其中新詞990個，新義202個，使用本書主要研究書目中的書證有397例，未收501個，晚例的184個，補充義項的86個，釋義待商榷的15個，補書證的11個。由此可見，宋代筆記俗語詞，有很多未能引起大家的關注，還需加大對宋代筆記俗語詞的研究力度，這對《大詞典》今後的修訂有很大的價值。在相關詞條處已做說明，此不贅述。

6.5.2 對《近代漢語詞典》的補訂

近些年，近代漢語詞彙研究越來越受重視，幾部《近代漢語詞典》陸續問世，為後來該領域的研究提供了極好的參考，尤其是2015年出版的《近代漢語詞典》（文中簡稱《近詞典》），吸收了近代漢語詞彙研究成果，補訂了《大詞典》之不足，是一部集大成的近代漢語詞典。其首要目標是："收詞以口語詞為重點，以作為漢語詞彙主幹的常用詞為主體，並要體現詞彙的歷史系統性，盡力做到近代漢語時期新出現的口語詞、常用詞和常用義項沒有重大偏失和遺漏。"然而，通過與本書討論的詞條進行一一比對，發現該詞典還有一些未盡人意之處。

6.5.2.1 未收

本書收錄的1867個詞條中，有1210個《近詞典》未收[①]。儘管《近詞典》並非兼收並蓄的收詞標準，但其中大部分詞按照其編纂目的，是應

[①] 該數據僅限於《近代漢語詞典》收錄時間範圍內的俗語詞。

該收録的，如風丹、出漢、剮人、射買、家會、回腳、翻筋斗、雕面、火油、老弟、毛段、七上八下、撒殿、刹竿、水滴、書魚、應干、葬師、裝潢子、諸行、人使、丁錢、管句、交鈔、接伴、落蘇、謝花、研滴、銀牌、茶會、打印、符券、大老、郎火、掠子、面油、奴書、軟腳局、燒飯、死馬醫、退丁、脫空等。所有《近詞典》未收的詞，皆在相應詞條處用“*”作標記，此不贅述。

6.5.2.2 釋義待商榷

【麻刀²】㊮**【麻擣】**㊮**【麻搗】**㊮一種碎麻，同石灰、泥灰等混在一起抹墻用。也指將碎麻和其他原料一起混合搗勻後的混合物。①

> 《避戎夜話》卷上：“初縛虛棚時，仲友使多備濕麻刀、舊氈、衲襖，蓋防賊人有火箭火炮也。”

《珩璜新論》卷四：“俗以和泥灰為‘麻刀’。出《唐六典》：京兆歲送麥稍三萬圍，麥麫二百車，麻擣二萬斤。”②

《夢溪筆談·雜志一》：“趙韓王治第，麻搗錢一千二百余貫，其他可知。（自注：塗壁以麻搗土，世俗遂謂塗壁麻為‘麻搗’。）”

“麻搗”一詞唐時已有，唐·王燾《外臺秘要》卷三十二：“覆瓶口於前件所燒香澤瓶口上，仍使兩處，然後以麻搗泥瓶口邊。”《近詞典》釋為“一種碎麻，同石灰、泥灰等混在一起抹墻用”，未說明也指成品混合物。

【護霜】㊍指使霜不降。

> 《梁谿漫志·方言入詩》：“方言可以入詩，吳中以八月露下而雨謂之惏露，九月霜降而雲謂之護霜。竹坡周少隱有句云：‘雨細方惏露，雲疎欲護霜。’”

《近詞典》釋義“稱秋冬季節積雲，謂其醞釀結霜”，不確。明·田藝蘅《留青日札·護霜天》：“天有雲則無霜，名護霜天。杜牧詩：‘護霜雲破海天遥。’于鵠云：‘護霜雲映月蒙朧。’晏叔原云：‘幾點護霜雲影轉。’高迪云：‘江雲薄護霜。’”從氣象學的角度看，霜和霧都是晴天產物，無

---

① 《大詞典》釋“麻刀”為“同石灰和在一起抹牆用的碎麻”，不確。拌和物不僅僅用石灰，也常用泥。三個詞條都指“拌和泥灰塗壁用的碎麻”，實際不僅僅指作為原料的碎麻，也指混合好的成品。

② 四庫本“圍”作“捆”，麥越作“麥麫”，“麻擣”作“麻刀”。

雲天氣好，地面散熱很強，晚上溫度下降到零度以下後，貼近地面的水汽會直接凝結成白霜。

6.5.2.3　**補充義項**

【香頭*】[義]檀香樹的根謂之香頭。

《諸蕃志・檀香》："（檀香樹）其根謂之香頭。"

《近詞典》有三義項：❶祭祀時燒的香；❷香段點燃的一頭；❸組織募捐建廟或到寺廟進香等活動的主持人，也泛稱香客。

【把定*】控制住，把握住。

《捫虱新話・文章博遠貴於精工》："予每見同舍臨文之際，試就借觀，則曰此草草牽課耳。予把定戲曰：'恐君精思，亦莫止此。'"

《近詞典》僅列"下聘"一個義項。

【樓子[2]】[晚][①]指層疊狀之物。

《天彭牡丹譜・花釋名第二》："金腰樓、玉腰樓皆粉紅花而起樓子，黃白間之如金玉色，與燕脂樓同類。"

《近詞典》僅釋義為："樓房，包括城樓，船樓等。"

【倒坐[1]】[義][補]宋時皇帝在正殿相對的殿堂召對，相對正殿召對時反向而坐，謂之倒坐。

《王文正公筆録》："予初為學士，一日真宗承明再坐召對。（自注：承明直崇政之南，每崇政殿聽朝罷至此，謂之倒坐。御膳畢，復坐，謂之再坐。）"

【倒坐[2]】[本]指向後用力；向後退。

《東京夢華録・般載雜賣》："仍於車後繫騾驢二頭，遇下峻險橋路，以鞭唬之，使倒坐縋車，令緩行也。"

《近詞典》"倒坐"條僅釋義：同"倒座"。而"倒座"釋義為"四合院中坐南朝北的房間，因與正房反向，故稱"。

【水紅】蓼的一種。多生水邊，花呈淡紅色。

《曲洧舊聞》卷四："紅蓼即《詩》所謂游龍也，俗呼水紅。江東

① 《大詞典》引明・葉子奇《草木子》例。

人別澤蓼，呼之為火蓼。"

《近詞典》僅釋義為"比粉紅略深而較鮮艷的顏色"①。

【折倒】 南唐後主禮佛，日設供齋，食有未盡，次日再供，謂之折倒。

《南唐野史》卷三："旦暮設菜食，無非異方珍饌，一日食之不盡，明旦再具，謂之'折倒'。"

《近詞典》釋義為：翻倒，推翻。

【受用】 指器皿。

《甕牖閒評》卷六："器皿，人多云受用，其實名售用。《談苑》云吳越王錢俶以妃平生售用凡百箱賜孫承祐。承祐，蓋妃之弟也。"

《近詞典》釋義四個義項：❶接受；聽從。❷使用；運用。❸受益；得益。❹舒服；高興。

【行打】 ㊤行走，走動。

《黑韃事略》："纔會譯語，便做通事，便隨韃人行打，恣作威福。"

《近詞典》僅釋義"毆打"。

【解交】 百官交拜之禮。官員調任對拜而去，稱"解交"。

《文昌雜錄·補遺》："遷日又集，對拜而去，謂之解交也。"

該禮節漢代已有，《宋書·百官志上》："入坐丞郎初拜，並集都坐，交禮。遷，又解交。漢舊制也。"《近詞典》僅釋義"化解糾紛"。

【平面】 �义同"平面子"。古人用以倚憑身體的矮桌几。

《卻掃編》卷中："以分至日不設椅桌，唯用平面席褥，不焚紙幣，以子弟執事，不雜以婢僕，先事致齋之類頗為近古。"

【老兒】[2] ㊤父親的俗稱。

《雲麓漫鈔》卷三："今人呼父曰爹，語人則曰老兒。"

《近詞典》有兩義項：❶對一般老年男子之稱；❷稱老年丈夫。

---

① 《大詞典》"水紅"條包括植物和顏色兩義項，顏色義引《紅樓夢》例，實際宋時已現。宋·何夢桂《禽名》："水紅裙淡畫眉濃，婆餅焦香喚郭公。"

【把】㈩通"耙",一種農具。

《邵氏聞見後錄》卷二十:"劉器之與東坡元祐初同朝,東坡勇於為義,或失之過,則器之必約以典故。東坡至發怒曰:'何處把上(自注:把,去聲。農人秉以事田之具。)曳得一"劉正言"來,知得許多典故。'"

《茅亭客話》卷三:"辛酉歲,有隱跡於淘沙者,不知所從來及名氏,常戴故帽,攜鐵把竹畚,多於寺觀閴靜處坐卧。"《近詞典》未列該義項。

【老子²】㈩對地方長官的尊稱。

《自警編》卷六:"范仲淹領延安,閱兵選將,日夕訓練……夏人聞之,相戒曰:'無以延州為意,今小范老子腹中有數萬甲兵,不比大范老子可欺也。'夏人稱知州為'老子',大范謂雍也。"

小范指范仲淹,大范指范仲淹的前任范雍。范仲淹"小范老子"的尊號即由此而來。《近詞典》兩義項:❶猶老夫、老漢;❷父親的俗稱。

【陡】㈩弔橋處陡門。

《開喜德安守城錄》:"十八日甲子,虜軍以洞子集弔橋陡,(自注:陡,弔橋陡門。)砲擊吕字樓,且射火箭,隨撲滅之。"

《近詞典》四義項:❶(山勢等)峻峭;❷甚,表程度深;❸突然;❹哆嗦,通"抖"。

【招頭】船上首領;船老大。

《吳船錄》卷下:"余已在舟中,一切付自然,不暇問,據胡牀坐招頭處,任其蕩兀。"

"招頭"的地位舉足輕重,和其他船工相比,享有更高的待遇。《入蜀記》卷五:"有嘉州人王百一者,初應募為船之招頭。招頭蓋三老之長,僱直差厚,每祭神得胙肉倍人。既而船户趙青改用所善程小八為招頭,百一失職怏怏。"《近詞典》兩義項:❶説明事由的告示;❷幌子;出頭人。

【房子²】㈩使館僕役的別稱。

《宣和奉使高麗圖經》卷二十一:"房子,使館之給役者也。"

《近詞典》僅釋義"本房所生之子"。

【包頭】㈩海南船舶裏的中等船舶謂之"包頭"。

《諸蕃志·海南》："於舶舟之中分三等，上等為舶，中等名'包頭'，下等名'蜑船'。"

《近詞典》兩義項：❶頭巾，包頭的布；❷傳統戲曲旦角頭飾的總稱。

【槽頭】㈲餵牲畜的人。

《宣和乙巳奉使金國行程錄》："隨行三節人，或自朝廷差，或由本所辟。除副外，計八十人，都轄一、醫一……槽頭一、教駿三。"

明·陳仲琳《封神演義》第九回："（商容）叫左右槽頭：'收拾馬匹，打點行裝，我親自面君便了。'"《近詞典》三義項：❶給牲畜喂飼料的地方；❷榨酒糟床的出酒口；❸指豬頸部的肉。

【軋】㈲高麗人稱"笠"為"軋"。

《宣和奉使高麗圖經》卷三十七："鵶子苫，亦名軋子苫。麗人謂笠為軋，其山形似之，因以得名。"

《近詞典》有五義項，均為動詞。

【洗兒】㈲把剛生下的嬰兒溺死。

《塵史·惠政》："閩人生子多者，至第四子，則率皆不舉，為其貲產不足以贍也；若女則不待三，往往臨蓐，以器貯水，纔產即溺之，謂之洗兒。"

《近詞典》僅釋義"洗三"，即嬰兒出生後三日接生婆洗澡。

【風候】㈲中醫學上的一種病癥。

《曾公遺錄》卷八："皇子漸安，但微有風候爾。"

明·佚名《幼科概論·沉潼丹方》："（小兒）更加多啼哭，吮乳口鬆，是真臍風候也，急宜治之。"清·沈金鰲《幼科釋謎·察色》："面上青色，為驚積不散，欲發風候。"《近詞典》釋義：❶風物氣候；❷節令，時令；❸風向。

【小娘子】㈲婢妾、僕役對女主人之稱。

《呂氏雜記》卷上："今人多喚妻之兄弟為舅，或是隨其子之稱也。稱主母曰小娘子。"

《近詞典》三義項：❶少女的通稱；❷稱年輕婦女；❸妾，小老婆。

【水雞】蛙的別名。

《侯鯖錄》卷三:"水雞,蛙也。水族中厥味可薦者雞。"

《近詞典》僅釋義"隱指男性性器官"。

【斫削¹】⑧乳香中品質較低的一種。

《諸蕃志·乳香》:"(乳香)品雜而碎者曰'斫削'。"

《近詞典》僅釋義為"傷害;虧損"。宋筆記中該詞還有一義項,見下條。

【斫削²】比喻修飾文辭。

《曲洧舊聞》卷四:"讀歐公文,疑其自肺腑流出,而無斫削工夫。"

6.5.2.4 提前書證

【招承】招供承認。

《道山清話》:"蓋文潛時有僕曹某者,在家作過,亦丟失酒器之類,既送天府推治,其人未招承,方文移取會也。"

《近詞典》引《元典章》例。

【害殺】⑩①害苦。

《畫墁錄》:"昌齡直被他害殺,每夜使人防視。"

【習上】㊛學好,上進。

《經鉏堂雜志·習上》:"俗語教人必曰習上,自兒童以至於成人,自初學以至於賢人君子,皆當以習上為念。"

《近詞典》引明·徐霖《繡襦記》例。

【掐尖】⑩②侵吞克扣經手的錢財。

《丞相魏公譚訓》卷二:"熙寧九年,祖父同修國史。開局日,賜李廷珪墨,子承晏'笏挺'、'雙脊龍'、張遇丸墨、澄心堂紙。及對,上曰:'禁中自此少矣,宜寶之。'王岐公為相,先留數丸,笑曰:

---

① 《大詞典》引元·王實甫《西廂記》例。
② 《大詞典》引元·武漢臣《老生兒》例。

'所謂掐尖。'"

《近詞典》引《元曲選》例。

【漏蹄】㊉一種動物疾病。

《續世説·德行》:"此牛經患漏蹄。"

該詞南北朝已有,北魏·賈思勰《齊民要術》卷六:"治馬漏蹄方:……"《近詞典》引元·高明《琵琶記》例。

【年甲】年齡。

《桂海虞衡志·志蠻》:"(獠)在右江溪洞之外,俗謂之山獠……無年甲姓名,一村中惟有事力者曰郎火,餘但稱火。"

《近詞典》引金《劉知遠諸宫調》例。

【當家】行家;内行。

《寓簡》卷五:"近世言翰墨之美者,多言'合作'。予曾問邵公濟'合作'何義,曰:'猶俗語當家也。'"

《近詞典》元·劉鶚《題興化縣嚴士奇詩卷》例。

【小廝】㊋①年輕男僕。

《癸辛雜識·別集上》:"理宗之屍如生,其下皆藉以錦,錦之下則承以竹絲細簟,一小廝攫取,擲地有聲,視之乃金絲所成也。"

《近詞典》引《元典章》例。

【哥哥³】㊋②用於父母對兒子的稱呼。

《經鉏堂雜志·孝廟聖德》:"慈福慶壽,壽皇新作一袍,刺繡甚華。慈福見之云:'哥哥尋常不曾著此衣服,今何故如此?'壽皇對云:'政為媽媽萬壽獻杯之故。'慈福云:'哥哥可謂孝順。'"

《近詞典》引《元曲選·蝴蝶夢》例。

【幫貼】㊋③猶補貼。

---

① 《大詞典》引明·馮夢龍《醒世恒言》例。
② 《大詞典》引元·鄭光祖《伊尹耕莘》例。
③ 《大詞典》引明·馮夢龍《警世通言》例。

《襄陽守城録》："守城自冬至春，弩弣力漸減，恐不能及遠，遂措置以弓於弩背上幫貼，弣力有增無減，可以及遠。"

《近詞典》引明·馮夢龍《醒世恒言》例。

【星火】流星。形容急速。

《翠微先生北征録·治安藥石》："告命積於架閣，而支遣急於星火；文榜遍於通衢，而投買幾於絕跡。"

該詞魏晉時已有，晉·李密《陳情表》："州司臨門，急於星火。"《近詞典》引唐·武元衡《塞下曲》例。

【條脫】古代臂飾。也稱"跳脫"。

《清尊録》："張固豪侈，奇衣飾，即取臂上古玉條脫與女。"

該詞南北朝已有。南朝梁·陶弘景《真誥·運象·緑萼華》詩："贈詩一篇並致火澣布手巾一枚、金玉條脫各一枚。條脫似指環而大，異常精好。"《近詞典》引《金瓶梅詞話》例。

【糟】⑩①用酒或糟腌製食物。

《二老堂雜志·牛魚》："前歲為金哀謝使，金主喜之，享以所釣牛魚，非舊例也。樞密糟其首，歸獻於朝。"

《近詞典》引《紅樓夢》例。

---

① 《大詞典》引清·曹雪芹《紅樓夢》例。

結　語

　　宋代是漢語言發展中的重要階段，對明清以至於現代漢語的發展產生了深遠的影響。宋代筆記是先賢為我們留下的一筆巨大財富，為各類學科的研究提供了極有價值的參考。從語言學的角度，其文白夾雜的行文特點以及對語言進行探究的內容，為語言學者研究俗語詞提供了豐富的語料。宋代筆記俗語研究，可以從一個側面反映宋代語言特點，揭示宋代詞彙對宋以前語言的承繼以及對後世漢語的影響。

　　本書從共時與歷時角度，將搜集的俗語詞放在微觀視角下，采用排比歸納、因聲求義等傳統方法進行釋義，對每個詞條追根溯源，尤其着重對前人未涉及的俗語詞進行研究，弄清其來源、發展及變化的脈絡。在此基礎上，對宋代筆記俗語詞按語義進行系聯，從宏觀角度將其分為名物、行為及性狀三大類進行客觀系統描寫，從而勾勒出宋代筆記俗語詞的基本輪廓，一定程度上反映宋代的語言面貌。

　　語言是當時社會生活的反映，本書揭示了宋代筆記俗語詞所反映的宋代社會現象的鮮明特色。同時，宋代筆記俗語詞也是歷史上不同時代語言的積澱，本書不僅僅限於宋代出現的新詞新義，對宋以前的俗語詞也進行分析，討論宋代對之前俗語詞的吸收運用，探究俗語詞以諧音、字的形音拆分、習非成是、避諱、用典、類推衍生等多渠道產生的方式，試圖找出俗語詞產生的深層機制。

　　每一個詞在典籍中出現，說明它在歷史上都留下了痕跡。在詞彙學研究中，若將每一個詞的產生、發展、變化弄清楚，並為現有詞典修訂提供參考，從而為原始典籍的閱讀理解提供幫助，這就可以說對詞彙的研究做出了貢獻。本書正是基於這樣的想法並努力實踐而成，將每一個詞條與大型辭書《漢語大詞典》和《近代漢語詞典》進行比對，發現其可補充之處，希望為未來辭書的修訂編撰提供參考。

宋代筆記數量眾多，本書重點考察的176種，跟500種左右的總量相比，僅僅是一小部分。宋代筆記俗語詞研究還有大量的工作需要做。結合宋代的時代特點，考慮語言的內外因素，以科學的分析方法理論聯繫實際，在廣泛搜集宋代筆記語料基礎上，進行紮實深入的研究，才能弄清宋代筆記語言的全貌，客觀歸納宋時的漢語言特點，從而科學把握宋代筆記俗語詞在整個漢語詞彙史中的地位和價值。

詞目表

說明：
1. 詞目後的數字指該詞在本書中討論的義項數。
2. 《近代漢語詞典》和《漢語大詞典》未收錄的詞條分別在後面加"＊"和"＋"標示。

A	把	斑猫＊	抱冰公事＊	匾蒲＊
阿堵＊	把定＊	板簿＊＋	抱肚	編橋＊＋
阿南＊＋	把截	版曹＊	抱身＊＋	扁鵲銘＊＋
阿是穴＊＋	把鮓＊	半昌王＊＋	報風＊	變線(2)＊＋
阿誰	白暗＊	骲	報覆	摽撥＊
阿箐＋	白契＊	幫貼	報時	表叚＋
挨牌	白沙龍＊	般挈＊＋	杯珓	陛辭
安樂窩	白熟＊＋	搬挈＊＋	杯筊	鼈飲
按打奚＊＋	白水真人	半身龍＊＋	桮筊	臂胛
暗夜＊	白劄子＊	包頭	盃珓	筆帽＊
聱頭＊＋	百八丸＊	包子(2)	背匠	兵級
B	百步王＊＋	包撚＊＋	背匙＊	冰牌＊＋
巴攬	百花釀＊	保抱	背心	冰臺
巴欖子＊＋	百歲羹＊	保伍	背子	餅茶
巴鼻	百子甕＊＋	寶花＊	本事人＊	病風＊
八都魯軍＊＋	拜殿＊	寶相枝＊＋	編管	秉拂
八分書＊	拜橋＊	堡子＊	便介＊＋	碧翁翁＊

臂香*＋	菜肚*	長貳*	持更*	從車*
逼窄*	彩局兒*＋	長生網*＋	持時*	毳飯*
波波挈挈*＋	材植	腸祕*	赤老	脆急*＋
波波吒吒*	餐錯*＋	綽撥	勑熒*	村陋*
波磔*	殘零(2)	炒鬧	匙子*	村團*＋
舶趠風*	蒼頭	巢飲*	重戴(2)*	到角媒人*
勃荷*	槽廠*＋	抄扎	重臺*	錯脫*＋
剝麻*	槽頭	叉鐮手*＋	重午*	錯趾*＋
剝竊*＋	草裏*＋	叉槍手*＋	蟲虎*	D
剝載*＋	草師婆＋	叉手*	抽解(2)*	搭撲*
簸錢	草鐘乳*＋	叉手鐵龍*＋	抽替	搭膝
搏取*	草子*	杈子	愁眉錦*＋	打扮
博投*	廁簡子*＋	程課*	船*	打包
勃跳	廁神＋	乘快*	穿秉*	打標
鵓梧丁*＋	茶百戲*＋	承受人*＋	噇飯*＋	打併
哺烏公*＋	茶肭子*＋	秤停	傳臚	打博
補衲	茶食(2)	澄窨*	傳神*	打車*＋
補代	茶會*	城子	傳衣鉢*	打船
布袋	差發	趁哄	楮幣*	打醋*＋
布代	拆號*	趁浪	初稾*	打袋*＋
布袋轎*＋	拆洗人*＋	陳伍*＋	出漢*＋	打調*
布牌(2)	柴頭＋	嗔魚	出宋*	打揲
不動尊(2)*	纏齒羊*	車軸身*＋	出頭	打疊(2)＋
不換金正氣散*＋	纏末*＋	車子	出脫	打鬭*＋
不落*	纏頭	瘥伯子*	垂頭*	打發
不識字*＋	讒語*	瘥風*	春膏紙*	打飯*＋
不消	禪和子*	瘥錢*	惷野*＋	打乾*＋
不消得	禪衲*	吃菜事魔人*	齼茶	打乾種*＋
不夜侯*	蟬花*	吃者*＋	廚子	打供
不雲木*＋	產瀉*	吃(喫)手腳	刺楸*	打勾
C	剗子*＋	喫腳手	刺子*	打過
裁刀*	常朝*	喫棒*＋	從容	打號

打和	打套*＋	袋香*＋	地錢(2)*＋	都念子*
打合	打嚔噴*＋	淡喫*＋	地頭	檮食*
打鬨	打頭(2)*	淡魚*＋	地土	獨子青*＋
打話	打頭風	蜑船*	帝弓*	短般*＋
打化	打脫＋	當行	典顧*＋	斷腸草*
打顆	打圍	當家	點跡*＋	短冠*
打渾	打腰＋	當位	點宿*＋	端硯*
打諢	打夜胡	當行家	點頭*	敠鼻
打火	打野胡	襠褲*＋	點涴*	對樓＋
打角＋	打夜狐*	蕩兀*	點灸杖子*＋	對衣*＋
打轎*＋	打衣糧*	擔頭*	啓楔*	堆墨
打筋斗*	打印*	稻	雕面*	堆墨書*＋
打酒*＋	打魚*＋	刀斧手*	雕青	篤祿
打量	打雜劇*＋	刀圭	爹爹	篤耨*
打令(2)	打粘*	刀牌*＋	疊垜*＋	篤耨瓢*
打馬	大刀頭	刀頭	丁錢*	督耨*＋
打鬧	大菜*	搗蒜*	定疊(2)*	鈍公子*
打女真*	大爹爹*＋	倒黏子*＋	定名筆*	朵殿*
打試	大段	倒撚子*＋	定盆*＋	柁工*
打屏	大腹子*＋	倒捻子*	釘法*＋	柁人*＋
打瓢*＋	大觀文*＋	倒山角*＋	釘脚*＋	奪命龍*＋
打鋪	大老*	倒透*＋	冬烘	奪胎
打砌	大龍*＋	倒坐(2)	洞丁	咄散*＋
打請	大媽媽*＋	觟*	洞子	柮師*
打傘*＋	大手*	得所*	動使	鐸銷*＋
打殺	大言*	燈夕	陡＋	E
打煞＋	大使臣*＋	滴乳(2)*	鬭八*	屙屎*
打失	大展	滴酥*＋	鬭高飛*＋	額子
打失鼻孔*＋	大主*	低密*	鬭合*	俄測*
打水*＋	大資*	地步(2)	斜力*＋	鵝車*
打睡	獃漢＋	地骨皮	斗量*	扼吭(2)*
打笋	獃子	地漿*	兜籠	蛾眉班*

耳塞*	佛牌*+	篙手	貫索	**H**	
爾我*+	麩火*+	隔筆間*	觀文*	海膽*+	
爾許	伏事	格尺*	觀音衲*	海東青	
F	浮炭	格佫*	罐子	海漆*+	
飯材*+	符券*	哥哥(3)	挂牌	海縴*+	
方便囊*	扶策	根括	挂牌兒+	害殺	
方丈字*	拂塵會*+	根尋	瓜戰*	旱教*+	
方罾*+	福德綿*	隔眼	骨缽*+	耗米	
房*	腹藥*	箇樣	鼓吹長*+	號煙*+	
房地錢*+	腹散*+	隔轍	谷董羹*	毫楮	
房中弱水*	覆海	隔轍	骨朵子*+	喝賜	
房子(2)	覆考*	隔轍雨*	骨朵	賀刺	
放生	覆盆子*	公共	骨朵直*	賀蘭	
放罷	婦翁	公公(3)	骨朵子直*	鶴頂草*	
翻筋斗*	負嫗*+	供過人*+	姑詭*+	合鬪	
飛草*	附語*	宮架(2)*	鬼擘口	合歡杖*+	
飛郎*+	脯掾*	公子家	鬼媒人	合昏	
飛頭*	**G**	勾捕	鬼劈口	合闆	
分龍	陔*	狗腳木*	歸依	黑暗	
分龍雨*	蓋頭(2)	狗鋪*+	劊子	黑馬奶*+	
分龍日	蓋掩+	狗蠅	櫃子	黑榻*+	
分頭	丐閑*	胍肶*	鈷鉧	黑太陽*+	
潰涬*	改乙*+	掛搭(3)	裹肚(2)	黑甜	
焚黃	乾屎橛*	掛丁錢*+	裹梅花*	荷校*	
粉板	幹辦(2)	瓜葛	過省*	河市樂	
粉牌	幹辦官*+	拐子馬	過位*	河市樂人*	
憤躁*+	干連人+	館伴	過雲雨*	和買	
風丹*+	干照人+	冠朵+	鼓腔*+	和衣	
風候	告赤*+	管句	骨肉	橫金*	
風流箭*+	告首	官家	骨頭	橫行參假*+	
封皮	高麗紙*	灌口二郎*	古眼*+	紅丁子*+	
佛窨子*+	餻糜	灌口神*		紅蜜丁*+	

頇洞*	恢實*+	鯽溜	剪治+	解鹽*
哄堂	會子	急龍車*+	澆沃*	姐姐(5)
烘堂	壺郎	吉祥草	澆奠	結絕
烘堂大笑*	呼盧	給役*	珓杯*	結束
後手	渾花	給事*	交抱*+	結杏子*+
後蘸*+	渾化(2)*	幾頭酒*	交盃+	咭嘹舌頭*+
花書	渾衣+	迹盜*	交鈔*	街司+
花子(2)	昏賴	妓弟	交牀	節物*
滑泄+	混死*+	吉佃王	交禮*	經候+
滑語*+	魂亭	家*	交訟*	驚婚
畫旨*	火	价*	交椅	驚虞*+
環刀*	火寸	戛搏*+	繳駮*	淨街槌*+
黃花水*+	火兒*	夾槽*+	角帶*	精藍
話霸+	火龍標*	夾袋	腳乘*	鏡聽
話次*+	火輪三昧*	架閣*	腳船	巾裹(2)
話墜+	火牛*	家會*	腳夫	金腳腦*+
話頭	火鋪	家菊*	腳根點地*+	金奴*
化化賤*	火梯*+	家事	腳色	金星*
懷杓*+	火下	笑舌蟲*+	腳澀*	金帳*
槐子*	火油*	甲楯*	腳踏	津送(2)
喚班*+	禍泉*	甲頭(2)*+	腳踏子*	津般
換骨菜*+	死生活受*+	甲乙	角子(4)	錦郎*
換衣燈宴*+	活眼*	假龍*	接伴(2)*	燼骨*
換醞*+	護霜	建茶	接伴使	九羅
喚子*+	呼索	肩二	接花*+	九苞奴*
餶飿	笏頭(2)*	箭風*	接陪*+	鳩車
鶻餅	虎頭鼠尾*+	將理	接坐*+	酒望子
胡餅	淮白*+	減腳鵝*+	界尺	酒子
胡牀	J	撿柅*+	解發*	卷班(2)
胡耳*+	雞竿	囏危	解換*	捲伴*
回腳	繼火	揀香*	解交*	巨白*+
回頭青*+	鯽令*+	建牙*	解顧*+	拘定

詞目表 | 369

角出*	坑塹	孋版*	糧裹+	嘍羅
掘得窖子*+	坑子	孋婦*	糧甲頭	鑾坡*
掘著窖子*+	渴睡	郎火*	兩截事*	錄本
掘窖*	孔粒*	郎主(2)*	了畢	爐餅
角賭	孔奴*+	廊食*	了當	蘆腹*+
決明*	空牢牢	瀾浪*	了手	蘆菔
決雲兒*	空名*	藍羅*	燎竹*	鹵股*+
钁頭	空券(2)*+	攔稅*	立班	盧橘
爵鍚*	空書*+	爛雨	捩鼻日(木)*+	落薄
拒馬子	空頭	老弟*	劣	落手(2)*
軍額*	口到*+	老兒(2)*	列岳*	落蘇*
軍子*+	口號	老老大大*	理極	落索
郡馬	口皮邊*+	老娘	陵遲	落湯螃蟹+
君子觴*	扣問	老婆(2)*	鈴鈴香*	羅圈甲*+
句投	快活三*	老婆牙*+	鈴子香*	邏事
句追	快活湯*	老子(2)*	惏露*+	錄事(2)*
劇雜人*+	快行	剌撒*	理索	鷺絲*
具眼*	快行家	櫔木	柳葉甲*+	瀧銅*+
K	況味	累重	龍掛*	綠盎子*+
揩背	苦車*	冷飛白*	籠街喝道	綠拗兒*
開素*	苦船*	冷尖*+	籠門*	掠子*
開眼尿床*+	袴具*	冷金紙*	龍潤*	驢年
扛昇*	窟籠*	冷面草*	龍頭鼠尾	**M**
刊匠*+	窟窿	冷石*+	龍涎*	麻餅
坎窟*+	括納*	冷淘	龍涎香*	麻搭
勘破	苦益菜*+	樂語	漏逗	麻擣
看錢*	枯坐*	連底凍*	漏落	麻刀(2)
看詳	**L**	連底清*	漏蹄+	麻三剥四*+
客板*+	辣茶*+	連襟*	漏天	麻紙
科髮*+	臘茶	連袂	樓子(2)*	賣撲*
課馬	賴	連狀*	樓羅曆*	馬柱甲*+
刻木*	粹粹*+	亮隔*	樓閣高*+	馬奶子*

馬前牌＋	門頭	目錄＊	泥淖(2)＊	盤游飯＊
媽媽	門謝＊	姆姆	你門＊	拋家髻＊
漫＊	門狀＊	N	你們＊	拋屎撒屙＊＋
慢道	謎	納幣	你懑＊	黿子
芒兒	面禩＊＋	捺鉢＊	弄瓦＊	砲坐
盲湯＊	面分	捺殺因	暖講＊	砲座
盲子＊	面幕＊	袻襪(2)＊	餪女＊	砲座
滿盤	面上	耐官＊	煖女	抨棋＊
滿謂＊＋	面油＊	奈重兒＊＋	煖屋	堋的＊
毛段＊	免解＊	那裏	煖房	噴嚏
毛連＊	免乳	囊家	暖孝	漂絮＊
毛衫	密諫＊	難進＊	那輅＊＋	屏風兒
毛頭紙＊	密學＊	南馬杓＊	奴書＊	平面
毛子＊	羃羅＊＋	南榻	虐戲＊	平面子
猫笋＊＋	名件	腦	女使	平善
猫頭笋＊	名紙	腦語＊	女頭	平帖
猫兒頭＊	磨兜＊＋	腦子＊	O	平一公＊
冒烏＊＋	磨兜鞭＊	鬧蓝	甌宰＊	瓶盖病＊
茅行＊＋	磨兜堅＊	内夫人＊	P	琵琶腿
帽筒＊	磨石	内人	排辦	疋物＊＋
媒伐＊＋	摩孩羅＊＋	内人家＊	排草＊	鈚銷＊
媒姥＊	摸稜＊	孃孃(2)＊	排當	坡
梅花腦＊	摸石＋	孃子(2)＊	排調	蔢荷＊＋
眉匠＊	没興	撚錢	排連	婆焦＊
眉子＊	抹階＊	撚頭＊	排門	婆娑兒＊
媚娘＊＋	抹鞾＊＋	撚子＊	排子頭＊＋	破馬
没藥＊	抹胸	拈香	潘尚書＊＋	破盤
梅雨	莫須有	黏葉＊	判按＊	破天荒＊
苺子＊＋	末直＊＋	妮婢＊	判子＊	破睡
盲骨子＊＋	幕	泥滑滑＊	蹯跚＊	潑散
猛火油＊	木齒丹＊	泥灰＊	盤礴	鄱陽白＊
門首	木芍藥	泥綠＊＋	盤灘＊	撲買(2)

詞目表

撲賣	親骨肉*	讓木*	散隸*	燒飯*
撲錢+	親家母	惹鬧*+	桑鵝*	燒惱*+
Q	親家翁*	人從	桑皮紙*	燒琵琶*+
掐尖	親事官*	人夫	三般兩樣*	杓風*
簽	青蓋*	人日鳥*	三平二滿(2)*	梢工
乾岡*	青凉傘(2)*+	人使*	三平兩滿*+	梢子
槍叉手*+	青喜*	紉紅*+	三青蔓*	少女風
搶節*+	青州從事*	荏苒	三韓紙*	殺人不眨眼*
腔窠	青奴(2)	認業	撒水花*+	煞是
強團練*	清本*	日時	塞痕*+	煞有*
千金菜	清風飯*	日頭	色叫	折本
千斤使*+	清涼散*+	日許	色授*	賒荷
錢井經商*	清現*	日子	森伯*	攝水
錢駝兒*+	請見*	肉盤子*+	沙板	麝香草*
牽攏+	請射*+	软飽	沙糊*+	剁*
前頭人*	囚髻*	軟纏	沙塊*	射弓
歛字	囚飲*	軟兜*+	沙子(2)*	射買*+
敲棒*+	拳跽	軟裹*+	紗籠中人*	身邊人
巧先生*+	倦跼*+	軟脚局*	羶根*	身丁香*+
耆保*+	覰捕+	頓囊	山口	神臂弓*
漆雕開*+	雀餳*	乳獲*+	山僚*+	申牌
切脚	區畫	乳榻*+	山棚	申發
漆方士*	取會*	乳腐*	山蕢*	聲説
起廢*	曲盝床*+	潤家錢*	剎竿*	生創*+
起早	驅使*	蓺臂*+	煞好*+	生角
齊肩大王*+	取問	S	擅雞*+	生界*+
綺井	渠伊	撒殿*	上輩*	生朝
契勘*	渠伊錢*	薩埵	上竿	聖花兒*
妻男	鸜鵒眼	撒花	上金*+	聖筊
耆婆*	鴝鵒眼	散筆*	上請*	聖牛兒*+
旗槍	R	散草*	上事	石本
七上八下*	然頂*	散禁*	燒尾	石卵*

石綠*	水紅	死龍*	踢鷗*	田舍夫
十家*	水火	死馬醫*+	踏床	田舍翁
十樣錦*	水雞(2)*	私麻竹*+	擅捺*+	田子甲*+
屎橛*	水硫黃*	私身	太平車*	添黜*+
事件	水路*	私小路*+	泰水	甜梅*
事契*	水陸齋*	司馬竹*	踏坑塹*+	填陪*+
市頭	水鴨	死眼*+	探寶*+	挑草子*+
市學*	水約*+	送伴*+	癱風*	挑生*+
市語	樹架*+	松花紙*	灘瀧*+	條脫
實頭+	樹稼*	松煤*	灘子*	鐵羔糜*
識字*	樹介*	松紋紙*+	炭婦*	鐵腳草*
手段	叔舅(3)*	送尿*+	談天	鐵腳梨*
手貨*	書空匠*	蒐捕*+	堂前人*+	鐵貍*+
手力	書填*+	搜和*+	湯社*	鐵了事*
手民	書魚*	搜括	糖霜	鐵猫兒(2)*
手砲*	順錢*+	算部*	堂頭	鐵石人
首身	說恍*+	筹袋*	貪狼風*	鐵石心腸*
首座	說謊	筹子	逃背*	鐵鷂子*
壽享	說話	隨背*+	陶家手*+	貼黃(2)
收巖	說破	隨年杖*+	桃奴*	帖麻*
收掌	熟歇+	唯酒*	討頭	貼麻
售用	薯藥*	速客*	踏索	貼職
受用	罨頂*	訴理*	撞尾*	體量
瘦坐*+	撕吵*+	笋輿*+	踏襲*	體面
率分*+	廝兒(3)	索逋*	甜采+	嚏噴
雙弓*	廝壞*	鎖廳	沸馬*+	提陀*+
雙鎖*+	廝看*+	鎖應*	天弓*	停待
霜信	廝賴*	鎖中*	天花板*	銅點*
刷絲*	廝搜*+	鑹子骨*	天荒*	同門
水豹囊*	廝魔*+	T	天色	通天犀
水蠶*+	廝撲*	他別人*+	天杖*+	通犀
水滴*	廝踢*+	他門*+	田庫兒*+	桶子

筒粽*	托落赤+	兀底	下尾*+	小使臣*+
透背*	拖泥帶水	兀地奴*	下語*	小使頭*
偷兒	圖子	兀剌赤	下狀*	小數
頭口*	W	兀捺*+	先次	小廝
頭面	外家*	兀日*	先後	小廝兒*+
頭然*+	瓦壟子*+	兀卒*	先下手為強*	小現
頭食*	瓦亭仙*+	烏蠻鬼*	仙郎*	小言*
頭童*	瓦硯*	烏舅*	見穀	皛飯*
頭項	瓦研*	誣負(2)*+	線路	笑怪*+
頭直*+	晚子*+	屋極*	縣馬*	笑菌*
頭子(4)*	晚甘侯*	屋地錢*+	見錢	笑面虎*
頭子錢*	望路*	五鼎芝*	象六*	銷折 shé*
觀水*+	頑很*	五房*	襄樣*+	銷折 zhé*
團冠*+	綺紈子*	五稜子*	響八*+	洩*
團句*+	剜朽*+	無名異	響卜	謝筆*
兔鶻	違咈*	物事	響箭	謝花*
推步	巍科	霧子*+	香亭*	謝見*
推排	威靈仙*+	仵作	香頭*	斜封*
退丁*	為地*	X	巷尾街頭*+	邪門*
退鋒郎	為甚麼*+	夕十*+	衒袖*+	蟹眼*
退落	為之地*	西堂*	枕子骨*+	歇坐*
禿揭*+	圍子(2)	息米*+	消得	信劄*+
禿友*	榲桲齒*+	細滿*+	消縮*	心子
土卵*	文剌(2)*	細人	小兒子+	心風
土民	文解	楔寶*	小火下+	星火
突欒*	文字	習上+	小口	星子炭*+
托*	扢睞*+	洗手花*	小龍*	惺惺二十一*
犚肩*+	溫卷	洗兒	小錄*	形迹*
脫空(2)	吻儒*	下輩	小男女*	行打
脫去	翁翁	下程	小娘子*	行府
脫腕*	我家	下鬼*	小逡巡*	行腳僧*
脫空漢*+	窩裏陀*+	下腳手*	小人	行老

行馬	押字＊	腰黃＊	隱語	魚苗＊
行遣	牙啎	腰品＊	印畫＊	魚眼
行錢(2)	牙婆	腰條皮＊＋	印紙＊	魚英＊
行夜	牙契(2)	一會子＊＋	嬰桃	御容＊
行在	牙契錢＋	一角＊	迎年佩	御仙花(2)＊
凶肆＊	牙稅	一解＊	迎授＊	寓馬
雄朱＊	牙相＊	一面	影戲	寓人＊
繡面＊＋	牙魚＊＋	一斜 tǒu＊＋	影帳＊＋	于于
休休散＊	啞揖	一頭地＊	應副	獄子
蓆屋＊	衙啎	一應	應干＊	鬱刃
喜子	研光小本＊＋	衣段＊＋	應格＊	運掉＊
絮	研紙版＊	衣襴＊＋	硬探(2)＊＋	雲子＊
旋溷＊	崖蜜	依樣畫葫蘆	用寶	圓結＊＋
旋溺＊＋	研滴	醫草＊	用情	園頭
儇薄＊	雁檟＊＋	移刺	庸峻＊	院子(2)＊
宣鎖＊	鹽風＊	移放＊＋	庸峭＊	Z
宣引＊	檐溜＊	移那	有口齒＊＋	雜賃＊＋
衘鬻＊	簷溜溝＊＋	移敍＊＋	遊索＊	雜端＊＋
靴尖踧倒＊＋	檐子	遺問＊	幽塢＊	在告＊
靴尖趲倒＊＋	嚴緊	義髻＊	侑席＊＋	再坐＊＋
敍復＊	延年火＊	意思	由準氏＊＋	葬師
須管	延巧＊＋	譯人	由子＊	糟
巡白＊＋	研瓦＊	譯語官	玉板	藻井
巡綽	硯瓦	也得	玉臂龍＊	賊毫＊
旬浹＊	仰塵	夜潴＊	玉龍膏＊	則甚
虛棚＊＋	養家人	陰摩羅＊＋	玉腰＊	寨丁＊＋
虛證＊	揚擲	銀牌＊	月團＊	齋料
Y	楊邁金	銀牌天使＊＋	岳翁	粘背＊＋
軋	養印田＊＋	淫羊藿＊＋	偊立＊＋	障蔽
押遞＊＋	羊桃＊＋	引光奴＊	預買	張挂
押縫＊	腰包	引黃＊	與麼	張王李趙＊
押角＊	腰帶＊	飲博＊	與麼	長年三老

丈人	震掉	轉關	子石*
帳輿*+	整姼*	轉身米*+	子細(2)
杖子	整擉*	轉席	子魚
瞻際*+	整齪*	轉藥	紫明供奉*
展年*+	爭劫*+	豬胞*	紫磨金*
占便宜	正透*	竹夫人	紫苑*+
占射(2)*	整一*	竹孤桶*+	字
占勝*+	佂忡	竹唧筒*	滓斗*+
展限*	真花*+	竹馬	自家人
嚵語*+	針線人	竹米*	坐冬*+
沾足(2)*	針指	竹牛*	坐甲
霑足*	鎮紙	竹皮冠*	作會
招承	真字	主戶*	作子*
照袋*+	脂灰*	主廊	座主
召飯*+	支破	主翁	做工夫+
招竿*+	支婆*	主母	糭子
招頭	指使*	注轎*+	奏號*+
朝雞*	治書奴*	注船*+	走馬疳*+
照夜青*	枝頭乾(2)*	燭事*+	醉語*
詔意*+	支吾(3)*	諸行*	醉魚*
剳子	支梧	住坐(2)*	尊行*
剳定腳*+	直繫*	貯廊	
蔗*	種鹽	椎樸*	
折博*	粥飯僧	追班*	
折倒	周旋	捉婚	
折簡	撞竿*+	捉事	
折角巾*	樁管*	捉事人	
折洗*+	樁留+	着力*	
折支	裝裏	着摸*+	
遮箇*	裝潢(2)	着心*	
遮裏*	裝潢子*	斫削(2)	
遮些子*+	撞門酒*	滋味子*+	

語料來源

宋代筆記語料

本書宋代筆記語料來源於朱易安、傅璇琮主編《全宋筆記》(鄭州：大象出版社)第一至七編，計176種筆記，具體如下：

第一編（2014年）

［1］陶谷撰，鄭村聲、俞鋼整理：《清異錄》
［2］張洎撰，俞鋼整理：《賈氏譚錄》
［3］鄭文寶撰，張劍光整理：《南唐近事》
［4］佚名撰，張劍光、孫勵整理：《江南餘載》
［5］鄭文寶撰，張劍光、孫勵整理：《江表志》
［6］樂史撰，張劍光整理：《廣卓異記》
［7］龍袞撰，張劍光整理：《江南野史》
［8］佚名撰，張劍光、孫勵整理：《五國故事》
［9］王曾撰，張劍光、孫勵整理：《王文正公筆錄》
［10］李上交撰，虞雲國、吳愛芬整理：《近事會元》
［11］陳彭年撰，常易安、陳尚君整理：《江南別錄》
［12］史□撰，虞雲國、吳愛芬整理：《釣磯立談》
［13］勾延慶撰，儲玲玲整理：《錦里耆舊傳》
［14］宋祁撰，儲玲玲整理：《宋景文公筆記》
［15］梅堯臣撰，儲玲玲整理：《碧雲騢》
［16］田況撰，儲玲玲整理：《儒林公議》

[17] 江休復撰，儲玲玲整理：《江鄰幾雜志》

[18] 王素撰，儲玲玲整理：《文正王公遺事》

[19] 歐陽修撰，儲玲玲整理：《筆説》

[20] 歐陽修撰，儲玲玲整理：《歐陽文忠公試筆》

[21] 趙抃撰，黄純艷整理：《御試備官日記》

[22] 司馬光撰，張希清整理：《温公瑣語》

[23] 滕元發撰，黄純艷整理：《孫威敏征南録》

[24] 强至撰，黄純艷整理：《韓忠獻公遺事》

[25] 張唐英撰，黄純艷整理：《蜀檮杌》

[26] 曾布撰，程郁整理：《曾公遺事》

[27] 蘇軾撰，孔凡禮整理：《仇池筆記》

[28] 蘇軾撰，孔凡禮整理：《漁樵閑話録》

[29] 王得臣撰，黄純艷整理：《麈史》

[30] 晁説之撰，黄純艷整理：《晁氏客語》

[31] 楊彦齡撰，黄純艷整理：《楊公筆録》

[32] 王欽臣撰，夏廣興整理：《王氏談録》

[33] 吕希哲撰，夏廣興整理：《吕氏雜記》

[34] 莫君陳撰，夏廣興整理：《月河所聞集》

第二編（2013年）

[35] 佚名撰，趙維國整理：《道山清話》

[36] 程頤撰，趙維國整理：《家世舊事》

[37] 孫升撰，趙維國整理：《孫公談圃》

[38] 夷門君玉撰，趙維國整理：《國老談苑》

[39] 張舜民撰，湯勤福整理：《畫墁録》

[40] 王闢之撰，金圓整理：《澠水燕談録》

[41] 龐元英撰，金圓整理：《文昌雜録》

[42] 傳龐元英撰，金圓整理：《談藪》

[43] 米芾撰，吳曉琴、湯勤福整理：《海嶽名言》

[44] 米芾撰，吳曉琴、湯勤福整理：《書史》

[45] 米芾撰，燕永成整理：《畫史》

［46］孔平仲撰，池潔整理：《續世說》

［47］孔平仲撰，池潔整理：《珩璜新論》

［48］孔平仲撰，池潔整理：《談苑》

［49］王鞏撰，戴建國整理：《聞見近錄》

［50］王鞏撰，戴建國、陳雷整理：《甲申雜記》

［51］王鞏撰，戴建國、陳雷整理：《隨手雜錄》

［52］趙令畤撰，孔凡禮整理：《侯鯖錄》

［53］張耒撰，查清華、潘超群整理：《明道雜志》

［54］李廌撰，查清華、潘超群整理：《師友談記》

［55］錢世昭撰，查清華、潘超群整理：《錢氏私志》

［56］范致明撰，查清華、潘超群整理：《岳陽風土記》

［57］李樸撰，燕永成整理：《豐清敏公遺事》

［58］方勺撰，許沛藻、燕永成整理：《青溪寇軌》

［59］黃庭堅撰，黃寶華整理：《宜州家乘》

［60］惠洪撰，黃寶華整理：《冷齋夜話》

［61］羅從彥撰，黃寶華整理：《遵堯錄》

［62］程俱撰，黃寶華整理：《麟臺故事》

［63］葉夢得撰，徐時儀整理：《巖下放言》

［64］葉夢得撰，徐時儀整理：《石林燕語》

［65］葉夢得撰，徐時儀整理：《避暑錄話》

第三編（2008年）

［66］高晦叟撰，孔凡禮整理：《珍席放談》

［67］王欽臣撰，儲玲玲整理：《王氏談錄》

［68］蘇象先撰，儲玲玲整理：《丞相魏公譚訓》

［69］章炳文撰，儲玲玲整理：《搜神秘覽》

［70］孫宗鑒撰，黃寶華整理：《西畬瑣錄》

［71］黃伯思撰，陳金林整理：《東觀餘論》

［72］夏少曾撰，陳金林整理：《朝野僉言》

［73］李綱撰，鄭明寶整理：《靖康傳信錄》

［74］李綱撰，鄭明寶整理：《建炎進退志》

[75] 陳東撰，鄭明寶整理：《靖炎兩朝見聞錄》
[76] 佚名撰，鄭明寶整理：《建炎復辟記》
[77] 呂本中撰，查清華、胡儉整理：《師友雜志》
[78] 趙鼎撰，來可泓、劉強整理：《家訓筆錄》
[79] 趙鼎撰，來可泓、劉強整理：《辯誣筆錄》
[80] 趙叔問撰，戴建國、趙龍整理：《肯綮錄》
[81] 馬永卿撰，查清華、顧曉雯整理：《嬾真子》
[82] 朱弁撰，張劍光整理：《曲洧舊聞》
[83] 鄭剛中撰，張劍光整理：《西征道里記》
[84] 洪皓撰，張劍光、劉麗整理：《松漠紀聞》
[85] 徐兢撰，虞雲國、孫旭整理：《宣和奉使高麗圖經》
[86] 施德操撰，虞雲國、孫旭整理：《北窗炙輠錄》
[87] 朱翌撰，朱凱、姜漢椿整理：《猗覺寮雜記》
[88] 徐度撰，朱凱、姜漢椿整理：《卻掃編》
[89] 曹勛撰，朱凱、姜漢椿整理：《北狩見聞錄》

第四編（2008 年）

[90] 康興之撰，湯勤福、張麗整理：《昨夢錄》
[91] 胡銓撰，湯勤福、張麗整理：《經筵玉音問答》
[92] 廉布撰，湯勤福、張麗整理：《清尊錄》
[93] 張知甫撰，孔凡禮整理：《可書》
[94] 陳長方撰，許沛藻整理：《步里客談》
[95] 舊題辛棄疾撰，燕永成整理：《南燼紀聞錄》
[96] 舊題辛棄疾撰，燕永成整理：《竊憤錄》
[97] 舊題辛棄疾撰，燕永成整理：《竊憤續錄》
[98] 丁特起撰，許沛藻整理：《靖康紀聞》
[99] 李石撰，燕永成整理：《續博物志》
[100] 沈作喆撰，俞鋼、蕭光偉整理：《寓簡》
[101] 曾慥撰，俞鋼、王燕華整理：《高齋漫錄》
[102] 百歲老人袁褧撰，俞鋼、王彩燕整理：《楓窗小牘》
[103] 邵博撰，夏廣興整理：《邵氏聞見後錄》

[104] 袁文撰，李偉國整理：《甕牖閒評》

[105] 佚名撰，程郁、瞿曉鳳整理：《宣和乙巳奉使金國行程錄》

[106] 佚名撰，程郁、瞿曉鳳整理：《呻吟語》

[107] 韋承撰，程郁、瞿曉鳳整理：《甕中人語》

[108] 石茂良撰，程郁、余珏整理：《避戎夜話》

[109] 佚名撰，程郁、余珏整理：《建炎維揚遺錄》

[110] 王若冲撰，程郁、余珏整理：《北狩行錄》

[111] 程大昌撰，戴建國、劉宇整理：《北邊備對》

[112] 程大昌撰，劉尚榮整理：《程氏續考古編》

第五編（2012 年）

[113] 吳坰撰，黃寶華整理：《五總志》

[114] 佚名撰，黃寶華整理：《中興禦侮錄》

[115] 佚名撰，黃寶華整理：《南窗紀談》

[116] 釋曉瑩撰，夏廣興整理：《雲卧紀談》

[117] 龔頤正撰，李國強整理：《芥隱筆記》

[118] 費袞撰，金圓整理：《梁谿漫志》

[119] 范成大撰，方健整理：《攬轡錄》

[120] 范成大撰，方健整理：《驂鸞錄》

[121] 范成大撰，方健整理：《吳船錄》

[122] 范成大撰，方健整理：《桂海虞衡志》

[123] 陸游撰，李昌憲整理：《避暑漫抄》

[124] 陸游撰，李昌憲整理：《放翁家訓》

[125] 陸游撰，李昌憲整理：《入蜀記》

[126] 陸游撰，李昌憲整理：《家世舊聞》

[127] 周必大撰，李昌憲整理：《淳熙玉堂雜記》

[128] 周必大撰，李昌憲整理：《二老堂雜志》

[129] 陳善撰，查清華整理：《捫虱新話》

[130] 高文虎撰，程郁整理：《蓼花洲閑錄》

[131] 馬純撰，程郁整理：《陶朱新錄》

第六編 （2013 年）

［132］王明清撰，燕永成整理：《投轄錄》

［133］王明清撰，戴建國、趙龍整理：《玉照新志》

［134］佚名撰，燕永成整理：《摭青雜說》

［135］李元綱撰，朱旭強整理：《厚德錄》

［136］李季可撰，趙維國整理：《松窗百說》

［137］吳箕撰，趙維國整理：《常談》

［138］員興宗撰，趙維國整理：《采石戰勝錄》

［139］蹇駒撰，趙維國整理：《采石瓜洲斃亮記》

［140］佚名撰，趙維國整理：《煬王江上錄》

［141］呂祖謙撰，趙維國整理：《臥遊錄》

［142］樓鑰撰，朱旭強整理：《北行日錄》

［143］楊簡撰，朱旭強整理：《石魚偶記》

［144］倪思撰，儲玲玲整理：《重明節館伴語錄》

［145］倪思撰，朱旭強整理：《經鉏堂雜志》

［146］范公偁撰，儲玲玲整理：《過庭錄》

［147］高似孫撰，儲玲玲整理：《緯略》

［148］李壁撰，張劍光整理：《中興戰功錄》

［149］韓淲撰，張劍光整理：《澗泉日記》

［150］趙萬年撰，張劍光、周紹華整理：《襄陽守城錄》

［151］魏了翁撰，姜漢椿整理：《經外雜鈔》

第七編 （2016 年）

［152］張淏撰，李國強整理：《雲谷雜記》

［153］釋道融撰，夏廣興整理：《叢林盛事》

［154］趙汝适撰，鍾翀整理：《諸蕃志》

［155］趙珙撰，李國強整理：《蒙韃備錄》

［156］趙與撰，李國強整理：《辛巳泣蘄錄》

［157］劉昌詩撰，胡紹文整理：《蘆浦筆記》

［158］彭大雅撰，徐霆疏證，李國強整理：《黑韃事略》

［159］佚名撰，鍾翀整理：《朝野遺記》

[160] 岳珂撰，許沛藻、劉宇整理：《愧郯錄》

[161] 陳郁撰，趙維國整理：《藏一話腴》

[162] 俞文豹撰，許沛藻、劉宇整理：《吹劍錄》

[163] 俞文豹撰，許沛藻、劉宇整理：《吹劍三錄》

[164] 俞文豹撰，許沛藻、劉宇整理：《吹劍四錄》

[165] 俞文豹撰，趙維國整理：《清夜錄》

[166] 陳櫄撰，李偉國整理：《負暄野錄》

[167] 趙善璙撰，程郁整理：《自警編》

[168] 王致遠撰，程郁整理：《開禧德安守城錄》

[169] 趙葵撰，程郁整理：《行營雜錄》

[170] 劉克莊撰，趙維國整理：《後村雜記》

[171] 釋圓悟撰，夏廣興整理：《枯崖漫錄》

[172] 謝采伯撰，李偉國整理：《密齋筆記》

[173] 廖瑩中撰，李偉國整理：《江行雜錄》

[174] 邢凱撰，程郁整理：《坦齋通編》

[175] 車若水撰，李偉國、田芳園整理：《腳氣集》

[176] 王應麟撰，孫通海整理：《困學紀聞》

電子版語料

北京愛如生數字化技術研究中心：《中國基本古籍庫》

中國學術期刊（光盤版）電子雜誌社：《國學寶典數據庫》

北京大學中國語言學研究中心：《古代漢語語料庫》

《國學大師四庫全書數據庫》

參考文獻

辭書及專著

[1] 羅竹風. 漢語大詞典[M]. 上海：上海辭書出版社，2011.

[2] 徐中舒. 漢語大字典[M]. 成都：四川辭書出版社，2010.

[3] 白維國. 近代漢語詞典[M]. 上海：上海教育出版社，2015.

[4] 龍潛庵. 宋元語言詞典[M]. 上海：上海辭書出版社，1985.

[5] 劉堅，江藍生. 宋語言詞典[M]. 上海：上海教育出版社，1997.

[6] 劉堅，江藍生. 唐五代語言詞典[M]. 上海：上海教育出版社，1997.

[7] 朱易安，傅璇琮. 全宋筆記[M]. 鄭州：大象出版社，2008—2016.

[8] 商務印書館編輯部. 21世紀的中國語言學[M]. 北京：商務印書館，2006.

[9] 王力. 漢語史稿[M]. 北京：中華書局，2004.

[10] 劉葉秋. 歷代筆記概述[M]. 北京：北京出版社，2003.

[11] 俞理明，顧滿林. 東漢佛道文獻詞彙新質研究[M]. 北京：商務印書館，2013.

[12] 孫順霖，陳協琹. 中國筆記小説縱覽[M]. 上海：華東師範大學出版社，2013.

[13] 張永言. 詞彙學簡論[M]. 上海：復旦大學出版社，2015.

[14] 王寶紅，俞理明. 清代筆記小説俗語詞研究[M]. 成都：巴蜀書社，2012.

[15] 徐宗才. 俗語[M]. 北京：商務印書館，1999.

[16] 朱慶之. 佛典與中古漢語詞彙研究[M]. 天津：天津出版社，1992.

[17] 蔣禮鴻. 敦煌變文字義通釋[M]. 上海：上海古籍出版社，1997.

[18] 李文澤. 宋代語言研究[M]. 北京：線裝書局，2001.

[19] 袁賓，等. 二十世紀的近代漢語研究[M]. 太原：書海出版社，2001.

[20] 馬建忠. 馬氏文通[M]. 北京：商務印書館，1998.

[21] 王力. 語言學論文集[M]. 北京：商務印書館，2014.

[22] 蔣紹愚. 近代漢語研究概要[M]. 北京：北京大學出版社，2005.

論文

[1] 方一新，李哲. 近二十年的古漢語詞彙研究[J]. 中國語文，2015（1）.

[2] 郭在貽. 俗語詞研究與古籍整理[J]. 社會科學戰線，1983（4）.

[3] 方一新. 從中古詞的特點看漢語史的分期[M] // 漢語史學報：第四輯. 上海：上海教育出版社，2004.

[4] 俞理明. 歷史研究視角中的漢語詞彙構成[M] // 燕趙學術：2007年春之卷. 成都：四川辭書出版社，2007.

[5] 俞理明. 漢字形體對漢語詞彙的影響[J]. 四川大學學報（哲學社會科學版），2007（2）.

[6] 雷漢卿. 語文辭書釋義商補[M] // 漢語史研究集刊：第12輯. 成都：巴蜀書社，2009.

[7] 季宗平. 論雅言詞研究與詞典編纂[J]. 語言研究，2007（2）.

[8] 張涌泉. 敦煌文獻俗語詞研究的材料和方法[J]. 中國典籍與文化，2012（1）.

[9] 李文澤. 宋代語言中的俗語詞：宋代詞彙研究系列[M] // 漢語史研究集刊：第三輯. 成都：巴蜀書社，2000.

[10] 郭錫良. 漢語史的分期問題[J]. 語文研究，2013（4）.

[11] 楊琳. 俗語詞研究概說[J]. 文化學刊，2013（5）.

[12] 王寶紅. 筆記小說校點舉誤[J]. 西藏民族學院學報，2008（5）.

［13］黃征. 漢語俗語詞研究的幾個理論問題［J］. 杭州大學學報, 1992（2）.

［14］唐賢清, 凌宏惠. 宋代筆記語言學資料研究價值芻議［J］. 古漢語研究, 2014（3）.

［15］李文靜, 劉傳鴻.《酉陽雜俎》詞語考釋［J］. 內江師範學院學報, 2014（5）.

［16］胡麗珍, 邵彩霞. 從《澠水燕談錄》詞彙研究看《漢語大詞典》的修訂［J］. 五邑大學學報, 2012（3）.

［17］許明.《容齋隨筆》中的單音節反義詞及其使用原因［J］. 吉林廣播電視大學學報, 2006（3）.

［18］胡麗珍, 歐明晶. 從《齊東野語》看《漢語大詞典》的詞目漏收［J］. 泰山學院學報, 2011（4）.

［19］雷冬平, 吳彥君.《涑水紀聞》詞彙研究與《漢語大詞典》立目拾遺［J］. 連雲港師範高等專科學校學報, 2012（3）.

［20］雷冬平, 李文贇.《漢語大詞典》編纂的三個問題：以《邵氏聞見錄》的詞彙研究為例［J］. 集美大學學報（哲學社會科學版）, 2013（2）.

［21］王恩建.《玉壺清話》所見辭書未收詞語補釋［J］. 湖北社會科學, 2011（2）.

［22］楊覲. 周密筆記俗語詞雜釋［J］. 綿陽師範學院學報, 2012（10）.

［23］陳路.《夢溪筆談》詞語考釋［J］. 綿陽師範學院學報, 2016（1）.

［24］段觀宋. 唐宋筆記小說釋詞［J］. 古漢語研究, 1990（4）.

［25］劉建明.《靖康緗素雜記》訓詁研究［J］. 樂山師範學院學報, 2006（8）.

［26］李娟紅. 淺談宋代筆記中名物訓詁的方式［M］// 漢語史研究集刊：第七輯. 成都：巴蜀書社, 2005.

［27］王劼, 曾昭聰. 宋代筆記《雲麓漫鈔》中的語言研究［J］. 廣西社會科學, 2006（4）.

［28］齊瑞霞. 俗語詞成詞理據的影響因素分析：以宋代筆記為例［J］. 山東社會科學, 2014（9）.

［29］王恩建. 宋代筆記詞語訓釋四則［J］. 湖北社會科學, 2013（8）.

［30］王恩建.《漢語大詞典》漏收宋代筆記詞目補釋［J］. 湖北社會

科學，2014（12）.

［31］彭浩. 宋代筆記中的虛詞研究［J］. 綏化學院學報，2015 第 5 期.

［32］馮雪冬. 略論宋代筆記詞彙研究的辭書編纂價值［J］. 理論界，2014（1）.

［33］王恩建. 《漢語大詞典》釋義補正：基於宋元筆記語料之分析［J］. 東南大學學報（哲學社會科學版），2013（4）.

［34］徐婷，劉傳鴻. 《酉陽雜俎》詞語考釋［J］. 懷化學院學報，2014（1）.

［35］鄭繼猛. 近年來宋代筆記研究述評［J］. 甘肅社會科學，2008（4）.

［36］劉蓉. 宋代筆記和方俗詞語研究［J］. 玉溪師專學報，1995（1）.

［37］武建宇. 宋代筆記俗語詞斟補［J］. 河北師範大學學報，2003（5）.

［38］李娟紅. 宋代筆記小說對詞語理據的探求管窺［M］// 漢語史研究集刊：第 11 輯. 成都：巴蜀書社，2008.

［39］劉穎. 宋代筆記小說中的名詞詞尾"子"［J］. 長江大學學報（社會科學版），2011（4）.

［40］王虎，王中宇. 《雲麓漫鈔》詞彙研究與《漢語大詞典》詞目訂正［J］. 衡陽師範學院學報，2016（2）.

［41］聶永華. 古代筆記文漫議［J］. 運城學院學報，2007（1）.

［42］張智華. 筆記的類型和特點［J］. 江海學刊，2000（5）.

［43］胡麗珍，邵彩霞. 從《澠水燕談錄》看《漢語大詞典》的詞目漏收［J］. 黃河科技大學學報，2012（5）.

［44］黃曉寧. 《青箱雜記》目相詞語類考［J］. 鞍山師範學院學報，2014（6）.

［45］司曉蓮，牛秀玲. 《東軒筆錄》雙音形容詞分析研究［J］. 甘肅高師學報，2015（3）.

學位論文

［1］馮雪冬. 宋代筆記詞彙研究［D］. 上海：上海師範大學，2015.

［2］周作民. 東晉南朝道教上清派經典行為詞新質研究［D］. 成都：

四川大學，2007.

[3] 齊瑞霞. 宋代筆記俗語詞研究[D]. 濟南：山東大學，2016.

[4] 鍾虹. 宋代筆記中俗語詞研究資料的發掘與探討[D]. 武漢：華中師範大學，2018.

[5] 武建宇.《夷堅志》複音詞研究[D]. 成都：四川大學，2004.

[6] 李娟紅. 宋代筆記中訓詁學問題研究[D]. 成都：四川大學，2005.

[7] 吳敏.《老學庵筆記》詞彙研究[D]. 成都：四川大學，2006.

[8] 鄭麗萍.《唐語林》複音詞研究[D]. 合肥：安徽大學，2007.

[9] 楊觀. 周密筆記詞彙研究[D]. 成都：四川大學，2008.

[10] 付宗平.《雞肋編》詞彙研究[D]. 成都：四川大學，2007.

[11] 趙艷麗.《唐語林》詞彙研究[D]. 成都：四川大學，2007.

[12] 姚春花.《鶴林玉露》語言研究[D]. 成都：四川大學，2007.

[13] 王洪濤.《演繁露》訓詁考[D]. 杭州：浙江大學，2007.

[14] 黃宜鳳. 明代筆記小説俗語詞研究[D]. 成都：四川大學，2007.

[15] 陳敏. 宋人筆記與漢語詞彙學[D]. 杭州：浙江大學，2007.

[16] 郭曉軍.《夷堅志》詞彙研究[D]. 廈門：廈門大學，2008.

[17] 徐琦.《鶴林玉露》詞語考釋[D]. 武漢：華中師範大學，2009.

[18] 武艷茹.《容齋隨筆》心理動詞研究[D]. 石家莊：河北師範大學，2010.

[19] 周靖雨.《建炎以來朝野雜記》詞彙研究[D]. 石家莊：河北師範大學，2010.

[20] 淩琳.《雲麓漫鈔》名詞研究[D]. 南京：南京師範大學，2011.

[21] 柴眣.《齊東野語》雙音詞研究[D]. 成都：四川師範大學，2012.

[22] 孫慧.《全宋筆記》（第二編）語言學資料類編及其語言學價值研究[D]. 杭州：杭州師範大學，2013.

[23] 盧晨亮.《癸辛雜識》詞彙研究與《漢語大詞典》修訂[D]. 湘潭：湘潭大學，2013.

[24] 郭曉添.《野客叢書》的詞彙研究與《漢語大詞典》修訂[D]. 湘潭：湘潭大學，2013.

[25] 劉學娟.《邵氏聞見錄》詞彙研究[D]. 吉首：吉首大學，2013.

[26] 宋佳.《邵氏聞見錄》新詞新義研究[D]. 石家莊：河北師範大

學,2013.

[27] 吳蘭蘭. 《唐語林》介詞研究[D]. 合肥:安徽大學,2013.

[28] 吳彥君. 《涑水紀聞》的詞彙研究與〈漢語大詞典〉的修訂[D]. 湘潭:湘潭大學,2013.

[29] 許秋華. 九部宋人筆記稱謂詞語研究[D]. 濟南:山東大學,2013.

[30] 呂萱. 《演繁露》副詞研究[D]. 青島:青島大學,2014.

[31] 張靜. 《齊東野語》詞彙研究[D]. 揚州:揚州大學,2014.

[32] 李文. 《武林舊事》複音名詞研究[D]. 西安:陝西師範大學,2014.

[33] 王鳳玉. 《東京夢華錄》名物詞研究[D]. 西安:陝西師範大學,2014.

[34] 李雪蓮. 《涑水紀聞》副詞研究[D]. 長春:東北師範大學,2014.

[35] 羅爐. 王觀國《學林》研究[D]. 上海:上海師範大學,2014.

[36] 凌英. 《容齋隨筆》雙音詞研究[D]. 上海:上海師範大學,2015.

[37] 張曉昕. 《獨醒雜志》研究[D]. 上海:上海師範大學,2015.

[38] 裴婷婷. 《全宋筆記》(第四編)訓詁語料研究[D]. 杭州:杭州師範大學,2015.

[39] 歐明晶. 《齊東野語》複音詞研究與《漢語大詞典》的編纂[D]. 湘潭:湘潭大學,2011.

[40] 馬麗. 《武林舊事》名量詞研究[D]. 石家莊:河北師範大學,2012.

[41] 常花蕾. 《容齋隨筆》與《十駕齋養新錄》之訓詁學比較研究[D]. 呼和浩特:內蒙古師範大學,2012.

[42] 張莎. 《老學庵筆記》副詞研究[D]. 石家莊:河北師範大學,2012.

[43] 李明珠. 《夢溪筆談》的訓詁學價值[D]. 呼和浩特:內蒙古師範大學,2012.

後　記

　　碩士畢業留校在四川大學文學與新聞學院任教，至今已過去十多年，陰差陽錯，卻把人生最好的時光和精力留在了行政崗位。

　　每天忙碌於招收和管理來自世界各地不同膚色的留學生，感受校園日益濃厚的國際化氛圍，內心有一絲小小的成就。在無數的海外學子中，不乏高齡學生，甚至有的已近古稀之年，他們不遠萬里來川大學習，只為對漢語的喜愛以及對中華文化的興趣。他們好學之舉讓我感動之餘，也給我極大的鞭策和鼓勵，很想和他們一樣，再次回到教室當一次學生，攻讀博士學位，更想通過進一步的學習，更加深入地感受博大精深的中華傳統文化，感受綿延數千年的古代漢語的魅力。經過不懈的努力，終於實現了心中的夢想。博士階段的學習，我異常珍惜，可能是已屆不惑之年，當學習不再出於某種具體的目的，自己也變得純粹而坦然，雖然有痛苦和煎熬，但更多的是充實和快樂。

　　非常感謝我的博士生導師俞理明先生的傳道、授業、解惑，恩師的諄諄長者之風，深深影響着我。任何事情都不急不躁，卻胸有成竹。對學生總是輕言細語，卻不怒而威。再累再忙，也要留出兩週一次的師生見面會。恩師的為人、做事，都是我學習的榜樣。我的學業能在四年完成，完全得益於恩師手把手的指導，得益於幸運地成為恩師主持的"歷代筆記俗語詞彙釋"課題組成員，將自己參與的宋代筆記俗語詞研究作為博士論文的選題。由於工作的關係，時常難以參加見面會，自己常常電話、郵件請教，恩師總是隨時回應。畢業的前一個學期，我甚至抱着電腦，以積攢的八十一個問題登門討擾，恩師悉心解答，一坐就是好幾個小時，自始至終，恩師不緊不慢，和顏悅色，娓娓道來，讓我特別感動。

非常感謝我的碩士生導師董志翹先生，將我領進漢語辭彙史領域，為我後面的學習深造打下扎實的基礎。也特別感謝趙振鐸、經本植、伍宗文、雷漢卿、肖婭曼、楊文全、蔣宗福、譚偉諸位先生的培養與教誨，給我學術的啟迪和精神的滋養。正是恩師們的辛勤付出與耕耘，專業樹人，立德育人，在托舉我們上更高平臺的同時，亦推动着川大漢語言文字學專業的發展與學術精神的傳承。

　　宋代筆記語料有着極其豐富的俗語詞資源，非常值得研究，而且蘊含豐富的為人處世之道及博大精深的中華傳統文化。為了如期完成課題，我拼命地追趕時間，在陪伴孩子課外興趣班學習的走廊上，在國內外的差旅途中，在行政工作之餘的無數個清晨和夜晚，我將所有的時間和精力，都用在了語料的閱讀及課題研究上。我在宋代筆記中，受益於古代先賢的智慧，感受博大精深的中華文化，甄別散落於文字海洋中的俗語詞明珠。了解探究得越多，越自慚於自己淺薄的學識，越自責於虛度的年華和時光。再想傾力而為，卻心有餘而力不足，在恩師的指導和幫助下，博士雖已畢業，課題也已結項，但自己全心付出的宋代筆記俗語詞研究，卻還有諸多不盡如人意之處。

　　本書即在同名博士論文的基礎上修改而成，謹為拋磚引玉，文中若有不周之處，還望同行批評指正。

周豔梅

二〇二〇年三月於成都